ŒUVRES DE SPINOZA

I

Du même auteur
dans la même collection

ŒUVRES I : *Court traité. Traité de la réforme de l'entendement. Les Principes de la philosophie de Descartes. Appendice contenant les Pensées métaphysiques.*
ŒUVRES II : *Traité théologico-politique.*
ŒUVRES III : *Éthique.*
ŒUVRES IV : *Traité politique. Lettres.*

SPINOZA

ŒUVRES

I

COURT TRAITÉ

TRAITÉ DE LA RÉFORME DE L'ENTENDEMENT

PRINCIPES DE LA PHILOSOPHIE DE DESCARTES

PENSÉES MÉTAPHYSIQUES

Traduction et notes
par
Charles Appuhn

GF Flammarion

ISBN 2-08-070034-0

GF Flammarion

04/09/109330-IX-2004 – Impr. MAURY Eurolivres, 45300 Manchecourt.
N° d'édition FG003452. – 2e trimestre 1964. – Printed in France.

NOTE DU TRADUCTEUR

Quand il s'est agi de réimprimer ce premier volume, j'ai naturellement tenu à consulter la belle édition de Spinoza donnée par M. C. Gebhardt sous le patronage de l'Académie des Sciences de Heidelberg : Spinoza Opera im Auftrag der Heidelberger Akademie der Wissenschaften herausgegeben. Heidelberg Karl Winters Universitätsbuchhandlung.

En ce qui concerne le *Court Traité*, M. Gebhardt, après une étude très attentive, est arrivé à cette conclusion que le manuscrit de Monnikhoff (celui que j'ai appelé B) avait été entièrement rédigé d'après le manuscrit du XVIIe siècle (celui que j'ai appelé A). Monnikhoff a simplement cherché à rendre plus correct et plus lisible un manuscrit reconnu fautif. Ses corrections sont parfois justifiées, souvent aussi les leçons nouvelles qu'il a introduites doivent être rejetées parce qu'elles affaiblissent ou altèrent la pensée de Spinoza. Le manuscrit A est la seule source authentique et M. Gebhardt a montré qu'il était souvent possible de l'interpréter de façon satisfaisante en modifiant parfois légèrement le texte des passages mal compris par Monnikhoff.

J'aurais voulu faire profiter les lecteurs français de Spinoza des recherches entreprises par M. Gebhardt en vue de son édition et corriger la traduction de façon à l'accorder avec le texte donné par lui partout où je juge que la leçon qu'il adopte vaut mieux que celle que j'ai suivie. Certaines difficultés typographiques s'opposant à des remaniements qui auraient dû être assez importants, j'ai pris le parti d'annexer au présent volume une liste des passages à modifier dans le *Court Traité* et aussi dans le *Traité de la Réforme de l'Entendement*. Je prie le lecteur de s'y reporter.

Page 46, ligne 27. — D'après le manuscrit à partir des mots : « *d'autres idées sont bien possibles...* etc. » on se trouve en présence d'une annotation nouvelle se rapportant aux mots : *toutes les autres idées*, de la ligne 20.

Page 46, ligne 41. — J'ai traduit les mots : « *en is zonder de zelve niet* » par : *et sans elle il n'est rien*, et, à l'exemple de W. Meijer, j'ai cherché à expliquer ce passage en mettant au bas de la page : *rien ne peut être conçu.* Selon Gebhardt, il faut entendre : « *l'existence et l'essence sont toutes deux nécessaires et sans elle* (sans l'existence) *elle* (l'essence) *n'est pas.* »

Page 48, ligne 8. — J'ai traduit le mot « *zoodanig* » dans la phrase : « *Wandt de dingen die man all zoodanig bewyst* » par : « *de l'autre façon* » ayant cru qu'il s'agissait des choses qu'on démontre *a posteriori.* On m'objecte que dans une démonstration *a posteriori* l'on va de l'effet à la cause, non de la cause à l'effet. Gebhardt pense que Spinoza indique ici une objection dirigée contre ceux qui veulent prouver l'existence de Dieu *a priori* et il remplace en conséquence le mot *wandt* (parce que) au commencement de la phrase par le mot *maar* (mais). On aurait ainsi : *mais* — dira-t-on — *les choses qu'on démontre ainsi* (a priori), *on doit les démontrer...* etc.

Page 52, note critique. — La phrase qu'avec Freudenthal j'étais disposé à croire interpolée fait bien partie d'après Gebhardt du texte de Spinoza : « *Si Dieu pouvait penser des substances qui n'existent pas, il y aurait plus de substances non existantes que d'existantes et cela serait absurde* ». Je persiste à demander d'où Spinoza tire cette conclusion. Il est contraire à la doctrine de Spinoza, mais non absurde en soi, qu'en plus du monde réel il y ait des mondes possibles conçus par l'entendement divin et non promus à l'existence.

Page 56, lignes 3, 4. — J'ai suivi la leçon de Monnikhoff. Gebhardt pense que l'on peut conserver celle du manuscrit A en remplaçant dans le texte le mot *wyzen* par le singulier *wyze;* au lieu de : « *cette substance, si diversement qu'elle soit modifiée, étant toujours la même* » on aurait donc : « *et ce mode, qu'il soit mode de l'eau ou de quelque autre chose, c'est toujours la même chose* ».

Page 58, lignes 5 et suivantes. — J'ai admis dans ce passage la correction proposée par Freudenthal. Gebhardt assure que Freudenthal n'a pas examiné avec assez d'attention le manuscrit et donne un texte différent : « *Want zoo wy de Natuur willen bepaalen zoo zullen wy hem't, welk ongerymt is, met een Niet bepaalen en dat onder die volgenden eigenschappen, namelyk dat hy is een, eeuwig, door zig zelfe oneyndelyk, welk ongerymtheid wy ontgaan stellende dat hy is een eeuwige Eenheid, oneyndig, almagtig enz, de Natuur namemtlyk oneyndig en alles in de zelve begreepen, en de ontkenninge dezes noenen wy de Niet.* » *Si nous voulons limiter la Nature, nous devons, ce qui est absurde, la limiter par un Néant et cela sous les attributs suivants à savoir : il* (le néant) *est un, éternel, produit par lui-même, infini ; absurdité à laquelle nous échappons en admettant qu'elle* (la Nature) *est une Unité éternelle, infinie, toute-puissante, etc., à savoir la Nature infinie et tout ce qui en elle est compris et la négation de cela nous l'appelons le Néant.* Gebhardt rapproche de ce passage un passage des *Pensées Métaphysiques*, partie II, Chap. X (page 378 du présent volume) : *Il n'est donc pas douteux*, etc.

Page 58, lignes 14 et 15. — Avec Freudenthal j'ai cru devoir ajouter au texte une négation : *Et que l'une* [*ne*] *limite* [*pas*] *l'autre.* Se référant à la Lettre 4, Gebhardt rejette cette addition : La *Concupiscence*, qui n'exprime pas la pensée de Spinoza, a dû dire que la substance étendue et la substance entendante se limitent l'une l'autre.

Page 58, lignes 21 et 22. — Gebhardt maintient comme étant de Spinoza le membre de phrase que j'ai mis entre crochets. La *Concupiscence* développe son objection : *Si la substance pensante et l'étendue se limitent l'une l'autre, on pourrait essayer d'en concevoir une troisième qui les unît ; mais cette troisième substance, distincte à la fois de l'étendue et de la pensée, serait ainsi privée d'un certain nombre d'attributs et ne pourrait être un tout en dehors duquel rien n'existerait.*

Page 61, ligne 1. — La négation que j'ai ajoutée au texte devient inutile si l'on rétablit dans la première partie de la phrase la négation omise par W. Meijer. Le sens du passage devient alors le suivant : « *Si j'ai dit que Dieu est une cause éloignée, cela n'a pas été dit par moi eu égard aux choses produites immédiatement.*

Page 61, lignes 41 à 42 et page 62, ligne 1. — La phrase mise entre crochets par van Vloten et Land ne doit pas selon Gebhardt être considérée comme interpolée. Ce serait un troisième exemple ajouté par Spinoza.

Page 68, lignes 17 à 19. — Gebhardt maintient la leçon de A, à laquelle j'ai préféré celle de Monnikhoff.

Page 69, lignes 8 et 9. — Au lieu de : « *et à cause de quoi...* », il faudrait, suivant la leçon de Gebhardt, mettre : « *à savoir une cause par laquelle* ».

Page 74, ligne 15. — Gebhardt adopte avec raison la leçon de B : *Animal Raisonnable.* Cf. *Éthique*, II. Prop. 40. Sc. I.

Page 74, ligne 27. — Gebhardt maintient la leçon de A. Spinoza se réfère selon lui à ce qui vient d'être dit.

Page 81, note. — Gebhardt pense que cette note introduite après coup est importante comme indice des discussions auxquelles a pu donner lieu le texte dicté. Il est certain d'ailleurs que, jusqu'à la fin de sa vie, les lettres à Tschirnhaus en témoignent, il y a eu incertitude dans la pensée de Spinoza au sujet du mode de production des choses particulières étendues.

Page 87, XII. — La correction que j'ai faite au texte avec W. Meijer paraît inutile à Gebhardt : « *ce corps et l'âme seront comme les nôtres actuellement*, etc. »

Page 89, lignes 5 à 7. — Gebhardt rétablit le texte comme il suit : « *Zoo laat ons beginnen van die (wyzen) die ons het erste bekand zyn, namelyk eenige begrippen van die dingen die buyten ons zyn en de kennise onzes zelfs of het medegeweten.* En français : *Commençons par les* [*modes*] *qui nous sont connus les premiers. Savoir certains concepts des choses qui sont en dehors de nous et la connaissance de nous-mêmes ou la conscience.* »

Page 100, ligne 25. — Gebhardt maintient la leçon du manuscrit : Ce serait donc : l'*amour* et l'*aimé* qui deviendraient, comme dans Léon Hébreu, une seule et même chose.

Page 120, lignes 10 et suivantes. — Gebhardt croit possible de rétablir le texte moyennant l'addition de deux mots et le remplacement du mot *ward* par *maar*. La traduction française du passage tel qu'on le lit dans son édition serait donc la suivante : *S'il en est ainsi cependant, il semble qu'entre l'idée fausse et la vraie, il n'y ait aucune différence, attendu qu'affirmer ou nier ceci ou cela sont seulement des modes de penser et qu'entre ces modes il n'y a aucune différence, sinon que l'un s'accorde avec la chose et l'autre non et cela étant ainsi*... etc.

Page 121, lignes 1 à 3. — Gebhardt maintient les mots mis entre crochets par van Vloten et Land. Il faudrait donc lire : *La Vérité se fait connaître elle-même et fait aussi connaître la Fausseté, attendu que la Vérité est claire par elle-même et, par elle aussi* (par la Vérité), *la Fausseté, mais que jamais*... etc.

Page 121, ligne 28. — J'ai dans ce passage, assez obscur tel que le donne le manuscrit, traduit le mot *toevoeginge* par « *attributs* » et j'ai ajouté : lui appartenant (appartenant à l'objet perçu). En ajoutant un mot au texte, Gebhardt obtient une leçon nouvelle qui permet de conserver au mot *toevoeginge* son véritable sens qui est « *affections* ». On a ainsi : *puisqu'il* (le sujet percevant) *a perçu l'objet par le moyen de peu d'affections et d'affections moindres.*

Page 123, ligne 15. — Gebhardt maintient les mots mis entre crochets par van Vloten et Land. Il pense que Spinoza, dans la note, réfute à la fois et en les mêlant un peu deux objections. 1° La pensée suivant laquelle toute décision volontaire devrait avoir une cause déterminante n'est pas une idée qui se puisse concevoir *(is geen idea)*; il faut dire au contraire qu'il y a une volonté de sa nature indéterminée qui a besoin pour agir d'être déterminée par l'entendement. 2° La volonté indéterminée et l'entendement ne sont pas des êtres de raison, mais des êtres réels.

Page 135, lignes 39 à 42 et page 136, ligne 27. — Gebhardt signale ici une erreur de lecture de W. Meijer dont j'ai admis la leçon. Il replace la parenthèse : *na de proportie der beweginge en ruste waar af zy bestaan*, où elle se trouve dans le manuscrit, mais il y remplace le mot *zy* par *wy*. On obtient ainsi : *puisque ce sont les objets qui font que nous percevons, nous sommes affectés par les uns autrement que par les autres. Ceux par lesquels nous sommes mus de la façon la plus mesurée (suivant la proportion de mouvement et de repos dont nous nous composons) sont pour nous les plus agréables.*

Page 140, lignes 43 et 44. — Gebhardt rétablit ingénieusement le texte tel qu'à son avis il a dû être primitivement. Le sens du passage demeure d'ailleurs celui que j'ai donné avec une petite addition relative à la connaissance que Dieu a des choses. Les idées en lui ne naissant pas d'un ou de plusieurs sens, *mais de l'existence dans les êtres suivant tout ce qu'ils sont*. Toutefois, cette addition vient de façon assez gênante après ce que dit la note du mode de perception propre aux hommes et avant la conclusion qu'elle en tire.

Page 142, ligne 32. — Le mot *kwaad* (mal) que j'étais tenté de remplacer par un mot signifiant « *victoire* » doit être maintenu.

Page 147, ligne 5. — Le mot que j'ai traduit par « *réalité* » est bien *wezentlijkheid*, dans le manuscrit, de sorte qu'il faut lire « *existence* ».

Page 147, lignes 23 à 25. — Gebhardt maintient la leçon du manuscrit *wezentheid*, *niet-wezentheid*, mais il remplace ensuite : *omdat* (parce que) par *indien* (si) — le mot latin devait être *cum* — les mots *het zelver* venant à la suite s'appliquant à Dieu cause unique de l'essence et de la non-essence. Le sens du passage serait donc : *celui* (Dieu) *qui est la cause unique de son essence doit aussi*, *si elle* (l'âme) *vient à périr*, *être cause de sa non-essence*, *lui-même venant à s'altérer et à s'anéantir.*

Page 163, lignes 6 et suivantes. — J'ai suivi dans ce passage la leçon donnée par van Vloten et Land, leçon fautive d'après Gebhardt. Le sens véritable, d'après son texte qui reproduit le manuscrit avec addition du mot *is* (est), serait le suivant : *il est donc nécessaire que*, *de tout ce qui est produit dans la pensée*, *une idée qui contient en elle objectivement toute la nature telle qu'elle est en elle-même soit donnée.*

Page 166, ligne 17. — Gebhardt pense que j'ai mal traduit le pronom « *se* » qui se rapporte au mouvement et au repos. Il faudrait donc : *est cause que le mouvement et le repos sont ramenés à leur proportion primitive.*

Gebhardt a également soumis le texte du *Traité de la Réforme de l'Entendement* à une révision très soigneuse pour laquelle il a mis à profit la traduction hollandaise du XVIIe siècle. Il a pu ainsi faire quelques corrections et dans un certain nombre de passages, le texte, définitif, semble-t-il, qu'il donne diffère de celui que j'ai suivi.

Page 187, lignes 6 et 7. — La leçon donnée par Gebhardt est *effectus* (au génitif) *scilicet de quo*, etc. Il faudrait donc, au lieu de *c'est là l'effet d'où nous concluons*, *duquel effet nous concluons.*

Page 187, ligne 35. — La note que j'ai déplacée se rapporte bien, d'après la traduction hollandaise ancienne, à l'exemple de l'union de l'Ame et du Corps. L'appel de note devrait donc se trouver ligne 19 après le mot « *sensation* ».

Page 194, lignes 24-25. — J'ai suivi dans ce passage le texte donné par van Vloten et Land : « *si quis forte quaerat cur non ipse statim*, etc. » Dans les *Opera posthuma* le mot « *non* » est omis. Gebhardt s'appuyant sur la traduction hollandaise a fait voir que la leçon des *Opera posthuma* se comprend très bien si l'on admet que Spinoza a en vue ici non le *Traité de la Réforme de l'Entendement*, mais cette *Philosophie* dont il est fait mention plusieurs fois dans le *Traité*. Le sens du passage serait le suivant : « *Si quelqu'un demande, comme il se peut, pourquoi j'ai cru devoir exposer dans l'ordre dû les vérités naturelles*, puisque la vérité se fait connaître elle-même, etc. » La suite se comprend mieux ainsi : Les lecteurs de la *Philosophie* pourront y trouver des propositions qui leur paraîtront fausses parce qu'elles sont contraires à l'opinion commune. S'ils considèrent toute la suite de l'ouvrage, la vérité leur en apparaîtra parce que Spinoza a suivi l'ordre prescrit par la bonne méthode.

Page 214, lignes 30 à 32. — Le déplacement des mots : *et ratio postulat...*, proposé par Léopold et que j'avais admis, a contre lui la traduction hollandaise. Le sens serait donc : « Il est requis que nous cherchions aussitôt qu'il se peut faire, et la raison le demande, s'il existe un Être... etc. »

Page 216, lignes 26, 27 — Le texte donné par Gebhardt est le suivant : « *Nam ex nullo alio fundamento cogitationes nostrae determinari queunt* », texte qui a été altéré par la suppression du mot « *alio* » et de la syllabe « *de* » dans le mot *determinari*. La traduction française serait : « Car nos pensées ne peuvent être déterminées par aucun autre principe. »

NOTICE RELATIVE AU « COURT TRAITÉ »

I

LA DÉCOUVERTE DU « COURT TRAITÉ ». — LES MANUSCRITS ET LES ÉDITIONS

L'érudit allemand Th. de Murr entreprit au XVIIIe siècle de retrouver les manuscrits de Spinoza non compris dans l'édition des *Œuvres posthumes* (faite en 1677) et restés conséquemment inédits.

Il chercha en particulier l'écrit compose par Spinoza pour sa propre justification après sa rupture avec la Synagogue[1] et ne le trouva point. En revanche, il trouva dans des papiers de famille ayant appartenu à Rieuwertsz[2] le texte latin des *Notes* de Spinoza sur le *Traité Théologico-Politique* (on ne les connaissait jusque-là que par une traduction française) et les publia (1802) en les accompagnant d'une notice où il faisait connaître que l'*Éthique* avait d'abord été composée par Spinoza en hollandais puis textuellement traduite en latin à l'exception d'un chapitre sur le diable; plus tard, après la publication des *Œuvres posthumes*, retraduite en hollandais par Jarig Jelles[3].

Il est certain que cette indication donnée par Th. de Murr est inexacte. On ne comprendrait pas que Jarig Jelles eût

1. Bayle fait mention de cet écrit, rédigé en espagnol, sous ce titre : *Apologia para justificarse de su abdicacion de la Synagoga* (1656).

2. Rieuwertsz était, au XVIIe siècle, libraire à Amsterdam; il appartenait à la secte des Collégiants avec laquelle Spinoza eut tant de rapports. C'est chez lui que parurent la plupart des écrits composés par les Collégiants et leurs amis. Il fut également l'éditeur avoué du seul ouvrage de Spinoza publié de son vivant sous son nom : *les Principes de la Philosophie de Descartes*, avec leur complément : *les Pensées métaphysiques*, et l'éditeur véritable, bien que dissimulé, du *Traité Théologico-Politique* (paru, disait-on, à Hambourg, chez Künraht) et des *Œuvres posthumes*. — Voir Colerus, *Korte dog waarachtige Levens-Beschryving van Benedictus de Spinoza*, Amsterdam, 1705, et Meinsma, *Spinoza en sijn kring*, La Haye, 1896, pp. 326, 328, 447.

3. Jarig Jelles, Collégiant, ami fidèle de Spinoza, commença par tenir une boutique d'épicerie à Amsterdam. Il abandonna son commerce pour s'élever, par une culture convenable de son esprit, à la

traduit du latin en hollandais un ouvrage primitivement écrit en hollandais; en outre, nous savons par un témoignage très précis qu'il ignorait le latin. On pouvait supposer toutefois qu'avant de rédiger l'*Éthique* en latin, *ordine geometrico*, Spinoza avait exposé sa doctrine sous une forme différente en hollandais. Cette supposition se trouvait en parfait accord d'ailleurs avec les indications données par Mylius (*Bibliotheca Anonymorum*, I, 941) en 1740 et par Reimann *(Catal. Theol. Bibl.)* en 1731. L'un et l'autre de ces érudits disent formellement : l'*Éthique* a d'abord été écrite en hollandais et dans cette première rédaction la doctrine de Spinoza n'était pas exposée suivant l'ordre géométrique. On a retrouvé de nos jours la source où ils avaient puisé leur connaissance des formes successives de l'*Ethique*. Elle leur venait de Stolle, un Allemand qui fit en 1703-1704, avec un certain Hallmann, un séjour en Hollande, et y fut en relation avec des personnes ayant connu Spinoza ou tenant de leurs proches des renseignements de première main sur Spinoza, en particulier avec le fils de son éditeur et ami Rieuwertsz. Ce Stolle avait écrit de son voyage un compte rendu, une sorte de journal, dont des fragments importants ont été publiés par Guhrauer [1] et dont Freudenthal, dans son livre déjà cité *(Die Lebensgeschichte Spinoza's)*, a donné les passages se rapportant à Spinoza. Voici celui qui concerne la première rédaction de l'*Ethique*.

« Il (Rieuwertsz le fils) sortit encore un autre manuscrit que son père avait également transcrit, mais de la propre main de Spinoza. Ce manuscrit était l'*Éthique*, une *Éthique* en hollandais, idiome dans lequel Spinoza l'avait d'abord composée. Cette *Éthique* était toute différente de celle qui est imprimée : au lieu que dans celle-ci tout est traité *per difficiliorem methodum mathematicam*, dans celle-là le tout est divisé en chapitres et le raisonnement se poursuit *continua serie* (sans *probatio singularium artificiosa*), comme

plus haute perfection morale où il pût atteindre. Il ignorait le latin, mais se faisait traduire et transcrivait pour son usage tous les ouvrages qu'il pensait devoir lui être utiles (voir Meinsma, *op. cit.*, p. 104). D'après le témoignage de Lefèvre, recueilli par l'Allemand Stolle (voir plus loin), il serait l'auteur de la préface des *Œuvres posthumes;* il l'aurait écrite en hollandais, puis Glazemaker, qui traduisit en hollandais les ouvrages de Spinoza, l'aurait mise en latin (voir Freudenthal, *Die Lebensgeschichte Spinoza's*, p. 223). D'après le même témoignage, Jarig Jelles fit les frais de la 1re édition et de la 2e des *Principes de la Philosophie de Descartes*.

1. *Schmidt's Allgemeine Zeitschrift für Geschichte*, Bd. VII.

dans le *Traité Théologico-Politique*. Rieuwertsz m'assura aussi que dans l'*Éthique* imprimée l'exposition était beaucoup meilleure que dans la manuscrite; il reconnut toutefois que cette dernière contenait différentes choses qui n'étaient pas dans l'imprimée. Il signala en particulier un chapitre (le XXIe suivant l'ordre) *de Diabolo*, dont il ne se trouve rien dans l'*Éthique* imprimée. Dans ce chapitre Spinoza traitait la question *de existentia Diaboli* et examinait au début la définition *quod sit spiritus essentiae divinae contrarius et qui essentiam suam per se habet* (que le diable serait un esprit contraire à l'essence divine et qui tient son essence de lui-même), et il semblait nier l'existence du diable. Quelques amis de Spinoza auraient, d'après ce que dit Rieuwertsz, copié cet écrit; mais il n'aurait jamais été imprimé parce qu'il y a une belle édition de l'ouvrage en latin, plus méthodique, tandis que le traité laissé de côté était écrit d'une façon bien trop libre [1]. »

Stolle publia lui-même, plusieurs années après son voyage en Hollande, une *Courte introduction à l'histoire de l'Érudition* [2], dans laquelle il reproduisit les indications données par Rieuwertsz le fils et de là elles passèrent plus tard dans le *Catalogue* de Reimann et la *Bibliothèque des Anonymes* de Mylius.

Bien que l'on n'eût pas encore tiré parti du *Journal de voyage* de Stolle, l'existence d'une première rédaction, hollandaise, de l'*Éthique*, contenant un chapitre sur le diable, pouvait donc être considérée comme établie quand, en 1851, Ed. Boehmer, professeur à l'Université de Halle, ayant acheté chez le libraire Frederik Muller d'Amsterdam un exemplaire en hollandais de la *Vie de Spinoza* de Colerus, trouva à la page où il est parlé des ouvrages inédits de Spinoza (art. 12), la note suivante manuscrite.

« Aux mains de quelques amis de la philosophie se trouve un traité manuscrit de Spinoza qui, bien que n'étant pas composé à la manière mathématique, comme son *Éthique*, contient cependant les mêmes pensées et les mêmes matières; au style et à la liaison des idées il est facile de voir que ce traité appartient aux tout premiers ouvrages de l'auteur. D'après ce traité, pris comme esquisse de sa doctrine, il a dans la suite des temps disposé son *Éthique* et, bien que dans ce dernier ouvrage les mêmes matières soient mieux présentées et avec plus de développement,

1. Freudenthal, *op. cit.*, p. 227.
2. *Kurtze Anleitung zur Historia der Gelehrtheit*. Halle, 1718.

dans l'ordre géométrique, cet ordre même, tout à fait peu commun ou inusité dans les sujets métaphysiques et auquel peu d'hommes sont exercés, fait qu'il est pour la plupart beaucoup plus obscur que ce [premier] traité, dont l'*Appendice* seul au commencement et pour une petite partie est disposé selon l'ordre mathématique [1]. »

En sus de ce document, Boehmer trouva encore, dans son exemplaire de Colerus, un texte hollandais des *Notes sur le Traité Théologico-Politique* et un *Sommaire*, également écrit en hollandais, de l'ouvrage visé dans la note qu'on vient de lire, ouvrage qui est certainement celui-là même dont Stolle avait vu une copie entre les mains de Rieuwertsz. Outre qu'on peut le regarder en effet comme une première esquisse de la doctrine exposée dans l'*Éthique*, il est divisé en chapitres et en contient un sur le diable. Après que Boehmer eut publié ce *Sommaire* [2], en l'accompagnant d'une traduction latine, van der Linde [3] fit bientôt connaître que toutes les additions manuscrites trouvées par Boehmer dans son Colerus étaient de l'écriture de Monnikhoff, un médecin ayant vécu à Amsterdam au XVIIIe siècle et grand admirateur de Deurhoff [4], dont il avait eu les papiers entre les mains et dont il avait transcrit toutes les œuvres.

Peu de temps après la publication de Boehmer, un nouveau manuscrit, contenant, celui-là, le texte même de l'ouvrage dont il n'avait connu que le sommaire, fut retrouvé par le libraire Fr. Muller, et cette découverte fut suivie, en 1861, de celle d'un second manuscrit, assez différent du premier, qui se trouvait entre les mains du poète hollandais A. Bogaers. L'un et l'autre sont présentement à la Bibliothèque royale de La Haye; le premier

1. J'ai traduit cette note d'après le texte donné par W. Meijer, dans la préface de son édition en hollandais moderne du *Court traité* (Amsterdam, 1899), p. v.

2. *Benedicti de Spinoza Tractatus de Deo et homine ejusque felicitate lineamenta*, Halle, 1852.

3. *Zeitschrift für Philosophie*, Bd. 45, p. 301.

4. Deurhoff, qui a vécu de 1650 à 1717, était un cartésien, inclinant de nature au mysticisme et quelque peu teinté de spinozisme. Voir, à son sujet, van der Linde : *Spinoza, seine Lehre und deren erste Nachwirkungen in Holland* (Göttingen, 1862). Dans une note de son édition allemande du *Court Traité*, Sigwart nous apprend que van der Linde, après une lecture des écrits de Deurhoff, déclare « que tout en ayant eu contact avec le spinozisme, il était resté cartésien » (*Benedicti de Spinoza's Kurzer Tractat*, p. XVIII). — Sur Monnikhoff luimême, on peut consulter Wintgens, *Joh. Monnikhoff, acad. proefschrift* (Leyde, 1879).

trouvé, qui est le moins ancien des deux, est désigné par la lettre B, l'autre, provenant de Bogaers, par la lettre A.

La première édition de l'ouvrage eut lieu en 1862, par les soins de van Vloten [1] qui joignit au texte hollandais une traduction latine. Van Vloten avait imprimé en général le texte donné par B, tout en faisant quelques emprunts à A. Plus tard, en 1869, Schaarschmidt donna une édition qui est la reproduction à peu près littérale du manuscrit A [2] et, quelque temps après, Sigwart publia une traduction allemande [3], avec d'importants prolégomènes et de nombreux éclaircissements, pour la confection de laquelle il s'est servi des deux textes, collationnés avec soin par van der Linde. Cette traduction, très fidèle et rendue relativement aisée par la ressemblance des deux idiomes allemand et hollandais, est, en somme, la première édition que l'on puisse appeler critique du *Court Traité*, celle de van Vloten ne l'étant guère et celle de Schaarschmidt n'étant que la reproduction d'un manuscrit fautif. La traduction française de M. P. Janet [4] a été faite surtout d'après l'édition Sigwart. Depuis, les deux textes A et B ont été presque intégralement reproduits dans l'édition complète des *Œuvres* de Spinoza publiée par van Vloten et Land [5]. Il faut noter enfin la traduction allemande d'Auerbach [6], faite d'après le texte de Schaarschmidt, et l'édition récente en hollandais moderne donnée par W. Meijer [7].

Cette dernière est fort intéressante en ce qu'elle est une tentative d'interprétation accompagnée d'une substantielle introduction et d'éclaircissements. Elle contient, en outre, le texte hollandais du *Sommaire* trouvé par Boehmer (il n'avait pas été réimprimé depuis 1852) et une traduction latine de ce texte plus exacte que celle de Boehmer.

1. *Ad Benedicti de Spinoza Opera quae supersunt omnia Supplementum* (Amsterdam, 1862). Ce supplément aux œuvres de Spinoza contient, outre le *Court Traité*, le *Traité de l'arc-en-ciel*, écrit par Spinoza et resté inédit, et quelques lettres trouvées à l'orphelinat dit de l'*Orange*, à Amsterdam. Cet orphelinat est une fondation due aux Collégiants du XVIIe siècle.

2. B. de Spinoza, *Korte Verhandeling van God, de Mensch en deszelfs Welstand*. Ad antiquissimi codicis fidem edidit et praefatus est Car. Schaarschmidt (Amsterdam, 1869).

3. *Benedicti de Spinoza's Kurzer Tractat* (Tübingen, 1870).

4. *Dieu, l'homme et la béatitude*, par Spinoza (Paris, 1878).

5. *Benedicti de Spinoza Opera quotquot reperta sunt* (La Haye, 1882-1883, 2 vol.; 2e éd. en 3 volumes, La Haye, 1895).

6. *Spinoza's Sämmtliche Werke*, 2e éd. (Stuttgart, 1871).

7. *Spinoza's Werken IV, Korte Verhandeling* (Amsterdam, 1899).

II

ORIGINE PROBABLE ET VALEUR RELATIVE DES MANUSCRITS

Un point sur lequel tous les éditeurs sont d'accord, c'est que ni dans l'un, ni dans l'autre des deux manuscrits, nous n'avons le texte original d'un ouvrage de Spinoza. Le manuscrit A joint au titre l'indication suivante : *Court Traité*, etc., *écrit* [1] *d'abord en langage latin à l'usage de ses disciples par B. de S.*, etc., *et traduit maintenant en langue néerlandaise à l'usage des amis de la vérité*, etc. B, sans s'exprimer aussi formellement dans le titre, ne se donne pas davantage pour l'original. Ainsi la tradition suivant laquelle Spinoza aurait d'abord rédigé l'*Éthique* en hollandais serait fausse [2]. Si l'on a égard à son origine, cette tradition s'explique d'ailleurs sans peine. Il existait, et Rieuwertsz le fils a pu montrer à Stolle, une rédaction hollandaise et *primitive* de l'*Éthique ;* mais cette rédaction n'était elle-même qu'une traduction, contrairement à ce que Stolle a cru.

Il y a d'ailleurs dans l'un et l'autre manuscrit, mais particulièrement dans le plus ancien A, des fautes de toute nature, des gaucheries de traducteur embarrassé, des impropriétés de langage, des obscurités, voire même des non-sens, qui ne permettent pas de le considérer comme transcrit de Spinoza ni même comme étant la copie d'une

1. D'après une note qui se trouve en marge à la fin du manuscrit A (et que Schaarschmidt n'a pas cru devoir reproduire), Spinoza aurait dicté son travail à quelques amis; or, nous savons par Louis Meyer (*Préface* des *Principes de la Philosophie de Descartes*) et par Spinoza lui-même (lettre 13) que l'exposition géométrique de la partie II des *Principes* fut aussi dictée d'abord à un disciple, puis revue par l'auteur. Peut-être, comme le suppose W. Meijer, le mode de composition du *Court Traité* a-t-il été semblable, à cela près que Spinoza n'a jamais arrêté d'une façon définitive le texte de ce dernier ouvrage.

2. Il faut dire cependant que Meinsma (*op. cit.*, p. 154, note) semble disposé à admettre que le *Court Traité*, en dépit de l'affirmation contraire du manuscrit A, a été écrit en hollandais par Spinoza, mais l'étude du texte rend cette hypothèse inadmissible.

traduction faite sous les yeux de l'auteur et ayant reçu son approbation.

Pour ce qui concerne maintenant l'origine des manuscrits, celle de B est connue à peu près aussi sûrement qu'il est possible en pareille matière. Ce manuscrit est de la main de Monnikhoff [1], ce médecin que nous savons déjà qui a écrit les notes trouvées par Boehmer dans un exemplaire de Colerus et transcrit le *Sommaire* paru en 1852. Sans savoir à quelle date précise remonte ce manuscrit B, nous sommes certains aussi qu'il ne peut être antérieur à 1743, vu que, dans la préface assez volumineuse jointe au traité par Monnikhoff, il est parlé de la reconstruction en cette année 1743 de la maison habitée à Amsterdam par les parents de Spinoza [2].

Le manuscrit A, qui est d'une belle écriture du XVIIe siècle et dont l'orthographe est également celle du XVIIe siècle, contient, en sus du texte attribué à Spinoza, des corrections et notes marginales qui sont de l'écriture du même Monnikhoff; il est donc permis de considérer B comme procédant de A, et c'est la raison principale qui a déterminé Schaarschmidt à n'accorder à B aucune valeur pour l'établissement du texte. Il est certain que A, en raison de son ancienneté plus grande, doit être tenu pour la source principale; Sigwart, toutefois, combat, par des raisons qui nous semblent bonnes, la condamnation sommaire prononcée par Schaarschmidt contre B. Il montre que les leçons données par B sont souvent plus satisfaisantes que celles de A; il est disposé à croire que Monnikhoff a pu avoir sous les yeux, outre A, sinon le texte latin original [3], du moins un texte hollandais meilleur que A.

Il convient d'observer à ce sujet que le *Sommaire*, également transcrit par Monnikhoff, semble être l'œuvre d'un homme plus intelligent et plus instruit que ne l'était le copiste du manuscrit A, et ayant à sa disposition un texte plus satisfaisant [4]. On est en droit de supposer que ce *Sommaire* est de Deurhoff, non seulement parce qu'il a été

1. Voir le travail déjà cité de van der Linde (*Zeitschrift für Ph.*, Bd. 45, p. 301).

2. Meinsma (*op. cit.*, *Introd.*, p. XX), affirme même que le manuscrit de Monnikhoff n'a pu être écrit avant 1750.

3. Par les tournures de phrase, dit Sigwart, sinon par la terminologie, B se rapproche plus du latin que A, et ressemble davantage à une traduction d'après l'original (*Prolégomènes*, p. XXI).

4. C'est la raison pour laquelle je me suis décidé à joindre à ma traduction du *Court Traité* celle du *Sommaire* qui n'avait jamais paru qu'en hollandais et en latin.

pieusement transcrit par Monnikhoff, dépositaire des papiers de Deurhoff, mais parce qu'un mot introduit dans son résumé par l'auteur du *Sommaire* (Chap. VI, part. I) dénote un homme étudiant curieusement la doctrine de Spinoza, mais se piquant aussi de la juger et n'y adhérant pas.

Au sujet de la main qui a tracé le manuscrit A, il n'est possible que de faire des conjectures plus ou moins plausibles. Schaarschmidt, dans sa publication, l'attribue à Deurhoff; W. Meijer, dans la préface de sa récente édition en hollandais moderne, examine cette hypothèse et montre qu'elle ne peut être admise. L'écriture du manuscrit n'est pas celle de Deurhoff dont il a pu se procurer un spécimen; il est difficile de croire qu'un homme de la culture de Deurhoff ait pu produire un manuscrit aussi incorrect que A; enfin, la courte préface jointe au titre est d'un fervent disciple de Spinoza, ce que Deurhoff n'était pas.

L'hypothèse la plus vraisemblable nous semble être celle de W. Meijer; le manuscrit A serait de la main de Jarig Jelles ou une transcription d'une copie lui appartenant. Outre que l'admiration de cet excellent homme pour Spinoza et son zèle, parfois excessif [1], à répandre les œuvres de son grand ami, nous sont connus par de nombreux témoignages, le fait que le manuscrit A se trouve réuni en un même volume avec une traduction hollandaise du *Traité Théologico-Politique* différente de celle de Glazemaker, paraissant plus ancienne et visiblement faite en vue de l'impression (voir la note précédente) milite en faveur de la conjecture [2].

Pour ce qui touche l'usage à faire des deux manuscrits A et B, nous ne pouvons qu'adhérer à la conclusion de Sigwart [3], qu'il faut se servir de l'un et de l'autre pour l'établissement du texte; et nous ajouterons avec W. Meijer qu'il y a lieu aussi d'avoir égard au *Sommaire*.

1. Spinoza (lettre 44) le prie de suspendre la publication d'une traduction hollandaise du *Traité Théologico-Politique*, entreprise déjà en voie d'exécution, et dont Jarig Jelles voulait sans doute faire les frais, comme il avait fait les frais de la publication des *Principes de la Philosophie de Descartes*.

2. On observera que Jarig Jelles était du nombre des amis et disciples pour qui le *Court Traité* a été composé; qu'il en possédait, à n'en pas douter, une copie; enfin, que le manuscrit A semble bien être l'œuvre pieuse et maladroite d'un homme de culture médiocre reproduisant en toute candeur, de sa plus belle écriture, un texte qu'il comprend imparfaitement

3. Voir à ce sujet la *Note du traducteur* à la fin du présent volume.

III

CONTENU DU « COURT TRAITÉ »; SON AUTHENTICITÉ; DATE PROBABLE DE SES DIFFÉRENTES PARTIES; SA PLACE DANS L'ŒUVRE DE SPINOZA

L'ouvrage connu sous le nom de *Court Traité* comprend, en réalité, quatre écrits différents :

1° Le texte même du *traité* en deux parties, dont la première a dix chapitres, la deuxième vingt-six, plus une préface.

2° Des *notes* placées tant en marge qu'au bas des pages et dont les unes contiennent d'utiles éclaircissements, des développements intéressants, écrits avec fermeté; tandis que d'autres sont d'inutiles redites, des indications sur le contenu des paragraphes ou des gloses sans intérêt.

3° Deux *dialogues*, placés à la suite du chapitre II, partie I, qui interrompent le développement, répètent des choses déjà dites ou en supposent d'autres qui ne l'ont pas encore été, contiennent enfin quelques idées qui ne se retrouvent pas dans le *Court Traité* et un raisonnement au moins dont Spinoza ne fait usage nulle part ailleurs.

4° Un *appendice* dont le style diffère de celui du *traité*[1] et qui est divisé en deux parties; la première, qui traite de la substance, comprend sept axiomes et quatre propositions (plus un corollaire) suivies de leurs démonstrations; cette forme géométrique est celle des *Principes de la Philosophie de Descartes* et annonce déjà l'*Éthique ;* la deuxième partie, dont le titre est *de l'âme humaine*, est simplement divisée en paragraphes.

L'authenticité du texte même du traité n'a jamais été sérieusement contestée et ne paraît pas pouvoir l'être.

1. C'est du moins ce qu'affirme W. Meijer, et sa qualité de Hollandais le rend plus compétent à cet égard que les autres éditeurs ou interprètes de l'ouvrage.

Le témoignage de Rieuwertsz, transmis par Stolle, la note manuscrite de Monnikhoff ne permettent pas de douter que les amis de Spinoza n'aient eu entre les mains un ouvrage antérieur à l'*Éthique* et traitant des mêmes matières [1]. Le personnage à qui nous devons le manuscrit A, que ce soit Jarig Jelles ou un autre, est certainement un contemporain de Spinoza, très vraisemblablement un de ses plus proches amis; il est renseigné sur la provenance de l'ouvrage qu'il transcrit et ne doute pas qu'il ne soit de Spinoza. Il y a enfin entre la doctrine du *Court Traité* et celle de l'*Éthique* assez de ressemblance pour qu'on n'hésite pas à les regarder comme deux expressions différentes, la dernière beaucoup plus mûre et plus achevée, de la même pensée. Il est certain seulement que le texte primitif de Spinoza a été remanié par ceux qui l'ont transcrit; que divers passages ont été transposés, que d'autres se sont perdus, qu'enfin il y a au moins quelques phrases interpolées [2].

L'authenticité du traité étant admise, celle de la plupart des notes, de toutes celles qui ont quelque importance, ne saurait guère faire de doute [3], car elles complètent utilement la pensée exposée dans le texte; plusieurs d'entre elles sont d'ailleurs bien dans la manière de Spinoza et dignes de son génie. Il est à observer toutefois que ces notes ne sont pas exactement contemporaines du texte et nous savons d'ailleurs par l'exemple du *Traité Théologico-*

1. On peut trouver surprenant que Spinoza, ni dans ses lettres, ni dans ses ouvrages postérieurs, ne fasse allusion d'une façon nette au *Court Traité*. Dans le traité de *la Réforme de l'Entendement*, dont la composition semble avoir suivi de près celle du *Court Traité*, il renvoie à diverses reprises à un ouvrage, qu'il appelle sa *Philosophie*, ouvrage non encore rédigé à ce moment et qui, en fait, ne l'a jamais été, au moins sous la forme où il avait d'abord été conçu. Or, quelques-unes au moins des choses qu'il se proposait d'exposer dans cette *Philosophie*, il les avait dites dans son *Court Traité*. Il faut donc admettre que Spinoza considérait son premier ouvrage comme une ébauche trop imparfaite et, n'ayant aucunement l'idée de le publier, s'en était totalement désintéressé; de là, sans doute, le triste état dans lequel cet écrit nous est parvenu.

2. Voir particulièrement, à ce sujet, les *Études sur Spinoza* (*Spinoza Studien*) de Freudenthal, dans *Zeitschrift für Philosophie* (1896, Bd. 108, 109).

3. Trendelenburg: *Ueber die aufgefundenen Ergänzungen zu Spinoza's Werken* (mémoire lu à l'Académie de Berlin et publié par l'auteur dans ses *Historische Beiträge zur Philosophie*, Berlin, 1867), conteste l'authenticité des notes.

Sigwart a bien montré dans les *Prolégomènes* de son édition (pp. XLIV et suiv.) que les arguments de Trendelenburg ne s'appliquent justement qu'à une partie des notes et à la moindre.

Politique que Spinoza avait l'habitude d'annoter après coup ses propres écrits [1].

Les deux dialogues et spécialement le second ont paru suspects à certains critiques, notamment à Trendelenburg [2]. Il ne paraît pas possible dans tous les cas de les considérer comme faisant corps avec le reste, et les critiques allemands qui accordent le plus d'importance aux dialogues, Sigwart, Avenarius [3], Busse [4], sont d'accord pour reconnaître qu'ils ont été composés à un autre moment, antérieurement au traité selon eux, et y ont été joints par la suite [5].

Quant à l'appendice enfin, en dépit du titre qu'il a reçu, on ne peut guère y voir une addition au traité; on y trouve plutôt les premiers linéaments d'un autre ouvrage exposant des idées semblables suivant un plan différent. W. Meijer fait au sujet du style de cet appendice une observation dont il est difficile d'apprécier la justesse : ce style serait d'après lui plus malaisé que celui du traité, d'où il conclut que ce morceau a bien pu être écrit par Spinoza lui-même dans l'idiome où nous le possédons [6].

Concernant la date de la composition, il ne paraît guère douteux que le *Court Traité* doive être considéré comme un ouvrage de jeunesse et même comme plus ancien que tous les autres écrits de Spinoza [7]. Certains critiques,

1. Quelques-unes des notes, bien qu'étant de Spinoza, ont fort bien pu ne pas se rapporter primitivement au *Court Traité*, et y être jointes après coup par quelque disciple. Cela paraît même certain pour l'une d'elles, la note 3 du chapitre xx, partie II.

2. *Op. cit.*

3. *Ueber die beiden ersten Phasen des spinozistischen Pantheismus* (Leipzig, 1868).

4. *Zeitschrift für Philosophie*, Bd. 90, 96.

5. Freudenthal, dans ses *Études sur Spinoza* déjà citées, a soutenu que les dialogues étaient postérieurs au *Traité*. Nous examinons ce point plus loin. — Voir page 27.

6. Nous savons en effet, par le témoignage de Spinoza lui-même, qu'il n'écrivait pas le hollandais très couramment.

7. Exception faite pour cette *Apologie* qui n'a pas été retrouvée. Il se peut que l'*Appendice* et quelques-unes des notes soient à peu près du même temps que le traité de *la Réforme de l'Entendement*.

Au sujet de l'*Appendice*, nous ferons observer qu'il est difficile de partager l'opinion émise par Lagneau dans ses *Notes sur Spinoza* (*Revue de Métaphysique et de Morale*, 1895). Suivant Lagneau, l'appendice, au moins dans sa première partie, serait très ancien, antérieur au traité. L'idée de l'Être absolument réel, du Dieu identique à la nature et connu en lui-même, peut avoir été en effet très ancienne dans l'esprit de Spinoza; la forme sous laquelle il la présente dans l'*Appendice* est d'une date certainement postérieure à la composition du traité, et qu'un passage de la lettre adressée à Oldenburg en septembre 1661 permet d'assigner à peu près.

Avenarius en particulier dans son livre *Sur les deux premières phases du panthéisme spinoziste*, le font remonter jusqu'en 1654. La connaissance que nous avons aujourd'hui, grâce surtout aux travaux de Meinsma et de Freudenthal, des circonstances dans lesquelles a été composé le *Court Traité* rend cette hypothèse tout à fait inadmissible [1].

Mal vu de ses proches, suspect à ses coreligionnaires et tout près d'être persécuté par eux, victime des mauvais procédés de sa sœur Rebecca et de son beau-frère Samuel de Casseres [2], Spinoza fut naturellement amené, avant même son excommunication (1656), à entrer en relation avec des chrétiens [3]; ce ne furent bien entendu pas les calvinistes rigides qui l'accueillirent; ce furent des hommes d'esprit assez libre, à peu près détachés de la religion traditionnelle tels que Louis Meyer et Dirck Kerckrinck, ou appartenant à des sectes très peu orthodoxes comme celle des Mennonites (Baptistes, ainsi nommés de Menno) et celle des Collégiants (ou des Collégiants de Rijnsburg, du nom de l'endroit où ils se sont quelque temps réunis; le christianisme des Collégiants semble s'être rapproché de celui que professe Tolstoï); à ces sectes appartenaient, outre le libraire Rieuwertsz et Jarig Jelles déjà nommés, Pieter Balling, Simon de Vries, Johannes Bouwmeester, tous amis et admirateurs de Spinoza, reconnaissant la supériorité de son génie et très désireux de recevoir de lui un enseignement qu'ils n'étaient pas toujours en état de comprendre.

1. Indépendamment de ces circonstances, on observera qu'en 1654, deux ans avant l'excommunication (qui est du 27 juillet 1656), Spinoza ne devait pas avoir commencé depuis bien longtemps ses études latines sous van den Enden, lequel a ouvert son école en 1652. C'est postérieurement à la mort de son père (30 mars 1654) et à la rupture avec sa famille qui s'ensuivit que Spinoza semble s'être particulièrement rapproché de van den Enden et avoir même habité sa demeure; cela prouve évidemment qu'il était déjà en relation avec lui, mais on croira difficilement qu'il ait eu, dès 1654, la connaissance du latin et de la philosophie de Descartes que suppose le *Court Traité*. A cette date, âgé de vingt-deux ans seulement, il en était encore aux études préliminaires indispensables aux plus grands et qui furent pour lui plus tardives que pour d'autres.

2. A la mort du père, Rebecca et Casseres firent de leur mieux pour dépouiller Spinoza de sa part d'héritage.

3. Il y a à ce sujet un témoignage de Lucas, auteur de la plus ancienne biographie de Spinoza (voir Freudenthal, *Lebengeschichte Spinoza's*, p. 9), témoignage confirmé par celui de Lefèvre, un vieillard ayant connu Spinoza, que Stolle rencontra à l'auberge du *Capitaine de Brême* (voir Meinsma, *op. cit.*, p. 88, 89; — Freudenthal, *op. cit.*, p. 222).

C'est pour ces hommes, pour ce petit cercle d'amis et de disciples que Spinoza composa le *Court Traité* [1]; d'où cette conséquence qu'il n'a pu l'écrire avant la formation du groupe et qu'un certain temps a dû s'écouler avant qu'il eût acquis l'autorité nécessaire au maître et au guide.

Suivant Meinsma, Spinoza aurait écrit son premier ouvrage avant son départ d'Amsterdam, c'est-à-dire avant le commencement de l'année 1660; si l'on admet l'hypothèse de W. Meijer dont nous avons déjà fait mention : Spinoza dictant son livre à quelques amis ou à l'un d'eux, on se rangera tout naturellement à l'avis de Meinsma. Ce mode de travail expliquerait d'ailleurs quelques-unes au moins des nombreuses imperfections du texte. Toutefois, les paroles par lesquelles se termine l'ouvrage, celles surtout qui sont relatives aux règles à observer en le lisant et à l'usage qu'il convient d'en faire, semblent plutôt s'adresser à des absents, comme le fait observer Freudenthal [2], qu'à des hommes avec qui l'auteur eût eu de fréquents entretiens. Il est donc très vraisemblable que, si le *Court Traité* a été commencé avant le départ d'Amsterdam, il a été terminé après l'installation à Rijnsburg. Il ne peut en tout cas être postérieur à 1660.

Que faut-il penser maintenant des deux dialogues joints au chapitre II de la première partie ? On a vu plus haut ce qu'il y avait de commun à leur sujet entre l'opinion de Sigwart et celle d'Avenarius. Ce dernier en place la composition en 1651 ou au plus tard en 1652 [3]. Sigwart l'avance de quelques années, mais l'un et l'autre sont d'accord pour la croire sensiblement antérieure à celle du traité. Sigwart, à la vérité, après avoir soutenu cette thèse pour les deux dialogues, l'a restreinte au premier;

1. C'est à eux aussi, et à quelques autres, qu'il communiqua plus tard les différentes parties de l'*Éthique*, au fur et à mesure qu'il l'écrivit. Ce sont les survivants de ces amis et correspondants de Spinoza qui, après sa mort, publièrent les *Œuvres posthumes*.

2. *Spinoza, sein Leben und seine Lehre*, Bd I, p. 105.

3. On observera que, si cela était vrai, les dialogues eussent dû être écrits primitivement en espagnol, car à dix-neuf ans, Spinoza ne parlait et n'écrivait couramment, à ce qu'il semble, que l'espagnol, sa langue maternelle, et peut-être le portugais. Au reste, l'hypothèse d'Avenarius fait partie d'une théorie soutenue par cet auteur sur les étapes parcourues par Spinoza, ou comme il dit les *phases de son panthéisme*. Il aurait commencé par embrasser le naturalisme sous l'influence de Giordano Bruno, aurait passé de là au théisme sous celle de Descartes, et serait enfin arrivé au panthéisme géométrique de l'*Éthique*. Il ne subsiste à peu près rien aujourd'hui de cette construction ingénieuse. Voir à ce sujet les *Études sur Spinoza* déjà citées de Freudenthal (*Zeitschrift für Philosophie*, Bd. 108, 109).

il reconnaît dans les *Prolégomènes* de son édition que le second a pu être écrit plus tard, admettrait même, semble-t-il, qu'il l'eût été par un disciple et non par Spinoza. Mais le premier lui paraît très précieux en raison même de son ancienneté; il y voit, à un moindre degré qu'Avenarius cependant, la preuve que Spinoza professait le panthéisme, un panthéisme naturaliste et mystique semblable à celui de Giordano Bruno, avant de connaître Descartes; d'après lui, le premier dialogue serait l'œuvre d'un homme qui, tout plein de la doctrine de Bruno ou d'une autre [1] semblable, viendrait de lire Descartes et combattrait son dualisme sans l'avoir encore étudié à fond. Lagneau, beaucoup moins porté que les critiques allemands à découvrir dans les écrits de Spinoza des traces d'influences extérieures, considère lui aussi le premier dialogue comme antérieur au traité; il y voit une première et toute fraîche expression de la pensée qu'il appelle la *pensée-mère* de Spinoza, celle de la réalité de l'être concret.

A juger du premier dialogue par l'impression qu'il produit à la lecture, on le croirait volontiers en effet l'œuvre d'un jeune homme, encore inhabile au raisonnement, embarrassé dans son style, mais ayant à un haut degré le sentiment du réel et pour qui l'on voit que la philosophie ne sera pas une occupation de l'esprit, mais la vie même de l'âme. Plus encore que le raisonnement, assez inattendu, suivant lequel la même nécessité qui oblige à réunir des modes semblables sous un même attribut obligerait à réunir des attributs différents en une seule substance, les noms mêmes donnés aux personnages du dialogue, Amour, Raison, Entendement, Désir, ou plutôt Concupiscence, l'appellation d'« infâme » donnée à ce dernier, surprennent le lecteur accoutumé à la manière géométrique, forte sans violence de l'*Éthique*, et sachant combien peu Spinoza est d'ordinaire disposé à faire des facultés de l'âme des êtres réels; d'où une inclination à reculer le plus possible la date de la composition de cet écrit, à le croire antérieur au *Court Traité*.

1. On pourrait supposer que dans la composition du premier dialogue, Spinoza s'est inspiré de Léon Abarbanel, juif espagnol converti au christianisme, auteur au XVIe siècle (la première édition est de 1535) d'un livre écrit en italien et intitulé : *Dialogi di Amore*. Zimmels, dans un ouvrage publié en 1886 *(Leo Hebraeus, ein jüdischer Philosoph der Renaissance)*, a tenté de prouver que Spinoza avait dû lire ces dialogues, et, de fait, quand le catalogue des livres formant sa bibliothèque a été publié en 1889, on a pu s'assurer qu'il en possédait une traduction espagnole.

Tout autre est l'opinion de Freudenthal qui, dans ses *Études*, soutient les thèses suivantes : les deux dialogues sont étroitement liés l'un à l'autre, le second faisant suite au premier et formant avec lui un tout, impossible d'ailleurs à isoler du *Traité ;* ils ont été composés postérieurement au *Traité* et s'y réfèrent ; ce sont des éclaircissements que Spinoza a voulu y joindre. Les arguments donnés par Freudenthal, sans manquer de force, ne réussissent pas entièrement à prévaloir sur les raisons qui, avant que je l'eusse lu, me portaient à croire à l'ancienneté du premier dialogue au moins. Je m'abstiendrai donc de toute conclusion sur ce point.

L'intérêt du *Court Traité,* pour qui veut étudier la pensée de Spinoza dans son devenir, est de tout premier ordre; il est inutile d'y insister. En un certain sens cet ouvrage, rédigé avec confusion et resté inachevé, peut être considéré comme aussi précieux que le traité de *la Réforme de l'Entendement* qui est d'ailleurs lui-même un fragment. Comme exposition d'une théorie de la connaissance ou de l'idée vraie, le traité de *la Réforme de l'Entendement* vaut assurément beaucoup plus que ne vaut le *Court Traité* comme exposition d'une doctrine sur Dieu et sur la nature humaine; comme témoignage de ce que pensait et aussi de ce que sentait Spinoza aux environs de l'année 1660, les deux documents nous semblent d'égale valeur. Le *Court Traité* a même l'avantage de nous renseigner, ce que ne saurait faire le traité de *la Réforme de l'Entendement,* sur la situation prise par Spinoza à l'égard du christianisme. Faute de bien entendre ce point on risque de mal interpréter le *Traité Théologico-Politique,* ainsi qu'il est arrivé à plus d'un, et cela seul suffit pour en montrer l'importance.

S'il contient bon nombre de propositions inconciliables avec le dogme chrétien, même largement entendu, le *Court Traité* peut cependant, plus aisément que l'*Éthique,* s'interpréter dans un esprit chrétien; et il n'est pas douteux que la plupart au moins des amis auxquels il était destiné ne l'aient ainsi compris. L'exemple du *Seigneur Christ, notre maître le meilleur,* invoqué dans la préface du manuscrit A le montre déjà. Le monisme encore incomplet du *Court Traité,* les traces de finalisme qui s'y trouvent [1], les qualificatifs de *sage* et *bon* appliqués à Dieu,

1. Dans le chapitre XXIV, partie II, dans le chapitre XVIII, partie II, où il est parlé de « tant d'œuvres habilement ordonnées » *(geschiktelijk geordineerde werken).*

l'emploi d'expressions comme *Fils de Dieu*, *Régénération*, *Prédestination* [1], la théorie de la passivité de l'entendement humain, une certaine propension au renoncement, l'humilité considérée comme une bonne passion, le plaisir traité avec un mépris qui ne fait guère pressentir les belles paroles de l'*Éthique* [2], autant de points sur lesquels le spinozisme sous sa première forme diffère du spinozisme définitif et peut être rapproché de certaines doctrines chrétiennes. Cela d'ailleurs s'explique aisément; car, s'il est faux que Spinoza ait jamais été chrétien en ce sens qu'il aurait accepté les dogmes essentiels du christianisme ou reçu le baptême, on ne peut douter qu'il n'y ait eu à un certain moment pénétration dans son âme de sentiments chrétiens et d'idées chrétiennes, sentiments et idées destinés à y demeurer sans doute, à devenir partie intégrante de sa doctrine, mais aussi à se modifier quelque peu, à prendre surtout un caractère plus purement philosophique, rationaliste et, je dirai, irréligieux [3]. Or le moment où cette pénétration a eu lieu, moment qu'à bien des égards on pourrait appeler décisif, qui coïncide d'ailleurs, à peu de chose près, avec le rejet du judaïsme et a dû être bientôt suivi de l'étude de la philosophie de Descartes, n'est antérieur que de peu d'années à la composition du *Court Traité*.

1. Je ne fais pas mention ici du rapprochement établi dans la note 1 du chapitre XIX, partie II, entre l'opinion et le *péché*, la croyance rationnelle et la *loi*, la connaissance vraie et la *grâce*, parce qu'il est possible, — bien que non prouvé — que cette note ne soit pas de Spinoza.

2. Scolie venant après le corollaire 2 de la proposition 45 (partie IV).

3. Le terme d'irréligieux appliqué à Spinoza signifie dans ma pensée qu'il devint de plus en plus *individualiste*, de plus en plus opposé par principe à toute *église*, de plus en plus détaché de toute *tradition*, de plus en plus le *philosophe de l'immanence*. Sur les rapports de Spinoza avec les Collégiants, on lira avec fruit, outre l'ouvrage plusieurs fois cité de Meinsma, un article de W. Meijer (en allemand) dans l'*Archiv für Geschichte der Philosophie* (1901), et Freudenthal, *Spinoza sein Leben und sein Lehre* (Stuttgart, 1904). Sur la position occupée par Spinoza à l'égard de la religion en général, et du christianisme en particulier, voir les études de M. Brunschvicg, sur *Spinoza et ses Contemporains*, dans la *Revue de métaphysique et de morale* (années 1905-1906).

SOMMAIRE DU « COURT TRAITÉ »
DE
BENOIT DE SPINOZA

SUR DIEU, L'HOMME ET LA SANTÉ DE SON AME[a]

COMPOSÉ DE DEUX PARTIES AVEC, EN OUTRE, UN APPENDICE

[a] Je traduis par santé de l'âme le mot *welstand* que je suppose correspondre à *valetudo*. Voir la préface jointe au titre du *Traité*.

La première partie de ce *Traité* est divisée en dix chapitres.

Dans le chapitre I l'auteur nous fait connaître qu'il existe en lui-même une idée de Dieu : conformément à cette idée il définit Dieu comme un être qui se compose d'attributs infinis, dont chacun est en son genre infiniment parfait; et de là il déduit ensuite que l'existence appartient à son essence, ou que Dieu doit exister nécessairement.

Pour faire voir clairement quelles perfections sont contenues en particulier dans la nature et essence divine, il passe, dans le chapitre II, à la considération de la nature de la substance. — Il s'efforce de démontrer à son sujet qu'elle est nécessairement infinie, qu'en conséquence il ne peut réellement exister qu'une seule substance et qu'il est impossible que l'une soit produite par l'autre (qu'elle soit finie ou infinie) *; mais que tout ce qui existe est compris dans cette substance unique (par lui nommée du nom de Dieu) et qu'ainsi la nature pensante et l'étendue sont deux de ses attributs infinis, dont chacun est parfait au plus haut point et infini en son genre; c'est pourquoi aussi (comme il l'explique plus amplement par la suite) toutes les choses singulières, finies et déterminées, comme sont les âmes et les corps humains, etc., doivent être conçues comme des modes de ces attributs; modes par lesquels les attributs eux-mêmes, et par eux la substance, c'est-à-dire Dieu, se manifeste à nous d'une infinité de manières.

Après que tout cela a été éclairci de plus près et exposé avec plus de développement dans des dialogues...

* Les mots *qu'elle soit finie ou infinie* sont, dans le texte manuscrit, placés de telle sorte qu'ils se rapportent au mot substance dans la première partie de la phrase, ce qui donnait : *il ne peut exister qu'une substance soit finie, soit infinie.* W. Meijer a certainement raison de corriger comme il fait.

Il en est déduit dans le chapitre III de quelle manière Dieu est une cause des choses, savoir une cause immanente, etc.

Pour nous montrer cependant quelles sont, d'après sa manière de voir, les propriétés[o] essentielles de Dieu il passe

Au chapitre IV : où il affirme que Dieu est une cause nécessaire de toutes choses; et que leur nature ne pouvait pas plus être différente de celle qui existe actuellement ou être produite par Dieu sous une autre forme ou dans un autre ordre, qu'il n'est possible que Dieu acquière une autre nature ou essence que celle qui appartient à son existence actuelle et infinie. Et cette détermination dite causale, ou cette nécessité supposée par laquelle les choses sont et agissent, porte ici le nom de première propriété de Dieu.

Là-dessus est considérée, dans le chapitre V, comme une seconde propriété de Dieu une tendance par laquelle, selon le sentiment de l'auteur, la nature entière et conséquemment aussi chaque chose en particulier est déterminée à maintenir son état et son être. Cette tendance, conçue comme une propriété de toutes choses ensemble, est appelée providence *générale* de Dieu; mais en tant qu'elle concerne chaque chose en particulier, considérée en elle-même et en dehors de sa liaison avec les autres parties de la Nature, elle porte le nom de providence *particulière* de Dieu.

Est ensuite présentée dans le chapitre VI, comme troisième propriété de Dieu, la Prédestination ou prédétermination de Dieu qui s'étend sur la nature entière et chaque chose en particulier et exclut toute contingence. Cette théorie se fonde principalement sur le chapitre IV; après, en effet, qu'on a admis ce principe fondamental de l'auteur que le Tout (appelé Dieu par lui) est nécessaire aussi bien quant à son essence que quant à son existence, et qu'en lui est compris tout ce qui est, il suit alors de ce faux principe cette conclusion inévitable qu'il ne peut rien s'y produire de contingent. Il dit là-dessus, pour écarter certaines objections à lui opposées, séparément son idée sur les vraies causes du mal, du péché et de l'erreur et termine ainsi l'étude des propriétés essentielles de Dieu, d'où il passe

[o] Je traduis ici par propriété le mot hollandais *eigenschap* (que précédemment j'ai traduit par attribut) pour me conformer à la terminologie du traité (terminologie d'ailleurs incertaine, le traducteur hollandais ne distinguant pas toujours les *Propria* des *Attributa*).

Au chapitre VII, dans lequel sont énumérées ces propriétés de Dieu considérées par lui comme seulement relatives et non comme essentielles, ou encore comme des dénominations de ses propriétés essentielles. A cette occasion sont brièvement examinées et réfutées les opinions que les Péripatéticiens ont apportées et répandues au sujet de la définition de Dieu et de la démonstration de son existence.

Puis, pour faire clairement concevoir la différence qui existe, suivant l'auteur, entre la nature Naturante et la Naturée, il expose successivement et séparément ce que c'est dans les chapitres VIII et IX.

Après quoi dans le chapitre X, comme dans le VIe, il est montré que les hommes, après avoir formé certains concepts généraux, y avoir rapporté et comparé les choses, se forment par là une idée du bien et du mal; appelant *bonnes* les choses, en tant qu'elles s'accordent avec un concept général, et *mauvaises* en tant qu'elles en diffèrent et ne s'accordent point avec lui; de sorte que le bien et le mal ne sont aussi que des êtres de raison ou des modes de penser.

Ainsi se termine la première partie de ce *Traité.*

Dans la deuxième partie l'auteur expose ses pensées sur l'existence de l'homme, savoir : comment il est sujet aux passions et leur esclave; puis jusqu'où il peut parvenir en faisant usage de sa Raison; et enfin quel est le moyen par où il peut arriver à son salut et à une liberté parfaite.

Ayant ainsi brièvement parlé, dans la préface de cette partie, de la nature de l'homme

Il traite dans le chapitre I des différents genres de connaissance ou de perception et montre comment la connaissance est engendrée et naît dans l'homme de quatre façons, savoir :

1º Par ouï-dire, par quelque récit ou un autre signe
2º Par l'expérience nue
3º Par le bon et clair raisonnement ou la croyance droite
4º Par la jouissance interne et l'intuition claire des choses elles-mêmes.

Le tout éclairci et expliqué par un exemple, pris de la règle de trois.

Pour avoir maintenant une idée distincte des effets de ces quatre genres de connaissance, il en est tout d'abord donné, au chapitre II, une définition; puis il est traité en particulier de chacun; comme effets du premier genre de connaissance [et du deuxième] °, sont désignées les Passions ou Troubles de l'âme, qui sont contraires à la droite Raison; comme effets du troisième genre de connaissance, les bons Désirs; du quatrième genre, l'Amour véritable avec ses conséquences.

Dans le chapitre III, il est traité en premier lieu des Passions qui découlent du premier et du deuxième genre de connaissance, c'est-à-dire de l'Opinion comme nommément : l'Admiration, l'Amour, la Haine, le Désir.

Là-dessus est montré dans le chapitre IV de quelle utilité est pour l'homme le troisième genre de connaissance qui lui enseigne comment il doit vivre droitement, sous la conduite de la raison, et l'excite à embrasser cela seulement qui est digne d'être aimé; qui le conduit à discerner et à mettre à part les Passions qui naissent de l'Opinion et lui indique celles qu'il doit rechercher ou fuir. Et, afin de montrer plus en détail l'usage de la Raison à l'égard des passions, notre auteur traite;

Dans le chapitre V, de l'Amour;

Dans le VIe, de la Haine et de l'Aversion;

Dans le VIIe, du Désir, de la Joie et de la Tristesse;

Dans le VIIIe, de l'Estime et du Mépris; de l'Humilité et de la Noblesse; de l'Orgueil et de l'Humilité vicieuse;

Dans le IXe, de l'Espérance et de la Crainte; de la Sécurité et du Désespoir; de la Fluctuation de l'âme, du Courage, de l'Audace et de l'Émulation; de la Pusillanimité et de la Consternation; et, enfin, de la Jalousie;

Dans le Xe, du Remords et du Repentir;

Dans le XIe, de la Raillerie et de la Plaisanterie;

Dans le XIIe, de l'Honneur, de la Honte et de l'Impudence;

Dans le XIIIe, de la Faveur, de la Reconnaissance et de l'Ingratitude;

Dans le XIVe, enfin, du Regret.

Après avoir ainsi exposé tout ce qu'il y a à dire, dans son opinion, sur les passions il passe :

Au chapitre XV, dans lequel est exposé le dernier effet de la croyance vraie ou du troisième genre de connaissance, comme étant le moyen par où le vrai est distingué du faux et vient à notre connaissance.

Pensant alors avoir expliqué ce qu'est le Bien et le Mal, la Vérité et la Fausseté, comme aussi en quoi consiste

° Ajouté par W. Meijer d'après le manuscrit B.

la santé d'âme d'un homme parfait, Spinoza tient pour nécessaire de rechercher si l'on parvient à une telle santé par libre volonté ou nécessairement.

Il montre à ce sujet dans le chapitre XVI ce qu'est la Volonté et soutient là qu'elle n'est pas du tout libre, mais que nous sommes déterminés à tous égards par des causes extérieures à telle ou telle décision volontaire, ou à affirmer et à nier quelque chose.

Pour que cependant la Volonté ne soit pas confondue avec le Désir, il indique, dans le chapitre XVII, la différence entre les deux. Il considère le désir comme étant aussi peu libre que l'entendement et la volonté, et le conçoit de telle sorte que chaque désir, comme chaque volition, soit déterminé par des causes extérieures.

Et, pour engager le lecteur à embrasser toute cette doctrine, il montre dans le chapitre XVIII, longuement et en détail, les nombreux avantages qui, d'après sa manière de voir, y sont contenus.

Afin de savoir maintenant si l'homme, par la Croyance précédemment mentionnée, c'est-à-dire par le troisième genre de connaissance, peut être conduit à la jouissance du souverain bien et de la plus haute félicité, et être délivré des passions en tant qu'elles sont contraires, l'auteur recherche d'abord dans le chapitre XIX et le chapitre XX, touchant ce dernier point, comment l'âme est unie au corps, et comment elle éprouve par lui diverses affections qui, conçues par elle sous la forme du bien et du mal, sont considérées comme la cause des diverses Passions.

Comme d'ailleurs les opinions par où les affections susnommées de notre corps sont conçues comme bonnes ou mauvaises — et par où sont donc engendrées les passions — reposent suivant le chapitre Ier de cette partie : dans le premier genre de connaissance, sur le ouï-dire ou quelque autre signe extrinsèque; dans le deuxième genre de connaissance sur l'expérience propre; il en vient, dans le chapitre XXI, à cette conclusion : que tout ce qui est présent *en nous-même* ayant plus d'influence sur nous que ce qui est *apporté du dehors*, la raison est bien en état de détruire les idées ou opinions qui naissent en nous seulement par le premier genre de connaissance, parce que la raison ne pénètre pas en nous du dehors comme ces idées; mais qu'elle n'a pas le même pouvoir à l'égard des idées que nous acquérons par le deuxième genre de connaissance, attendu que quelque chose dont nous jouissons intérieurement ne peut pas être vaincu par quelque chose, fût-il plus puissant, qui nous est extérieur et est contemplé par nous seulement par l'intermédiaire de la raison.

Puis donc que le raisonnement, ou le troisième genre de connaissance, n'est pas en état de nous conduire à la santé de l'âme ou à triompher des Passions qui découlent du deuxième genre de connaissance, Spinoza va se demander dans le chapitre XXII quel peut bien être le vrai moyen de parvenir à cette fin.

Dieu étant maintenant le bien le plus haut que l'âme puisse connaître et posséder, il conclut que, si une union avec Dieu (ou une connaissance et un amour), aussi étroite que celle qu'a notre âme avec le corps et par où elle est affectée °, pouvait une fois nous être en partage; non certes une connaissance consistant en conclusions raisonnées, mais une connaissance ou un amour consistant en une jouissance intérieure et une union immédiate avec l'être de Dieu; par une telle connaissance du quatrième genre donc, nous devrions parvenir au plus haut salut et à la plus haute félicité; et qu'ainsi ce dernier genre de connaissance n'est pas seulement nécessaire mais qu'il est le seul moyen. Et, comme il se produit par là en nous l'effet le plus excellent, et une constance inaltérable (en ceux qui en jouissent) *, il donne à cet état le nom de Régénération.

Comme d'ailleurs l'âme humaine, suivant son sentiment, est l'idée, se trouvant dans la substance pensante, d'une certaine chose, et que cette âme est unie à la chose par cette idée, il déduit de là, dans le chapitre XXIII, que la constance de l'âme ou sa mutabilité doivent être déterminées à proportion de la nature de la chose dont elle est l'idée; et que l'âme donc, en cas qu'elle consiste seulement dans une union avec une chose temporaire et changeante (comme l'est le corps), doit nécessairement pâtir et périr avec lui; tandis qu'au contraire elle sera libérée de toute *Passion* et aura part à l'immortalité, si elle est unie avec une chose qui est éternelle et immuable de sa nature.

Pour ne rien omettre de ce qui mérite d'être observé concernant ces choses, notre auteur recherche, dans le chapitre XXIV, si l'Amour de l'homme pour Dieu est payé de retour, c'est-à-dire s'il implique que Dieu chérit ou aime l'homme. Après l'avoir nié il explique, conformé-

° Dans ce membre de phrase, je ne suis pas tout à fait le hollandais, qui est ici un peu confus. J'interprète en tenant compte du texte du chapitre XXII.

* Conformément aux indications du manuscrit B, et à l'exemple de W. Meijer, je place ici ces mots qui, dans le texte, sont après Régénération.

ment à la doctrine déjà exposée par lui, ce que sont les lois divines et humaines. Puis il réfute l'opinion de ceux qui veulent que Dieu se révèle et se fasse connaître à l'homme par quelque autre chose que par sa propre essence; à savoir par quelque chose de fini ou de limité, ou sous quelque signe extérieur, par exemple par des paroles ou des miracles.

Attendu que, selon son sentiment, la durée d'une chose dépend de sa propre perfection ou de son union avec quelque chose d'une nature plus parfaite, il nie qu'il existe un Diable, parce qu'il juge qu'une chose privée de toute perfection et de toute union à la perfection (et ainsi définit-il le Diable) ne peut avoir ni essence ni existence.

Après donc que notre auteur, ayant laissé le diable de côté et l'ayant jugé superflu, a déduit les Passions de la seule considération de la nature humaine, et a indiqué le moyen par où elles peuvent être domptées et par où la plus haute félicité de l'espèce humaine peut être atteinte, il fait voir, dans le chapitre XXVI, en quoi consiste la vraie liberté de l'Homme, qui découle du quatrième genre de connaissance. Pour cela il pose d'abord les principes suivants :

1° Plus une chose a d'essence, plus d'action et moins de passion il doit lui être attribué

2° Tout ce qui est passion provient d'une nécessité extérieure et non d'une cause interne

3° Ce qui n'est pas produit par une cause *extérieure* n'a aussi rien de commun avec elle

4° L'effet d'une cause immanente ne peut changer ou périr aussi longtemps que dure la cause

5° La cause la plus libre de toutes et qui convient le mieux à Dieu est l'immanente.

De ces propositions il déduit ensuite les conséquences suivantes :

PREMIÈRE CONSÉQUENCE. — Puisque l'essence de Dieu contient une action infinie et implique la négation de toute passion, pour cette raison, tout ce qui est uni à lui a part à l'action et est libre de toute passion et corruption.

DEUXIÈME CONSÉQUENCE. — L'entendement vrai ne peut périr.

TROISIÈME CONSÉQUENCE. — Tout ce qui est effet de l'entendement vrai, uni à lui, est excellent au suprême degré et, comme sa cause, nécessairement éternel.

QUATRIÈME CONSÉQUENCE. — Toutes les choses que nous produisons hors de nous sont d'autant plus parfaites qu'elles sont mieux disposées de façon à pouvoir s'unir à nous.

De tout cela il déduit enfin que la liberté humaine consiste dans un *être ferme* que notre entendement acquiert par son union immédiate avec Dieu; de façon que ni elle-même [l'âme humaine °], ni rien de ce qui en provient, ne soit soumis à aucune nécessité extérieure ou ne puisse par une telle cause être détruit ou modifié, mais doive persister dans une durée éternelle et immuable.

Et ainsi Spinoza termine cette deuxième et dernière partie de son ouvrage.

A la suite il a voulu encore mettre une sorte d'Appendice ou d'Addition ne contenant pas autre chose qu'une courte esquisse des choses comprises dans ce qui précède et dont la première partie, sur la nature de la substance, ordonnée à la manière géométrique, concorde, quant à son contenu, avec ce qui se trouve dans son Éthique imprimée jusqu'à la huitième proposition de la première partie; tandis que dans la deuxième partie il recherche ce qu'est l'âme humaine et en quoi consiste son union avec le corps.

En outre, Spinoza a enrichi l'ouvrage d'*Annotations* destinées à éclaircir et à développer ses idées.

° J'ajoute ces mots indispensables pour la clarté et faciles à suppléer en ayant égard au texte du traité.

AVERTISSEMENT DU TRADUCTEUR

AU SUJET DU « COURT TRAITÉ »

Le texte qui a servi de base à mon travail et que j'ai suivi, autant que je l'ai pu, est le texte hollandais de l'édition van Vloten et Land; toutes les fois que je m'en suis écarté, j'en ai avisé le lecteur.

J'ai reproduit celles d'entre les variantes du texte qui m'ont paru présenter quelque intérêt. Quand je me suis trouvé en présence de deux leçons, j'ai adopté le plus souvent celle du manuscrit A, ne donnant la préférence à celle du manuscrit B que lorsqu'elle était nettement supérieure à l'autre en clarté.

Dans un certain nombre de passages, j'ai dû faire des corrections de diverse nature : ajouter, supprimer, déplacer, modifier des mots, voire des membres de phrase. Dans cette partie de mon travail, je me suis aidé principalement de la traduction allemande de Sigwart, de l'édition hollandaise de W. Meijer, enfin des indications précieuses de Freudenthal (*Zeitschrift für Philosophie*, Bd. 108, 109).

Tous les mots mis entre crochets [ ] sont des mots que j'ai ajoutés pour rendre la phrase plus intelligible et en faciliter la lecture; quand ces mots sont accompagnés de la lettre B, c'est qu'ils sont empruntés au manuscrit B.

J'ai tenu à conserver la division en paragraphes de Sigwart, afin que les recherches et les comparaisons fussent plus aisées. Par cela même, je m'interdisais de faire subir au texte des remaniements considérables comme ceux qui rendent particulièrement neuve et intéressante l'édition de W. Meijer. Mon intention n'était d'ailleurs pas le moins du monde de tenter une restitution (très difficile, sinon impossible) du *Court Traité*. J'ai seulement voulu mettre à la disposition du public français un instrument de travail plus commode que ne l'était la traduction publiée par M. Paul Janet en 1878.

Toutes les notes qui portent un numéro d'ordre sont de Spinoza, ou font du moins partie du contenu des manuscrits. Les notes relatives à l'établissement du texte sont toutes indiquées par un astérisque *. Enfin, un petit nombre de brèves observations personnelles, destinées dans ma pensée à épargner la peine du lecteur, lui sont signalées par la lettre O[1].

Les observations assez nombreuses que j'aurai à faire sur la traduction de certains mots et de certains passages se trouveront dans les notes explicatives auxquelles je prie le lecteur de se reporter. Je me contenterai de dire ici que je cherche à mettre mon vocabulaire en accord avec celui que j'emploie dans la traduction des ouvrages dont le texte latin primitif nous a été conservé. Ainsi je rends *verstaan* par *connaître* toutes les fois que je considère ce mot comme répondant au latin *intelligo* (voir l'avertissement relatif au traité de *la Réforme de l'Entendement)*.

1. Ces indications s'appliquent aussi à la traduction du *Sommaire* d'abord publié par Bochmer (voir ci-dessus).

COURT TRAITÉ

DE DIEU, DE L'HOMME ET DE LA SANTÉ DE SON AME

Premièrement rédigé en langue latine par Benoît de Spinoza à l'usage de ses disciples qui voulaient s'adonner à la pratique de la morale et de la vraie philosophie.

Et présentement traduit en langue néerlandaise à l'usage des amis de la vérité et de la vertu, pour fermer enfin la bouche à ceux qui tant se vantent à ce sujet, et font recevoir et serrer dans la main par les simples leur fiente et leur ordure comme de l'ambre gris; pour qu'ils cessent enfin de salir ce qu'ils ne connaissent pas encore, savoir : *Dieu, soi-même et l'entraide en vue de la santé de l'âme;* et pour guérir enfin ceux qui sont malades en leur entendement [o] par l'esprit de douceur et de patience, selon l'exemple du Seigneur Christ, notre maître le meilleur.

TABLE DES CHAPITRES COMPRIS DANS LES DEUX LIVRES CI-APRÈS

Le premier livre traitant de Dieu et de ce qui appartient à Dieu, contient les chapitres suivants :

Le second livre traitant de l'homme possédant une perfection lui permettant de pouvoir de lui-même s'unir à Dieu :

[o] Ce sont ces mots qui m'ont déterminé à traduire *welstand* par santé : j'ajouterai qu'ici le mot *verstand*, que je traduis par entendement, rend probablement le latin *mens* et non *intellectus* (ainsi qu'en quelques passages du traité, du reste).

PREMIÈRE PARTIE

DE DIEU

CHAPITRE PREMIER

QUE DIEU EST

(1) Touchant le premier point, à savoir s'il est un Dieu, nous disons que cela peut être démontré.

I. — *A priori* de la façon suivante :

1° Tout ce que nous connaissons clairement et distinctement comme appartenant à la nature [1] d'une chose, nous pouvons aussi l'affirmer avec vérité de la chose.

Or, que l'existence appartient à la nature de Dieu, nous pouvons le percevoir clairement et distinctement.

Donc :

(2) *2*° Ou encore ainsi : les essences des choses sont de toute éternité et resteront immuables dans toute l'éternité.

L'existence de Dieu est essence °.

Donc [2] * :

(3) II. — *A posteriori* de la façon suivante :

Si l'homme a une idée de Dieu, Dieu doit exister formellement.

Or l'homme a une idée de Dieu.

Donc :

(4) Le premier point se démontre ainsi :

1. Entendez : cette nature déterminée par quoi la chose est ce qu'elle est, et qui ne peut en être en aucune façon séparée, sans que la chose elle-même soit aussitôt anéantie; c'est ainsi qu'il appartient par exemple à l'essence d'une montagne d'avoir une vallée, ou que l'essence d'une montagne consiste en ce qu'elle a une vallée, ce qui est une vérité éternelle et immuable et doit toujours être dans le concept d'une montagne, même si elle n'a jamais existé ni n'existe.

2. De la définition donnée ci-après dans le second chapitre, d'après

° Conforme au texte hollandais; voir note explicative.

* Dans l'édition van Vloten et Land, ce renvoi à la note 2 se trouve plus bas, dans l'énoncé de l'argument *a posteriori*.

Si une idée de Dieu est donnée, la cause de cette idée doit exister formellement et contenir en elle tout ce que l'idée contient objectivement.

Or une idée de Dieu est donnée.

Donc :

(5) Pour démontrer maintenant la première partie de cet argument nous posons les principes suivants savoir :

1° Que les choses connaissables sont infinies;

2° Qu'un entendement fini ne peut concevoir l'infini;

3° Qu'un entendement fini ne peut par lui-même rien connaître, à moins qu'il ne soit déterminé du dehors. Pas plus en effet qu'il n'est en état de tout connaître à la fois, il ne peut connaître ceci, par exemple, plutôt que cela; ou ne peut entreprendre ou commencer de connaître cela plutôt que ceci. Puis donc qu'il ne peut ni l'un ni l'autre, il ne peut absolument rien [connaître].

(6) La première partie ° (ou majeure) se démontrera comme il suit :

Si le pouvoir qu'a l'homme de forger était seul cause de son idée, il lui serait impossible de jamais concevoir quoi que ce fût.

Or il peut concevoir quelque chose.

Donc :

(7) Puisque maintenant, d'après le premier principe, *les choses connaissables sont infinies*, que, d'après le second, l'*entendement fini ne peut tout concevoir* et que, d'après le troisième, *il n'a aucun pouvoir de connaître ceci plutôt que cela ou cela plutôt que ceci*, il serait impossible, s'il n'était

laquelle Dieu a des attributs infinis, nous pouvons tirer la démonstration suivante : tout ce que nous voyons clairement et distinctement qui appartient à la nature d'une chose, nous pouvons l'affirmer avec vérité de la chose.

Or, à la nature d'un être qui a des attributs infinis appartient un attribut qui est *Être*.

Donc :

Dire maintenant à ce sujet : cela peut bien s'affirmer de l'idée non de la chose elle-même, est faux, car l'idée [de la chose et] aussi de l'attribut qui appartient à cette chose n'existe pas *matériellement;* de façon que ce qui est affirmé [de l'idée] n'appartient ni à la chose elle-même, ni à [l'attribut] qui en est affirmé; il y a donc une grande différence entre l'idée et son objet. Et par suite, ce qu'on affirme de la chose, on ne l'affirme pas de l'idée, et *vice versa* *.

° Il s'agit de la première partie de l'argument du § 4 servant à établir la majeure de l'argument *a posteriori* du § 3.

* J'ai dû, pour donner un sens à ce passage, ajouter les mots mis entre crochets; je l'ai fait en partie d'après l'indication donnée par Freudenthal; voir note explicative.

déterminé par aucune cause extérieure, qu'il connût quoi que ce fût * [3].

(8) De tout cela résulte la démonstration du deuxième point, à savoir que *la cause de l'idée qu'a l'homme n'est pas son pouvoir de forger, mais quelque cause extérieure qui l'oblige à concevoir telle chose plutôt qu'une autre*, et cette cause ne consiste en rien d'autre sinon que les choses existent formellement et sont plus proches de lui que d'autres dont l'essence objective est dans son entendement.

3. De plus, dire que cette idée est une fiction est encore faux **, car il est impossible de l'avoir si elle n'existe pas, et cela est montré par ce qui est dit ci-dessus, à quoi nous ajoutons ce qui suit.

Il est bien vrai que d'une idée qui d'abord nous est venue d'une chose et a ensuite été généralisée par nous *in abstracto*, nous pouvons former dans notre esprit beaucoup d'idées de choses particulières auxquelles nous pouvons joindre des qualités abstraites par nous d'autres choses. Mais cela est impossible à faire si nous n'avons d'abord connu la chose d'où sont tirées ces idées abstraites. Admettons, cependant, que cette idée [l'idée de Dieu] soit une fiction, alors toutes les *autres idées* que nous avons ne sont pas moins qu'elle des fictions. S'il en est ainsi, d'*où vient* qu'il y a entre elles une si grande différence ? Car nous en voyons quelques-unes qui ne peuvent avoir de réalité : ainsi, par exemple, tous les animaux monstrueux que l'on voudrait composer par la réunion de deux natures, comme un animal qui serait un oiseau et un cheval, et autres semblables ne pouvant avoir place dans la nature que nous trouvons autrement ordonnée. D'*autres idées* sont bien possibles, mais il n'est pas nécessaire qu'elles soient; de celles-là, qu'elles soient ou ne soient pas, l'essence est en tout temps nécessaire; telle est, par exemple, l'idée du triangle ou celle de l'amour dans l'âme sans le corps, etc.; de façon que, si même je pensais d'abord que je les eusse forgées, je n'en serais pas moins obligé de dire ensuite qu'elles sont cela même qu'elles sont, et le devraient être alors même que ni moi ni aucun homme n'y aurions jamais pensé. Et c'est pourquoi elles ne sont pas forgées par moi et doivent ainsi avoir en dehors de moi un sujet que je ne suis pas et sans lequel elles ne pourraient pas être.

Outre ces idées, il en est encore une troisième, et celle-là est unique, elle apporte avec elle l'être nécessaire, et non comme la précédente, l'être seulement possible; car de ces dernières l'essence était bien nécessaire, mais non l'existence; tandis que de celle-là, l'existence est nécessaire comme l'essence, et sans elle il n'est rien °. Je vois donc maintenant que la vérité, l'essence ou l'existence d'aucune chose ne dépend de moi. Car, ainsi qu'il a été démontré au sujet de la deuxième sorte d'idées, elles sont ce qu'elles sont sans moi, que ce soit quant à l'essence, ou à la fois quant à l'essence et à l'existence. De même aussi et encore bien davantage, je trouve que cela est vrai relativement à cette troisième et unique idée. Et non seulement cela : qu'elle ne dépend

* Je substitue ici à la leçon donnée par l'édition van Vloten et Land dans le texte (qui est celle du manuscrit A) celle qui se trouve en note (c'est celle du manuscrit B), parce qu'elle est plus claire de forme, et d'ailleurs équivalente quant au sens.

** Les mots *encore faux* semblent faire suite à ce qui est dit dans la note 2. W. Meijer, pour cette raison, réunit les deux notes en une seule.

° Rien ne peut être conçu.

Si donc l'homme a l'idée de Dieu il est clair que Dieu doit exister formellement, mais que ce n'est pas éminemment [que l'homme a cette idée] * car rien de plus réel ou de plus excellent ne peut exister en dehors et au-dessus de Dieu.

(9) Que maintenant l'homme a l'idée de Dieu, cela suit clairement de ce qu'il connaît ses attributs [4], lesquels attributs il ne peut produire de lui-même parce qu'il est imparfait. Que, d'ailleurs, il connaît ces attributs, cela se voit à ce qu'il sait que l'infini ne peut pas être composé de parties finies distinctes; qu'il ne peut pas y avoir deux infinis mais un seul; que cet infini est parfait et immuable; car il [l'homme] sait bien qu'aucune chose ne cherche d'elle-même son propre anéantissement et qu'il [l'être infini] ne peut se changer [5] en quelque chose de meilleur,

pas de moi, mais que lui seul [Dieu] doit être le sujet de ce que j'affirme de lui; de sorte que, s'il n'existait pas, je ne pourrais absolument rien affirmer de lui, comme je fais à l'égard des autres choses, encore bien qu'elles n'existent pas. Et je trouve aussi qu'il doit être le sujet de toutes les autres choses.

Outre qu'il suit déjà clairement de ce qui précède que l'idée d'attributs infinis, inhérents à un être parfait, n'est pas une fiction, nous ajouterons encore ce qui suit :

Après avoir réfléchi sur la Nature, nous n'avons pu trouver en elle jusqu'ici que deux attributs qui appartinssent à cet être souverainement parfait. Et ces attributs ne sont pas suffisants à nous contenter : loin que nous les jugions les seuls dans lesquels doive consister cet être parfait, au contraire, nous trouvons en nous *quelque chose* qui nous révèle clairement l'existence non seulement d'un plus grand nombre, mais encore d'une infinité d'attributs parfaits devant appartenir à cet être parfait avant qu'il puisse être dit parfait. Et d'où vient cette idée de perfection?

Ce *quelque chose* ne peut venir de ces deux attributs, attendu que deux ne font que deux et non une infinité; d'où donc alors vient-il? Non de moi, certainement, ou il faudrait alors que je pusse donner ce que je n'ai pas. D'où donc enfin, sinon des attributs infinis qui nous disent qu'ils sont, sans nous dire en même temps ce qu'ils sont; car de deux seulement nous savons ce qu'ils sont?

4. *Ses attributs :* mieux vaudrait dire : de ce qu'il connaît, ce qui est propre à Dieu; car ces choses [telles qu'infinité, perfection, immutabilité] ne sont pas des attributs de Dieu. Sans elles, à la vérité, Dieu n'est pas un Dieu, mais il ne l'est point par elles, car elles ne font rien connaître qui existe substantiellement, mais sont seulement comme des adjectifs qui, pour être compris, exigent un substantif.

5. La cause de ce changement devrait être ou bien extérieure à lui ou bien en lui-même. Elle ne peut être extérieure, car aucune substance qui, comme lui, existe par soi ne dépend de quoi que ce soit d'exté-

* En ajoutant les mots mis entre crochets, j'essaie, d'après une indication donnée par Freudenthal, de faire disparaître de ce passage une absurdité. Je le comprends ainsi : en cas que l'homme eût *éminemment* l'idée de Dieu, c'est-à-dire fût capable de la produire de lui-même, il y aurait en lui plus de perfection qu'en Dieu.

puisqu'il est parfait et qu'ainsi il ne le serait plus; il sait aussi qu'un tel être ne peut non plus être contraint par quelque chose qui viendrait du dehors, puisqu'il est tout-puissant, etc.

(10) De tout cela suit donc clairement que l'on peut démontrer aussi bien *a priori* qu'*a posteriori* que Dieu est. Encore mieux *a priori*, car les choses qu'on démontre de l'autre façon, on doit les démontrer par leur cause extérieure, ce qui est une imperfection manifeste puisqu'elles ne peuvent se faire connaître par elles-mêmes, mais seulement par des causes extérieures. Dieu cependant, la cause première de toutes choses et aussi la cause de soi-même, se fait connaître lui-même par lui-même. De peu de signification est donc cette parole de Thomas d'Aquin suivant laquelle Dieu ne peut pas être démontré *a priori*, et cela précisément parce qu'il n'a pas de cause.

rieur, et ne peut être contrainte au changement. Elle n'est pas en lui-même, car aucune chose, et celle-là moins qu'une autre, ne veut sa propre corruption; toute corruption vient du dehors.

CHAPITRE II

CE QUE DIEU EST

(1) Après avoir démontré précédemment que Dieu est, il est temps maintenant de faire voir ce qu'il est. Il est, disons-nous, un *être* duquel tout, ou des attributs infinis sont affirmés [1], attributs dont chacun est en son genre infiniment parfait.

(2) Pour exprimer clairement notre pensée sur ce point, nous devons énoncer d'abord les quatre propositions suivantes :

1. Aucune substance finie n'existe, mais chaque substance doit être en son genre infiniment parfaite, c'est-à-dire que, dans l'entendement infini de Dieu, il ne peut y avoir de substance plus parfaite que celle qui existe déjà dans la nature [2].

1. La raison en est que, le *Néant* ne pouvant avoir d'attributs, le *Tout* doit avoir tous les attributs; et de même que le *Néant* n'a pas d'attributs parce qu'il n'est rien, le *Quelque chose* a des attributs, parce qu'il est *quelque chose*. Donc, plus il est quelque chose, plus il doit avoir d'attributs; et conséquemment, Dieu étant ce quelque chose qui possède la plus haute perfection, l'infinité, la totalité, doit avoir aussi des attributs parfaits, infinis, et la totalité des attributs.

2. Si nous pouvons démontrer qu'il ne peut y avoir aucune *substance limitée*, toute *substance* doit alors appartenir sans limitation à l'être divin. Or, nous le prouvons ainsi : 1° ou bien la substance doit s'être limitée *elle-même*, ou bien elle a été limitée par *une autre*. Elle ne peut s'être limitée elle-même car, étant illimitée, elle aurait dû changer toute sa nature. Elle n'est pas non plus limitée par une autre, car cette autre devrait être limitée ou illimitée; le premier n'est pas, donc, c'est le second; donc elle° est Dieu. Dieu donc devrait l'avoir limitée, parce qu'il y avait en lui ou bien défaut de puissance, ou bien défaut de volonté; le premier répugne à la toute-puissance; le second à la bonté; *qu'il ne peut exister de substance limitée*, suit clairement de ce qu'une telle substance devrait tirer quelque chose du néant, ce qui est impossible. D'où tiendrait-elle en effet ce en quoi elle diffère de Dieu? Elle ne le tiendrait pas de Dieu, car il n'a rien d'imparfait ni de limité,

° Cette autre substance limitant la première.

2. Il n'existe pas deux substances égales.

3. L'une [substance] ne peut produire l'autre.

4. Il n'existe dans l'entendement infini de Dieu aucune substance qui ne soit formellement dans la Nature.

(3) Pour ce qui concerne la première proposition, à savoir qu'il n'existe aucune substance limitée, si quelqu'un voulait soutenir le contraire, nous lui demandons : si cette substance est donc limitée par elle-même, c'est-à-dire si elle s'est ainsi limitée et n'a pas voulu se faire plus illimitée, ou si elle est ainsi limitée par sa cause qui, ou bien n'a pas pu, ou bien n'a pas voulu lui donner davantage.

(4) Le premier n'est pas vrai parce qu'il n'est pas possible qu'une substance ait voulu se limiter et particulièrement une substance qui existe par elle-même; je dis donc qu'elle est limitée par sa cause, qui est nécessairement Dieu.

(5) Si maintenant elle est limitée par sa cause, ce doit être ou bien parce que cette cause n'a pas pu donner davantage ou parce qu'elle ne l'a pas voulu. Qu'il [Dieu] n'ait pu donner davantage répugne à sa toute-puissance [3]; qu'il n'aurait pas voulu donner davantage, bien que le

etc., d'où donc, sinon du néant ? Donc, il n'existe de substance qu'illimitée. D'où suit qu'il ne peut exister *deux substances illimitées égales;* car, sitôt qu'on les pose, il y a nécessairement limitation. Et de là suit à son tour que l'*une ne peut produire l'autre;* comme ceci : la cause qui produirait cette substance devrait avoir le même attribut que la substance produite et devrait avoir aussi autant de perfection, ou plus ou moins; le premier n'est pas, car il y aurait alors deux substances égales; le second n'est pas, car l'une alors serait limitée; le troisième n'est pas, car du néant ne sort aucun quelque chose.

Autre démonstration : si de l'illimité sort une chose limitée, alors l'illimité sera aussi limité, etc. Donc une substance ne peut produire l'autre. Et de là se conclut que *toute substance doit exister formellement*°, car si elle n'est pas, il n'y a aucune possibilité qu'elle puisse commencer d'être.

3. Dire à ce sujet que la *nature de la chose exigeait cela* [la limitation] *et par suite ne pouvait être autrement*, c'est ne rien dire; car la nature d'une chose ne peut rien exiger tant qu'elle n'est pas. Dites-vous que l'on peut voir cependant ce qui appartient à la nature d'une chose qui n'est pas ? Cela est vrai, quant à l'existence, mais non du tout quant à l'essence. Et en cela consiste la différence entre créer et engendrer; créer, c'est poser une chose à la fois *quant à l'essence et à l'existence*, tandis que engendrer se dit quand une chose vient à être seulement quant à l'existence, et c'est pourquoi il n'y a maintenant pas création dans la Nature, mais seulement génération. Si donc Dieu crée, il crée la nature de la chose en même temps que la chose; il serait ainsi malveillant si, le pouvant bien, mais ne voulant pas, il avait créé la chose de telle sorte qu'elle ne s'accordât pas avec sa cause en essence et en existence. Ce que nous appelons créer toutefois, on ne

° *Formelijk* dans le texte hollandais; il me paraît que le terme latin devait être *actualiter* ou *in actu*.

pouvant, a un goût de malveillance qui ne peut être en aucune façon en Dieu, lequel est tout bonté et plénitude.

(6) Concernant la deuxième proposition : *qu'il n'existe pas deux substances qui soient égales*, nous en tirons la démonstration de ce que chaque substance est parfaite en son genre; car si deux substances égales existaient, l'une devrait nécessairement limiter l'autre et ne pourrait par suite pas être infinie, comme nous l'avons démontré auparavant.

(7) Pour ce qui concerne la troisième proposition, à savoir que *l'une ne peut produire l'autre*, si quelqu'un voulait soutenir le contraire nous lui demandons : si la cause qui devrait produire cette substance a les mêmes attributs que la substance produite ou ne les a pas.

(8) Le second ne peut être, car du néant ne peut sortir quelque chose. Soit donc le premier. Nous demandons alors : si, dans la substance * qui devrait être cause de celle qui est produite, il y a autant de perfection ou s'il y en a moins ou plus que dans celle qui est produite. Il ne peut y en avoir moins pour les raisons déjà données. Plus, pas davantage : parce qu'en ce cas cette deuxième substance devrait être limitée, ce qui répugne à ce que nous avons déjà démontré. Il y en aura donc autant et ainsi elles seront égales, ce qui manifestement répugne à notre précédente démonstration.

(9) En outre, ce qui est créé n'est en aucune façon sorti du Néant, mais doit nécessairement être créé par un être existant; mais que de ce dernier quelque chose ait pu sortir et qu'il ne possède pas moins ce quelque chose après qu'il est sorti de lui, nous ne pouvons le concevoir avec notre entendement.

(10) Enfin, si nous voulons chercher la cause de la substance qui est le principe des choses naissant de son attribut, nous aurons alors à chercher aussi la cause de cette cause, puis la cause de cette nouvelle cause et ainsi à *l'infini*, de sorte que, si nous devons nécessairement nous arrêter quelque part, comme nous le devons, il est nécessaire de nous arrêter à cette substance unique [o].

peut dire proprement que cela ait jamais eu lieu, et nous avons voulu plutôt montrer ce qu'on peut en dire en établissant la différence entre créer et engendrer.

* Au mot *substance* le texte hollandais substitue *attribut ;* selon l'exemple de W. Meijer, je corrige en tenant compte de la note 3 où la même argumentation est reproduite.

[o] Cette substance unique à laquelle appartiennent tous les attributs.

(11) Pour la quatrième proposition : *Il n'y a dans l'entendement divin d'autre substance ni d'autres attributs que ceux qui existent formellement dans la Nature*, nous pouvons la démontrer et la démontrons :

1° Par la puissance infinie de Dieu, attendu qu'il n'y a et ne peut y avoir en lui aucune cause par laquelle il pourrait être mû à créer l'un plus tôt ou plus que l'autre;

2° Par la simplicité de sa volonté;

3° Par cette raison qu'il ne peut omettre de faire ce qui est bon, comme nous le démontrerons ci-après;

4° Parce qu'il est impossible que ce qui n'est pas actuellement puisse venir à être, attendu qu'une substance ne peut en produire une autre. Et qui plus est : en cas que cela eût lieu, il y aurait infiniment plus de substances non existantes que d'existantes, ce qui serait absurde *.

(12) De tout cela il suit que de la Nature tout est affirmé du tout et qu'ainsi la Nature se compose d'attributs infinis dont chacun en son genre est parfait. Ce qui concorde parfaitement avec la définition qu'on donne de Dieu.

(13) Contre ce que nous venons de dire, à savoir qu'aucune chose n'est dans l'entendement infini de Dieu que comme elle est formellement dans la nature, quelques-uns veulent argumenter de cette façon : Si Dieu a tout créé il ne peut plus rien créer. Mais qu'il ne puisse plus rien créer répugne à sa toute-puissance.

Donc :

(14) Pour ce qui touche le premier point, nous accordons que Dieu ne peut plus rien créer. Et quant au second nous disons reconnaître que, si Dieu ne pouvait pas créer tout ce qui est créable, cela répugnerait à sa toute-puissance, mais non du tout de ne pouvoir pas créer ce qui en soi répugne, comme il répugne de dire qu'il a tout créé et que cependant il pourrait créer encore davantage. Certes, c'est une bien plus grande perfection en Dieu, d'avoir créé tout ce qui était dans son entendement infini, que s'il ne l'avait pas fait et, comme ils disent, ne dût jamais l'avoir pu faire.

(15) Mais pourquoi tant parler à ce sujet ? Ne raisonnent-ils pas eux-mêmes ou ne doivent-ils pas raisonner ainsi ? Si Dieu est omniscient, il ne peut rien savoir de plus, mais, que Dieu ne puisse rien savoir de plus, répugne à sa perfection.

* Cette dernière phrase paraît interpolée à Freudenthal qui est d'avis de la supprimer purement et simplement. On ne voit pas, en effet, d'où se tire cette conclusion; elle ne se trouve pas d'ailleurs dans le manuscrit B.

Donc :

Si cependant Dieu a tout dans son entendement et, à cause de son infinie perfection, ne peut rien savoir de plus, pourquoi ne pouvons-nous dire aussi qu'il a produit tout ce qui est dans son entendement et a fait que cela est ou sera formellement dans la nature ?

(16) Puis donc que nous savons que tout est pareillement dans l'entendement infini de Dieu, et qu'il n'y a aucune cause pour qu'il ait dû créer ceci avant cela ou plus que cela, et qu'il pourrait avoir tout produit en un instant, voyons donc si nous ne pouvons pas nous servir contre eux des mêmes armes qu'ils emploient contre nous; savoir :

Si Dieu ne peut jamais tant créer qu'il ne puisse créer davantage, il ne peut jamais créer ce qu'il peut créer.

Mais, qu'il ne puisse pas créer ce qu'il peut créer, cela est contradictoire.

Donc :

(17) ° Les raisons dès lors pour lesquelles nous avons dit que tous ces attributs qui sont dans la nature ne forment qu'un seul être et non, parce que nous pouvons les concevoir clairement et distinctement l'un sans l'autre, des êtres distincts sont les suivantes.

1° Que nous avons déjà trouvé précédemment qu'il doit exister un être infini et parfait, par quoi on ne peut entendre autre chose qu'un être duquel tout doit être affirmé du tout. Car, à un être qui a une certaine essence, des attributs doivent appartenir et, plus on lui reconnaît d'essence, plus on doit lui reconnaître d'attributs, et par suite, si cet être est infini, ces attributs aussi doivent être infinis et c'est précisément là ce que nous appelons un être parfait [B : infini].

2° L'Unité que nous voyons partout dans la nature; or, si dans la nature existaient des êtres distincts [4], il serait impossible que l'un s'unît à l'autre.

3° Qu'en dépit de ce qu'une substance ne peut, nous l'avons vu, en produire une autre, et de ce qu'il est impossible à une substance, qui n'est pas, de commencer d'être,

4. Nous voulons dire que, s'il existait des substances distinctes ne se rapportant pas à un même être, leur union serait impossible, parce que nous voyons clairement qu'elles n'ont rien de commun entre elles : ainsi, la pensée et l'étendue dont cependant nous sommes formés.

° Le paragraphe 17 fait suite au paragraphe 12; les paragraphes 13 à 16 où sont réfutées certaines objections peuvent avoir été introduits après coup.

nous voyons cependant qu'en aucune substance conçue comme existant à part (et que nous sommes certains cependant qui existe dans la Nature), il n'y a de nécessité d'exister attendu qu'à son essence particulière aucune existence n'appartient [5]. Il suit de là nécessairement que la Nature, qui ne provient d'aucune cause, et que nous savons néanmoins qui existe, doit être nécessairement un être parfait auquel appartient l'existence.

(18) De tout ce que nous avons dit jusqu'ici il appert avec évidence que nous affirmons que l'étendue est un attribut de Dieu, ce qui cependant ne semble en aucune façon pouvoir convenir à un être parfait, car, l'étendue étant divisible, l'être parfait se trouverait ainsi formé de parties, ce qui ne saurait du tout s'appliquer à Dieu, parce qu'il est un être simple. En outre, quand l'étendue est divisée, elle pâtit, et cela aussi ne peut avoir lieu en Dieu, car il n'est point sujet à pâtir et ne peut rien avoir à pâtir d'un autre être, puisqu'il est de tout la première cause efficiente.

(19) Nous répondons à cela :

1° Que le tout et la partie ne sont pas des êtres réels, mais seulement des êtres de raison et que par suite il n'y a dans la Nature [6] ni tout ni parties.

5. C'est-à-dire : si aucune substance ne peut exister autrement qu'en acte, et que cependant, pour aucune, l'existence ne découle de l'essence, aussi longtemps qu'elle est conçue à part, il s'ensuit qu'elle ne peut être une chose qui existe à part, mais doit être une chose telle qu'un attribut d'une autre qui est l'être unique ou le tout. Ou encore : toute substance existe en acte et, de l'essence d'aucune conçue en elle-même, aucune existence ne découle; par suite, aucune substance existant en acte ne peut être conçue comme existant en elle-même, mais elle doit appartenir à quelque autre chose. Autrement dit, quand nous formons dans notre entendement l'idée de la pensée et de l'étendue substantielles, nous les concevons dans leur essence seulement, non dans leur existence; nous ne les concevons pas de telle sorte que leur existence découle de leur essence. En démontrant toutefois, qu'elles sont des attributs de Dieu, nous démontrons *a priori* qu'elles existent, et *a posteriori* (touchant l'étendue seule), cette existence se déduit des modes qui doivent nécessairement l'avoir pour *sujet*.

6. Dans la nature, c'est-à-dire dans l'étendue substantielle, car, si celle-ci est divisée, son essence et sa nature sont du même coup anéanties, puisqu'elle consiste uniquement à être une étendue infinie ou un tout, ce qui est la même chose. Mais, direz-vous, n'y a-t-il pas des parties dans l'étendue, avant qu'il y ait des modes? En aucune façon, dis-je. Mais, objectez-vous, s'il y a du mouvement dans la matière, ce mouvement doit être dans une partie de la matière, non dans le tout, puisque le tout est infini; dans quelle direction en effet pourrait-il se mouvoir, puisque rien n'existe en dehors de lui? C'est donc dans une partie. Réponse : Il n'y a pas de mouvement seul, mais à la fois du mouvement et du repos, et ce mouvement est dans le tout, et doit y

2° Qu'une chose qui est composée de différentes parties doit être telle que ses parties prises en elles-mêmes puissent être pensées et conçues l'une sans l'autre; comme, par exemple, dans une horloge qui est composée de beaucoup de rouages, cordages et autres pièces : là, dis-je, chaque rouage, cordage, etc., peut être saisi et conçu par lui-même, sans que le tout, tel qu'il est constitué par ces parties, soit pour cela nécessaire. De même encore dans l'eau, qui est formée de particules oblongues et droites, chaque partie peut être saisie et conçue, et subsister, sans le tout. Mais de l'étendue, qui est une substance, on ne peut dire qu'elle a des parties puisqu'elle ne peut devenir plus petite ni plus grande, et que nulles de ses parties ne peuvent être conçues séparément, attendu que par sa nature elle doit être infinie. Qu'elle doive être telle *, cela découle encore de ce que, si elle n'était pas telle, mais formée de parties, elle ne serait pas infinie de sa nature comme il a été dit; que d'ailleurs, dans une nature infinie, des parties puissent être conçues, cela est impossible, puisque toutes les parties sont de leur nature finies **.

(20) Ajoutons que, si l'étendue se composait de parties distinctes, on pourrait concevoir qu'alors que quelques-unes de ses parties seraient anéanties, elle subsistât et ne fût point anéantie par l'anéantissement de quelques parties, ce qui est une contradiction évidente dans une chose qui, par sa nature, est infinie et ne peut jamais être finie et limitée, ni être conçue comme telle.

(21) De plus, pour ce qui touche encore les parties qui sont dans la Nature, nous dirons que la division (ainsi que je l'ai déjà indiqué) n'a pas lieu dans la substance mais toujours et seulement dans les modes de la substance.

être, car il n'y a pas de partie dans l'étendue. Insistez-vous? Oui, il y en a. — Dites-moi alors : quand vous divisez l'étendue totale, pouvez-vous détacher réellement de toutes ses parties celle que vous en détachez par la pensée***? Et, cela fait, je demande : qu'y a-t-il entre la partie détachée et le reste? Il vous faut répondre : ou bien un vide, ou bien un autre corps, ou bien quelque chose qui est de l'étendue elle-même; il n'y a pas de quatrième parti. Le premier n'est pas, car il n'y a pas de vide qui soit positif sans être un corps. Le second n'est pas, car il y aurait là un mode, et cela ne peut pas être, puisque l'étendue en tant qu'étendue, sans les modes, est avant tous les modes. C'est donc le troisième qui est; il n'existe donc pas de partie, mais seulement l'étendue totale [B : une et indivisible].

* Sans parties.

** B : Puisque toutes les parties devraient être de leur nature infinies (voir note expl.).

*** *Verstand* dans le texte.

Ainsi, quand je veux diviser de l'eau, je ne divise jamais que le mode de la substance, non la substance elle-même; cette substance, si diversement qu'elle soit modifiée *, étant toujours la même.

(22) La division donc ou le pâtir n'ont lieu que dans le mode; ainsi, quand nous disons que l'homme périt ou est anéanti, cela s'entend seulement de l'homme en tant qu'il est telle combinaison déterminée et tel mode de la substance et non de la substance même dont il dépend.

(23) D'autre part, nous avons déjà affirmé, comme nous le dirons encore ci-après, que rien n'existe en dehors de Dieu et qu'il est une cause immanente. Le pâtir cependant, dans lequel l'agent et le patient sont distincts, est une imperfection palpable, car le patient doit nécessairement dépendre de ce qui, étant extérieur à lui, a causé en lui une passion, et cela ne peut arriver en Dieu qui est parfait.

(24) De plus, d'un agent de cette sorte qui agit en lui-même on ne peut jamais dire qu'il a l'imperfection d'un patient, parce qu'il n'a point à pâtir d'un autre; ainsi l'entendement, par exemple, est, de l'avis des *Philosophes*, cause de ses concepts; mais comme il est une cause immanente, qui oserait dire qu'il est imparfait toutes les fois qu'il pâtit de lui-même?

(25) Enfin la substance, parce qu'elle est le principe de tous ses modes, peut à bien meilleur droit être appelée un agent qu'un patient. Et ainsi estimons-nous avoir répondu suffisamment à toutes les objections.

(26) On objecte cependant encore qu'il doit y avoir nécessairement une première cause qui meuve ce corps puisque, étant au repos, il lui est impossible de se mouvoir lui-même; et, comme il est évident qu'il y a dans la nature du repos et du mouvement, ils doivent nécessairement, pense-t-on, provenir d'une cause extérieure.

(27) Mais il nous est ici facile de répondre; car nous concédons que si un corps était une chose subsistant par elle-même et n'avait d'autre propriété que d'être long, large et profond, nous concédons, disons-nous, qu'alors, s'il était réellement au repos, il n'y aurait en lui aucune cause pour qu'il commençât à se mouvoir lui-même : mais nous avons déjà affirmé que *la Nature est un être duquel tous les attributs sont affirmés* et puisqu'il en est

* Leçons de B; suivie par Sigwart, donnée en note dans l'édition van Vloten et Land; la leçon du manuscrit A, donnée dans le texte, me paraît incompréhensible.

ainsi, il ne peut rien lui manquer pour produire tout ce qui est à produire.

(28) Après avoir parlé jusqu'ici de ce que Dieu est, nous dirons, d'un mot seulement, de ses attributs, que ceux qui nous sont connus consistent dans ces deux, la *Pensée* et l'*Étendue ;* car nous ne parlons ici que d'attributs que l'on puisse *vraiment* nommer des *attributs* de Dieu *, par lesquels nous le puissions connaître en lui-même et non comme agissant en dehors de lui-même.

(29) Tout ce que les hommes affirment de lui en dehors de ces deux attributs, et qui lui convient réellement, doit donc être ou bien une dénomination extrinsèque : ainsi quand on affirme qu'il *subsiste par lui-même*, qu'il est *Unique*, *Éternel*, *Immuable*, etc., ou bien se rapporter à ses actions : ainsi quand on dit qu'il est *cause* de toutes choses, *prédétermine* et *dirige* toutes choses. Ce sont là les propres de Dieu mais ils ne font pas connaître ce qu'il est.

(30) Cependant de quelle manière ces attributs peuvent avoir place en Dieu c'est ce que nous montrerons ci-après dans les chapitres qui suivront. Mais, pour faire mieux entendre et éclaircir davantage [B : ce que nous voulons dire], nous avons jugé bon de joindre ici les discours suivants consistant en un :

DIALOGUE

ENTRE L'ENTENDEMENT, L'AMOUR, LA RAISON ET LA CONCUPISCENCE °

(1) L'Amour. — Je vois, frère, que mon être et ma perfection dépendent entièrement de ta perfection; et comme la perfection de l'objet que tu as conçu est ta perfection et que de ta perfection à son tour provient la mienne, dis-moi donc, je te prie, si tu as conçu un être qui soit souverainement parfait, ne pouvant être limité par aucun autre, et dans lequel je sois aussi compris.

(2) L'Entendement. — Je ne considère pour ma part

* Leçon de B. A donne : qu'on puisse appeler attributs propres de Dieu (*eigene Eygenschappen Gods*).

° *Begeerlijkheid* et non *Begeerte* (désir); Begerte correspondrait à peu près à *appétit irascible ;* Begeerlijkheid à *appétit concupiscible*.

la Nature pas autrement que dans sa totalité, comme infinie et souverainement parfaite et, si tu as quelques doutes là-dessus, interroge la Raison : elle te le dira.

(3) LA RAISON. — De cela la vérité n'est pas douteuse pour moi, car si nous voulons limiter la Nature nous devons, ce qui est absurde, la limiter par un Néant *. A cette absurdité nous échappons en posant qu'elle est *Une, Éternelle, Infinie, par elle-même toute-puissante*, embrassant tout, et sa négation nous l'appelons le Néant.

(4) LA CONCUPISCENCE. — En vérité cela va merveilleusement ensemble, que l'unité ne fasse qu'un avec la diversité que je vois partout dans la Nature. Comment ? — Je vois que la *substance entendante* n'a aucune communauté avec la *substance étendue*, et que l'une [ne] limite [pas] l'autre **.

(5) Et si, outre ces deux *substances*, tu veux en poser une troisième, qui soit parfaite en tout, vois, tu t'embarrasses toi-même dans des contradictions manifestes, car si la troisième est posée en dehors des deux premières, elle est privée alors de tous les attributs qui leur appartiennent [ce qui certes ne peut avoir lieu dans un tout en dehors duquel n'est aucune chose] ***.

(6) En outre, si cet être est parfait et tout-puissant, il sera donc tel parce qu'il s'est produit lui-même et non parce qu'il a produit autre chose; et cependant celui-là serait plus puissant qui pourrait se produire lui-même et pourrait produire en outre autre chose.

(7) Et enfin, si tu l'appelles omniscient, il est donc nécessaire qu'il se connaisse lui-même; et en même temps tu dois comprendre que la connaissance de soi-même est

* Le texte hollandais, tel que le donnent toutes les éditions, sauf la plus récente (celle de W. Meijer), après les mots *met een Niet moeten bepalen* (nous devons la limiter par un Néant) ajoute : *en dat onder deze volgende eygenchappen*, etc. (Et cela sous les attributs suivants, savoir : qu'il est Un Éternel, infini par lui-même; absurdité à laquelle nous échappons en posant qu'elle est une Unité éternelle, infinie, toute-puissante, etc., savoir la Nature et le tout compris en elle, etc.) Freudenthal a bien montré comment le texte s'est altéré en cet endroit et quelle devait être la leçon primitive. Je corrige d'après ses indications.

** J'ajoute au texte une négation; je lis *dat d'een de andre* niet *bepaald*, selon l'avis de Freudenthal.

*** Les mots que je mets entre crochets [ ] ne semblent pas ici être à leur place. La Concupiscence vient de combattre le théisme (de Descartes); et, pour les théistes, Dieu n'est pas *un tout en dehors duquel rien n'existe ;* si l'on voulait conserver ces mots, il faudrait les rattacher à ce qui va suivre (et qui est dirigé contre le panthéisme), il faudrait lire comme le propose Freudenthal : *à la vérité, cela n'aurait pas lieu dans un tout en dehors duquel rien n'existerait, mais cette conception est tout aussi peu acceptable, car si cet être est parfait*, etc... Freudenthal, au reste, ne s'arrête pas à cette supposition, et considère le dernier membre de phrase du paragraphe 5, tout le paragraphe 6 et le paragraphe 7 jusqu'aux mots *c'est pourquoi*, comme interpolés.

moins que la connaissance de soi-même jointe à la connaissance des autres substances.

Et ce sont là autant de contradictions manifestes. C'est pourquoi je veux avoir conseillé à l'Amour de se tenir pour satisfait avec ce que je lui montre, et de ne pas chercher autre chose.

(8) L'Amour. — Que m'as-tu donc montré d'autre, Infâme, que ce dont découle incontinent ma perte? Car, si je ne m'étais uni à ce que tu m'as indiqué, j'aurais été aussitôt poursuivi par les deux ennemis principaux du genre humain : savoir la Haine et le Repentir et maintes fois aussi par l'Oubli; et ainsi je me tourne encore une fois vers la Raison pour qu'elle continue et ferme la bouche à ces ennemis.

(9) La Raison. — Ce que tu dis, ô Concupiscence, qu'il y a des substances distinctes, cela, je te le dis, est faux; car je vois clairement qu'il y en a une *Unique*, laquelle *subsiste par elle-même et est le soutien de tous les autres attributs*. Et tout autant que tu veux nommer le corporel et le pensant des substances à l'égard des modes qui en dépendent, tout autant tu dois les nommer aussi des modes à l'égard de la substance * dont ils dépendent; car ils ne sont pas conçus par toi comme subsistant par eux-mêmes; et de même que vouloir, sentir, entendre, aimer, etc., sont différents modes de ce que tu nommes une substance pensante, modes que tu ramènes tous à l'unité et dont tu ne fais qu'une seule chose, de même je conclus aussi, par tes propres démonstrations, que *l'étendue infinie et la pensée, assemblées avec d'autres attributs infinis* (ou dans ton langage *d'autres substances*) ne sont pas autre chose que des modes de l'*être Unique*, *Éternel*, *Infini*, *Existant par lui-même*, et de tous nous composons, comme il a été dit, un Unique et une Unité en dehors de laquelle on ne peut se représenter aucune chose.

(10) La Concupiscence. — Dans cette manière de parler qui est la tienne, je vois une très grande confusion; car tu sembles vouloir que *le tout soit quelque chose en dehors de ses parties ou sans elles*, ce qui, en réalité, est absurde; car tous les philosophes disent unanimement que le *tout est une notion secondaire* ° *et n'est dans la Nature, en dehors de la pensée humaine, rien de réel.*

(11) En outre, comme je le tire de ton exemple, tu

* Texte de B; A : *des substances.*

° *Secunda notio*, notion dérivée ou abstraite.

confonds le *tout* avec la *cause ;* car ainsi que je le dis, *le tout n'a d'existence que de ses parties ou par elles ;* or voici que tu te représentes la force pensante comme une chose dont dépendent l'Entendement, l'Amour, etc.; et tu ne peux la nommer un Tout mais *une Cause des Effets que tu viens de nommer.*

(12) La Raison. — Je vois bien comme tu rassembles tous tes amis contre moi, ainsi ce que tu n'as pu accomplir avec tes raisons fausses, tu tentes de l'atteindre avec l'ambiguïté des mots selon l'usage commun de ceux qui se mettent contre la vérité. Mais tu ne réussiras pas à attirer l'Amour de ton côté par ce moyen. Tu prétends donc *que la cause, pour autant qu'elle est productrice de ses effets, doit être en dehors de ces derniers,* et tu dis cela pour cette raison que tu connais seulement la *cause transitive* et ne sais rien de l'*immanente,* laquelle ne produit absolument rien en dehors d'elle-même. C'est ainsi que par exemple l'entendement est la cause de ses idées; c'est pourquoi je le nomme une *cause* en tant que ses idées dépendent de lui * et, d'autre part, un *tout* eu égard à ce qu'il est composé de ses idées; de même *Dieu vis-à-vis de ses effets ou créatures n'est pas autre chose qu'une cause immanente et il est aussi un tout eu égard au deuxième aspect.*

SECOND DIALOGUE

SE RATTACHANT POUR UNE PART A CE QUI PRÉCÈDE; POUR UNE AUTRE PART A LA DEUXIÈME PARTIE CI-APRÈS

ENTRE ÉRASME ET THÉOPHILE

(1) Érasme. — Je t'ai entendu dire, Théophile, que Dieu est *cause de toutes choses ;* et avec cela qu'il ne peut être une cause d'autre sorte qu'une cause *immanente.* S'il est ainsi *cause immanente de toutes choses* comment peux-tu donc l'appeler une *cause éloignée ?* car cela est impossible à une cause immanente.

(2) Théophile. — Si je dis que Dieu est une cause éloignée, c'est seulement en ayant égard aux choses que

* Le leçon de B est ici admise dans le texte par van Vloten et Land : celle de A est inacceptable.

Dieu [n'] a [pas] * produites immédiatement par sa seule existence, indépendamment de toutes circonstances; mais ce n'est pas du tout que je l'aie nommé une cause éloignée au sens absolu; ce que tu aurais pu déduire clairement de mes paroles, car j'ai aussi dit que nous pouvions le nommer une cause éloignée en une certaine manière.

(3) ÉRASME. — Je comprends maintenant suffisamment ce que tu veux me dire; mais je remarque aussi que tu as dit : *l'effet d'une cause intérieure reste uni de telle sorte à sa cause qu'ensemble avec cette dernière il forme un tout ;* et s'il en est ainsi Dieu, à ce qu'il me semble, n'est pas une cause immanente; car si lui et ce qui est produit par lui forment ensemble un tout, tu attribues à Dieu plus d'essence à un moment du temps qu'à un autre. Ote-moi ce doute, je te prie.

(4) THÉOPHILE. — Si tu veux, Érasme, sortir de cette confusion, fais grande attention à une chose que je vais te dire maintenant. L'essence d'une chose ne s'accroît pas par son union avec une autre chose, avec laquelle elle forme un tout, mais, au contraire, la première reste alors sans changement.

(5) Je veux pour que tu me comprennes mieux te donner un exemple. Un sculpteur a fait diverses figures de bois qui ressemblent aux parties d'un corps humain; il en prend une qui a la figure d'une poitrine humaine et la joint à une autre qui a la figure d'une tête humaine et de ces deux fait un tout qui représente la partie supérieure d'un corps humain. Diras-tu maintenant pour cela que l'essence de la tête s'est accrue par son union avec la poitrine ? Cela est faux, car elle est la même qu'elle était auparavant.

(6) Pour plus de clarté je te donnerai encore un autre exemple, savoir l'idée que j'ai d'un triangle et une autre qui se forme par le prolongement [d'un côté] d'un des angles, en conséquence de quoi l'angle [extérieur] ainsi formé est nécessairement égal aux deux angles intérieurs non adjacents, etc. Ces idées, dis-je, en ont produit une troisième, à savoir que les trois angles du triangle égalent deux droits, et cette idée est unie à la première de telle façon qu'elle ne peut sans cette dernière exister ni être conçue.

(7) [Et de toutes ces idées qu'a chacun nous formons un tout ou, ce qui est la même chose, un être de raison

* La négation ajoutée entre crochets paraît nécessaire au sens.

que nous appelons *Entendement* *]. Tu vois bien maintenant qu'en dépit de l'union de cette nouvelle idée à la précédente, aucun changement ne survient dans l'essence de cette dernière, mais qu'au contraire elle reste sans le moindre changement. Tu peux aussi le voir au sujet de chaque idée qui, en elle-même, produit de l'amour; car cet amour n'a en aucune façon pour effet que l'essence de cette idée s'accroisse.

(8) Mais à quoi bon accumuler tant d'exemples puisque tu peux le voir toi-même clairement dans ce qui est figuré par les exemples et est l'objet même de notre discours. J'ai dit distinctement que tous les attributs, qui ne dépendent d'aucune autre cause et pour la définition desquels nul genre n'est nécessaire, appartiennent à l'essence de Dieu, et, comme les choses créées ne peuvent former un attribut, elles n'accroissent pas non plus l'essence de Dieu, si étroite que soit leur union avec lui.

(9) Ajoute encore que *le tout est seulement un être de raison et ne diffère du général qu'en ceci seulement que le général est formé d'individus distincts non réunis et le tout d'individus réunis, et en ceci encore que le général ne comprend que des parties du même genre, tandis que le tout comprend des parties du même genre et d'un autre genre.*

(10) ÉRASME. — Pour ce qui concerne ce point tu m'as satisfait. Mais, en outre, tu as dit encore que l'*effet d'une cause interne ne peut pas périr aussi longtemps que dure sa cause;* ce que je vois bien qui est certainement vrai; mais s'il en est ainsi, comment Dieu peut-il encore être cause interne de toutes choses alors que beaucoup d'entre elles périssent ? Je dirais bien, selon la distinction précédemment établie, que *Dieu est proprement cause de ces effets seulement qu'il a produits immédiatement par ses seuls attributs, sans autres circonstances, et que ceux-là ne peuvent périr aussi longtemps que dure leur cause;* qu'en revanche, *tu n'appelles pas Dieu cause interne des effets dont l'existence ne dépend pas de lui immédiatement mais qui sont provenus d'autres choses quelconques (sauf en tant que leurs causes n'agissent pas et ne peuvent agir sans Dieu ou en dehors de lui)* et peuvent périr précisément parce qu'elles ne sont pas produites immédiatement par Dieu.

(11) Cela cependant ne me satisfait pas; car je vois que tu conclus que l'entendement humain est immortel

* Cette phrase est mise entre crochets par van Vloten et Land. Elle paraît en effet interpolée.

parce qu'il est un effet que Dieu en lui-même a produit. Il est impossible alors que, pour la production d'un tel entendement, quelque chose de plus soit nécessaire que seulement les attributs de Dieu; car, pour qu'il soit un être d'une si éminente perfection, il faut qu'aussi bien que toutes les autres choses dépendant de Dieu immédiatement, il soit créé de toute éternité. Et si je ne me trompe je te l'ai entendu dire. Et cela étant ainsi, comment l'éclairciras-tu sans laisser subsister de difficultés ?

(12) THÉOPHILE. — Il est vrai, Érasme, que les choses qui n'ont besoin de rien d'autre pour exister que, seulement, les attributs de Dieu sont créées de toute éternité. Mais il est à observer que même s'il est nécessaire que, pour l'existence d'une chose, quelque modification particulière soit requise et [ainsi] quelque chose de plus que les attributs de Dieu, Dieu ne laisse cependant pas pour cela de la pouvoir produire immédiatement. Car parmi les choses qui sont requises pour faire qu'une chose soit, quelques-unes le sont pour produire la chose et d'autres pour qu'elle puisse être produite. Je veux, par exemple, avoir de la lumière dans une certaine chambre; j'allume [un flambeau] qui éclaire la chambre par lui-même; ou bien j'ouvre une fenêtre, et cette ouverture par elle-même ne produit pas de lumière, mais fait que la lumière peut pénétrer dans la chambre. De même pour le mouvement d'un corps est requis un autre corps lequel doit avoir tout le mouvement qui passe de l'un à l'autre. Mais, pour produire en nous une idée de Dieu [o], nulle autre chose particulière possédant ce qui est produit en nous n'est requise; il faut seulement qu'il y ait dans la Nature un certain corps tel que, l'idée en étant posée. Dieu se révèle immédiatement [oo]. Et tu pouvais déduire cela de mes paroles quand j'ai dit que Dieu seul est connu par lui-même et non par quelque autre cause.

(13) Je te le dis cependant : aussi longtemps que nous n'avons pas de Dieu une idée d'une clarté telle, et nous unissant à lui d'une façon telle, qu'elle rende impossible que nous aimions quelque chose en dehors de lui, nous ne pouvons pas dire que nous soyons en vérité unis à Dieu et dépendions de lui immédiatement. Et, ce que tu pourrais

[o] Le corps dont il va être question ne ressemble pas au flambeau qui éclaire par lui-même, mais à la fenêtre ouverte par où la lumière peut entrer; au contraire, quand il s'agit d'un mouvement à produire, le corps qui se meut n'est plus seulement condition, mais cause productrice.

[oo] Sans modifier ici le texte, je le traduis un peu librement pour le rendre intelligible (voir note explicative).

avoir encore à me demander, renvoie-le à un autre moment, car la présente conjoncture m'oblige à une autre occupation. Porte-toi bien.

(14) ÉRASME. — Pour le moment non, mais je m'occuperai de ce que tu viens de me dire jusqu'à une autre occasion et te recommanderai à Dieu.

CHAPITRE III

QUE DIEU EST CAUSE DE TOUT

(1) Nous commencerons maintenant à traiter de ces attributs que nous avons appelés des *Propres* [1] et en premier lieu de ce que Dieu est cause de tout.

Nous avons déjà dit ci-dessus comment *une substance ne peut produire l'autre* et que *Dieu est un être duquel tous les attributs sont affirmés.* D'où suit clairement que toutes autres choses ne peuvent en aucune façon exister ni être conçues sans Dieu et hors de lui. C'est pourquoi nous avons toute raison de dire que *Dieu est cause de tout.*

(2) Comme on a coutume d'ailleurs de diviser la cause efficiente en huit parties, recherchons donc comment et de quelle manière *Dieu* est cause.

1° Nous disons donc qu'il est une cause *émanative* ou *présentante* de ses effets et, en ayant égard à ce que l'effet a lieu, *une cause active ou efficiente ;* c'est tout un, posons-nous, parce qu'il y a entre ces choses réciprocité.

2° Il est une *cause immanente* et *non transitive* en tant qu'il agit en lui et non hors de lui, puisque rien n'existe hors de lui.

3° Dieu est une *cause libre* et non *une cause naturelle* comme nous le montrerons et l'exposerons très clairement quand nous traiterons la question : *si Dieu peut omettre de faire ce qu'il fait,* et à ce moment aussi nous expliquerons en quoi consiste la *vraie liberté.*

4° Dieu est cause par *soi-même* et non *par accident*, ce qui se verra plus clairement par l'étude de la Prédestination.

1. Les suivants sont appelés Propres parce qu'ils ne sont pas autre chose que les Adjectifs qui ne peuvent être compris sans leurs Substantifs; c'est-à-dire, Dieu sans eux ne serait à la vérité pas Dieu, mais ce n'est cependant point par eux qu'il est Dieu, car ils ne font rien connaître de substantiel, et c'est seulement par ce qu'il a de substantiel en lui que Dieu existe.

5° Dieu est une *cause principale* ° *de ses ouvrages qu'il a créés immédiatement ;* comme voilà le mouvement dans la matière, etc. ; la cause moins principale ne pouvant avoir aucune part dans ces ouvrages puisqu'elle est toujours dans les choses particulières ; comme quand il dessèche la mer par un vent fort et pareillement dans toutes les choses particulières qui sont dans la nature.

La cause initiale moins principale n'est *pas en Dieu* puisqu'il n'est rien en dehors de lui qui pourrait le contraindre. En revanche, *la cause dominante* est sa perfection même par laquelle il est cause aussi bien de lui-même que conséquemment de toutes les autres choses.

6° Dieu est seul la *cause première ou initiale* comme il est évident par la démonstration précédente.

7° Dieu est aussi une *cause générale*, mais seulement en tant qu'il produit différents ouvrages ; en un autre sens cela ne peut jamais être dit °°, car il n'a besoin de personne pour produire des effets.

8° Dieu est la *cause prochaine* des choses qui sont infinies et immuables et de celles-là nous disons aussi qu'elles sont créées immédiatement par lui.

Il est en revanche la cause dernière, en un certain sens, de toutes les choses particulières.

° Pour l'explication de ce mot emprunté au vocabulaire scolastique, voir note explicative.

°° Dieu n'est pas cause générale en ce sens qu'une cause particulière serait en outre nécessaire.

CHAPITRE IV

DE L'ACTION NÉCESSAIRE DE DIEU

(1) Que Dieu puisse ne pas faire ce qu'il fait, nous le nions, et nous démontrerons cela aussi quand nous traiterons de la Prédestination, et nous ferons voir alors que toutes choses dépendent nécessairement de leurs causes.

(2) Cela d'ailleurs se démontre encore par la perfection de Dieu, puisqu'il est vrai sans aucun doute que Dieu *peut produire toute chose aussi parfaite qu'elle est conçue dans son Idée ;* et pareillement des choses conçues par lui ne peuvent pas être conçues par lui plus parfaites qu'il ne les conçoit; donc toutes choses peuvent être produites par lui si parfaites qu'elles ne puissent naître de lui plus parfaites. De plus, quand nous décidons que Dieu ne pouvait pas ne pas faire ce qu'il a fait, nous déduisons cela de sa perfection, parce que ce serait en Dieu une imperfection de pouvoir omettre ce qu'il fait; et nous ne pouvons cependant supposer en lui une cause initiale moins principale qui l'aurait poussé à agir, car alors il ne serait plus Dieu.

(3) Maintenant se pose de nouveau la question discutée de savoir si tout ce que Dieu a dans son Idée et peut faire si parfait, si tout cela, dis-je, il peut omettre de le faire ? Et si cette omission est en lui une perfection ? Nous disons donc que, tout ce qui arrive étant fait par Dieu, tout aussi doit être nécessairement prédéterminé par lui, parce qu'autrement il serait changeant, ce qui serait en lui une grande imperfection; et que cette prédétermination doit être en lui de toute éternité, dans laquelle éternité il n'y a ni avant ni après; d'où il suit sûrement que Dieu n'a pu prédéterminer à l'origine les choses d'aucune autre façon qu'elles ne sont maintenant déterminées pour l'éternité, et que, avant cette détermination ou sans elle, Dieu n'aurait pu être.

(4) De plus, si Dieu omettait de faire quelque chose, ou

bien cette omission devrait provenir d'une cause contenue en lui, ou bien elle serait sans cause; [dit-on] oui ? il est alors nécessaire qu'il doive omettre; non ? il est nécessaire qu'il ne doive pas omettre; cela est clair de soi. De plus c'est une perfection dans une chose créée d'être, et d'être causée par Dieu; car de toutes les imperfections la plus grande est le non-être; or, le salut et la perfection de toute chose étant la volonté de Dieu, si Dieu voulait que telle chose ne fût pas, son salut et sa perfection consisteraient à ne pas être; ce qui est contradictoire en soi. Nous nions donc que *Dieu puisse omettre de faire ce qu'il fait.*

(5) Quelques-uns tiennent cela pour une diffamation et une diminution de Dieu; mais un pareil langage vient de ce qu'on ne conçoit pas bien en quoi la *vraie liberté* consiste, car elle n'est en aucune façon ce qu'ils s'imaginent, à savoir : un pouvoir de faire ou de ne pas faire n'importe quoi de bon ou de mauvais; mais la *vraie liberté consiste uniquement en ce que la cause première, sans être contrainte ni nécessitée par aucune autre chose* *, par sa perfection seulement produit toute perfection; que si, par suite, Dieu pouvait omettre de le faire, il ne serait pas parfait; car pouvoir s'abstenir de bien faire ou de mettre de la perfection dans ce qu'il produit, cela ne peut avoir place en lui que par un défaut.

Que Dieu seul donc est l'unique cause libre, cela n'est pas seulement évident par ce que nous avons dit, mais aussi parce qu'en dehors de lui n'existe aucune cause extérieure qui le contraigne ou le nécessite; ce qui n'a pas lieu dans les choses créées.

(6) On nous oppose ici une argumentation de cette sorte : le bien n'est bon que parce que Dieu le veut. Dieu peut donc bien faire que le mal devienne bon. Cette façon de raisonner est aussi concluante que si je disais : parce que Dieu veut être Dieu, pour cette raison il est Dieu; donc il est en son pouvoir de n'être pas Dieu; ce qui est l'absurdité même. En outre, si les hommes font quelque chose et qu'on leur demande pourquoi ils le font, la raison est : parce que la justice l'exige. Demande-t-on alors pourquoi la justice, ou plutôt la cause première de tout ce qui est juste [l'exige ainsi **] ? la réponse doit

* Je suis la leçon du manuscrit B donnée en note dans l'édition van Vloten et Land; suivant le texte qui reproduit le manuscrit A, *la vraie liberté serait la première cause qui n'est aucunement contrainte ou nécessitée et par sa perfection seulement*, etc.

** Texte de B. Monnikhoff a ajouté les mots « l'exige ainsi » dans le manuscrit A.

être : parce que la justice le veut ainsi. Mais, mon cher, la justice pourrait bien, je pense, s'abstenir d'être juste ? En aucune façon; car alors elle ne pourrait pas être la justice. Pour ceux qui disent que Dieu fait tout ce qu'il fait parce que cela est bon en soi-même, ceux-là, dis-je, pensent peut-être qu'ils ne s'éloignent pas de nous; pourtant il s'en faut de beaucoup, puisqu'ils posent quelque chose qui est avant Dieu, à quoi il serait obligé ou lié et à cause de quoi il désirerait que telle chose fût bonne et telle autre juste *.

(7) Maintenant se pose la question discutée de savoir si, en cas que toutes choses eussent été créées par Dieu de toute éternité d'une autre façon, ou eussent été ordonnées et prédéterminées par lui autrement qu'elles ne sont, en pareil cas, dis-je, il serait également parfait. A quoi servira de réponse que si la nature avait été créée de toute éternité d'une autre façon qu'elle n'est actuellement, alors, selon la thèse de ceux qui attribuent à Dieu volonté et entendement, il suivrait nécessairement que Dieu devrait avoir eu une autre volonté et un autre entendement que ceux qu'il a eus au moment de la création, en conséquence de quoi il aurait fait les choses autrement; et on est ainsi obligé d'admettre que Dieu serait actuellement autre qu'il n'eût été et eût été autre qu'il n'est; de sorte que si nous affirmons que Dieu est actuellement l'être souverainement parfait, nous sommes contraints de dire qu'il ne l'eût pas été, alors qu'il eût tout créé autrement. Mais cela ne peut en aucune manière s'appliquer à Dieu qui actuellement, et auparavant, et dans toute l'éternité, a été et restera immuable.

(8) Cela découle encore suivant nous de la définition de la cause libre que nous avons posée; libre non en ce sens qu'elle peut faire ou ne pas faire quelque chose, mais en ce sens qu'elle ne dépend de rien d'autre, de sorte que tout ce que fait Dieu, il le fait et l'exécute en sa qualité de cause souverainement libre **. Si donc il avait fait les choses auparavant, autrement qu'elles ne sont actuellement, il s'ensuit qu'il eût été à un moment imparfait, et ainsi cela est faux ***. Car, puisque Dieu est la cause première de

* Le texte est ici altéré dans les deux manuscrits. Je suis la leçon donnée par B en remplaçant toutefois le mot *goed* par le mot *god* qui se trouvait primitivement dans A.

** Leçon donnée par B *(aldervrijste)*. A donne (à ce qu'il semble) : en qualité de cause souverainement sage *(alderwijste)*, qui ne saurait convenir.

*** Cette phrase est mise entre crochets dans l'édition van Vloten et Land. Elle ne se trouve pas dans B.

toutes choses, il doit y avoir en lui quelque chose, par quoi il fait ce qu'il fait et n'omet pas de le faire; et puisque nous disons que la *liberté* ne consiste pas à faire ou à ne pas faire quelque chose, et avons montré en même temps que ce qui fait qu'il fait quelque chose ne peut être rien d'autre que sa propre perfection elle-même, nous concluons que, *si ce n'était pas sa perfection qui le lui fît faire, alors les choses n'existeraient pas ou ne seraient point entrées dans l'être, pour être ce qu'elles sont actuellement. Ce qui revient exactement à dire : Si Dieu était imparfait les choses seraient autres qu'elles ne sont* *.

(9) Et voilà pour la première [propriété]. Maintenant nous passerons au second attribut que nous appelons en Dieu un *propre* et verrons ce qu'il y a à en dire et ainsi jusqu'à la fin.

* Cette dernière phrase est mise entre crochets par van Vloten et Land. Elle ne se trouve pas dans le manuscrit B. Voir note explicative.

CHAPITRE V

DE LA PROVIDENCE DE DIEU

(1) Le deuxième attribut que nous appelons un *propre* à lui appartenant est la Providence; laquelle n'est pas autre chose pour nous que la tendance, que nous trouvons dans la nature entière, et dans les choses particulières, ayant pour objet le maintien et la conservation de leur être propre. Car il est évident qu'aucune chose ne peut par sa propre nature tendre à l'anéantissement d'elle-même, mais qu'au contraire chaque chose a en elle-même une tendance à se maintenir dans le même état et à s'élever à un meilleur.

(2) De sorte que, suivant cette définition donnée par nous, nous posons une *providence universelle* et une *particulière*. La *providence universelle* est celle par laquelle chaque chose est produite et maintenue en tant qu'elle est une partie de la nature entière. La *providence particulière* est la tendance qu'a chaque chose particulière à maintenir son être propre, en tant qu'elle n'est pas considérée comme une partie de la nature mais comme un tout. Cela est éclairci par l'exemple suivant : tous les membres d'un homme sont prévus et à tous il est pourvu en tant qu'ils sont des parties de l'homme, et cela est la *providence universelle ;* et la *providence particulière* est la tendance qu'a chaque membre particulier (pris comme un tout et non comme une partie de l'homme) à la conservation et au maintien de son propre état.

CHAPITRE VI

DE LA PRÉDESTINATION DE DIEU

(1) Le troisième attribut [propre] est, disons-nous, la prédestination divine.

1° Nous avons démontré précédemment que Dieu ne peut pas omettre de faire ce qu'il fait; qu'effectivement il a créé toute chose si parfaite, qu'elle ne peut l'être davantage.

2° En outre qu'aucune chose ne peut exister ni être conçue sans lui.

(2) Il faut examiner maintenant s'il y a dans la Nature des choses contingentes, c'est-à-dire s'il y a des choses qui peuvent être et aussi ne pas être. D'autre part, s'il existe une chose quelconque au sujet de laquelle nous ne puissions pas demander pourquoi elle est.

Qu'il n'y a pas de choses contingentes nous le démontrerons ainsi.

Si quelque chose n'a point de cause de son existence il est impossible que ce quelque chose soit; quelque chose qui est contingent n'a point de cause.

Donc :

La première proposition est hors de toute discussion. Nous démontrons la seconde ainsi :

Si quelque chose qui est contingent a de son existence une cause déterminée et assurée, ce quelque chose doit être nécessairement. Mais il est contradictoire que quelque chose soit à la fois contingent et nécessaire.

Donc :

(3) Quelqu'un dira peut-être que *quelque chose de contingent*, s'il n'a pas une cause déterminée et assurée, peut en avoir une contingente. S'il en était ainsi, cela devrait être ou bien *au sens divisé* ou bien *au sens composé*, savoir : ou bien la cause est contingente, en tant qu'elle existe, non en tant qu'elle est cause; ou bien ce qui est

contingent, c'est qu'une chose, qui elle-même peut être nécessairement dans la nature, devienne cause que quelque chose de contingent soit produit. Mais l'un et l'autre sont faux.

Pour ce qui est du premier : si quelque chose est contingent parce que sa cause est contingente, alors cette cause doit être elle-même contingente parce que la cause qui l'a causée est aussi contingente, et *ainsi à l'infini.*

Et, puisqu'il a été démontré auparavant que *tout dépend d'une cause unique*, il faudrait donc que cette cause aussi fût contingente, ce qui est évidemment faux.

Et pour ce qui touche le second parti : si cette cause n'était pas plus déterminée à produire ceci ou cela, c'est-à-dire la chose supposée contingente, qu'à s'abstenir de la produire, il serait également impossible qu'elle la produisît et qu'elle s'abstînt de la produire, ce qui est directement contradictoire.

(4) Pour ce qui est maintenant de la deuxième question posée par nous plus haut, à savoir : qu'*il n'est dans la Nature aucune chose dont on ne puisse demander pourquoi elle existe*, nous avons voulu faire connaître par là qu'il nous faut toujours rechercher par quelle cause une chose existe; car, si elle n'avait pas de cause, il serait impossible qu'elle fût.

Cette cause donc, nous avons à la chercher ou bien dans la chose elle-même ou en dehors d'elle. Si cependant l'on s'enquiert de la règle pour faire cette recherche, nous dirons qu'il semble qu'aucune ne soit nécessaire. Car si l'existence appartient à la nature de la chose, il est certain que nous ne devons pas chercher sa cause en dehors d'elle; mais s'il n'en est pas ainsi, nous devons toujours chercher la cause en dehors d'elle. Comme maintenant le premier cas ne se rencontre qu'en Dieu, il est démontré par là (comme nous l'avons déjà démontré plus haut) que Dieu seul est cause première de tout.

(5) Et de là il suit encore avec évidence que telle ou telle volonté de l'homme (car l'existence de la volonté n'appartient pas à son essence) doit aussi avoir une cause extérieure par laquelle elle est causée nécessairement, ce qui se voit aussi clairement par tout ce que nous avons dit dans ce chapitre et se verra encore plus clairement quand, dans la deuxième partie, nous aurons parlé et traité de la liberté de l'homme.

(6) D'autres objectent à tout cela : comment est-il possible que Dieu, de qui l'on dit qu'il est souverainement

parfait et qu'il est la cause unique de tout, l'ordonnateur et le pourvoyeur universel, permette que néanmoins une telle confusion soit visible *dans la Nature* et aussi pourquoi n'a-t-il pas *créé l'homme de façon qu'il ne puisse pécher?*

(7) Pour ce qui touche la première objection à savoir *qu'il y a de la confusion dans la Nature*, on n'a pas le droit de l'affirmer, attendu qu'à personne toutes les causes ne sont connues de façon à en juger. Cette objection provient toutefois de ce défaut de connaissance consistant à former des idées générales avec lesquelles on croit que les êtres particuliers doivent s'accorder pour être parfaites.

Ces *Idées*, à ce qu'ils prétendent en outre, seraient dans l'entendement de Dieu; ainsi beaucoup de sectateurs de Platon ont dit que ces *Idées générales* comme Raisonnable, Animal [B : Animal Raisonnable] et autres semblables *ont été créées par Dieu*. Et bien que les sectateurs d'Aristote disent que ces choses ne sont pas des êtres réels mais seulement des êtres de Raison, elles sont souvent cependant considérées par eux comme des choses [réelles], puisqu'ils ont dit clairement que la protection divine ne s'étendait pas sur les êtres particuliers, mais seulement sur les espèces; que Dieu par exemple n'a jamais étendu sa protection sur Bucéphale, etc., mais bien sur toute l'espèce des chevaux. Ils disent aussi que Dieu n'a pas de connaissance des choses particulières et passagères, mais seulement des générales qui d'après leur opinion sont immuables. Mais nous avons le droit de considérer * cela en eux comme une ignorance, attendu que seules les choses particulières ont une cause et non les générales, car ces dernières ne sont rien.

Dieu est ainsi cause et protecteur des choses particulières. Si donc les choses particulières devaient se conformer à une autre Nature, elles ne pourraient alors se conformer à leur propre nature et ne pourraient par suite être ce qu'elles sont vraiment. Par exemple, si Dieu avait créé tous les hommes tels qu'Adam avant la chute, il n'aurait cependant créé qu'Adam et non Pierre ou Paul; tandis qu'au contraire la perfection de Dieu consiste en ce qu'il donne à tous les êtres, des plus petits aux plus

* L'édition van Vloten et Land donne ici : *Dog wy hebben dit met regt in haar voor een onwetenheid aangemerkt*, puis ajoute entre crochets : [B : *aan te merken*]. Sigwart traduit : Doch wir haben das mit Recht an ihnen für Unwissenheit *angesehen* (nous avons à bon droit *considéré* cela en eux comme de l'ignorance). Busse a voulu conclure de là que Spinoza renvoyait aux *Pensées Métaphysiques* où il traite la question des universaux.

Il paraît beaucoup plus naturel d'adopter, comme je l'ai fait, le leçon de B.

grands, leur essence; ou pour mieux dire qu'il a tout parfait en lui-même.

(8) Quant à la deuxième objection : pourquoi Dieu n'a-t-il pas créé les hommes de façon qu'ils ne puissent pécher ? notre réponse sera que tout ce qui est dit du péché l'est à notre point de vue, de même que quand nous comparons deux choses l'une à l'autre, ou différents aspects de la même *; par exemple, quand quelqu'un a fait avec exactitude une montre, pour qu'elle sonne et indique les heures, si cet ouvrage s'accorde bien avec le dessein de l'artisan, on dit alors qu'il est bon, et s'il n'y est point conforme, on dit alors qu'il est mauvais; sans avoir égard à ce que, même dans ce cas, il pourrait aussi être bon, si le dessein de l'artisan avait été de faire la montre ainsi détraquée et ne sonnant pas à l'heure.

(9) Nous concluons en disant que Pierre doit s'accorder avec l'Idée de Pierre comme il est nécessaire et non avec l'idée de l'*Homme*, et que ** *bien* et *mal* ou *péché* ne sont pas autre chose que des modes de penser et non du tout des choses ou quoi que ce soit qui possède l'existence; comme peut-être nous le montrerons encore plus amplement dans ce qui suit. Car tous les êtres et tous les ouvrages qui sont dans la Nature sont parfaits.

* Je fais ici la correction au texte indiquée par Sigwart, d'après le manuscrit B.

** Le mot que *(dat)* a été transposé dans le manuscrit A; je le remets à la place qu'il a dû occuper.

CHAPITRE VII

DES ATTRIBUTS QUI N'APPARTIENNENT PAS A DIEU

(1) Nous commencerons maintenant à parler des attributs [1] qui sont généralement attribués à Dieu et cependant ne lui appartiennent pas et aussi de ceux par lesquels on cherche, mais vainement, à définir * Dieu; et en même temps des règles de la vraie définition.

(2) Pour faire cela, nous ne nous occuperons guère des représentations que les hommes ont généralement de Dieu; mais nous examinerons seulement en bref ce que les *Philosophes* savent en dire. Ces derniers donc ont défini Dieu comme étant *un être qui existe par soi, cause de toutes choses, tout-puissant, omniscient, éternel, simple, infini, souverain bien, de miséricorde infinie*, etc. Mais avant d'entreprendre cet examen voyons d'abord ce qu'ils nous avouent.

(3) En premier lieu, ils disent qu'aucune définition, vraie ou régulière, de Dieu ne peut être donnée, parce que, selon leur expression, il ne peut y avoir de définition que celle qui se fait par genre et différence; et Dieu

1. Pour ce qui concerne les attributs dont Dieu est formé, ils ne sont autre chose que des substances infinies dont chacune doit être elle-même infiniment parfaite. Qu'il en doit être ainsi nécessairement, des raisons claires et distinctes nous en persuadent; il est vrai cependant que, de tous ces [attributs] infinis, deux seulement jusqu'à présent nous sont connus par eux-mêmes; et ces attributs sont la pensée et l'étendue. Tout ce qui, en outre, est communément attribué à Dieu, ce ne sont pas des attributs mais seulement certains modes qui peuvent lui être imputés, ou bien à l'égard de tout, c'est-à-dire de *tous* ses attributs, ou bien à l'égard d'un seul attribut; à l'égard de *tous*, par exemple, qu'il est éternel, existant par lui-même, infini, cause de tout, immuable; à l'égard d'un seul qu'il est, par exemple, omniscient, sage, etc. (ce qui se rapporte à la pensée); d'autre part qu'il est partout, remplit tout, etc. (ce qui appartient à l'étendue).

* Le texte hollandais donne ici *bewijzen* (démontrer); je fais la correction indiquée par Freudenthal et W. Meijer qui lisent *beschrijven.*

n'étant espèce d'aucun genre, il ne peut être défini droitement ou régulièrement.

(4) D'autre part, ils disent encore que Dieu ne peut être défini, parce que la définition doit exprimer la chose absolument et aussi d'une façon positive; or selon leur affirmation Dieu ne peut être connu de nous de façon positive mais seulement de façon négative, de sorte que nulle définition régulière de Dieu ne peut être donnée.

(5) En outre, ils disent encore que Dieu ne peut jamais être démontré *a priori*, parce qu'il n'a pas de cause, mais seulement être rendu probable ou démontré par ses effets.

Puis donc qu'ils ont suffisamment reconnu par ces propositions qu'ils ont de Dieu une connaissance très petite et modeste, nous pouvons maintenant examiner leur définition.

(6) Premièrement, nous ne voyons pas qu'ils nous donnent ici aucuns *attributs* * par quoi la chose (Dieu) soit connue, mais seulement certains *propres*, et ces propres appartiennent bien à une chose, mais n'expliquent jamais ce qu'elle est. Car bien que *exister par soi-même*, *être cause de toutes choses*, *souverain bien*, *éternel*, *immuable*, etc., appartiennent en propre à Dieu seul, nous ne pouvons cependant pas savoir par ces propres quelle est l'essence et quels sont les attributs de l'être auquel appartiennent ces propres.

(7) Il sera temps aussi que nous considérions une fois les choses qu'ils attribuent à Dieu et qui ne lui appartiennent pas [2]; comme d'être *omniscient*, *miséricordieux*, *sage*, etc.; parce que ces choses ne sont que des modes de la substance pensante et ne peuvent en aucune façon exister ni être conçues sans la substance dont elles sont les modes; c'est pourquoi aussi elles ne peuvent être attribuées à Dieu qui est *un être n'ayant besoin* pour exister d'aucune autre chose que lui-même.

(8) Enfin, ils l'appellent le *souverain bien ;* si cependant ils entendent par là quoi que ce soit d'autre que ce qu'ils ont déjà dit, à savoir que Dieu est *immuable et cause de toutes choses*, ils se sont égarés dans leur propre concept ou

2. Il faut entendre qu'elles ne lui appartiennent pas en tant qu'on a égard à tout ce qu'il est ou à la totalité de ses attributs; voir page 76.

* Le texte porte *attributa of eigenschappen*, comme plus loin *propria of eigenen*. Il est inutile de chercher à rendre ces deux mots en français, et cela peut produire des confusions.

n'ont pu se comprendre eux-mêmes; et cela est venu de leur erreur sur le bien et le mal; ils croient en effet que l'homme lui-même, et non Dieu, est cause de ses péchés et de son mal; ce qui, d'après ce que nous avons déjà démontré, ne peut pas être, sans quoi nous sommes contraints d'affirmer que l'homme est aussi cause de lui-même. Cela toutefois se verra encore plus clairement quand nous traiterons ci-après de la volonté de l'homme.

(9) Il sera nécessaire maintenant que nous résolvions ces sophismes par lesquels ils cherchent à embellir leur ignorance en ce qui touche la connaissance de Dieu.

Ils disent donc en premier lieu *qu'une définition régulière doit consister en un genre et une différence.* Mais, bien que cela soit reconnu par tous les logiciens, je ne sais cependant d'où ils le tiennent, car certainement s'il faut que cela soit vrai, on ne peut rien savoir du tout; si, en effet, nous ne pouvons connaître une chose parfaitement que par une définition consistant en genre et différence, nous ne pourrons jamais connaître parfaitement le genre le plus élevé qui n'a plus aucun genre au-dessus de lui; or, si le genre le plus élevé, qui est cause de la connaissance de toutes les autres choses, n'est pas connu, les autres choses, qui ne sont expliquées que par ce genre, seront encore bien moins conçues et connues. Puisque cependant nous sommes libres et ne croyons nullement être liés à leurs affirmations, nous énoncerons selon la vraie logique d'autres règles de la définition et cela conformément à la distinction que nous faisons concernant la Nature.

(10) Nous avons déjà vu que les attributs (ou, comme d'autres les appellent, les substances) sont des choses ou, pour parler mieux et avec plus de propriété, sont un être existant par lui-même, et par suite se font connaître et se manifestent elles-mêmes par elles-mêmes. Des autres choses nous voyons qu'elles sont seulement des modes des attributs sans lesquels elles ne peuvent exister ni être conçues. Par suite, les définitions doivent être de deux genres ou espèces. Savoir :

1° Celles des attributs qui appartiennent à un être existant par lui-même : lesquels ne requièrent aucun concept de genre ou quoi que ce soit qui les fasse mieux concevoir ou les rende plus clairs, car, puisqu'ils existent en qualité d'attributs d'un être existant par lui-même, ils sont aussi connus par eux-mêmes.

2° Celles des autres choses qui n'existent pas par elles-mêmes, mais seulement par les attributs dont elles sont des modes et par lesquels, ces attributs étant comme leur genre, elles doivent être connues.

Et voilà pour ce qui touche la thèse qu'ils soutiennent touchant la définition.

Pour ce qui est du second point, à savoir que Dieu ne peut être connu de nous d'une connaissance adéquate, il a été suffisamment répondu à cela par M. des Cartes dans sa réponse aux objections touchant ce point, page 18 *.

(11) Et pour ce qui est du troisième : que Dieu ne peut être démontré *a priori*, nous avons déjà répondu à cela auparavant. Car, puisque Dieu est cause de soi, il suffit que nous le démontrions par lui-même, et une telle démonstration est aussi bien plus solide que la démonstration *a posteriori*, qui se fait d'ordinaire seulement par le moyen de causes extérieures.

* Indication conforme au texte. Schaarschmidt et Sigwart indiquent la page 21, se référant sans doute à une édition différente de celle que Spinoza avait sous les yeux. Il s'agit d'un passage des *Réponses aux Cinquièmes Objections.*

CHAPITRE VIII

DE LA NATURE NATURANTE

Avant de passer à quelque autre sujet, nous diviserons maintenant brièvement la Nature totale, savoir : en *Nature naturante* et *Nature naturée.*

Par *Nature naturante* nous entendons un être que par lui-même, sans avoir besoin d'aucune autre chose que lui-même (tels les attributs que nous avons jusqu'ici signalés), nous concevons clairement et distinctement, lequel être est Dieu. De même aussi les *Thomistes* ont entendu Dieu par là; toutefois leur Nature naturante était un être (ainsi l'appelaient-ils) extérieur à toutes substances.

Quant à la *Nature naturée,* nous la diviserons en deux, une universelle et l'autre particulière. L'*universelle* se compose de tous les modes qui dépendent immédiatement de Dieu; nous en traiterons dans le chapitre suivant. La *particulière* se compose de toutes les choses particulières qui sont causées par les modes universels. De sorte que la *Nature naturée,* pour être bien conçue, a besoin de quelque substance.

CHAPITRE IX

DE LA NATURE NATURÉE

(1) Pour ce qui touche maintenant la *Nature naturée universelle* ou les modes ou créatures qui dépendent immédiatement de Dieu ou sont créés immédiatement par lui, nous n'en connaissons pas plus de deux, savoir : le mouvement dans la matière et l'entendement dans la chose pensante [1]. Desquels nous disons qu'ils ont été de toute éternité et resteront immuables dans toute l'éternité. Œuvre aussi grande vraiment qu'il convenait à la grandeur de l'ouvrier.

(2) Pour ce qui concerne le *Mouvement* en particulier, comme il appartient plus proprement à ceux qui traitent de la science de la Nature qu'à nous ici d'expliquer comment il se fait *qu'il a été de toute éternité et doit demeurer immuable dans l'éternité, qu'il est infini en son genre, qu'il ne peut exister ni être conçu par lui-même*, mais seulement par le moyen de l'étendue, de tout cela, dis-je, nous ne traiterons pas ici, mais nous en dirons seulement qu'il est un *Fils, un Ouvrage, ou un Effet* immédiatement créé par lui.

(3) Concernant l'*Entendement* dans la chose pensante, il est aussi bien un *Fils, un Ouvrage, ou une Créature* immédiate de Dieu, créée de toute éternité et demeurant immuable dans l'éternité.

Il a pour seule propriété de tout percevoir clairement

1. *Note*. Ce qui est dit ici du mouvement dans la matière n'est pas dit sérieusement, car l'auteur se propose encore d'en trouver la cause comme il l'a déjà fait *a posteriori* en un certain sens; cela cependant peut bien demeurer ici parce que rien n'est bâti là-dessus ou n'en dépend *.

* Il est bien certain que cette note ne peut être de Spinoza. Elle est d'ailleurs rejetée par Monnikhoff.

et distinctement en tout temps; d'où naît une immuable jouissance infinie ou parfaite qui ne peut omettre de faire ce qu'elle fait. Et bien que cela soit déjà assez clair par soi-même, nous le démontrerons encore plus clairement en traitant des affections de l'Ame, et c'est pourquoi nous n'en dirons ici pas davantage.

CHAPITRE X

CE QU'EST LE BIEN ET LE MAL

(1) Pour dire une fois brièvement ce qu'est en lui-même le bien et le mal, nous commencerons ainsi : certaines choses sont dans notre entendement et non dans la Nature : elles ne sont ainsi que notre œuvre propre et ne servent qu'à concevoir distinctement les choses; parmi elles nous comprenons toutes les relations qui ont trait à différentes choses et nous les appelons *Êtres de Raison.*

(2) La question se pose maintenant; le bien et le mal appartiennent-ils aux *Êtres de Raison* ou aux *Êtres Réels?* Mais, considérant que le bien et le mal ne sont autre chose que des relations, il est hors de doute qu'il faut les ranger parmi les Êtres de Raison; car jamais on ne dit qu'une chose est bonne sinon par rapport à quelque autre qui n'est pas si bonne ou ne nous est pas si utile qu'une autre; ainsi on ne dit qu'un homme est mauvais que par rapport à un [autre] qui est meilleur; ou encore qu'une pomme est mauvaise que par rapport à une autre qui est bonne ou meilleure.

Et il serait impossible que tout cela pût être dit si le bon ou le meilleur n'existait pas, par comparaison avec lequel une chose est appelée mauvaise *.

(3) Si donc l'on dit qu'une chose est bonne, cela ne signifie rien sinon qu'elle s'accorde avec l'idée générale que nous avons des choses de cette sorte. Or, comme nous l'avons déjà dit auparavant, les choses doivent s'accorder avec leur idée particulière, dont l'essence doit être une essence parfaite ° et non avec la générale parce qu'alors elles n'existeraient nullement.

* Il semble qu'entre cette phrase et la suivante ait dû exister primitivement une autre phrase. Car les idées ne se font pas parfaitement suite.

° Traduction littérale du texte : ***Welkers wezen een volmaakte wezentheid moet zijn.*** Je pense que *wezen* ici désigne l'essence formelle objet de l'idée

(4) Quant à la confirmation de ce que nous venons de dire, la chose est claire selon nous; néanmoins pour conclure sur ce qui précède, nous ajouterons encore les preuves suivantes :

Tous les objets qui sont dans la Nature sont ou des choses ou des effets. Or le bien et le mal ne sont ni des choses ni des effets. Donc aussi le bien et le mal n'existent pas dans la Nature.

Car, si le bien et le mal sont des choses ou des effets, ils doivent avoir leur définition. Mais le bien et le mal, comme, par exemple, la fuite de Pierre et la malice de Judas, n'ont aucune définition en dehors de l'essence de Pierre ou de Judas, car celle-là seule est dans la Nature, et ne peuvent pas être définis indépendamment de l'essence de Pierre ou de Judas.

Il suit de là, comme plus haut, que le bien et le mal ne sont ni des choses ni des effets qui soient dans la Nature.

(ideatum ideae) et que par *volmaakte wezentheid*, il faut entendre une essence *réelle* ou véritable. Spinoza dit d'ailleurs : *per realitatem et perfectionem idem intelligo* (*Éth.*, II, def. 6. Cf. la fin du chap. VI ci-dessus). Étant donné le nominalisme de Spinoza, le sens n'est pas douteux : il n'y a point d'essence formelle correspondant à une idée générale.

DEUXIÈME PARTIE

DE L'HOMME

ET DE

CE QUI LUI APPARTIENT

PRÉFACE

(1) *Après avoir parlé dans la première partie de Dieu et des choses universelles et infinies, nous passerons dans cette deuxième partie à l'étude des choses particulières et finies ; non de toutes cependant, car elles sont innombrables, mais nous traiterons seulement de celles qui concernent l'homme, et, pour commencer, nous considérerons premièrement ce qu'est l'homme, en tant qu'il se compose de certains modes compris dans les deux attributs que nous avons trouvés en Dieu.*

(2) *Je dis certains modes parce que je ne pense nullement que l'homme, en tant qu'il est formé d'un esprit, d'une âme* [1]

1. I. Notre *âme* est ou une *substance* ou un *mode;* elle n'est pas une substance, car nous avons déjà démontré qu'il ne peut y avoir dans la nature de substance limitée; donc un *mode*.

II. Étant un mode elle doit être un mode ou bien de l'*étendue* substantielle ou bien de la *pensée* substantielle; or ce n'est pas de l'étendue parce que, etc., donc de la *pensée*.

III. La *pensée substantielle*, puisqu'elle ne peut pas être finie, est infinie, parfaite en son genre et un attribut de Dieu.

IV. Une *pensée parfaite* doit avoir une *connaissance*, une idée, un mode de penser, de toutes les *choses existant réellement* et de chacune en particulier, aussi bien des substances que des modes, sans rien excepter.

V. Nous disons *existant réellement*, parce que nous ne parlons pas ici d'une connaissance, d'une *idée*, etc., qui percevrait d'ensemble la nature de tous les êtres selon l'enchaînement de leurs essences, abstraction faite de leur existence particulière, mais d'une connaissance, une *idée*, etc., des choses particulières en tant que chacune vient à exister.

VI. Cette connaissance, cette *idée*, etc., de chaque chose particulière qui vient à exister réellement est, disons-nous, l'*âme* de chacune de ces choses particulières.

VII. Chaque chose particulière qui vient à exister réellement devient telle par le mouvement et le repos, et ainsi sont tous les modes, dans l'étendue substantielle, que nous nommons des *corps*.

VIII. La distinction de ces corps résulte seulement de telle ou telle *ou d'un corps, soit une substance, attendu que nous avons montré au commencement de ce livre :*

1° Qu'aucune substance ne peut commencer °;

2° Qu'une substance ne peut produire l'autre *et enfin :*

3° Qu'il ne peut y avoir deux substances égales.

Puis donc que l'homme n'a pas été depuis l'éternité, qu'il est limité et égal à beaucoup d'hommes, il ne peut être une substance.

(3) *De sorte que, tout ce qu'il a de pensée, ce ne sont que des* modes de l'attribut pensant *que nous avons reconnu à Dieu et, d'autre part, tout ce qu'il a de figure, mouvement*

autre proportion de mouvement et de repos par laquelle celui-ci est *ainsi* et non *autrement*, ceci est *ceci* et non *cela*.

IX. De cette proportion de mouvement et de repos provient aussi l'existence de ce *corps* qui est le *nôtre;* duquel, aussi bien que de toutes les autres choses, une connaissance, une *idée* etc., doit être dans la chose pensante : [idée qui] tout aussitôt [est] notre âme.

X. Cependant ce corps qui est le nôtre était dans une autre proportion de mouvement et de repos, quand il était un enfant non encore né, et par la suite, après notre mort, il sera dans une autre encore; mais il n'y en avait pas moins dès lors, et il n'y en aura pas moins alors, aussi bien que maintenant une *idée* ou connaissance, etc., de notre corps dans la chose pensante; non du tout la même cependant parce qu'il possède maintenant une autre proportion de mouvement et de repos.

XI. Pour produire dans la pensée substantielle une *idée*, une connaissance, un mode de penser, tel qu'est cette âme qui est la nôtre, est requis non un corps quelconque (dont la connaissance alors devrait aussi être autre qu'elle n'est), mais un corps qui soit tel qu'il possède précisément telle proportion de mouvement et de repos et non une autre; car tel le corps, telle aussi l'âme, l'idée, la connaissance, etc.

XII. Si donc un tel corps a et conserve cette proportion qui lui est propre, par exemple de 1 à 3, ce corps et l'âme seront comme ils sont * actuellement; soumis, à la vérité, à un changement constant mais non à un si grand qu'il dépasse la limite de 1 à 3; mais autant il change, autant aussi à chaque fois change l'âme.

XIII. Ce changement qui résulte en nous de ce que d'autres corps agissent sur le nôtre ne peut avoir lieu sans que l'âme, qui change aussi constamment, le perçoive et ce changement est proprement ce que nous appelons sensation.

XIV. Mais, si d'autres corps agissent sur le nôtre si puissamment que la proportion de 1 à 3 de son mouvement ne puisse pas subsister, alors c'est la mort, et un anéantissement de l'âme en tant qu'elle est seulement une idée, connaissance, etc., de tel corps possédant telle proportion de mouvement et de repos.

XV. Toutefois, puisque l'âme est un mode dans la substance pensante, elle a pu aussi la connaître et l'aimer en même temps que ce [mode] de l'étendue et, en s'unissant aux substances qui demeurent toujours les mêmes, se rendre elle-même éternelle.

° Spinoza n'a dit cela expressément que dans une note du chapitre II, partie I, d'où l'on peut conclure que cette note faisait primitivement partie du texte.

* Je fais ici, comme W. Meijer, une légère correction au texte.

et autres choses, ce sont de même des modes de l'autre attribut qui a été reconnu à Dieu par nous.

(4) *Et si quelques-uns, de ce que la nature de l'homme ne peut exister ni être conçue sans les attributs qui, de leur propre aveu, sont substance, essaient de tirer la preuve que l'homme est une substance, c'est sans autre fondement que de fausses suppositions ; car, puisque la nature de la matière ou des corps était déjà avant que la forme de tel corps humain existât, cette nature ne peut être propre au corps humain, car il est clair que, dans le temps où l'homme n'était pas, elle ne pouvait appartenir à la nature de l'homme.*

(5) *Et ce qu'ils posent en règle fondamentale :* que ce sans quoi une chose ne peut exister ni être conçue appartient à la nature de cette chose, *cela nous le nions ; car nous avons déjà démontré que* sans Dieu aucune chose ne peut exister ni être conçue; *c'est-à-dire, Dieu doit exister et être conçu avant que les choses particulières soient et soient conçues. Nous avons montré aussi que les genres n'appartiennent pas à la nature de la définition, mais que des choses telles qu'elles ne puissent pas exister sans d'autres ne peuvent pas non plus être conçues sans ces dernières* [o]. *Puisqu'il en est ainsi, quelle règle devons-nous donc poser d'après laquelle on puisse savoir ce qui appartient à la nature d'une chose? La règle est la suivante : appartient à la nature d'une chose ce sans quoi elle ne peut exister ni être conçue ;* non pas simplement ainsi toutefois, mais *de telle façon qu'il y ait toujours possibilité de conversion, c'est-à-dire que ce qui est affirmé ne puisse sans la chose exister ni être conçu.*

Nous commencerons donc à traiter des modes dont l'homme est formé dans le commencement du chapitre premier ci-après.

[o] Ces dernières seront à l'égard des choses définies *comme* des genres; Voir ci-dessus, chapitre VII, paragraphe 10.

CHAPITRE PREMIER

DE L'OPINION, DE LA CROYANCE ET DU SAVOIR [1]

(1) Pour commencer donc à parler des modes dont l'homme est formé nous dirons : 1° ce qu'ils sont; 2° leurs effets; 3° leur cause.

Quant au premier point, commençons par ceux qui nous sont les premiers connus, savoir *certains concepts* ou *la conscience de la connaissance de nous-mêmes et des choses qui sont en dehors de nous* °.

(2) Nous acquérons ces concepts ou bien :

1° Par la croyance °° seule, laquelle croyance se forme ou par ouï-dire ou par expérience [2], ou bien :

2° Par une croyance droite, ou bien :

3° Par une connaissance claire et distincte.

Le premier mode est communément soumis à l'erreur.

Le second et le troisième, bien qu'ils soient différents entre eux, ne peuvent cependant pas tromper.

(3) Pour comprendre cela plus distinctement, toutefois, nous proposerons un exemple pris de la règle de trois, à savoir :

1° Quelqu'un a entendu dire que si, selon la règle de trois, on multiplie le second nombre par le troisième et qu'on divise ensuite par le premier, on trouve un quatrième

Notes du chapitre I, dans A (ces notes ne figurent pas dans l'édition van Vloten et Land) :

1. Les modes dont l'homme est formé sont des concepts répartis en opinion, croyance droite et connaissance claire et distincte, causée par les objets, chacun selon son espèce.

2. Les représentations provenant d'une croyance de cette sorte sont exposées dans le chapitre suivant et appelées maintes fois opinions comme elles sont en effet.

° Traduction littérale du texte; voir note explicative.

°° Le mot employé plus loin est opinion (voir note à la fin du chapitre). Le traducteur hollandais a, dans ce passage, traduit *opinio* et *fides* par le même mot *geloof* (croyance).

nombre qui est avec le troisième dans le même rapport que le second avec le premier. Et sans considérer que celui qui lui a donné cette indication pouvait mentir, il a réglé son travail là-dessus; et cela sans avoir plus de connaissance de la règle de trois qu'un aveugle de la couleur; et il a débité ainsi tout ce qu'il a pu dire, comme fait un perroquet pour ce qu'on lui a appris [3].

2º Un autre qui est de conception plus rapide ne se contente pas ainsi du ouï-dire, mais il cherche une vérification dans certains calculs particuliers, et quand il trouve que ces derniers s'accordent avec la règle, il lui accorde créance. Mais nous avons eu raison de dire que ce mode aussi est exposé à l'erreur; comment, en effet, peut-il être sûr que l'expérience de quelques cas particuliers lui puisse être une règle pour tous [4] ?

3º Un troisième qui ne se satisfait ni du ouï-dire, parce qu'il peut tromper, ni de l'expérience de quelques cas particuliers, parce qu'elle ne peut donner de règle universelle, consulte la Raison vraie qui n'a jamais trompé ceux qui en ont fait bon usage. Cette raison lui dit que par la propriété des nombres proportionnels cela est ainsi et ne pouvait pas être ni arriver autrement [5]. Toutefois :

4º Le quatrième qui a la connaissance la plus claire n'a besoin ni du ouï-dire, ni de l'expérience, ni de l'art de conclure, parce que, par son intuition claire, il aperçoit aussitôt la proportionnalité dans tous les calculs [6].

3. Celui-là présume ou, comme on dit d'ordinaire, croit par ouï-dire seulement.

4. Celui-là présume ou croit non par ouï-dire seulement, mais par expérience; et ce sont les deux façons de s'imaginer.

5. Celui-là est certain par la croyance droite qui ne peut le tromper et il est celui qui proprement croit.

6. Mais ce dernier n'imagine ni ne croit jamais, il voit la chose même, non par quelque autre, mais en elle-même.

CHAPITRE II

CE QU'EST L'OPINION, LA CROYANCE ET LA CONNAISSANCE VRAIE

(1) Nous traiterons maintenant des effets des différentes connaissances dont nous avons parlé dans le précédent chapitre, et nous dirons encore une fois, comme en passant, ce qu'est l'opinion, la croyance et la connaissance claire.

(2) Nous appelons la première *Opinion*, parce qu'elle est sujette à l'erreur et n'a jamais lieu à l'égard de quelque chose dont nous sommes certains mais à l'égard de ce que l'on dit conjecturer ou supposer.

Nous appelons la deuxième *Croyance* parce que les choses que nous saisissons par la raison seulement ne sont pas vues par nous, mais nous sont seulement connues par la conviction qui se fait dans l'esprit que cela doit être ainsi et non autrement.

Mais nous appelons *Connaissance claire* celle qui s'acquiert, non par une conviction née de raisonnements, mais par sentiment et jouissance de la chose elle-même et elle l'emporte de beaucoup sur les autres.

(3) Après avoir dit cela en préambule, venons-en maintenant aux effets; nous dirons à ce sujet que de la première sortent toutes les passions qui sont contraires à la droite raison; de la deuxième, les bons désirs, et de la troisième le véritable et pur amour avec tout ce qui naît de lui.

(4) De telle sorte que nous posons comme cause prochaine de toutes les passions [o] dans l'âme la connaissance, parce que nous regardons comme tout à fait impossible que quelqu'un, qui ne concevrait ni ne connaîtrait, selon les modes ci-dessus, pût être poussé à l'Amour, au Désir ou à tout autre mode de vouloir.

[o] *Lijdingen* dans le texte; le terme latin devait être *affectus* et non *passio* ; voir note explicative.

CHAPITRE III

ORIGINE DES PASSIONS; PASSION NAISSANT DE L'OPINION

(1) Voyons donc maintenant comment, ainsi que nous venons de le dire, les passions naissent de l'opinion. Et pour le bien faire et intelligiblement, nous en prendrons quelques-unes, parmi les principales, comme exemples et nous démontrerons ce que nous dirons à leur sujet.

(2) L'*étonnement* sera la première qui se trouve dans celui qui connaît les choses par le premier mode; car, tirant de quelques observations particulières une conclusion qui est générale, il est comme frappé de stupeur, quand il voit quelque chose qui va contre cette conclusion [1] tirée par lui. C'est ainsi que quelqu'un, qui n'aurait jamais vu que des moutons à queue courte, a de l'étonnement au sujet des moutons marocains qui ont de longues queues. Ainsi l'on raconte d'un paysan qui s'était persuadé qu'il n'y avait pas de champs en dehors des siens qu'une vache étant venue à disparaître, il fut obligé de la chercher au loin et tomba dans un grand étonnement de ce qu'en dehors de ses propres champs il s'en trouvât encore une si grande quantité.

1. Il ne faut pas comprendre cela comme si l'étonnement devait toujours être précédé d'une conclusion formelle; il a lieu aussi sans cela, quand nous présumons que la chose est d'une certaine façon et non autrement que nous avons coutume de la voir, de l'entendre ou de la concevoir. Ainsi quand, par exemple, Aristote dit : *Le chien est un animal aboyant*, il conclut de là que tout ce qui aboie est chien. Mais si un paysan dit : un *chien*, il entend tacitement précisément la même chose qu'Aristote avec sa définition; de sorte que si le paysan entend aboyer, il dit : c'est un chien; si donc ils entendaient aboyer un autre animal, ce paysan qui n'a fait aucun raisonnement serait aussi étonné qu'Aristote qui en a fait un. De plus, quand nous percevons quelque chose à quoi nous n'avions jamais pensé auparavant, cet objet n'est cependant pas tel que nous n'ayons jamais rien connu qui lui ressemblât, en tout ou en partie; seulement il n'est pas en tout disposé de même, ou encore nous n'avons jamais été affectés par lui de la même façon.

(3) Et certainement la même aventure arrive à beaucoup de *Philosophes* qui se sont persuadé qu'en dehors de ce petit champ ou de cette petite boule de terre sur laquelle ils sont, il n'en existait pas d'autres, parce qu'ils n'en considéraient pas d'autres. Mais jamais il n'y aura d'étonnement dans celui qui tire de vraies conclusions. Et telle est la première passion.

(4) La seconde sera l'*Amour* *. Cette passion naît :

1° Du ouï-dire;

2° De l'opinion;

3° De concepts vrais.

(5) Pour ce qui touche le premier amour, nous l'observons communément dans les enfants à l'égard de leur père; parce que leur père leur dit que telle ou telle chose est bonne, ils sont portés vers elle sans en rien savoir de plus; de même aussi dans ceux qui par amour de la patrie donnent leur vie; et enfin dans tous ceux qui s'éprennent de quelque chose pour en avoir entendu parler.

(6) Pour le second il est certain que, toutes les fois que quelqu'un voit ou s'imagine voir quelque chose de bon, il incline toujours à s'unir à cela; et que, à cause du bien qu'il remarque en cet objet, il le choisit comme le meilleur, hors duquel il ne connaît alors rien de meilleur ou de plus agréable. S'il vient cependant, comme il arrive le plus souvent en pareil cas, à faire connaissance avec quelque chose de meilleur que ce bien à lui actuellement connu, il détourne à l'instant son amour du premier objet vers le second; toutes choses que nous exposerons plus clairement en traitant de la liberté de l'homme.

(7) Pour ce qui touche le troisième, savoir l'amour né de concepts vrais, nous le passerons ici sous silence parce que ce n'est pas le lieu d'en parler [2].

(8) La *Haine*, maintenant, l'exact opposé de l'amour, naît de l'erreur qui provient de l'opinion; car si quelqu'un a conclu que quelque objet est bon et si un autre fait quelque chose au détriment de cet objet, de la haine à l'égard de l'auteur de cette action naît dans le premier;

2. Il n'est pas traité ici de l'amour né de concepts vrais ou de la connaissance claire parce qu'il ne provient point de l'opinion, mais voir à ce sujet chapitre XXII **.

* Je suis ici la leçon donnée par le manuscrit B (reproduite en note dans l'édition van Vloten et Land); l'ordre est interverti dans le manuscrit A.

** Cette note doit être évidemment attribuée au copiste ou à quelque lecteur.

haine qui ne pourrait trouver place en lui s'il connaissait le vrai bien, comme nous le montrerons ci-après. Car tout ce qui peut exister ou être pensé, en comparaison avec le vrai bien, n'est que la misère même, et celui qui s'attache ainsi à la misère n'est-il pas digne de compassion beaucoup plus que de haine ? La haine enfin vient aussi du ouï-dire seul, comme nous le voyons chez les Turcs contre les Juifs et les Chrétiens, chez les Juifs contre les Turcs et les Chrétiens et chez les Chrétiens contre les Juifs et les Turcs; combien ignorante en effet est la masse d'entre eux en ce qui touche le culte et les mœurs des autres!

(9) Le *Désir* maintenant, soit qu'il consiste seulement, comme veulent quelques-uns, dans l'appétit ou la convoitise d'obtenir ce dont on est privé, soit, comme le veulent d'autres [3], qu'il s'attache à conserver ce dont nous jouissons déjà, il est certain qu'on ne le peut jamais trouver en aucune personne qu'il ne soit venu en elle, pour ce qu'une chose a paru bonne.

(10) Il est donc clair que le désir, comme aussi l'amour dont il a été parlé auparavant, naît du premier mode de connaissance, car, si quelqu'un a ouï dire de quelque chose que ce soit qu'elle est bonne, il en a l'appétit et la convoitise. Comme on le voit dans un malade qui, par cela seul qu'il entend dire à un médecin que tel ou tel remède est bon pour son mal, est tout aussitôt porté vers lui.

Le désir naît aussi de l'expérience comme on le voit dans la pratique des médecins qui, ayant trouvé un certain remède bon quelquefois, ont coutume de le considérer comme une chose infaillible.

(11) Tout ce que nous avons dit de ces passions, on peut le dire aussi de toutes les autres, comme il est clair pour chacun. Et comme nous commencerons dans ce qui suit à rechercher lesquelles sont raisonnables, lesquelles par contre sont déraisonnables, nous laisserons cela pour le moment, et nous avons ainsi fini avec les passions qui naissent de l'opinion.

3. La première définition est la meilleure, car, si l'on jouit d'une chose, le désir de cette chose cesse et la disposition, qui est alors en nous, de la conserver, n'est pas un désir mais une crainte de la perdre.

CHAPITRE IV

CE QUI NAIT DE LA CROYANCE ET DU BIEN ET DU MAL DE L'HOMME

(1) Après avoir montré dans le précédent chapitre comment les passions naissent de l'erreur de l'opinion, voyons maintenant les effets des deux autres modes de connaissance, et, pour commencer, de celui que nous avons appelé la croyance droite [1].

(2) Ce mode de connaissance nous fait bien voir ce qu'il faut que soit la chose mais non ce qu'elle est vraiment. Et c'est la raison pour laquelle il ne peut jamais nous unir à la chose crue. Je dis donc qu'il nous enseigne seulement ce qu'il faut que soit la chose et non ce qu'elle est, y ayant une très grande différence entre les deux, comme nous l'avons vu dans notre exemple de la règle de trois; si quelqu'un peut trouver par la proportion un nombre qui soit avec le troisième dans le même rapport que le second avec le premier, il peut dire (après emploi de la multiplication et de la division) que les quatre nombres doivent être proportionnels; et, bien qu'il en soit ainsi, il n'en parle pas moins comme d'une chose qui est hors de lui; mais, s'il arrive à avoir l'intuition de la

1. La croyance est une conviction forte, née de raisons, par laquelle je suis persuadé dans mon entendement que la chose est vraiment telle, en dehors de mon entendement, que j'en suis persuadé dans mon entendement. Une *conviction forte, née de raisons* dis-je, pour la distinguer aussi bien de l'opinion, qui est toujours douteuse et sujette à l'erreur, que de la science qui ne consiste pas en une conviction née de raisons, mais en une union immédiate avec la chose elle-même. Je dis encore que la chose *est vraiment et telle en dehors de mon entendement* [que je la conçois]; *vraiment* car dans ce mode de connaissance les raisons ne peuvent me tromper sans quoi elles ne se distingueraient pas de l'opinion. *Telle* car ce mode de connaissance peut m'enseigner, seulement ce qu'il faut que soit la chose, non ce qu'elle est vraiment, sans quoi il ne se distinguerait pas de la science. *En dehors*, car il ne nous fait pas jouir intellectuellement de ce qui est en nous, mais de ce qui est hors de nous.

proportionnalité comme nous l'avons montré dans le quatrième exemple, il dit alors que la chose est ainsi vraiment *, attendu qu'elle n'est plus hors de lui mais en lui-même. Et voilà pour ce qui touche le premier point.

(3) Le deuxième effet de la croyance droite est qu'elle nous porte à une connaissance claire, par laquelle nous aimons Dieu et nous fait percevoir intellectuellement non les choses qui sont en nous mais celles qui sont en dehors.

(4) Le troisième effet est qu'elle nous procure la connaissance du bien et du mal, et nous indique toutes les *passions* qui sont à détruire. Et, puisque nous avons déjà dit auparavant que les passions qui naissent de l'opinion sont sujettes à grand mal, il vaut la peine de voir une fois comment ces passions sont passées au tamis par ce deuxième mode de connaissance, pour découvrir ce qu'il y a en elles de bon et de mauvais [2].

Et pour cela, comme il convient, considérons-les de près de la même façon que précédemment, pour pouvoir reconnaître lesquelles parmi elles doivent être choisies, lesquelles rejetées par nous. Avant toutefois de passer à cela disons d'abord brièvement ce qu'est le bien et le mal de l'homme.

(5) Nous avons déjà dit auparavant que toutes choses sont nécessaires, *et qu'il n'y a dans la Nature ni bien ni mal*. Ainsi tout ce que nous voulons de l'homme doit appartenir à son genre [o], lequel n'est pas autre chose qu'un *être de Raison*. Quand donc nous avons conçu dans notre entendement une idée d'un homme parfait, cela peut être cause que nous voyions (quand nous nous étudions nous-mêmes) s'il y a en nous aussi quelque moyen de parvenir à une telle perfection.

(6) Et pour cette raison tout ce qui peut nous rapprocher de cette perfection nous l'appellerons bon, et mauvais ce qui, au contraire, nous empêche d'y atteindre ou ne nous en rapproche pas.

(7) Je dois donc, dis-je, concevoir un homme parfait

2. Quant au quatrième effet de cette croyance vraie, il est qu'il nous indique en quoi consiste la vérité et la fausseté **.

* Le texte hollandais donne : il dit alors *vraiment* que la chose est ainsi. Je le modifie d'après Sigwart et W. Meijer.

** Cette note ne se trouve ni dans l'édition de van Vloten et Land ni dans Sigwart. Je l'emprunte à l'édition de W. Meijer; elle me paraît utile d'ailleurs, vu qu'au chapitre xv Spinoza semble y faire allusion; la note 2 de Sigwart se trouve ainsi devenir la note 3.

o Ce que nous appelons bien de l'homme, c'est sa conformité à l'idée générale que nous avons de l'homme.

si je veux dire n'importe quoi concernant le bien et le mal de l'homme; cela parce que si je traitais du bien et du mal, par exemple, dans Adam, je confondrais alors un être réel avec un être de Raison, ce qu'un vrai philosophe doit éviter avec soin pour des raisons que nous exposerons par la suite ou dans d'autres occasions.

(8) En outre, comme la destination d'Adam, ou de quelque créature particulière que ce soit, ne nous est connue que par l'événement, il s'ensuit que ce que nous pouvons dire de la destination de l'homme [3] ne peut se fonder que sur le concept d'un homme parfait dans notre entendement; d'un tel homme nous pouvons bien connaître la destination, parce qu'il est un être de raison, et nous pouvons connaître aussi, comme il a été dit, son bien et son mal, car ce sont là de simples modes de penser.

(9) Pour en venir maintenant peu à peu à la question, nous avons déjà montré auparavant comment de la représentation naissent les mouvements, modes, affections et actions de l'âme et nous avons divisé en quatre cette représentation, à savoir :

1° Le ouï-dire seul; *2°* l'expérience; *3°* la croyance; *4°* la connaissance claire. Après donc que nous avons vu les effets de tous, il est évident par là que le quatrième mode, savoir la connaissance claire, est le plus parfait de tous; car l'opinion nous induit souvent en erreur; et la croyance droite n'est bonne que parce qu'elle est le chemin qui conduit à la connaissance vraie, en nous excitant vers les choses qui sont vraiment aimables, de sorte que la fin dernière que nous cherchons à atteindre et la plus noble que nous connaissions est la connaissance claire.

(10) Toutefois, cette connaissance claire aussi diffère selon les objets qui se présentent à elle et d'autant meilleur est l'objet auquel elle s'unit, d'autant meilleure est cette connaissance; et par suite celui-là est l'homme le plus parfait qui s'unit à Dieu, l'être souverainement parfait, et jouit ainsi de lui.

(11) Pour découvrir donc ce qu'il y a de bon et de mauvais dans les passions, nous les prendrons chacune à part pour les considérer; et nous commencerons par

3. [Par la considération] d'aucune créature particulière on ne peut avoir une idée qui soit parfaite, car la perfection même de cette idée, c'est-à-dire [le jugement par lequel on décide] si elle est parfaite ou non, il faut nécessairement la déduire d'une idée générale ou *Être de Raison*.

l'*Étonnement*. Cette passion, puisqu'elle naît ou de préjugés ou de l'ignorance, est une imperfection dans l'homme sujet à cette disposition de l'âme. Je dis une imperfection parce que l'étonnement par lui-même ne conduit à rien de mauvais [o].

[o] Toute la fin de ce chapitre, depuis le paragraphe 9, ne me paraît pas faire partie de la rédaction primitive.

CHAPITRE V

DE L'AMOUR

(1) Nous diviserons l'Amour, qui n'est autre chose que la jouissance d'une chose et l'union avec elle, suivant la nature de l'objet dont l'homme cherche à jouir et auquel il veut s'unir.

(2) Certains objets sont en eux-mêmes périssables, d'autres impérissables par leur cause; un troisième est par sa propre force et sa seule puissance éternel et impérissable.

Les choses périssables sont toutes les choses particulières qui n'ont pas été de tout temps, mais qui ont pris commencement.

Les autres sont les modes universels * que nous avons dit qui étaient causes des particuliers.

Mais le troisième est Dieu, ou ce que nous prenons pour une seule et même chose, la *Vérité*.

(3) L'amour naît donc de la représentation et de la connaissance que nous avons d'une chose et, suivant que la chose se montre plus grande et magnifique, plus aussi l'amour est grand en nous.

(4) Nous avons le pouvoir de nous affranchir de l'amour de deux façons : ou bien par la connaissance d'une chose meilleure, ou par l'expérience que la chose aimée, que nous tenions pour quelque chose de grand et de magnifique, apporte avec elle beaucoup de suites funestes.

(5) C'est aussi un caractère de l'amour que jamais nous ne nous efforçons d'en être délivrés (comme de l'étonnement et des autres passions) et cela pour deux raisons : 1° parce que cela est impossible, et 2° parce qu'il est nécessaire que nous n'en soyons pas délivrés.

Cela est *impossible* parce que cela ne dépend aucunement

* Le mot *algemeene* (universels) manque dans A.

de nous, mais seulement de ce que nous observons de bon et d'utile dans l'objet et, si nous ne voulions pas l'aimer, il serait nécessaire d'abord que cet objet ne nous fût pas connu, ce qui n'est pas en notre pouvoir ou ne dépend pas de nous, attendu que, si nous ne connaissions rien, certainement nous ne serions pas.

Il est *nécessaire* que nous n'en soyons pas délivrés parce qu'en raison de la faiblesse de notre nature, sans quelque chose dont nous jouissions, à quoi nous soyons unis et par quoi nous soyons fortifiés, nous ne pourrions exister.

(6) De ces trois sortes d'objets, lesquels avons-nous donc à élire ou à rejeter ?

Pour les choses *périssables* (puisqu'il est nécessaire, avons-nous dit, à cause de la faiblesse de notre nature, que nous aimions quelque objet et que nous nous unissions à lui pour exister), il est certain que, par l'amour des choses périssables et notre union avec elles, nous ne serons aucunement fortifiés dans notre nature, considérant qu'elles sont faibles elles-mêmes et qu'un invalide ne peut pas en porter un autre. Et non seulement elles ne sont pas salutaires, elles nous sont même nuisibles; car nous avons dit de l'amour qu'il est *une union avec l'objet que notre entendement juge être magnifique et bon ;* et nous entendons par là une union telle que l'aimant * et l'aimé deviennent une seule et même chose et forment ensemble un tout. Il est donc certainement très misérable celui qui est uni à des choses quelconques périssables; car, puisqu'elles sont en dehors de son pouvoir et sujettes à beaucoup d'accidents, il est impossible que, si elles sont atteintes de souffrances, lui-même en demeure affranchi. Et nous concluons par suite que, si ceux qui aiment les choses périssables ayant encore un certain degré d'essence sont misérables, quelle ne sera pas la misère de ceux qui aiment les honneurs, les richesses et la volupté qui n'ont absolument pas d'essence!

(7) Voilà qui suffit pour montrer comme la raison nous avertit de nous séparer de telles choses périssables, car, par ce que nous venons de dire, est clairement démontré le poison et le mal qui est contenu et caché dans l'amour de ces choses. Nous le voyons cependant d'une façon incomparablement plus claire, si nous considérons de quel bien magnifique et excellent nous sommes privés par la jouissance de ces choses.

* Dans le texte *de liefde* (l'amour); je lis *de lievende.*

(8) Nous avons dit que les choses qui sont périssables sont en dehors de notre pouvoir; qu'on nous comprenne bien : nous ne voulons pas dire par là que nous soyons une cause libre ne dépendant d'aucune autre chose; quand nous disons que certaines choses sont dans notre pouvoir et d'autres en dehors, nous entendons par choses qui sont en notre pouvoir celles que nous effectuons selon l'ordre [de la Nature] ou d'accord avec la Nature dont nous sommes une partie, par choses qui ne sont pas en notre pouvoir celles qui, étant extérieures à nous, ne sont sujettes par nous à aucun changement, parce qu'elles sont très éloignées de notre essence véritable, telle qu'elle est instituée par la Nature.

(9) Pour continuer, nous en venons maintenant à la deuxième espèce d'objets qui, bien qu'éternels et immuables, ne le sont pas par leur propre force. Si cependant nous en entreprenons quelque peu l'examen, nous percevrons aussitôt que ce sont seulement des modes qui dépendent immédiatement de Dieu. Et, telle étant leur nature, ces objets ne peuvent être connus par nous, à moins que nous n'ayons en même temps un concept de Dieu, en qui, parce qu'il est parfait, notre Amour doit nécessairement se reposer; et, pour le dire en un mot, il nous sera impossible, si nous usons bien de notre entendement, de nous abstenir d'aimer Dieu.

Les raisons qui font qu'il en est ainsi sont claires.

(10) *Premièrement*, parce que nous éprouvons que Dieu seul a l'existence, et que toutes autres choses ne sont pas des êtres mais des modes; et puisque les modes ne peuvent pas être bien conçus sans l'être duquel ils dépendent immédiatement, et que nous avons précédemment montré que si, alors que nous aimons quelque chose, nous venons à connaître une chose meilleure que celle que nous aimons, nous nous jetterons aussitôt sur elle et abandonnerons la première, il s'ensuit sans contredit que, si nous venons à connaître Dieu qui a en lui seul toutes les perfections, nous devons nécessairement l'aimer.

(11) *Deuxièmement*. — Si nous usons bien de notre entendement dans la connaissance des choses, nous devons les connaître dans leurs causes; et puisque de toutes les autres choses Dieu est la première cause, la connaissance de Dieu va donc, selon la nature des choses, avant celle de toutes autres choses; car la connaissance de ces dernières découle de celle de la première cause. Comme maintenant l'amour vrai naît toujours de la connaissance de la magnificence et de la bonté de l'objet, que peut-il donc suivre sinon que l'amour se porte avec plus de force, que sur personne, sur le Seigneur notre Dieu ? puisqu'il est seul magnifique et un bien parfait.

(12) Nous voyons ainsi comment nous rendons l'amour fort et aussi comment il doit se reposer en Dieu seul.

Ce que nous aurions encore à dire de l'amour, nous nous efforcerons de le dire quand nous traiterons de la dernière sorte de connaissance.

Nous passons maintenant à la recherche promise auparavant, savoir : quelles passions doivent être admises, quelles rejetées.

CHAPITRE VI

DE LA HAINE

(1) La Haine est une inclination à écarter de nous ce qui nous a causé quelque mal.

Il est à considérer maintenant comment nous produisons nos actions de deux façons, savoir : ou bien avec ou bien sans les passions. Avec les passions, comme on le voit communément chez les maîtres à l'égard de leurs serviteurs qui ont fait quelque faute, ce qui d'ordinaire ne se passe pas sans colère ; sans les passions comme on le raconte de Socrate qui, s'il lui fallait châtier un serviteur pour le corriger, ne le faisait pas aussi longtemps qu'il se trouvait dans un état d'irritation contre ce serviteur.

(2) Voyant donc que nos œuvres sont accomplies par nous avec les passions ou sans elles, il est clair, pensons-nous, que les choses qui nous font obstacle ou nous ont fait obstacle peuvent, si cela est nécessaire, être écartées sans excitation de l'âme. Dès lors qu'est-ce qui vaut le mieux ? que nous fuyions les choses avec haine et aversion ou que, par la force de la raison, nous apprenions à les supporter sans excitation (car nous le considérons comme possible). Il est sûr d'abord que, si nous faisons les choses que nous avons à faire sans passion, il n'en peut rien résulter de mauvais. Et puisque entre le bon et le mauvais il n'y a pas de milieu, nous voyons que, comme il est mauvais d'agir avec passion, il doit être bon d'agir sans passion.

(3) Examinons cependant s'il y a quelque chose de mauvais à faire les choses avec haine et aversion.

Pour la haine, qui naît de l'opinion, il est certain qu'elle ne doit avoir aucune place en nous, puisque nous savons qu'une seule et même chose est à un certain moment bonne pour nous, à un autre mauvaise, ainsi qu'on l'a toujours reconnu pour les herbes officinales.

Il s'agit en définitive de savoir si la haine se forme en

nous par l'opinion seulement ou aussi par le vrai raisonnement. Mais pour examiner ce point il nous paraît bon d'expliquer clairement ce qu'est la haine et de la distinguer de l'aversion.

(4) La *Haine*, dis-je, est une excitation de l'âme contre quelqu'un qui nous a fait du mal sciemment et volontairement.

Mais l'*Aversion* est une excitation qui est en nous contre un objet à cause du tort ou de la souffrance que nous connaissons ou supposons qui est en lui par nature. Je dis par nature, parce que, si nous n'avons pas cette opinion, encore bien que nous ayons éprouvé de lui quelque empêchement ou quelque souffrance, nous ne l'avons pas pour cela en aversion, puisque nous pouvons même en attendre quelque avantage; c'est ainsi que quelqu'un qui s'est endommagé avec une pierre ou un couteau ne l'a pas pour cela en aversion.

(5) Après avoir fait cette observation, voyons brièvement les effets de ces deux passions.

De la haine naît la tristesse et quand la haine est grande elle produit la colère. Cette dernière ne s'efforce pas seulement, comme la haine, à s'éloigner par la fuite de la chose haïe, mais tend aussi à la détruire quand cela est faisable. De cette grande haine sort aussi l'Envie. Mais de l'aversion naît une certaine tristesse, puisque nous nous efforçons de nous priver d'une chose qui, puisqu'elle est réelle, a aussi son essence et sa perfection.

(6) Par ce qui vient d'être dit, on peut aisément connaître que, si nous usons bien de notre Raison, nous ne pouvons avoir de haine ou d'aversion contre aucune chose, parce que nous nous priverions en agissant ainsi de la perfection qui est en chacune. Et nous connaissons aussi par la Raison que nous ne pouvons jamais avoir de haine contre personne; parce que tout ce qui est dans la Nature, si nous voulons en [obtenir] quelque chose, nous devons le changer en quelque chose de meilleur soit pour nous, soit pour la chose elle-même.

(7) Et puisqu'un homme parfait est la chose la meilleure que nous connaissions présentement ou ayons sous les yeux, c'est de beaucoup le mieux pour nous et pour chacun pris à part que nous nous efforcions en tout temps de diriger les hommes vers cette perfection; car alors seulement ils peuvent tirer de nous et nous d'eux le fruit le plus grand possible. Et le moyen pour cela est de former à leur sujet des pensées telles que notre bonne conscience

même nous enseigne à le faire et nous en avertit, parce que jamais elle ne nous excite à notre perte mais toujours à notre salut.

(8) Nous concluons en disant que la Haine et l'Aversion ont en elles autant d'imperfections que l'Amour, au contraire, a de perfections; car ce dernier produit toujours amélioration, renforcement et accroissement, ce qui est perfection, tandis que la haine au contraire tend toujours à la dévastation, à l'affaiblissement, à l'anéantissement, ce qui est l'imperfection même.

CHAPITRE VII

DE LA JOIE ET DE LA TRISTESSE

(1) Ayant vu de quelle nature sont la Haine et l'Étonnement, et que, nous pouvons le dire sûrement, jamais ces passions ne peuvent trouver place en ceux qui usent bien de leur entendement, nous continuerons de même et traiterons des autres passions ; et pour commencer, soient d'abord le Désir et la Joie ; à leur sujet, attendu qu'elles proviennent des mêmes causes d'où naît l'amour, nous n'avons rien à dire, sinon que nous devons nous rappeler ce que nous avons dit précédemment ; sur quoi nous les laissons pour le moment.

(2) A ces passions nous joindrons la Tristesse de laquelle nous pouvons dire qu'elle ne naît que de l'opinion et de l'erreur en provenant ; car elle a pour cause la perte de quelque bien.

Nous avons dit auparavant que tout ce que nous faisons devait servir à l'avancement et à l'amélioration. Or il est certain que, tant que dure notre affliction, nous nous rendons impropres à rien faire de tel ; c'est pourquoi il faut que nous nous dérobions à la tristesse, ce que nous pouvons faire en pensant au moyen de recouvrer la chose perdue, autant qu'il est en notre pouvoir ; et si nous ne le pouvons pas, [en pensant] qu'il faut néanmoins nous délivrer de la tristesse, afin de ne pas tomber dans toutes les misères qu'elle amène nécessairement avec elle. Et il faut que nous fassions l'un et l'autre avec joie, car il est insensé de vouloir rétablir et réparer un bien perdu par un mal désiré et entretenu par nous.

(3) Enfin, qui use bien de son entendement doit nécessairement connaître Dieu, puisque Dieu est, comme nous l'avons démontré, le souverain bien et tout bien. D'où il suit, sans contredit, que quelqu'un qui use bien de son entendement ne peut tomber dans aucune tristesse. Comment non ? Il repose dans le bien qui est tout bien et en quoi il y a plénitude de toute joie et de toute satisfaction.

De l'opinion donc ou de la non-connaissance provient la tristesse comme il a été dit *.

* Cette dernière phrase, mise entre crochets dans l'édition van Vloten et Land, ne se trouve que dans le manuscrit A.

CHAPITRE VIII

DE L'ESTIME ET DU MÉPRIS

(1) Pour continuer nous parlerons de l'Estime et du Mépris, de la Noblesse [o] et de l'Humilité, et de l'Orgueil et de l'Humilité vicieuse. Pour bien discerner dans ces passions le bien et le mal, nous les considérerons à part dans cet ordre.

(2) L'Estime et le Mépris donc ne sont relatifs qu'à quelque chose de grand ou de petit; [ces passions sont en nous] quand nous jugeons telle une chose, que ce qui est grand ou petit soit en nous ou hors de nous.

(3) La Noblesse n'a pas d'objet en dehors de nous-mêmes et il faut entendre par là seulement que quelqu'un, sans passion et sans prendre garde à l'estime de lui-même, connaît sa propre perfection selon sa vraie valeur.

(4) Il y a Humilité quand quelqu'un, sans prendre garde au mépris de lui-même, connaît son imperfection; l'humilité donc n'a pas d'objet en dehors de l'homme humble.

(5) Il y a Orgueil quand quelqu'un s'attribue une perfection qu'on ne peut trouver en lui.

(6) Il y a Humilité vicieuse quand quelqu'un s'attribue une imperfection qui ne lui appartient pas. Je ne parle pas ici des hypocrites qui, pour tromper les autres, s'abaissent sans croire [ce qu'ils disent], mais de ceux qui croient que les imperfections qu'ils s'attribuent existent en eux.

[o] La traduction du mot hollandais *Edelmoedigheid* donne lieu à une petite difficulté. D'une part, on est tenté d'emprunter à Descartes (*Traité des passions*, II, 56; III, 149) les termes dont il use; *Edelmoedigheid* correspond, semble-t-il, à *générosité*. Mais la définition donnée dans ce chapitre ne s'accorde pas pleinement avec celle de Descartes (III, 155). Pour les autres passions étudiées dans ce chapitre, nous suivons la terminologie de Descartes. Remarquons cependant que *Verwaantheid*, traduit ici par orgueil, est plutôt la présomption.

(7) Après ces observations apparaît assez clairement ce qu'a de bon et de mauvais chacune de ces passions. Pour ce qui touche la Noblesse et l'Humilité, elles font connaître par elles-mêmes leur excellence. Nous disons, en effet, que celui qui les possède connaît sa propre perfection et son imperfection selon leur valeur vraie; ce qui, comme l'enseigne la Raison, est le meilleur pour parvenir à notre perfection; car, si nous connaissons exactement notre puissance et notre perfection, nous voyons clairement par là ce qui est à faire pour parvenir à la fin qui est bonne pour nous; et d'autre part, si nous connaissons notre défaut et notre impuissance, nous voyons ce qui pour nous est à éviter.

(8) Pour l'Orgueil et l'Humilité vicieuse, leur définition fait assez connaître qu'ils naissent sans aucun doute possible de l'opinion, puisque le premier, disions-nous, se rencontre en celui qui s'attribue à lui-même une perfection qui ne lui appartient pas; et que l'humilité vicieuse lui est précisément opposée.

(9) Il se voit avec clarté par ce qui précède qu'autant la Noblesse, la véritable Humilité, sont bonnes et salutaires, autant l'Orgueil et l'Humilité vicieuse sont mauvais et corrupteurs. Non seulement les premières mettent qui les possède dans une bonne condition, mais elles sont aussi les degrés par où nous nous élevons à notre plus haut salut; tandis que l'Orgueil et l'Humilité vicieuse non seulement nous empêchent de parvenir à notre perfection, mais nous conduisent entièrement à notre ruine. C'est l'Humilité vicieuse qui nous empêche de faire ce qu'autrement nous devrions faire pour devenir parfaits; comme nous le voyons chez les sceptiques qui, niant que l'homme puisse posséder aucune vérité, se privent par là eux-mêmes de la vérité. C'est l'Orgueil qui nous fait nous attacher à des choses qui conduisent en droite ligne à notre ruine, comme on le voit chez ceux qui se sont imaginé et s'imaginent que Dieu a pour eux des faveurs miraculeuses et, pour cette raison, ne craignant aucun danger, prêts à tout, bravent le feu et l'eau et périssent ainsi misérablement.

(10) Pour l'Estime et le Mépris il n'y a rien à en dire sinon qu'il faut bien garder dans sa mémoire ce qui a été dit auparavant de l'Amour.

CHAPITRE IX

DE L'ESPÉRANCE ET DE LA CRAINTE

(1) De l'Espérance et de la Crainte, de la Sécurité, du Désespoir et de la Fluctuation, du Courage, de l'Audace et de l'Émulation, de la Pusillanimité et de la Consternation [B : et enfin de la Jalousie], nous commencerons maintenant à parler; nous les prendrons, selon notre habitude, l'une après l'autre et nous montrerons lesquelles [de ces passions] sont pour nous des entraves, lesquelles des auxiliaires.

Nous pourrons faire tout cela très facilement, pourvu que nous prenions garde aux idées que nous avons d'une chose à venir, qu'elle soit bonne ou mauvaise.

(2) Les idées que nous avons concernant la chose elle-même sont que :

1° Ou bien la chose est considérée par nous comme contingente, c'est-à-dire comme pouvant arriver ou ne pas arriver.

2° Ou bien elle doit arriver nécessairement.

Voilà ce qui est relatif à la chose elle-même.

A l'égard de celui qui a l'idée de la chose nous concevons que, ou bien il doit faire quelque chose pour amener la venue de la chose ou quelque chose pour l'empêcher.

(3) De ces idées naissent toutes ces affections de la manière suivante :

Si, d'une chose à venir, nous admettons qu'elle est bonne et qu'elle peut arriver, l'âme reçoit en elle cette forme que l'on nomme *espérance* et qui n'est pas autre chose qu'une certaine sorte de joie, mêlée cependant à quelque tristesse.

Si, au contraire, nous jugeons que la chose qui peut arriver est mauvaise, alors pénètre dans notre âme la forme que nous nommons *crainte*.

Si cependant nous concevons la chose comme bonne

et avec cela comme devant arriver nécessairement, de cette idée naît dans l'âme ce repos que nous nommons *sécurité ;* qui est une certaine sorte de joie non mêlée de tristesse comme l'est l'espérance.

Mais, si nous concevons la chose comme mauvaise et comme devant arriver nécessairement, cela fait naître dans l'âme le *désespoir ;* qui n'est pas autre chose qu'une certaine sorte de tristesse.

(4) Ayant parlé jusqu'ici des passions qui sont contenues dans ce chapitre, en ayant donné des définitions sous forme affirmative et ayant dit ainsi ce qu'est chacune d'elles, nous pouvons aussi inversement les définir de façon négative : nous *espérons* que le mauvais ne viendra pas; nous *craignons* que le bon ne vienne pas; nous sommes *sûrs* que le mauvais ne viendra pas et nous sommes *désespérés* de ce que le bon ne doive pas venir.

(5) Après avoir ainsi parlé des passions qui naissent des idées se rapportant à la chose elle-même, parlons maintenant des passions naissant des idées qui se rapportent à celui qui conçoit la chose, savoir :

Quand il faut faire quelque chose pour produire la venue d'une chose et que nous ne pouvons prendre de résolution à ce sujet, l'âme reçoit en elle une forme que nous nommons *fluctuation.*

Mais, si l'âme résout virilement l'accomplissement d'une chose et qu'elle puisse être produite, on appelle cela du *courage.*

Et, si la chose est difficile à accomplir, c'est ce qu'on appelle *intrépidité* ou *audace.*

Si cependant quelqu'un résout l'accomplissement d'une chose, parce qu'un autre l'a faite devant lui et que cela lui a bien réussi, on appelle cela *émulation.*

Si quelqu'un sait ce qu'il doit craindre, pour amener la venue d'une chose bonne, ou en empêcher une mauvaise et ne le fait cependant pas, c'est ce qu'on nomme *pusillanimité* et, quand elle est très grande, on la nomme *consternation.*

Enfin la *jalousie* est le souci que l'on a de pouvoir garder ce qu'on a acquis et d'en jouir seul.

(6) Maintenant que nous savons d'où naissent ces affections, il nous sera très facile de montrer lesquelles d'entre elles sont bonnes et lesquelles mauvaises.

Pour l'Espérance, la Crainte, la Sécurité, le Désespoir et la Jalousie, il est certain que ces passions naissent d'une *opinion* mauvaise; car, ainsi que nous l'avons précédemment démontré, toutes choses ont leurs causes nécessaires et, par suite, doivent aussi arriver nécessairement comme elles arrivent. Et, bien que la Sécurité et le Désespoir semblent se placer dans l'ordre et la suite infrangible des causes [B : ou tenir pour établie l'impossibilité de les modifier], il en est tout autrement quand on se rend bien compte de ce qu'elles sont; jamais il n'y a de Sécurité ou de Désespoir qu'il n'y ait eu auparavant Espérance ou Crainte (et c'est de ces dernières passions que les susnommées tiennent leur être); c'est ainsi que, par exemple, si quelqu'un tient pour bon ce qu'il a encore à attendre, il reçoit en son âme la forme que nous nommons Espérance; et, quand il est assuré d'atteindre au bien présumé, l'âme gagne le repos que nous appelons Sécurité. Et il faut dire du Désespoir la même chose que nous avons dite de la Sécurité. D'après ce que nous avons dit de l'Amour cependant, ces passions ne peuvent trouver place dans l'homme parfait, attendu qu'elles présupposent des choses auxquelles, en raison de leur nature soumise au changement (comme nous l'avons observé dans la définition de l'Amour) nous ne devons pas nous attacher, et pour lesquelles (comme il a été démontré dans la définition de la Haine) nous ne devons avoir aucune aversion; à cet attachement cependant et à cette aversion l'homme qui a ces passions est sujet.

(7) Pour la Fluctuation, la Pusillanimité et la Consternation, elles font connaître leur imperfection par leur propre nature ou manière d'être; car tout ce qu'elles font à notre avantage n'est pas un effet de leur nature, sinon d'une façon *négative ;* si, en effet, quelqu'un espère quelque chose qu'il tient pour bon et qui cependant n'est pas bon et que, par sa fluctuation ou sa pusillanimité, il manque du courage nécessaire pour l'exécution, il n'est affranchi du mal qu'il tenait pour un bien que *négativement* et par accident. Et, par suite, ces passions non plus ne peuvent en aucune façon trouver place dans un homme qui est conduit par la vraie Raison.

(8) Pour le Courage, l'Intrépidité et l'Émulation il n'y a rien à en dire sinon ce que nous avons déjà dit de l'Amour et de la Haine.

CHAPITRE X

DU REMORDS ET DU REPENTIR

(1) Nous parlerons maintenant mais seulement en bref du *remords* et du *repentir*. Ces passions ne naissent jamais que par surprise, car le remords a pour seule origine que nous faisons quelque chose au sujet de quoi nous doutons si c'est bon ou mauvais; et le repentir provient de ce que nous avons fait quelque chose qui est mauvais.

(2) Y ayant beaucoup d'hommes qui — usant bien de leur entendement — parfois s'égarent (parce qu'alors l'habileté requise pour user toujours bien de leur entendement leur fait défaut), on pourrait être tenté de penser que ce Remords et ce Repentir peuvent rendre plus prompt leur retour au droit chemin et conclure de là (comme le fait tout le monde) que ces passions sont bonnes. Si cependant nous les considérons comme il faut, nous trouvons qu'elles sont dommageables et, par suite, mauvaises. Car il est évident que la Raison et l'Amour de la vérité nous ramènent toujours mieux au droit chemin que le Remords et le Repentir. Ces derniers sont dommageables et mauvais en tant qu'ils sont une certaine sorte de tristesse, et nous avons démontré précédemment que ce sentiment est nuisible et que nous devions en conséquence nous efforcer de le tenir éloigné de nous; pareillement nous devons donc éviter et fuir le Remords et le Repentir.

CHAPITRE XI

DE LA RAILLERIE ET DE LA PLAISANTERIE

(1) La raillerie et la plaisanterie reposent sur une opinion fausse et font connaître une imperfection dans le Railleur et le Plaisant.

Elles reposent sur une opinion fausse, puisqu'on s'imagine que celui de qui l'on se moque est la cause première de ses œuvres et qu'elles ne dépendent pas avec nécessité de Dieu (comme toutes les autres choses existant dans la Nature). Elles font connaître une imperfection dans le Railleur, car l'objet de la moquerie est ou n'est pas de telle nature qu'il mérite d'être raillé; s'il n'est pas de telle nature, le moqueur montre qu'il est d'un mauvais naturel, en raillant ce qui n'est pas à railler; si l'objet mérite raillerie, le moqueur montre qu'il reconnaît quelque imperfection dans ce qu'il raille; imperfection qu'il est tenu de corriger non par la moquerie, mais bien plutôt par des paroles bienveillantes.

(2) Quant au rire °, il n'a point d'objet extérieur, mais se rapporte seulement à l'homme qui remarque en lui-même quelque chose de bon; et puisque c'est une certaine sorte de joie, il n'y a rien à en dire qui n'ait été dit précédemment de la Joie. Je parle d'un rire ayant pour cause une certaine idée qui excite le rire et nullement d'un rire provoqué par le mouvement des esprits animaux. Il est tout à fait hors de notre dessein de parler de ce dernier qui n'a aucun rapport ni au bien ni au mal.

(3) De l'Envie, de la Colère et de l'Indignation il n'y a rien d'autre à dire que de rappeler ce que nous avons déjà dit de la Haine.

° Le rire *(lachgen)* dont il est ici question n'est pas autre chose que la gaieté.

CHAPITRE XII

DE L'HONNEUR, DE LA HONTE ET DE L'IMPUDENCE

(1) Nous parlerons maintenant brièvement de l'*Honneur*, de la *Honte* et de l'*Impudence.*

Le premier est une certaine sorte de joie que quelqu'un ressent en lui-même quand il perçoit que sa façon d'agir est estimée et prisée par d'autres, sans qu'ils aient en vue aucun autre avantage ou profit.

La Honte est une certaine sorte de tristesse qui naît en quelqu'un quand il voit que sa façon d'agir est méprisée par d'autres, sans qu'ils aient égard à aucun détriment ou dommage subi ou à subir.

L'Impudence n'est pas autre chose qu'un manque ou un rejet de la Honte; dont l'origine n'est pas la Raison mais bien l'ignorance de la Honte, comme chez les enfants et les sauvages, etc., ou la grande mésestime dans laquelle on a été tenu et qui fait qu'on passe par-dessus tout sans s'en inquiéter.

(2) Connaissant ces affections, nous examinerons en même temps la vanité et l'imperfection qu'elles ont en elles. Car l'Honneur et la Honte, suivant ce que nous avons observé dans leur définition, non seulement n'ont rien de profitable mais, reposant sur l'égoïsme et sur cette opinion que l'homme est cause première de ses œuvres et mérite blâme et louange, sont nuisibles et dignes de rejet.

(3) Je ne veux pas dire cependant qu'on doive vivre parmi les hommes comme on vivrait dans un monde étranger où ni l'Honneur ni la Honte n'auraient place; au contraire je reconnais que non seulement il nous est permis d'en user quand nous les employons pour l'utilité et l'amélioration des hommes, mais que nous pouvons même le faire en restreignant notre propre liberté (à d'autres égards parfaite et légitime). Si par exemple quelqu'un s'habille somptueusement pour être par là considéré, il cherche un honneur qui naît de l'amour de soi sans avoir aucun égard à son prochain. Mais si quelqu'un voit mépriser et fouler aux pieds sa sagesse, par où il peut être utile à son prochain, simplement parce qu'il porte un méchant habit, il fait bien, s'il a dessein de leur porter assistance, de se pourvoir d'un vêtement qui ne puisse les choquer; se rendant ainsi semblable à son prochain pour le conquérir.

Pour l'Impudence elle se montre à nous sous un aspect tel que, pour voir sa laideur, nous n'avons besoin que de sa définition, et cela nous suffira.

CHAPITRE XIII

DE LA FAVEUR, DE LA RECONNAISSANCE ET DE L'INGRATITUDE

(1) Viennent maintenant la *Faveur*, la *Reconnaissance* et l'*Ingratitude*.

Pour les deux premières, elles sont une inclination qu'a l'âme à vouloir et à faire quelque bien au prochain. Je dis à vouloir quand il s'agit d'un bien fait à celui qui a lui-même fait quelque bien. Je dis à faire quand nous-mêmes avons obtenu ou reçu quelque bien.

(2) Je sais bien que, selon le jugement de la plupart des hommes, ces affections sont bonnes; j'ose dire néanmoins qu'elles ne peuvent trouver place dans un homme parfait; car un homme parfait sera mû par la nécessité seule, sans autre cause, à aider ses prochains, et, par suite, il se trouve obligé à aider les plus abandonnés de Dieu. D'autant plus qu'il voit en eux un plus grand besoin et une plus grande misère.

(3) L'Ingratitude est un mépris de la Reconnaissance comme l'Impudence de la Honte, et cela sans qu'on ait égard le moins du monde à la raison; elle naît seulement ou de l'avidité ou d'un égoïsme excessif; c'est pourquoi elle ne peut trouver place dans un homme parfait.

CHAPITRE XIV

DU REGRET

(1) Le *Regret* est le dernier objet dont nous parlerons dans l'étude des passions, que nous terminerons par lui. Le Regret est donc une certaine sorte de tristesse qui naît de la considération d'un bien que nous avons perdu, et cela sans que nous ayons aucun espoir de le retrouver. Il nous fait connaître son imperfection de telle façon que, si seulement nous l'envisageons, nous le déclarons aussitôt mauvais; car nous avons démontré précédemment qu'il est mauvais de se lier et de s'attacher à des choses qui peuvent aisément ou à quelque moment nous faire défaut et que nous ne pouvons avoir comme nous voulons; et, puisque c'est une certaine sorte de tristesse, nous devons l'éviter comme nous l'avons déjà remarqué plus haut en traitant de la Tristesse.

(2) Je crois ainsi avoir suffisamment montré et prouvé qu'il n'appartient qu'à la Croyance Droite ou à la Raison de nous conduire à la connaissance du bien et du mal. Et ainsi quand nous montrerons que la première et principale cause de toutes ces affections est la Connaissance, il apparaîtra clairement que, si nous usons bien de notre Entendement et de notre Raison, nous ne tomberons jamais dans une de ces passions qui doivent être rejetées par nous. Je dis : notre Entendement parce que je pense que la Raison seule n'a pas le pouvoir de nous délivrer de toutes; ainsi que nous le démontrerons en son lieu.

(3) Il y a cependant encore une chose excellente à remarquer concernant les passions; à savoir que nous voyons et trouvons que toutes celles qui sont bonnes sont d'une nature telle que nous ne pouvons être et subsister sans elles, et que, par suite, elles nous appartiennent essentiellement, comme l'Amour, le Désir et tout ce qui appartient à l'Amour.

Mais il en est tout autrement de celles qui sont mauvaises et sont à rejeter par nous, puisque non seulement nous pouvons très bien exister sans elles, mais que nous ne sommes tels que nous devons être qu'après que nous nous en sommes affranchis.

(4) Pour apporter encore plus de clarté dans ce sujet, remarquons en outre que le fondement de tout bien et de tout mal est l'*Amour en tant qu'il tombe sur un certain objet ;* car, si nous n'aimons pas l'objet qui, comme nous l'avons dit précédemment, mérite seul d'être aimé, à savoir Dieu, mais les choses qui par leur propre caractère ou nature sont périssables, il s'ensuit nécessairement (l'objet étant sujet à tant d'accidents et même à la destruction) de la Haine, de la Tristesse, etc., après qu'un changement est survenu dans l'objet aimé. De la Haine si quelqu'un ravit à un autre la chose aimée; de la Tristesse si l'on vient à la perdre; de l'Honneur si l'on s'appuie sur l'Égoïsme; de la Faveur et de la Reconnaissance si l'on n'aime pas son prochain pour l'amour de Dieu. Si, au contraire, l'homme parvient à aimer Dieu qui est et demeure toujours immuable, alors il lui est impossible de tomber dans ce bourbier des passions; à cause de quoi nous posons comme règle fixe et inébranlable que Dieu est la première et unique cause de tout notre bien et un libérateur de tout notre mal.

(5) Il faut remarquer, enfin, que seul l'Amour, etc. est illimité, c'est-à-dire que, plus il s'accroît, plus il devient excellent, puisqu'il tombe sur un objet qui est infini, à cause de quoi il peut toujours s'accroître; ce qui n'a lieu dans aucune chose autre que celle-là. Et ce sera peut-être là la matière d'où nous tirerons [B : dans le chapitre XXIII] la démonstration de l'immortalité de l'âme, en même temps que nous montrerons comment et de quelle sorte elle peut être *.

* Le chapitre se termine dans les deux manuscrits par une phrase qui ne se trouve ni dans Schaarschmidt ni dans l'édition van Vloten et Land. Je la traduis d'après Sigwart et W. Meijer :

Ayant ainsi parlé jusqu'ici de tout ce que nous enseigne la troisième sorte d'effets de la croyance vraie, nous poursuivrons maintenant et traiterons de son quatrième et dernier effet qui n'a pas été indiqué précédemment (chapitre IV).

On observera qu'il est fait mention de cet effet dans la note 2 du chapitre IV, laquelle ne se trouve pas dans l'édition Sigwart.

CHAPITRE XV

DU VRAI ET DU FAUX

(1) Voyons maintenant ce qui en est du *vrai* et du *faux* que nous fait connaître le quatrième et dernier effet de la croyance vraie.

Pour ce nous poserons d'abord la définition de la Vérité et de la Fausseté.

La Vérité est une affirmation ou une négation relative à une chose s'accordant avec cette même chose.

La Fausseté est une affirmation ou une négation relative à une chose ne s'accordant pas avec cette même chose.

(2) S'il en est ainsi cependant, il semble qu'entre l'idée vraie et la fausse il n'y ait aucune différence, sinon que l'une s'accorde avec la chose et l'autre non, et qu'alors l'une et l'autre, qu'elles affirment ou nient, étant de véritables modes de penser, il n'y ait entre elles qu'une distinction de raison seulement et non une distinction réelle *. Si cela était, on pourrait demander à bon droit quel avantage a l'un avec sa Vérité et quel dommage a l'autre par sa Fausseté ? ou encore comment l'un peut savoir que son concept ou son idée s'accorde mieux avec la chose que l'idée de l'autre ? et d'où vient enfin que l'un se trompe et l'autre non ?

(3) Ce qui sert ici en premier lieu de réponse, c'est que les choses claires par-dessus toutes ne se font pas seulement connaître elles-mêmes, mais font aussi connaître la Fausseté, de sorte que ce serait grande folie de demander : comment on en prend conscience. Car, puisqu'elles sont claires par-dessus toutes, il ne peut pas y avoir d'autre clarté, par laquelle elles puissent être rendues plus claires.

* La phrase est très confuse : le texte donné par van Vloten et Land d'après A. Sigwart suit la leçon de B; je cherche, en m'aidant de W. Meijer, à restituer au moins quant au sens le texte de A.

Il suit de là que la Vérité se fait connaître elle-même et fait aussi connaître la Fausseté, mais que jamais la Fausseté n'est reconnue et démontrée par elle-même *. Celui donc qui a la Vérité ne peut douter qu'il l'a; celui, en revanche, qui est plongé dans la Fausseté ou l'erreur peut bien s'imaginer qu'il est dans la Vérité; comme quelqu'un qui rêve peut bien penser qu'il veille, mais jamais quelqu'un qui veille ne peut penser qu'il rêve.

Par ce qui vient d'être dit s'explique aussi en une certaine mesure ce que nous disions : que Dieu est la Vérité ou que *la Vérité est Dieu même.*

(4) Quant à la cause pour laquelle l'un a de sa vérité une conscience plus grande que l'autre, c'est que l'idée qui affirme [ou nie] s'accorde entièrement [dans le premier] avec la nature de la chose et est conséquemment plus riche en essence.

Pour mieux concevoir cela, il faut observer que le Connaître (bien que le mot ait un autre son) est un pur *pâtir ;* c'est-à-dire que notre âme est modifiée en telle sorte qu'elle reçoive en elle d'autres modes de penser qu'auparavant elle n'avait pas. Si donc quelqu'un reçoit en lui une forme ou un mode de penser à la suite d'une action exercée sur lui par l'objet tout entier, il est clair qu'il a un tout autre sentiment de la forme et de la nature de cet objet qu'un autre n'ayant pas eu autant de causes et mû par une action autre et plus légère à affirmer ou à nier, puisqu'il a perçu l'objet par un petit ou moindre nombre d'attributs lui appartenant.

(6) On voit par là la perfection de celui qui est dans le Vrai, si on l'oppose à celui qui n'y est pas; car tandis que l'un est facilement modifié, l'autre ne l'est pas facilement, d'où suit que l'un a en lui plus de constance et d'essence que l'autre. De plus, ces modes de penser, qui s'accordent avec la chose, ayant eu plus de causes, ont aussi en eux plus de constance et d'essence, et, puisqu'ils s'accordent entièrement avec la chose, il est impossible qu'ils soient à aucun moment affectés autrement par elle, ou subissent aucun changement; d'autant que, comme nous l'avons vu précédemment, l'essence d'une chose est immuable. Rien de tout cela n'a lieu dans la Fausseté. Et par ce qui vient d'être dit, il a été suffisamment répondu à la question posée ci-dessus.

* Je supprime dans cette phrase les mots mis entre crochets par van Vloten et Land.

CHAPITRE XVI

DE LA VOLONTÉ

(1) Sachant maintenant ce qu'est le Bien et le Mal, la Vérité et la Fausseté, comme aussi en quoi consiste la santé d'âme d'un homme parfait, il sera temps d'en venir à l'étude de nous-mêmes et de voir une fois si c'est par libre volonté ou en vertu d'une nécessité que nous arrivons à un tel état de santé.

Pour cela, il faut rechercher ce qu'est la Volonté, pour ceux qui admettent la Volonté, et en quoi elle se distingue du Désir.

(2) Le Désir, avons-nous dit, est l'inclination qu'a l'âme pour quelque chose qu'elle choisit comme bon; d'où suit qu'avant que notre désir tende extérieurement vers quelque objet, une décision a dû déjà être prise en nous, prononçant que cet objet est bon; cette affirmation donc, ou, pris en général, le pouvoir d'affirmer et de nier, est appelé Volonté [1].

(3) Il s'agit de voir maintenant si cette affirmation a lieu par notre libre volonté ou par nécessité, c'est-à-dire si nous pouvons affirmer ou nier quelque chose d'une chose sans y être contraints par aucune cause extérieure. Comme cependant il a été précédemment démontré par nous

1. La volonté donc, prise comme Affirmation ou Décision, est distincte de la croyance droite en ce qu'elle s'étend aussi à ce qui n'est pas vraiment bon; et cela parce que la conviction n'est pas de telle sorte qu'on voie clairement qu'il ne peut pas en être autrement; comme il arrive toujours et doit nécessairement arriver dans la croyance droite, puisque d'elle ne peut naître que le bon désir.

Elle diffère de l'Opinion en ce que parfois elle peut bien aussi être certaine et infaillible; ce qui n'a pas lieu dans l'Opinion qui consiste à conjecturer et à tenir pour probable.

De façon qu'on pourrait l'appeler une Croyance en tant qu'elle peut être ainsi certaine et une Opinion en tant qu'elle est sujette à l'erreur.

qu'une chose qui ne s'explique point par elle-même, ou dont l'existence n'appartient pas à l'essence, doit avoir nécessairement une cause extérieure, et qu'une cause qui doit produire quelque chose ne peut manquer de la produire nécessairement, il s'ensuit aussi que vouloir particulièrement ceci ou cela [2], affirmer ou nier particulièrement d'une chose ceci ou cela, que ces opérations, dis-je, doivent provenir de quelque cause extérieure, comme aussi

2. Il est certain que le vouloir particulier doit avoir une cause extérieure par laquelle il est; car, puisque à son essence n'appartient pas l'existence, il doit être nécessairement par l'existence de quelque autre chose.

Il y en a qui disent : la cause efficiente d'un vouloir particulier n'est pas une Idée mais la Volonté même dans l'homme, et l'Entendement est une cause sans laquelle la Volonté ne peut rien *; et ainsi la *Volonté* prise sans détermination comme aussi l'*Entendement* ne sont pas des êtres de Raison, mais des êtres réels. En ce qui me concerne, quand je les considère attentivement, ils me semblent être des notions générales, et je ne puis leur attribuer aucune réalité. Supposons qu'il en soit comme ils le disent; il faut avouer alors que la Volition est un mode de la Volonté, et que les Idées sont des modes de l'Entendement; d'où suit nécessairement, puisque la substance, et non le mode, est modifiée, que l'Entendement et la Volonté sont des substances différentes et réellement distinctes. Si l'on dit alors que l'âme gouverne ces deux substances, c'est donc qu'il y a une troisième substance; et tout cela rend les choses si confuses qu'il est impossible de s'en faire une idée claire et distincte. Car, puisque l'Idée n'est pas dans la Volonté, mais dans l'Entendement, en vertu de cette maxime qu'un mode d'une substance ne peut passer dans un autre, il ne peut naître aucun amour dans la Volonté; car il y a d'inextricables contradictions à ce que *l'on puisse vouloir ce dont il n'existe aucune idée dans le pouvoir qui veut*.

Dira-t-on que la Volonté, à cause de son union avec l'Entendement, perçoit aussi ce que conçoit l'Entendement et l'aime en conséquence; [B : nous objectons qu'] une perception étant encore une idée, c'est donc aussi un mode de l'Entendement et que ce mode ne peut, d'après ce qui précède, se trouver dans la Volonté, quand bien même il y aurait une union telle que celle de l'âme et du corps. Car admettons que l'âme soit unie au corps comme l'enseignent habituellement les philosophes, encore le corps ne sent-il pas et l'âme n'est-elle pas étendue. Autrement une chimère dans laquelle nous réunissons par la pensée deux substances pourrait devenir une chose une, ce qui est faux **. Et si l'on dit que l'âme gouverne à la fois l'Entendement et la Volonté, cela n'est pas seulement impossible à concevoir, mais est

* Je traduis le texte donné par van Vloten et Land d'après le manuscrit A (laissant seulement de côté les mots mis entre crochets qui rendent la phrase inintelligible). Je serais cependant fort tenté d'admettre la correction de W. Meijer qui lit : *het verstand een oorzaak zonder welke de Idea* (au lieu de *de wil*) *niet en zijn* (mots ajoutés) *kan*, en français : l'Entendement est une cause sans laquelle l'Idée ne peut être. Cette correction me paraît plus satisfaisante que celle que propose Sigwart qui, d'ailleurs, admet la possibilité d'interpréter le passage, comme le fait W. Meijer. Spinoza réfute ici ceux qui font de la Volonté la cause des volitions particulières, et ce sont les mêmes qui font de l'Entendement la cause des Idées.

** Cette phrase, mise entre crochets par van Vloten et Land, ne se trouve que dans A.

que, d'après la définition que nous avons donnée de la cause, cette cause ne peut être libre.

(4) Cela pourra ne pas satisfaire certains, habitués à occuper leur Entendement plus des *êtres de Raison* que des choses particulières qui existent réellement dans la Nature, ensuite de quoi ils les considèrent non plus comme des *êtres de Raison*, mais comme des *êtres réels*. Car l'homme ayant tantôt cette volonté-ci, tantôt celle-là, il en fait dans son âme un mode général qu'il appelle Volonté : comme de l'idée de cet homme-ci et de celui-là il fait une Idée de l'homme *, et, ne distinguant pas assez les êtres réels des êtres de Raison, il arrive qu'il considère les êtres de Raison comme des choses qui existent vraiment dans la Nature et se prend lui-même comme cause de certaines choses, comme il n'est point rare qu'on le fasse dans l'étude de la question dont nous parlons. Car, si l'on demande à quelqu'un : pourquoi l'homme veut-il ceci ou cela ? la réponse sera : parce qu'il a une volonté. Comme cependant la Volonté, ainsi que nous l'avons dit, n'est qu'une idée [générale] de telle ou telle volition et, par suite, uniquement un mode de penser, un *être de Raison* et non un *être réel*, rien ne peut aussi être causé par elle, *car de rien, rien ne sort*. Et je suis aussi d'avis, puisque nous avons montré que la Volonté n'est pas une chose existant dans la Nature, mais seulement une fiction, qu'on n'a pas besoin de demander si elle est libre ou non.

contradictoire puisqu'en parlant ainsi on semble nier que la Volonté soit libre.

Et pour terminer ici, car je n'ai pas envie d'ajouter tout ce que j'ai à dire contre l'affirmation d'une substance finie créée, je montrerai seulement en bref que la Liberté de la Volonté ne s'accorde pas du tout avec une création continuée [B : comme celle qu'ils admettent], à savoir : qu'une même activité est requise en Dieu pour maintenir dans l'existence que pour créer, parce qu'autrement une chose ne pourrait pas subsister un instant; s'il en est ainsi il ne faut parler de liberté au sujet d'aucune chose. On doit dire que Dieu l'a créée telle qu'elle est; car si elle n'a aucun pouvoir de se conserver aussi longtemps qu'elle est, encore bien moins peut-elle produire d'elle-même quelque chose. Si l'on disait que l'âme produit la volition d'elle-même, je demanderais : par quelle force ? non par celle qui a été, car celle-là n'est plus; ni par celle qu'elle a maintenant, car elle n'en a absolument aucune, par où elle puisse subsister ou durer le plus petit instant puisqu'elle est continûment créée. N'y ayant donc aucune chose qui puisse avoir aucune force pour se conserver ou pour produire quelque chose, aucune conclusion n'est possible, sinon que Dieu seul est et doit être cause efficiente de toutes choses et que toutes les volitions sont déterminées par lui.

* Toute cette partie de la phrase depuis : *Car l'homme*, etc., mise entre crochets par van Vloten et Land, ne se trouve que dans A.

(5) Je ne dis pas cela [seulement] de la Volonté en général que nous avons montré qui est un mode de penser mais de chaque vouloir particulier, lequel vouloir consiste selon quelques-uns à affirmer ou nier [librement] ceci ou cela *. Quiconque est attentif seulement à tout ce que nous avons montré le verra très clairement. Car nous avons dit que le Connaître est une pure passion, c'est-à-dire une perception dans l'âme de l'essence et de l'existence des choses; de sorte que ce n'est pas nous qui affirmons ou nions jamais quelque chose d'une chose, mais c'est elle-même qui en nous affirme ou nie quelque chose d'elle-même.

(6) Quelques-uns n'accorderont peut-être pas cela, parce qu'il leur semble qu'ils peuvent affirmer ou nier d'une chose autre chose que ce qu'ils ont d'elle dans la conscience; cela provient de ce qu'ils n'ont aucune idée de la notion que l'âme a de la chose sans les mots ou en dehors des mots. Il est bien vrai (quand il existe des raisons pour nous y pousser) que nous pouvons donner à d'autres par des mots ou d'autres moyens une notion de la chose autre que la conscience que nous avons d'elle; mais nous ne ferons cependant ni par des mots ni par aucun autre moyen que nous sentions à l'égard des choses autrement que nous ne sentons; cela est impossible, comme il est clair pour tous ceux qui, en dehors de l'usage des mots ou d'autres signes expressifs, ont pris garde une fois à leur Entendement seul.

(7) Quelques-uns pourront objecter cependant : si ce n'est pas nous qui affirmons ou nions, mais la chose seule qui en nous nie ou affirme d'elle-même, rien ne peut être affirmé ou nié que ce qui s'accorde avec la chose; et, par suite, il ne peut y avoir de Fausseté; car la Fausseté, avons-nous dit, consiste en ce que quelque chose est nié ou affirmé de la chose qui ne s'accorde pas avec elle, c'est-à-dire que la chose n'affirme pas ou ne nie pas d'elle-même. Mais j'estime qu'en étant seulement bien attentifs à ce que nous avons dit de la Vérité et de la Fausseté, nous verrons qu'il a déjà été suffisamment répondu à cette objection. Nous avons dit en effet que l'objet est cause de ce qui, vrai ou faux, est affirmé ou nié de lui; la Fausseté

* Je suis la leçon donnée dans le texte par van Vloten et Land (leçon du manuscrit A); Sigwart la rejette et la remplace par la leçon de B : *Pour saisir maintenant si, quand nous voulons ceci ou cela, c'est-à-dire affirmons ceci ou cela, nous sommes libres vraiment ou ne le sommes pas, nous n'avons qu'à nous rappeler,* etc. Les deux mots entre crochets dans ma traduction me paraissent pouvoir être sous-entendus sans trop de peine.

consistant, quand nous avons perçu quelque chose qui venait de l'objet, à nous imaginer (bien que nous n'en ayons perçu qu'une petite partie) que l'objet dans sa totalité affirme ou nie de lui ce que nous en avons perçu; et cela a lieu surtout dans des âmes faibles qui, dès qu'elles ont subi une action légère de l'objet, donnent très aisément accueil à un mode ou une idée, en dehors de quoi il n'y a plus en elles ni affirmation ni négation.

(8) On pourrait enfin nous objecter encore qu'il y a beaucoup de choses que nous voulons et ne voulons pas, comme, par exemple, affirmer ou ne pas affirmer quelque chose d'une chose, dire la vérité et ne pas la dire, etc. Cela vient de ce qu'on ne distingue pas assez le Désir de la Volonté; car la Volonté, pour ceux qui admettent la Volonté, est seulement l'œuvre de l'esprit ° par laquelle nous affirmons ou nions quelque chose d'une chose sans avoir égard au bien ni au mal; le Désir, par contre, est une forme qui a pour objet dans l'âme la poursuite ou l'accomplissement d'une chose en ayant égard au bien et au mal qu'on voit en elle. De sorte que le Désir est aussi en nous après que nous avons affirmé ou nié quelque chose d'une chose, savoir : après que nous avons éprouvé ou affirmé qu'une chose est bonne, — en quoi, selon leur dire, consiste la Volonté, — alors seulement vient le désir ou l'inclination à poursuivre cette chose *. Ainsi, selon leur propre langage, la Volonté peut bien exister sans le Désir, mais non le Désir sans la Volonté qui doit l'avoir précédé.

(9) Toutes les actions dont nous avons parlé ci-dessus, attendu qu'elles sont accomplies pour cette raison qu'une chose paraît bonne, ou évitées pour cette raison qu'elle paraît mauvaise, ne peuvent être comprises que dans les inclinations qu'on nomme désirs, et non autrement que d'une façon tout à fait impropre sous la dénomination de Volonté.

° *Verstand* dans le texte; il paraît difficile de traduire par entendement.

* Je suis dans ce passage la leçon donnée par van Vloten et Land dans le texte, c'est-à-dire celle du manuscrit A. Celle du manuscrit B, assez différente, ne me paraît pas s'accorder avec ce qui précède. Toutefois, j'ai dû, pour la clarté, me permettre une légère rectification.

CHAPITRE XVII

DE LA DIFFÉRENCE ENTRE LA VOLONTÉ ET LE DÉSIR

(1) Puisqu'il est manifeste donc que nous n'avons pour affirmer ou nier aucune [B : libre] volonté, voyons maintenant une fois la différence réelle et véritable entre la *Volonté* et le *Désir*, ou ce que peut être proprement la Volonté que les Latins ont appelée *Voluntas*.

(2) Selon la définition d'Aristote, le Désir semble être un genre comprenant deux espèces; car il dit que la Volonté est l'appétit ou la convoitise que l'on a de ce qui paraît être bon. D'après quoi il me semble que dans son idée le Désir (ou *Cupiditas)*, c'est toutes les inclinations, qu'elles tendent au bien ou au mal. Quand, au contraire, l'inclination tend seulement à ce qui est bon, ou que l'homme ayant telle inclination l'a pour ce qui lui paraît bon, il l'appelle *Voluntas* ou volonté bonne; mais quand elle est mauvaise, c'est-à-dire que nous voyons dans autrui une inclination pour quelque chose qui est mauvais *, il l'appelle *voluptas* ou volonté mauvaise. De sorte que l'inclination de l'âme n'a pas pour objet d'affirmer ou de nier quelque chose, mais est seulement une inclination à acquérir quelque chose qui a l'apparence du bien et à fuir quelque chose qui a l'apparence du mal.

(3) Il reste donc maintenant à rechercher si ce Désir est libre ou non libre; après avoir dit déjà que *le Désir dépend de l'idée* [qu'on a] *des choses* et que, *pour avoir une idée une cause extérieure est nécessaire*, il n'y a plus qu'à montrer que le Désir n'est pas libre.

(4) Bien que beaucoup d'hommes voient que la con-

* Le manuscrit B donne ici simplement, *quand au contraire elle est mauvaise ou tend au mal.* Tout le passage d'ailleurs, depuis *voyons maintenant* jusqu'à la fin du paragraphe 2, est rédigé confusément et paraît interpolé. W. Meijer assure qu'il n'est pas traduit du latin. D'après Freudenthal, il faudrait supprimer les paragraphes 1 et 2 du chapitre, et rattacher le paragraphe 3 au précédent.

naissance que l'homme a de différentes choses est un moyen par lequel sa convoitise ou son appétit passe de l'une à l'autre, ils ne remarquent pas quel peut être ce qui attire ainsi leur convoitise de l'une à l'autre.

Mais, afin de montrer que cette inclination n'est pas libre, nous allons, pour nous mettre avec vivacité devant les yeux ce que c'est que de passer et d'être attiré d'une chose à l'autre, supposer un enfant qui, pour la première fois, vient à percevoir une chose : je lui présente, par exemple, une sonnette qui produit à son oreille un son agréable et il acquiert ainsi le désir de cet objet; voyez maintenant s'il pouvait omettre d'acquérir cette convoitise ou ce désir. Si vous répondez oui, je demande par quelle cause. Ce n'est certainement pas parce qu'il connaîtrait quelque chose de meilleur, puisque cet objet est le seul qu'il connaisse. Ce n'est pas non plus parce qu'il lui semble mauvais, puisqu'il n'en connaît aucun autre et que l'agrément qu'il y prend est le plus grand qu'il ait jamais éprouvé. Peut-être aura-t-il la liberté de mettre hors de lui-même l'appétit qu'il a ? D'où suivrait que l'appétit peut bien commencer en nous sans liberté pour nous, mais que nous n'en avons pas moins en même temps en nous une liberté de le mettre hors de nous; cette liberté toutefois ne résiste pas à l'épreuve. Qu'est-ce donc qui pourrait détruire cet appétit ? L'appétit lui-même ? Non, assurément; car il n'existe rien qui cherche par sa propre nature sa propre destruction. Qu'est-ce donc en vérité qui pourrait retirer l'enfant de cet appétit ? Aucune chose certes, sinon que, suivant l'ordre et le cours de la nature, il soit affecté par quelque chose qui lui soit plus agréable que le premier objet.

(5) Et par suite, de même qu'en traitant de la Volonté nous avons montré que la Volonté dans l'homme n'est pas autre chose que *tel et tel Vouloir*, de même aussi [le Désir] en lui n'est pas autre chose que *tel et tel Désir* qui est causé en lui par telle ou telle idée; car le Désir [B : en général] n'est pas quelque chose qui soit réellement dans la Nature, mais est seulement abstrait de tel ou tel état particulier de désir; et le *Désir* qui n'est véritablement rien ne peut aussi être cause de rien. Quand donc nous disons que le *Désir* est libre, tant vaudrait dire que *tel ou tel Désir* est cause de soi, c'est-à-dire qu'avant qu'il fût il a fait qu'il fût; ce qui est l'absurdité même et ne peut être.

CHAPITRE XVIII

DE L'UTILITÉ DE CE QUI PRÉCÈDE

(1) Nous voyons donc que l'homme, comme étant *une partie de l'ensemble de la Nature*, de laquelle il dépend et par laquelle il est aussi gouverné, ne peut rien faire de lui-même pour son salut et la santé de son âme. Voyons donc maintenant quelle sorte d'utilité peut provenir pour nous de ces propositions que nous soutenons; d'autant que, nous n'en doutons pas, elles paraîtront fort choquantes à plusieurs.

(2) En premier lieu, il s'ensuit que nous sommes en vérité serviteurs et, je dirai, esclaves de Dieu et que c'est notre plus grande perfection de l'être nécessairement. Car, si nous étions réduits à nous-mêmes et ne dépendions pas ainsi de Dieu, il y aurait bien peu de choses ou même il n'y aurait rien que nous pussions accomplir, et nous trouverions à bon droit dans cette impuissance une cause d'affliction; tout au contraire de ce nous voyons maintenant, à savoir : que nous dépendons de ce qui est le plus parfait de telle façon que nous soyons une partie du tout, c'est-à-dire de lui-même, et contribuons en quelque sorte à l'accomplissement d'autant d'œuvres habilement ordonnées et parfaites qu'il en est qui dépendent de lui.

(3) En second lieu, cette connaissance fait aussi que, si nous avons accompli quoi que ce soit d'excellent, nous ne nous enorgueillissons pas à ce sujet (cet enorgueillissement est cause que, pensant être quelque chose de grand et n'avoir besoin de rien de plus, nous restons au point où nous sommes, par où nous allons précisément à l'encontre de notre perfection, laquelle consiste à nous efforcer toujours de progresser davantage); mais, au contraire, attribuons à Dieu tout ce que nous faisons, puisqu'il est la première et unique cause de tout ce que nous accomplissons et exécutons.

(4) En troisième lieu, cette connaissance, outre l'amour

véritable du prochain qu'elle fait pénétrer en nous, nous dispose de telle sorte que nous ne haïssions jamais et ne soyons jamais irrités contre lui, mais, au contraire, portés à le secourir et à le mettre en meilleure situation; et toutes ces manières d'agir sont celles d'hommes qui ont une grande perfection ou essence.

(5) En quatrième lieu, cette connaissance sert aussi à l'accroissement du Bien Commun; car par son moyen jamais un juge ne pourra avoir plus de partialité pour l'un que pour l'autre; et, s'il lui faut punir l'un et récompenser l'autre, il le fera dans le dessein d'aider et d'améliorer l'un autant que l'autre.

(6) En cinquième lieu, cette connaissance nous affranchit de la Tristesse, du Désespoir, de l'Envie, de la Frayeur et d'autres passions mauvaises, qui, ainsi que nous le dirons plus loin, sont elles-mêmes le véritable enfer.

(7) En sixième lieu, cette connaissance nous conduit aussi à ne pas craindre Dieu, comme d'autres ont peur à la pensée que le Diable, qu'ils ont imaginé, pourrait leur faire quelque mal. Comment en effet craindrions-nous Dieu, qui est lui-même le souverain bien et par qui toutes les choses, qui ont quelque essence, sont ce qu'elles sont, et nous aussi qui vivons en lui.

(8) En outre, cette connaissance nous conduit à tout rapporter à Dieu et à l'aimer uniquement parce qu'il est souverainement magnifique et parfait, et à faire de nous complète offrande à lui; car c'est en quoi consiste aussi bien le véritable service divin que notre propre salut et notre félicité. Car l'unique perfection et la fin dernière d'un esclave et d'un instrument consiste à accomplir comme il faut le service qui leur est imposé. Si, par exemple, un charpentier dans l'exécution de son travail se trouve servi pour le mieux par sa hache, cette hache est par là parvenue à sa fin et à sa perfection; si cependant il s'avisait de penser : cette hache m'a si bien servi, je veux la laisser reposer maintenant et n'en plus faire usage; alors cette hache serait éloignée de sa fin et ne serait même plus une hache.

(9) De même l'homme, aussi longtemps qu'il est une partie de la Nature, doit suivre les lois de la Nature, ce qui est le véritable service divin; et, aussi longtemps qu'il agit ainsi, il se maintient dans sa santé. Si cependant Dieu, pour ainsi parler, voulait que l'homme ne le servît plus, ce serait exactement la même chose que de le dépouiller de sa santé et le détruire, car tout ce qu'il est consiste à servir Dieu.

CHAPITRE XIX

DE NOTRE FÉLICITÉ[o]

(1) Après avoir vu la multiple utilité de la Croyance Droite, nous nous efforcerons de remplir la promesse faite antérieurement; à savoir de rechercher si, par la connaissance que nous avons acquise de ce qui est bon, de ce qui est mauvais, de ce qu'est la Vérité et la Fausseté et de ce qu'est d'une manière générale l'utilité de tout cela, si par là, dis-je, nous pouvons parvenir à notre santé, c'est-à-dire à l'Amour de Dieu, en quoi consiste, comme nous l'avons observé, notre souveraine félicité; et aussi de quelle façon nous pouvons nous délivrer des passions que nous avons reconnues mauvaises.

(2) Et, pour traiter d'abord ce dernier point, la délivrance de nos *passions* [1], étant supposé qu'elles n'ont pas d'autres causes que celles que nous avons admises, je dis que, si nous faisons seulement un bon usage de notre

1. Toutes ces passions qui combattent la droite raison, comme il a été démontré précédemment, naissent de l'Opinion et tout ce qui dans les passions est bon ou mauvais, la Croyance Droite nous le montre. Mais ni ces deux modes joints, ni l'un d'eux pris à part ne peuvent nous en délivrer.

Ce n'est que le troisième mode, c'est-à-dire la connaissance vraie qui peut nous en délivrer; sans cette connaissance il est impossible que nous en soyons jamais affranchis, comme nous le montrerons par la suite. Ne serait-ce point là ce dont d'autres, se servant d'autres mots, parlent et écrivent tant? Qui ne voit combien justement par l'opinion nous pouvons entendre le péché, par la Croyance la loi qui nous montre le péché, et par la connaissance vraie la grâce qui nous délivre du péché *.

o Le contenu du chapitre répond fort peu au titre : il va être question de l'union de l'âme et du corps; il est fort probable que le titre *De notre félicité*, s'applique à toute la dernière partie du *Traité*, chap. XIX-XXVI.

* D'après une indication du manuscrit A, la véritable place de cette note est au commencement du chapitre XXII.

entendement, comme nous le pouvons très facilement [2], étant en possession d'une mesure de la Vérité et de la Fausseté, nous ne tomberons jamais dans les passions.

(3) Que ces passions n'ont pas d'autres causes, c'est ce que nous avons à démontrer. Pour cela il faut, à ce qu'il me semble, que nous nous étudiions tout entiers, tant quant au corps que quant à l'esprit.

Et *1*° nous avons à montrer qu'il y a dans la Nature un corps par la conformation et les effets duquel nous sommes affectés, en quoi faisant, nous percevons ce corps. Nous le faisons voir parce que, si nous arrivons à connaître les effets du corps et ce qu'ils peuvent produire, nous découvrirons aussi la première et principale cause de toutes ces passions, et en même temps ce par quoi elles peuvent être détruites; par là, nous pourrons voir aussi s'il est possible d'y parvenir par la Raison. Après quoi nous parlerons de notre Amour de Dieu.

(4) Il ne peut nous être difficile de démontrer qu'il existe un corps dans la Nature, puisque nous savons déjà que Dieu est, et ce qu'il est, l'ayant défini un être ayant des attributs infinis, dont chacun est infini et parfait; et, considérant que l'étendue est un attribut que nous avons montré qui est infini en son genre, elle doit être aussi nécessairement un attribut de l'être infini; et, comme nous avons déjà démontré de même que cet être infini est réel, il s'ensuit que cet attribut est aussi réel.

(5) En outre, après avoir montré qu'en dehors de la Nature qui est infinie, il n'y a plus et ne peut y avoir aucun être, il apparaît avec évidence que ces effets du corps, par lesquels nous percevons, ne peuvent venir que de l'étendue elle-même et nullement de quelque autre chose possédant l'étendue *éminemment* (comme le veulent quelques-uns); car, ainsi que nous l'avons précédemment montré dans notre premier chapitre [o], une telle chose n'est pas.

(6) Il est à observer, en conséquence, que tous les effets, que nous voyons qui dépendent nécessairement de l'étendue, doivent être rapportés à cet attribut, ainsi le Mouvement et le Repos. Car, si le pouvoir de produire ces effets n'était pas dans la Nature, ils ne pourraient être

2. Entendez : si nous avons une connaissance approfondie du bien et du mal, de la vérité et de la fausseté; car il est alors impossible d'être sujet à ce d'où naissent les passions; en effet si nous connaissons le meilleur et en jouissons, le pire n'a aucun pouvoir sur nous.

[o] C'est plutôt la première partie qui est visée que le premier chapitre.

en aucune façon, quand bien même il existerait dans la Nature beaucoup d'autres attributs. Car si une chose doit produire quelque effet, il faut qu'il y ait en elle quelque chose par quoi elle puisse plus qu'aucune autre le produire. Ce que nous disons de l'étendue, nous le disons aussi de la pensée et de tout ce qui est.

(7) Il faut observer, en outre, que rien ne peut être en nous que nous n'ayons aussi la possibilité d'en avoir conscience; de sorte que, si nous ne trouvons rien en nous que les effets de la chose pensante et ceux de l'étendue, nous pouvons aussi dire avec confiance qu'il n'existe rien de plus en nous.

Pour connaître donc clairement les effets de ces deux [attributs], nous les prendrons d'abord l'un et l'autre séparément puis tous deux ensemble, et nous ferons de même pour les effets tant de l'un que de l'autre.

(8) Si donc nous considérons l'étendue seule, nous ne percevrons en elle rien d'autre que du Mouvement et du Repos, desquels nous trouvons que sont formés tous les effets qui sortent d'elle; et ces deux modes [3] sont tels dans le corps qu'aucune chose autre qu'eux-mêmes ne peut y apporter de changement; si, par exemple, une pierre gît immobile, il est impossible qu'elle soit mue par la force de la pensée ou de toute autre chose; elle ne peut l'être que par le mouvement [B : de quelque autre objet] quand, par exemple, une autre pierre, ayant un mouvement plus grand que son repos, la met en mouvement. Et de même la pierre qui se meut ne peut arriver au repos que par quelque objet qui a un mouvement moindre. D'où il suit qu'aucun mode de penser ne peut produire mouvement ni repos dans le corps.

(9) Mais, d'après ce que nous percevons en nous, il peut bien arriver qu'un corps ayant un mouvement dirigé d'un côté vienne à se mouvoir vers un autre côté; ainsi, quand j'étends le bras, je suis cause par là que les esprits animaux, qui avaient déjà leur mouvement, autre que celui-là, aient maintenant celui qui les porte de ce côté; cela, cependant, n'a pas lieu toujours, mais dépend de la disposition des esprits, comme il sera montré plus tard. De cela la cause n'est et ne peut être autre sinon que l'âme, en qualité d'Idée du corps, lui est unie en sorte qu'elle et ce corps forment de cette façon un tout.

(10) Quant aux effets de l'autre attribut [B : ou de la

3. Deux modes parce que le Repos n'est pas un pur Néant.

pensée] le plus important d'entre eux est une idée des choses; idée telle que, suivant la façon dont les choses sont perçues, il naîtra de là de l'Amour, ou de la Haine, etc. Cet effet, parce qu'il n'enveloppe en lui aucune étendue, ne peut être rapporté à ce dernier attribut mais seulement à la pensée; de sorte que, de tous les changements qui surviennent de cette façon, la cause ne doit être du tout cherchée dans l'étendue mais seulement dans la chose pensante; ainsi que nous pouvons le voir dans l'Amour; car, pour que ce dernier soit détruit ou excité, il faut que l'idée elle-même intervienne comme cause et cela, comme nous l'avons déjà montré, se produit par suite de la connaissance qu'on prend de quelque chose de mauvais dans l'objet ou de quelque chose de meilleur.

(11) Si maintenant ces deux attributs agissent l'un sur l'autre, il en résulte une passion produite dans l'un par l'autre; ainsi, par la détermination du mouvement que nous avons le pouvoir de dévier dans une direction quelconque. Les effets, donc, par lesquels un [attribut] éprouve par l'autre une certaine passion sont les suivants : l'âme peut bien, comme il a déjà été dit, faire que, dans le corps, les esprits qui, sans elle, se mouvaient d'un certain côté se meuvent maintenant d'un autre; mais comme ces esprits sont aussi mus par le corps, cause de leur mouvement, et peuvent être déterminés [dans leur direction] par lui, il peut souvent arriver que, tenant du corps un mouvement vers un lieu, et dirigés par l'âme vers un autre, ils produisent et causent en nous une angoisse comme nous en percevons souvent en nous sans en connaître la raison. Car, en d'autres occasions, la raison d'un tel état nous est habituellement connue.

(12) De plus, l'âme peut bien aussi être empêchée dans le pouvoir qu'elle a de mouvoir les esprits animaux, soit parce que le mouvement des esprits est trop diminué, soit parce qu'il est trop augmenté. Diminué : quand, par exemple, nous faisons, en courant beaucoup, que les esprits abandonnent au corps, par cette course, plus que la quantité habituelle de mouvement et, par cette perte de mouvement, soient nécessairement affaiblis d'autant; cela peut aussi arriver par suite de l'absorption d'une quantité insuffisante de nourriture. Augmenté : ainsi quand, ayant bu trop de vin ou d'autres boissons fortes, nous devenons gais ou ivres et faisons que l'âme n'a aucun pouvoir de diriger le corps.

(13) Ayant ainsi parlé des effets que l'âme a dans le

corps, voyons maintenant ceux que le corps a dans l'âme; nous posons comme étant parmi eux le principal que le corps fait que l'âme le perçoive lui-même et par là aussi d'autres corps *; ce qui n'a d'autre cause que le mouvement joint au repos; n'y ayant pas dans le corps d'autres choses par quoi il pourrait agir.

(14) De sorte que rien de ce qui arrive dans l'âme en sus de cette perception ne peut être causé par le corps. Le premier objet dont l'âme acquiert ainsi la connaissance étant le corps, il en résulte que l'âme a pour lui de l'amour et est ainsi unie à lui. Mais comme, ainsi que nous l'avons précédemment montré, la cause de l'Amour, de la Haine et de la Tristesse ne doit pas être cherchée dans le corps, mais seulement dans l'âme, attendu que tous les effets du corps doivent provenir uniquement du mouvement et du repos, et comme nous voyons clairement qu'un amour est détruit par l'idée que nous pouvons acquérir d'une autre chose meilleure, il suit de là clairement que, *si nous commençons une fois à connaître Dieu, du moins d'une connaissance aussi claire que celle que nous avons de notre corps, nous lui serons unis aussi plus étroitement qu'avec notre corps et serons détachés de ce dernier*. Je dis *plus étroitement* parce que j'ai déjà démontré que nous ne pouvons sans Dieu exister ni être conçus, et parce que nous le connaissons non par quelque chose d'autre (comme c'est le cas pour tout ce qui n'est pas lui), mais par lui-même et devons le connaître ainsi, comme nous l'avons déjà dit. On peut dire que nous le connaissons mieux que nous ne nous connaissons nous-mêmes, puisque sans lui nous ne pouvons aucunement nous connaître.

(15) De ce que nous avons dit jusqu'ici, il est facile de déduire quelles sont les principales causes des passions; car, pour ce qui touche le corps et ses effets, le Mouvement et le Repos, ils ne peuvent avoir dans l'âme d'autre effet que de se faire connaître eux-mêmes en tant qu'objets; et suivant ce qu'ils lui présentent, que ce soit du bien ou du mal [4], l'âme est aussi diversement affectée par eux; mais

4. Mais d'où vient qu'une chose est connue de nous comme bonne, l'autre comme mauvaise? Réponse : puisque ce sont les objets qui font que nous percevons, nous sommes affectés par l'un autrement [B : que par l'autre] suivant la proportion de mouvement et de repos dont ils se composent **. Ceux par lesquels nous sommes mus de la

* Ce passage est altéré dans les deux manuscrits; je fais les suppressions indiquées par van Vloten et Land.

** Je suis ici la leçon donnée par W. Meijer comme étant la leçon primitive de A. Elle est plus claire que celle de l'édition van Vloten et Land.

le corps n'agit pas ainsi en tant qu'il est un corps (car il deviendrait ainsi la cause principale des *passions*), mais en tant qu'il est un objet comme toutes les autres choses, lesquelles produiraient le même effet si elles se manifestaient à l'âme de la même façon.

(16) Je ne veux cependant pas dire par là que l'Amour, la Haine et la Tristesse qui naissent de la considération des choses immatérielles produisent les mêmes effets que ceux qui naissent de la considération des choses corporelles; car les premiers, comme nous le montrerons ci-après, auront encore de tout autres effets, conformes à la nature de la chose par la perception de laquelle l'Amour, la Haine et la Tristesse, etc., sont éveillés dans l'âme qui considère les choses immatérielles.

(17) Pour revenir à ce qui a été dit précédemment, quand quelque autre chose se montrera à l'âme plus magnifique que le corps, le corps n'aura plus aucun pouvoir de produire ces effets comme il le fait maintenant. D'où suit non seulement que le corps n'est pas * la cause principale des passions, mais aussi que, si même il existait en nous, outre ce que nous avons observé, quelque autre chose pouvant produire en nous les passions dont nous parlons, cette autre chose ne pourrait cependant produire rien d'autre ou rien de plus dans l'âme que ce que fait le corps actuellement. Cette autre chose en effet ne pourrait être elle aussi qu'un objet qui serait entièrement différent de

façon la plus justement mesurée sont pour nous les plus agréables. Et ainsi naissent toute sorte de sentiments, que nous percevons en nous qui sont fréquemment produits par des objets agissant sur notre corps, et que nous appelons des *impulsions;* ainsi, quand on peut faire rire, égayer quelqu'un qui est dans la tristesse en le chatouillant, lui faisant boire du vin, etc., ce que l'âme perçoit bien mais ne produit pas; car, lorsqu'elle agit, les égaiements sont certes d'une tout autre sorte : ce n'est plus un corps qui agit sur un corps, mais l'âme intelligente use du corps comme d'un instrument et conséquemment, plus l'âme agit, plus parfait aussi est le sentiment.

* Je suis ici la leçon donnée par van Vloten et Land dans le texte, en faisant observer qu'elle n'est conforme ni à l'un ni à l'autre des deux manuscrits et qu'il y a de plus en cet endroit dans A une annotation supprimée par l'éditeur (parce qu'il juge comme Sigwart qu'elle a été ajoutée après coup pour aider à comprendre un passage clair dans le texte primitif et rendu obscur par une faute du traducteur).

La leçon de A se traduirait ainsi : *D'où suit non que le corps seul est la cause principale des passions, mais*, etc., et la note contient l'explication suivante : *Il ne faut pas tenir le corps seul pour cause principale des passions ; toute autre substance, venant à être, pourrait aussi les produire et ne produirait pas autre chose, ni quoi que ce soit de plus ; car elle ne pourrait de sa nature être plus différente (et c'est par suite de cette différence qu'il se produit un changement dans l'âme) que ne l'est cette substance* [*le corps*] *qui est totalement différente* [*de l'âme*].

l'âme et qui par suite se montrerait à elle de telle façon et non autrement, ainsi que nous l'avons dit du corps.

(18) Nous pouvons donc conclure avec vérité qu'Amour, Haine, Tristesse et autres passions sont causées dans l'âme de diverses manières, et cela selon la nature de la connaissance qu'elle a, à chaque fois, des choses; et par suite, si elle vient à connaître enfin l'être souverainement magnifique, il sera impossible qu'aucune de ces passions produise en elle la moindre excitation.

CHAPITRE XX

CONFIRMATION DU PRÉCÉDENT

(1) Au sujet de ce que nous disions dans le chapitre précédent, on pourrait soulever les difficultés suivantes :

1. Si le mouvement n'est pas la cause des passions, comment peut-il se faire qu'on chasse cependant la tristesse par certains moyens, comme on le fait souvent par le vin ?

(2) Il faut répondre ici qu'on doit distinguer entre la perception de l'âme au moment même où elle perçoit le corps et le jugement par lequel elle décide aussitôt s'il est bon ou mauvais pour elle [1]. Quand donc l'âme est dans une situation telle qu'il a été dit *, nous avons démontré auparavant qu'elle a médiatement le pouvoir de diriger où elle veut les esprits animaux, mais que cependant ce pouvoir peut lui être ravi, à savoir quand, pour d'autres causes, provenant du corps en général, la mesure établie dans les esprits leur est enlevée et leur état modifié; quand l'âme perçoit cela, une tristesse naît en elle suivant le changement qu'éprouvent les esprits animaux; laquelle tristesse [2] est causée par l'amour qu'elle a du corps et son union avec lui.

1. C'est-à-dire entre le connaître pris en général et le connaître relatif au bien et au mal.

2. La tristesse est produite dans l'homme par une opinion qu'il a que quelque chose de mauvais l'atteint, à savoir la perte de quelque bien. Lorsqu'il a une telle idée, elle produit cette conséquence que les esprits animaux se meuvent autour du cœur et avec l'aide d'autres parties le compriment et l'enserrent (c'est précisément le contraire dans la joie); l'âme perçoit à son tour cette compression et en est tourmentée. Que fait donc ici la médecine ou le vin ? Ils font que par leur

* Le manuscrit A place ici le mot *mediate* remplacé dans B par *onmiddelijk* (immédiatement).

Sigwart a accepté la correction et traduit *immédiatement auparavant*. Van Vloten et Land donnent de même *immediate*. W. Meijer conserve le mot *mediate* en le transportant à la ligne suivante. Je suis son exemple.

Qu'il en soit bien ainsi, c'est ce qui se déduit aisément de ce qu'il peut être porté secours à cette tristesse des deux manières suivantes : ou bien : 1° par le rétablissement des esprits animaux dans leur état primitif, ou bien : 2° par la conviction due à de bonnes raisons qu'on n'a pas à s'inquiéter de ce corps; la première sorte de soulagement est temporaire et sujette à rechute; la seconde est éternelle, constante et inaltérable.

2. La deuxième objection peut être la suivante :

(3) Puisque nous voyons que l'âme, bien que n'ayant rien de commun avec le corps, peut être cause cependant que les esprits animaux qui se mouvaient d'un certain côté se meuvent maintenant d'un autre, pourquoi ne pourrait-elle faire aussi qu'un corps, immobile dans son ensemble, commençât à se mouvoir ? Et de même pourquoi ne pourrait-elle mouvoir selon sa volonté, pareillement, tous les autres corps qui ont déjà leur mouvement.

(4) Si cependant nous nous rappelons ce que nous avons déjà dit de la chose pensante, nous pourrons sans peine écarter cette difficulté. Nous disions alors en effet que la Nature, bien qu'ayant divers attributs, n'en est pas moins un seul Être [3] duquel tous ces attributs sont affirmés; nous avons ajouté que la chose pensante est

action les esprits animaux sont écartés du cœur et de la place est gagnée; et quand l'âme perçoit cela, elle éprouve un soulagement consistant en ce que la représentation du mal est écartée par la proportion nouvelle de mouvement et de repos qu'établit le vin et une autre prend place où l'entendement trouve plus de satisfaction. Mais cela ne peut être un effet direct du vin sur l'âme; c'est seulement un effet du vin sur les esprits animaux.

3. Il n'y a dès lors pas de difficulté à ce qu'un mode qui est infiniment différent d'un autre agisse sur l'autre, car il le fait comme partie du tout, l'âme n'ayant jamais été sans le corps ni le corps sans l'âme. Nous établissons cela comme il suit [o] :

1. Il existe un être parfait, page;
2. Il ne peut y avoir deux substances, page;
3. Nulle substance ne peut commencer, page;
4. Chacune est infinie en son genre, page;
5. Il doit y avoir aussi un attribut de la pensée, page;
6. Il n'est aucune chose dans la nature dont il n'y ait dans la chose

[o] Toute la suite de cette note comprenant dix propositions qui résument la métaphysique de Spinoza, manque dans le manuscrit B. De plus, les six premières n'indiquent pas le numéro de la page à laquelle elles renvoient, et l'ordre où elles sont rangées ne correspond pas très exactement à l'ordre suivi dans le *Court Traité*. Les propositions 8, 9 et 10 (comme quelques-unes de celles que contient la longue note jointe à la préface de la deuxième partie) sont l'ébauche d'une théorie de l'âme et du corps plus complète et plus précise que celle du *Court Traité*, et déjà très voisine de celle de *l'Éthique*. Il est d'ailleurs impossible de savoir à quel moment cette note a été écrite, et à quel écrit elle se rapporte directement (V. Sigwart, édition allemande du *Court Traité ; Prolégomènes*, XL).

unique dans la Nature et qu'elle s'exprime en une infinité d'Idées correspondant à une infinité d'objets qui sont dans la Nature. Car si le corps ° reçoit tel mode, comme, par exemple, le corps de Pierre, puis de nouveau un autre, tel que le corps de Paul, il suit de là qu'il y a dans la chose pensante deux idées différentes, savoir une idée du corps de Pierre qui forme l'âme de Pierre et une idée [du corps] de Paul qui forme l'âme de Paul. La chose pensante peut bien mouvoir °° le corps de Pierre par l'idée du corps de Pierre mais non par l'idée du corps de Paul, de même l'âme de Paul peut bien mouvoir son propre corps mais nullement le corps d'un autre, par exemple de Pierre [4].

pensante une idée, laquelle provient à la fois de son essence et de son existence, page;

7. Et ensuite :

8. En tant que, sous la désignation de la chose, est conçue l'essence sans l'existence, l'idée de l'essence ne peut être considérée comme quelque chose de particulier; cela est possible seulement quand l'*existence* est donnée avec l'*essence*, et cela parce qu'alors existe un objet qui auparavant n'existait pas. Si, par exemple, la muraille est toute blanche, on ne distingue en elle ni ceci ni cela, etc.

9. Cette Idée donc, isolée, considérée en dehors des autres Idées, ne peut rien être de plus qu'une Idée d'une certaine chose, et elle ne peut avoir une Idée de cette chose; attendu que : une Idée, ainsi considérée, n'étant qu'une partie, ne peut avoir d'elle-même et de son objet aucune connaissance claire et distincte; cela n'est possible qu'à la chose pensante qui seule est la Nature entière, car un fragment considéré en dehors du tout auquel il appartient ne peut, etc.

10. Entre l'Idée et son objet il doit y avoir nécessairement union parce qu'aucun des deux ne peut exister sans l'autre; car il n'y a aucune chose dont l'Idée ne soit dans la chose pensante et aucune Idée ne peut être sans que la chose soit aussi. De plus, l'objet ne peut éprouver de changement que l'Idée n'en éprouve un et *vice versa*, de sorte qu'il n'est besoin d'aucun tiers pour produire l'union de l'âme et du corps. Mais il est à observer que nous parlons des Idées qui naissent nécessairement en Dieu de l'existence des choses conjointe à leur essence, et non des Idées que les choses, actuellement existantes, font apparaître et produisent en nous; ces dernières diffèrent beaucoup des précédentes, car en Dieu les Idées ne naissent pas comme en nous d'un sens ou de plusieurs [ce qui fait que par les affections éprouvées nous avons des choses, le plus souvent, une connaissance tout à fait incomplète et que mon idée et la vôtre diffèrent, bien qu'elles soient des effets d'une seule et même chose]* mais de l'essence et de l'existence, en conformité avec tout ce que sont les choses.

4. Il est clair que, dans l'homme, puisqu'il est un être ayant eu un commencement, on ne peut trouver d'autres attributs que ceux qui

° Il faut entendre sans doute par le corps la *chose étendue*.

°° Il est clair qu'on doit entendre ici *diriger le mouvement du corps de Pierre*, et de même, plus loin, *mouvoir* est pour *diriger le mouvement*.

* Ce qui se trouve entre crochets ne peut être donné comme une traduction, mais comme une tentative de restitution; à l'exemple de W. Meijer je déplace un membre de phrase, et je supprime un mot.

Et voilà pourquoi elle ne peut aussi mouvoir aucune pierre qui est au repos ou gît immobile, car la pierre fait encore une autre idée dans l'âme °. Et donc il est tout aussi clair qu'aucun corps, qui est entièrement au repos, ne peut être mû par aucun mode de la pensée, pour les raisons déjà dites.

3. La troisième objection serait la suivante : Nous croyons que nous pouvons voir clairement qu'il nous est possible cependant d'être cause d'un entier repos dans le corps. Après, en effet, que nous avons assez longtemps mû nos esprits animaux, nous éprouvons que nous sommes fatigués; et cela n'est pas autre chose que du repos que nous avons introduit dans les esprits animaux.

(5) Nous répondons toutefois qu'il est bien vrai que l'âme est cause de ce repos, mais seulement cause *indirecte ;* car elle n'introduit pas ce repos directement dans le mouvement mais seulement par le moyen d'autres corps qu'elle avait mus et qui perdent nécessairement ainsi autant de repos qu'ils en avaient communiqué aux esprits. D'où il apparaît clairement qu'il existe dans la nature une seule et même espèce de mouvement.

étaient auparavant dans la Nature; et puisqu'il se compose de tel corps duquel une Idée doit être nécessairement dans la chose pensante, et que cette Idée elle-même doit être nécessairement unie au corps, nous affirmons avec confiance que *son âme* n'est rien que l'Idée de son corps dans la chose pensante. Puisque maintenant le corps a une certaine proportion de mouvement et de repos qui est habituellement modifiée par les objets extérieurs et qu'il ne peut y avoir en lui de changement qui n'ait lieu aussitôt dans l'âme, cela a pour effet que les hommes sentent *. Je dis toutefois : *puisqu'il a une certaine proportion de mouvement et de repos,* attendu qu'aucun effet ne peut avoir lieu *dans le corps sans le concours de l'un et de l'autre.*

° On attendrait plutôt ici dans la chose pensante.

* A ajoute ici *idea reflexiva* que B conserve en le traduisant en hollandais.

CHAPITRE XXI

DE LA RAISON

(1) Nous avons à rechercher maintenant d'où vient que parfois, bien que voyant qu'une chose est bonne ou mauvaise, nous ne trouvons cependant en nous aucun pouvoir de faire le bien ou de renoncer au mal; et parfois, au contraire [le trouvons] bien.

(2) Nous pouvons concevoir cela aisément si nous sommes attentifs aux causes que nous avons indiquées des *opinions*, elles-même reconnues par nous causes de nos affections. Ces opinions, disions-nous, naissent ou bien par ouï-dire ou bien par expérience. Comme d'autre part tout ce que nous éprouvons en nous-mêmes a plus de pouvoir sur nous que ce qui pénètre en nous du dehors, il s'ensuit que la Raison peut bien être cause de la destruction des opinions [1] que nous avons par ouï-dire seulement et cela parce que la Raison n'est pas, elle, venue en nous du dehors; mais non du tout de celles que nous avons par expérience.

1. Cela reviendra ici au même si nous employons le mot de *opinions* ou celui de *passions;* il est clair en effet que si nous ne pouvons vaincre par la Raison celles qui sont en nous par l'expérience, c'est qu'elles ne sont autre chose en nous qu'une jouissance ou une union immédiate avec quelque chose que nous tenons pour bon; et, bien que la Raison nous montre ce qui est bon, elle ne nous en fait pas jouir. Or ce dont nous jouissons en nous-mêmes ne peut être vaincu par quelque chose dont nous ne jouissons pas, qui, au contraire, est hors de nous comme l'est ce que montre la Raison. Pour le vaincre, il est besoin de quelque chose de plus puissant; et de telle sorte sera la jouissance de, et l'union immédiate avec, quelque chose dont la connaissance et la jouissance valent mieux; en pareil cas la victoire est toujours nécessaire. Ou encore elle se produit par l'expérience faite d'un mal reconnu plus grand que le bien dont on a joui et venant immédiatement après lui. Que cependant ce mal * ne suit pas toujours nécessairement, c'est ce que nous enseigne l'expérience, car, etc. (Voir ci-dessus.)

* On serait assez tenté de remplacer ici le mot *mal* par victoire.

(3) Car le pouvoir que nous donne la chose elle-même est toujours plus grand que celui que nous tirons des conséquences d'une autre chose, distinction déjà observée pour nous quand nous parlions du raisonnement et de la connaissance claire (p. 89-91), ayant donné comme exemple la règle de trois. Car nous acquérons plus de pouvoir par la connaissance de la proportion * elle-même que par la connaissance de la règle de la proportionnalité. Et c'est pourquoi aussi nous avons dit si souvent qu'un amour est détruit par un autre qui est plus grand; par quoi nous ne voulions nullement entendre le désir, lequel naît [B : non de la connaissance claire, comme l'Amour mais] du raisonnement.

* Les manuscrits donnent ici *règle*.

CHAPITRE XXII

DE LA CONNAISSANCE VRAIE, DE LA RÉGÉNÉRATION

(1) Puis donc que la Raison n'a pas le pouvoir de nous conduire à la santé de l'âme, il reste à examiner si nous pouvons y parvenir par le quatrième et dernier mode de connaissance. Nous avons dit d'ailleurs que cette sorte de connaissance ne se tire pas d'autre chose, mais naît de ce que l'objet lui-même se manifeste immédiatement à l'entendement et, si cet objet est magnifique et bon, l'âme lui sera nécessairement unie comme nous l'avons dit du corps.

(2) Il suit de là, sans contredit, que c'est la connaissance qui est cause de l'amour, de sorte que, si nous apprenons à connaître Dieu de cette façon, nous devons nécessairement nous unir à lui puisqu'il ne peut se manifester et être connu de nous autrement que comme souverainement magnifique et souverainement bon, et dans cette union seule consiste notre félicité.

Je ne dis pas que nous devions le connaître tel qu'il est [B : ou adéquatement]; mais il suffit, pour être unis à lui, que nous le connaissions en quelque mesure; de même que la connaissance que nous avons du corps n'est pas telle que nous le connaissions tel qu'il est ou parfaitement, et cependant quelle union! Quel amour!

(3) Que la quatrième sorte de connaissance, qui est la connaissance de Dieu, n'est pas une conséquence tirée d'autre chose mais est immédiate, c'est ce qui ressort avec évidence de ce que nous avons démontré précédemment, à savoir qu'il est la cause de toute connaissance, laquelle cause n'est connue que par elle-même et ne l'est par aucune autre chose, et aussi de ce que nous sommes par nature tellement unis à lui que nous ne pouvons sans lui ni exister ni être conçus; et par suite, puisque entre

Dieu et nous il y a une si étroite union, il est donc évident que nous ne pouvons le connaître qu'immédiatement.

(4) Nous nous efforcerons maintenant de rendre plus claire cette union que par nature et par amour nous avons avec Dieu.

Nous avons dit précédemment qu'il ne peut rien exister dans la Nature, dont une idée ne soit dans l'âme de cette chose [1], et, suivant que la chose est ou plus ou moins parfaite, l'union de cette idée avec la chose ou avec Dieu même et son effet [o] sont aussi plus ou moins parfaits.

(5) Comme, d'autre part, la nature entière est une seule substance dont l'essence est infinie, toutes choses sont par la Nature unies en une seule, savoir Dieu; et le corps, étant la première chose que perçoit notre âme (puisque, ainsi que nous l'avons dit, il ne peut rien exister dans la Nature dont il n'y ait une Idée dans la chose pensante, laquelle Idée est l'âme de cette chose) doit être nécessairement la première cause de cette Idée [2]. Puisque toutefois cette idée ne peut trouver de repos dans la connaissance du corps, sans passer à la connaissance de l'être sans lequel ni le corps ni l'idée elle-même ne peuvent exister ni être conçus, elle sera unie à cet être par l'amour aussitôt après qu'elle l'aura connu.

(6) Pour concevoir cette union le mieux possible et déduire ce qu'elle doit être, il faut considérer l'effet que produit l'union avec le corps; car là nous voyons comment, par la connaissance des choses corporelles et les affections qui s'y rapportent, se produisent en nous tous les effets que nous percevons constamment dans notre corps par le mouvement des esprits animaux; et, si notre connais-

1. Par là s'explique en même temps ce que nous avons dit dans la première partie à savoir que l'entendement infini, que nous appelions le fils de Dieu, doit être de toute éternité dans la Nature; car, puisque Dieu a été de toute éternité, son idée aussi doit être dans la chose pensante ou en lui-même éternellement; laquelle idée s'accorde objectivement avec lui.

2. C'est-à-dire : notre âme, en tant qu'idée du corps, tient à la vérité de lui son essence; toutefois, aussi bien en totalité que dans chacune de ses parties, elle n'en est qu'une représentation dans la chose pensante *.

o Je traduis le texte donné par van Vloten et Land, mais il m'est difficile de ne pas le croire altéré; le sens du passage me semble être le suivant : il n'existe dans la Nature aucune chose dont il n'y ait une idée dans la chose pensante (ou en Dieu en tant qu'il possède l'attribut de la pensée), et suivant que la chose est plus ou moins parfaite, l'union de cette idée avec la chose pensante et son effet en elle sont aussi plus ou moins parfaits.

* Cette note qui ne se trouve pas dans l'édition van Volten et Land paraît être quelque glose ajoutée par un lecteur.

sance et notre amour viennent à tomber sur cet être sans lequel nous ne pouvons ni exister, ni être conçus, et qui n'est aucunement corporel, les effets aussi qu'aura en nous une telle union seront et devront être incomparablement plus grands et plus magnifiques, puisqu'ils doivent s'accorder toujours avec la nature des choses auxquelles nous sommes unis.

(7) Et, quand nous percevons de tels effets, nous pouvons dire en vérité que nous naissons encore une fois; car notre première naissance a eu lieu alors que nous nous sommes unis au corps, par où tels effets et mouvements des esprits animaux se sont produits, mais cette autre et seconde naissance aura lieu quand nous percevrons en nous de tout autres effets de l'amour, grâce à la connaissance de cet objet immatériel; effets qui diffèrent des premiers autant que diffère le corporel de l'incorporel, l'esprit de la chair. Cela peut d'autant mieux être appelé une Régénération que de cet Amour et de cette Union seulement peut suivre une stabilité éternelle et inaltérable, ainsi que nous le montrerons.

CHAPITRE XXIII

DE L'IMMORTALITÉ DE L'AME

(1) Si nous considérons une fois avec attention ce qu'est l'Ame et d'où viennent son changement et sa durée, nous verrons aisément si elle est mortelle ou immortelle. Puisque nous avons dit déjà que l'âme est une idée qui est dans la chose pensante et qui naît de la réalité * d'une chose qui est dans la Nature, il s'ensuit que tels le changement et la durée de la chose, tels aussi doivent être le changement et la durée de l'âme; nous avons observé en outre que l'âme peut être unie ou bien au corps dont elle est l'idée ou bien à Dieu sans lequel elle ne peut exister ni être conçue.

(2) On peut voir aisément par là :

1. Que si l'âme est unie seulement au corps et que ce corps périsse, elle doit aussi périr; car si elle est privée du corps qui est le fondement de son amour, elle doit aussi périr avec lui. Mais :

2. Que si l'âme est unie à une autre chose qui est et reste inaltérable, elle doit aussi demeurer inaltérable. Par quoi, en effet, serait-il alors possible qu'elle fût anéantie ? Non par elle-même; car, pas plus qu'elle ne pouvait commencer d'être alors qu'elle n'était pas, elle ne peut maintenant qu'elle est s'altérer et périr [B : d'elle-même]. De sorte que ce qui est la seule cause de son existence ** doit aussi, quand elle périt, être cause de sa non-existence, parce qu'il s'altère lui-même et périt ***.

* Les manuscrits donnent ici *wezentheid*, essence; peut-être faut-il lire *wezentlijkheid*, existence.

** *Wezentheid*, et plus bas, *niet-wezentheid*. Voir l'observation précédente.

*** La leçon du manuscrit B donnée en note par van Vloten et Land est encore plus obscure. Voir note explicative.

CHAPITRE XXIV

DE L'AMOUR DE DIEU POUR L'HOMME

(1) Nous croyons avoir jusqu'ici suffisamment montré ce qu'est notre amour de Dieu, comme aussi ses effets, savoir : notre propre durée éternelle. De sorte que nous n'estimons pas utile ici de rien dire d'autres choses, telles que la joie en Dieu, le repos de l'âme, etc., parce qu'après ce qui a été dit déjà, on peut voir aisément ce qui en est et ce qu'il y aurait à dire.

(2) Mais, puisque nous avons jusqu'ici parlé de notre amour de Dieu, il reste encore à voir s'il existe aussi un amour de Dieu pour nous, c'est-à-dire si Dieu aime aussi les hommes et cela quand ils l'aiment ? Or d'abord nous avons dit qu'on ne peut attribuer à Dieu aucuns modes de penser, en dehors de ceux qui sont dans les créatures, de sorte qu'on ne peut dire que Dieu a de l'amour pour les hommes et encore bien moins qu'il les aime parce qu'ils l'aiment, ou les hait parce qu'ils le haïssent; car, si l'on faisait cela, on devrait admettre d'abord que les hommes peuvent agir ainsi par libre volonté, qu'ils ne dépendent pas d'une cause première, ce que nous avons montré précédemment être faux. Cela, en outre, ne produirait en Dieu qu'une grande altérabilité si, alors que précédemment il n'aurait ni aimé ni haï, il devait maintenant commencer à aimer et à haïr et être déterminé à cela par quelque chose d'extérieur à lui, ce qui est l'absurdité même.

(3) Si nous disons cependant que Dieu n'aime pas les hommes, cela ne doit pas être compris comme s'il les abandonnait, pour ainsi dire, à eux-mêmes, mais en ce sens que, l'homme étant en Dieu conjointement à tout ce qui est, et Dieu étant formé de la totalité de ce qui est, il ne peut y avoir d'amour proprement dit de Dieu pour autre chose, puisque tout ce qui est ne forme qu'une seule chose, à savoir Dieu lui-même.

(4) Et il suit de là que Dieu ne donne pas aux hommes des lois pour les récompenser quand ils les accomplissent [B : et les punir quand ils les transgressent] ; ou, pour parler plus clairement, que les lois de Dieu ne sont pas d'une nature telle qu'elles puissent être transgressées. Car les règles que Dieu a établies dans la Nature et suivant lesquelles toutes choses naissent et durent — si nous voulons les appeler des lois — sont de telle sorte qu'elles ne peuvent jamais être transgressées ; ainsi, que le plus faible doit céder au plus fort, que nulle cause ne peut produire plus qu'elle ne contient en elle, et autres semblables qui sont de telle sorte qu'elles ne peuvent se modifier ni avoir de commencement, mais qu'au contraire, tout leur est soumis et subordonné.

(5) Et pour en parler ici brièvement, toutes les lois qui ne peuvent pas être transgressées sont des lois divines pour cette raison que tout ce qui arrive est non contraire, mais conforme à son propre décret. Toutes les lois qui peuvent être transgressées sont des lois humaines pour cette raison que si, en tout ce que les hommes décrètent, ils ont en vue leur bien-être, il ne s'ensuit pas que la Nature entière doive aussi s'en bien trouver, mais au contraire, elles peuvent tendre à la destruction de beaucoup d'autres choses.

(6) Quand les lois de la Nature sont plus puissantes, les lois des hommes sont détruites °.

Les lois divines n'ont, en dehors d'elles-mêmes, aucune fin, en vue de laquelle elles existent ; elles ne sont pas subordonnées ; il n'en est pas ainsi des humaines. Bien que, en effet, les hommes fassent des lois pour leur propre bien-être et n'aient en vue aucune autre fin que d'améliorer par ce moyen leur propre condition, cette fin qu'ils se proposent (étant subordonnée à d'autres fins qu'a en vue un être supérieur aux hommes et qui les laisse agir d'une certaine façon en tant que parties de la Nature) peut cependant bien faire aussi que leurs lois concourent avec les lois éternelles établies par Dieu de toute éternité et aident, avec tout le reste, à produire l'œuvre totale. Bien que les abeilles n'aient, par exemple, d'autre fin, dans tout leur travail et par le ferme maintien de l'ordre établi parmi elles, que de s'assurer une provision pour l'hiver, l'homme

° Cette phrase semble être la contrepartie de la précédente ; peut-être devrait-on lire : *quand il en est ainsi* (quand les lois humaines sont en désaccord avec les lois de la Nature), *les lois de la Nature étant plus puissantes, celles des hommes sont détruites.*

qui leur est supérieur se propose, en les soignant et les entretenant, une tout autre fin, qui est de se procurer du miel pour lui-même. De même l'homme, en qualité d'être particulier, n'a pas de but plus éloigné que ce que peut atteindre son essence limitée; mais, eu égard à ce qu'il est une partie et un instrument de la nature entière, cette fin de l'homme ne peut être la fin dernière de la nature, puisqu'elle est infinie et emploie l'homme de même que tout le reste comme son instrument.

(7) Après avoir jusqu'ici traité des lois données par Dieu, il est à observer maintenant que l'homme perçoit en lui-même une double loi; celui du moins qui use bien de son entendement et parvient à la connaissance de Dieu; et ces lois ont pour cause l'une la communauté qu'il a avec Dieu, et l'autre la communauté qu'il a avec les modes de la Nature.

(8) La première de ces lois est nécessaire, mais non la seconde; car, pour ce qui touche la loi qui naît de la communauté avec Dieu, puisqu'il doit être toujours et sans relâche nécessairement uni à Dieu, il a toujours et doit toujours avoir devant les yeux les lois selon lesquelles il doit vivre pour Dieu et avec lui. Pour ce qui touche, en revanche, la loi qui naît de sa communauté avec les modes, en tant qu'il peut se séparer des hommes, elle n'est pas aussi nécessaire.

(9) Puis donc que nous établissons une telle communauté entre Dieu et l'homme, on pourrait demander avec raison comment Dieu se fait connaître aux hommes ? et si une telle chose a lieu ou peut avoir lieu par des paroles ? ou s'il se fait connaître immédiatement par lui-même sans employer aucune autre chose par laquelle il le ferait ?

(10) A quoi nous répondons : en aucun cas par des mots; car, si cela était, il faudrait que l'homme eût connu la signification de ces mots avant qu'ils fussent prononcés. Par exemple, si Dieu avait dit aux Israélites : *Je suis Jéhovah votre Dieu*, il aurait fallu qu'auparavant déjà, sans ces paroles, ils eussent su que Dieu existe *, avant de pouvoir être assurés [B : par elles] que c'était lui [B : qui leur parlait]; car ils savaient bien à ce moment que la voix, le tonnerre, l'éclair n'étaient pas Dieu, bien que la voix dît qu'elle était Dieu.

Et ce que nous disons ici des paroles, nous l'étendons à tous les signes extérieurs. Et nous estimons ainsi impossible

* Je suis la leçon de B. — D'après A, il faudrait lire : *qu'il était Dieu.*

que Dieu se soit fait connaître aux hommes par quelque signe extérieur que ce soit.

(11) Et nous tenons pour inutile que cela ait lieu par aucun autre moyen que par l'essence de Dieu et l'entendement de l'homme; puisque, en effet, ce qui en nous doit connaître Dieu est l'Entendement, lequel lui est uni si immédiatement que, sans lui, il ne pourrait exister ni être conçu, il apparaît par là sans contredit qu'aucune chose ne peut être aussi étroitement unie à l'Entendement que Dieu lui-même.

(12) Il est impossible aussi qu'on connaisse Dieu par quelque chose d'autre :

1° Parce que la chose qui le ferait connaître devrait alors nous être mieux connue que Dieu même, ce qui va manifestement contre tout ce que nous avons clairement démontré jusqu'ici : que Dieu est cause de notre connaissance et de toute essence, que les choses particulières sans exception ne pourraient non seulement pas exister sans lui, mais ne pourraient même pas être conçues.

2° Parce que nous ne pouvons en aucun cas parvenir à la connaissance de Dieu par celle d'une autre chose, dont l'essence est nécessairement finie, alors même qu'elle nous serait plus connue; comment est-il possible en effet que nous puissions conclure d'une chose finie [B : et limitée] une chose infinie et illimitée.

(13) Car, si même nous observions dans la Nature quelques effets ou un ouvrage dont la cause nous serait inconnue, il serait cependant encore impossible pour nous de parvenir à cette conclusion que, pour produire cet effet, une chose infinie et illimitée doit exister dans la Nature. Pour produire cet effet, un grand nombre de causes se sont-elles réunies ou n'y en a-t-il qu'une seule ? Comment pouvons-nous le savoir ? Qui nous le dira ?

C'est pourquoi nous concluons enfin que Dieu, pour se faire connaître aux hommes, ne peut user ou n'a besoin ni de paroles, ni de miracles, ni d'aucune autre chose créée, mais seulement de lui-même.

CHAPITRE XXV

DES DIABLES

(1) Nous dirons maintenant brièvement quelque chose au sujet des diables, s'ils sont ou ne sont pas, et cela comme il suit :

Si le Diable est une chose entièrement et absolument contraire à Dieu et qui n'a rien de Dieu, alors il est exactement identique au Néant, dont nous avons déjà parlé précédemment.

(2) Admettons donc avec quelques-uns qu'il est un être pensant qui ne veut ni ne fait absolument rien de bon et s'oppose ainsi en tout à Dieu ; il est donc fort misérable ; et si les prières pouvaient y servir il y aurait lieu de prier pour lui, pour sa conversion.

(3) Voyons cependant si un être aussi misérable pourrait subsister un seul instant. Nous trouverons sur-le-champ qu'il n'en est rien ; puisque toute la durée d'une chose provient de sa perfection et que, plus il y a en elle d'essence et de divinité, plus elle est subsistante, comment, pensé-je, le Diable pourrait-il subsister, puisqu'il n'a pas la moindre perfection ? Ajoutez que la subsistance ou la durée d'un mode dans la chose pensante est causée uniquement par l'union qu'a ce mode avec Dieu, union produite par l'amour ; mais dans les diables c'est absolument le contraire de cette union qu'on suppose, et par suite il est impossible qu'ils subsistent.

(4) Mais, s'il n'y a pas la moindre nécessité d'admettre les Diables, pourquoi les admettre ? Car il ne nous est pas nécessaire comme à d'autres d'admettre des Diables pour trouver les causes de la Haine, de l'Envie, de la Colère et d'autres passions de même sorte, puisque nous les avons suffisamment trouvées sans de telles fictions.

CHAPITRE XXVI

DE LA LIBERTÉ VRAIE

(1) Par notre proposition du chapitre précédent nous n'avons pas seulement voulu faire savoir qu'il n'y a pas de Diables, mais aussi que les causes (ou pour mieux dire ce que nous appelons péchés) qui nous empêchent de parvenir à notre perfection sont en nous-mêmes.

(2) Nous avons aussi montré dans ce qui précède de quelle façon, aussi bien par la raison * que par la quatrième sorte de connaissance, nous parvenons à notre félicité, et comment nos passions doivent être détruites. Non, comme on le dit communément, qu'elles doivent être vaincues avant que nous puissions parvenir à la connaissance et par suite à l'amour de Dieu, car autant vaudrait exiger que quelqu'un qui est ignorant dût déposer son ignorance avant de pouvoir parvenir à la connaissance, tandis que seule la connaissance est cause de la destruction de l'ignorance; comme il se voit clairement par ce que nous avons dit. De même on peut déduire clairement de ce qui précède comment sans la Vertu, ou (pour mieux dire) sans la souveraineté de l'entendement, tout s'achemine à sa perte, sans que nous puissions jouir d'aucun repos, et nous vivons comme en dehors de *notre élément*.

(3) Si bien qu'alors même que, de la force de la connaissance et de l'amour divin, suivraient pour l'entendement non, comme nous l'avons montré, un repos éternel, mais seulement un repos temporaire, ce serait encore notre devoir de le rechercher, car il est tel lui aussi qu'on ne consentirait à l'échanger, quand on en jouit, contre aucune chose au monde.

(4) Puisqu'il en est ainsi, nous pouvons à bon droit tenir pour une grande absurdité ce que disent beaucoup

* Les mots *aussi bien par la raison que* manquent dans le manuscrit B.

d'hommes réputés cependant grands théologiens : que, si nulle vie éternelle ne devait être la conséquence de l'amour de Dieu, ils chercheraient alors leur propre bien; cela est tout aussi insensé que si un poisson, pour qui nulle vie n'est possible hors de l'eau, disait : si nulle vie éternelle ne suit pour moi cette vie dans l'eau, je veux sortir de l'eau pour aller sur terre; que peuvent dire d'autre ceux qui ne connaissent pas Dieu ?

(5) Nous voyons ainsi que, pour saisir la vérité de ce que nous affirmons touchant notre bien et notre repos, nul autre principe n'est nécessaire, sinon celui de rechercher ce qui nous est utile à nous-mêmes, comme il est naturel à tous les êtres. Éprouvant maintenant qu'en nous efforçant vers les plaisirs des sens et la volupté et les choses du monde, nous n'y trouvons point notre salut mais notre perte, nous préférons donc la souveraineté de notre entendement; mais cette dernière ne pouvant faire aucun progrès sans que nous soyons d'abord parvenus à la connaissance et à l'amour de Dieu, il est donc au plus haut point nécessaire de chercher Dieu; et l'ayant, d'après les considérations et estimations précédentes, reconnu comme le bien le meilleur de tous les biens, nous sommes ainsi obligés de nous arrêter et de nous reposer là. Car nous avons vu que hors de lui il n'est aucune chose qui puisse nous donner aucun salut; et en cela consiste notre liberté vraie que nous soyons et demeurions liés par les chaînes aimables de l'amour de Dieu.

(6) Nous voyons enfin comment la connaissance par raisonnement n'est nullement en nous la principale, mais est seulement comme un degré par où nous nous élevons au but souhaité; ou comme un bon esprit qui, sans fausseté ni tromperie, nous apporte un message du souverain bien pour nous exciter à le chercher lui-même et à nous unir à lui; laquelle union est notre plus haut salut et notre félicité.

(7) Il ne reste plus ainsi, pour donner à cet ouvrage sa conclusion, qu'à montrer brièvement ce qu'est la liberté humaine et en quoi elle consiste; pour le faire, j'userai des propositions suivantes comme choses certaines et démontrées.

1. Plus une chose a d'essence, plus aussi elle a d'activité et moins elle a de passivité. Car il est certain que l'agent agit par ce qu'il a et que le patient pâtit par ce qu'il n'a pas.

2. Toute passion, qu'elle soit un passage du non-être

à l'être ou de l'être au non-être, doit avoir pour origine un agent extérieur et non un agent intérieur. Car aucune chose considérée en elle-même n'a en elle de cause lui rendant possible de se détruire si elle est, ou de se produire si elle n'est pas.

3. Tout ce qui n'est pas produit par des causes extérieures ne peut avoir aussi rien de commun avec elles et conséquemment ne peut être changé ni transformé par elles.

De la seconde et de la troisième proposition je conclus cette quatrième :

4. Aucun des effets d'une cause intérieure ou immanente (c'est tout un pour moi) ne peut périr ou s'altérer aussi longtemps que cette cause demeure. Car tout ainsi qu'un tel effet ne peut être produit par des causes extérieures, il ne peut non plus (suivant la troisième proposition) être altéré par elles; et, puisque aucune chose ne peut être détruite que par des causes extérieures, il n'est donc pas possible que cet effet périsse aussi longtemps que sa cause dure, d'après la deuxième proposition.

5. La cause la plus libre et la plus conforme à Dieu est l'immanente. Car de cette cause l'effet produit dépend de telle sorte qu'il ne peut sans elle exister ou être conçu et qu'il n'est soumis à aucune autre cause; à quoi s'ajoute qu'il lui est uni de façon à faire un tout avec elle.

(8) Voyons donc maintenant ce que nous avons à conclure de ces propositions.

1. Puisque l'essence de Dieu est infinie il y a en lui et une activité infinie et une négation infinie de toute passivité (d'après la première proposition); et conséquemment, dans la mesure où, ayant plus d'essence, elles sont plus étroitement unies à Dieu, les choses ont aussi plus d'activité et moins de passivité, et sont aussi plus affranchies du changement et de la corruption.

2. L'Entendement vrai ne peut jamais périr; car il ne peut avoir en lui-même, d'après la deuxième proposition, aucune cause de se détruire. Et, puisqu'il n'est pas produit par des causes extérieures mais par Dieu, il ne peut avoir à souffrir d'elles aucune altération, d'après la troisième proposition, et, puisque Dieu l'a produit immédiatement et qu'il est seulement * une cause intérieure, il suit de là nécessairement que l'entendement ne peut périr aussi

* Le manuscrit A contient ici une négation *niet alleen*, non seulement, que les éditeurs s'accordent à supprimer.

longtemps que cette cause demeure, d'après la quatrième proposition. Or cette cause est éternelle; donc lui aussi est éternel.

3. Tous les effets de l'entendement qui sont unis à lui sont les plus excellents de tous et doivent aussi être estimés plus haut que tous les autres. Car, puisque ce sont des effets intérieurs, ce sont les plus excellents de tous d'après la cinquième proposition et, en outre, ils sont nécessairement éternels puisque leur cause est éternelle.

4. Tous les effets que nous produisons hors de nous sont d'autant plus parfaits qu'ils sont plus capables de s'unir à nous pour former avec nous une seule et même nature, car c'est ainsi qu'ils se rapprochent le plus des effets intérieurs. Si, par exemple, j'enseigne à mon prochain à aimer le plaisir, la gloire, l'avarice, je suis, que je les aime moi aussi ou ne les aime pas, quoi qu'il en puisse être, frappé, battu, cela est clair; mais non si ma seule fin, que je m'efforce d'atteindre, est de pouvoir goûter l'union avec Dieu et de produire en moi des idées vraies et de faire connaître ces choses à mes prochains. Car nous pouvons tous avoir part également à ce salut, comme il arrive quand il excite en eux le même désir qu'en moi et fait ainsi que leur volonté se confonde avec la mienne, et que nous formions une seule et même nature s'accordant toujours en tout.

(9) Par tout ce qui a été dit on peut bien aisément concevoir ce qu'est la liberté humaine [1]; je la définis en disant qu'elle est une solide réalité qu'obtient notre entendement par son union immédiate avec Dieu pour produire en lui-même des idées et tirer de lui-même des effets qui s'accordent avec sa nature, sans que ces effets soient soumis à aucunes causes extérieures par lesquelles ils puissent être altérés ou transformés. L'on voit aussi clairement par ce qui a été dit ce que sont les choses qui sont en notre pouvoir et ne sont soumises à aucune cause extérieure; en même temps nous avons démontré la durée éternelle et constante de notre entendement, déjà établie d'une autre façon; et enfin quelle sorte d'effets nous devons estimer plus haut que tous les autres.

(10) Il ne me reste pour conduire tout ce travail à sa fin qu'à dire aux amis pour qui j'écris : ne vous étonnez

1. L'esclavage d'une chose consiste en ce qu'elle est soumise à des causes extérieures; la liberté, par contre, consiste à n'y être pas soumis mais à en être affranchi.

pas de ces nouveautés, car il vous est très bien connu qu'une chose ne cesse pas d'être vraie parce qu'elle n'est pas acceptée par beaucoup d'hommes. Et comme vous n'ignorez pas la disposition du siècle où nous vivons, je vous prie très instamment d'être très prudents en ce qui touche la communication à d'autres de ces choses. Je ne veux pas dire que vous deviez les garder entièrement par-devers vous, mais seulement que si vous commencez à les communiquer à quelqu'un, nulle autre fin et nul mobile autre que le salut de votre prochain ne doit vous inspirer, et qu'il vous faut être le plus certains qu'il se puisse, à son sujet, que votre travail ne sera pas sans récompense. Enfin si, à la lecture de cet ouvrage, vous vous trouviez arrêtés par quelque difficulté contre ce que je pose comme certain, je vous demande de ne pas vous empresser de le réfuter, avant de l'avoir médité assez longtemps et avec assez de réflexion; si vous le faites, je tiens pour assuré que vous parviendrez à la jouissance des fruits que vous vous promettez de cet arbre.

APPENDICE

I

AXIOMES

1. La substance est, en vertu de sa nature, antérieure à ses modifications *.

2. Les choses qui sont différentes se distinguent les unes des autres ou bien réellement ou bien modalement °.

3. Les choses qui se distinguent réellement ou bien ont des attributs différents, tels que pensée et étendue, ou sont rapportées à des attributs différents, ainsi l'entendement et le mouvement, dont le premier appartient à la pensée et le second à l'étendue.

4. Les choses qui ont des attributs différents, comme aussi celles qui appartiennent à des attributs différents, n'ont rien en elles les unes des autres.

5. Une chose qui n'a en elle rien d'une autre ne peut être cause de l'existence d'une telle chose autre.

6. Ce qui est cause de soi ne peut s'être limité soi-même.

7. Ce par quoi les choses se conservent est, de sa nature, premier dans ces choses **.

° Il est fort probable que Spinoza a usé ici de la terminologie de Descartes qui oppose les choses qui se distinguent réellement *(realiter)* aux choses qui se distinguent modalement *(modaliter)*. Toutefois, le texte hollandais donne ici *toevallig*, accidentellement, de même que dans la démonstration de la proposition 1. Plus loin, dans la démonstration de la proposition 4, le texte hollandais donne *wijzelijk*, qui correspond à modalement.

* Le manuscrit A donne ici *toevallen*, accidents, et ajoute entre parenthèses *(modificationes)*.

** Leçon de A à laquelle Sigwart substitue la leçon de B : *ce par quoi les choses se conservent est, de sa nature, antérieur à ces choses*. La correction faite par Monnikhoff, et admise par Sigwart, est sans doute acceptable, et si le texte latin primitif était : *prius iis rebus*, on s'explique assez bien la faute commise par le traducteur. Toutefois, l'axiome 7 fait ainsi double emploi avec l'axiome 1 : or, d'après W. Meijer, qui a fait une lecture attentive du manuscrit, Spinoza, dans la démonstration de la proposition 1, renvoie à l'axiome 7 et non à l'axiome 1. D'autre part, une note (qui ne se trouve pas dans l'édition van Vloten et Land, mais que j'ai traduite, d'après W. Meijer, et qu'on lira page 164), contient cette indication : *les choses se distinguent par ce qui est le principal dans leur nature*. Peut-être faut-il donc lire ici avec W. Meijer : *onderscheiden* au lieu de *onderhouden* : l'axiome 7 s'énoncerait alors : *Ce par quoi les choses sont distinctes est, de sa nature, premier dans ces choses*.

PROPOSITION I

A aucune substance qui existe réellement ne peut être rapporté un attribut qui est rapporté à une autre substance ; ou, ce qui revient au même, deux substances ne peuvent exister dans la nature à moins qu'elles ne soient réellement distinctes.

Démonstration

Ces substances sont distinctes si elles sont deux ; et par conséquent elles se distinguent (*par l'Axiome* 2) ou bien réellement ou bien modalement ; elles ne se distinguent pas modalement, car alors les modes seraient (*par l'Axiome* 7) *, de leur nature, antérieurs à la substance, contrairement à l'Axiome 1 ; donc elles se distinguent réellement. Et par suite (*par l'Axiome* 4) on ne peut affirmer de l'une ce qu'on affirme de l'autre. Ce qu'il fallait démontrer.

PROPOSITION II

Une substance ne peut être cause de l'existence d'une autre substance.

Démonstration

Une telle cause n'aurait rien en elle d'un tel effet (*Proposition* 1) ; car il y a de l'une à l'autre une *différence réelle ;* et en conséquence (*par l'Axiome* 5) l'une ne peut produire l'autre.

PROPOSITION III

Tout attribut ou substance est, par sa nature, infini et souverainement parfait en son genre.

* Voir l'observation critique ci-dessus.

Démonstration

Aucune substance n'a pour cause une autre substance (*Proposition* 2); et par suite, si elle existe, ou bien elle est un attribut de Dieu, ou elle a été, en dehors de Dieu, cause d'elle-même. Dans le premier cas elle est nécessairement infinie et souverainement parfaite en son genre, puisque telle est la condition de tous les autres attributs de Dieu. Dans le second cas, telle est aussi nécessairement sa condition, car elle n'aurait pu (*Axiome* 6) se limiter elle-même.

PROPOSITION IV

Il appartient par nature à l'essence de chaque substance d'exister, à ce point qu'il est impossible de placer dans un entendement infini l'Idée de l'essence d'une substance qui n'existerait pas dans la Nature.

Démonstration

L'essence vraie d'un objet est quelque chose qui est différent réellement de l'Idée de cet objet; et ce quelque chose est (*Axiome* 3) ou bien réellement existant ou bien contenu dans une autre chose qui existe réellement et de laquelle on ne pourra le distinguer réellement, mais seulement modalement; de cette sorte sont toutes les essences des choses que nous voyons qui auparavant, quand elles n'existaient pas, étaient comprises dans l'étendue, le mouvement et le repos, et qui, devenues réelles, ne se distinguent pas de l'étendue réellement mais bien modalement. Il implique toutefois contradiction que l'essence d'une substance soit ainsi contenue dans une autre chose, de laquelle cette substance, contrairement à la proposition 1, ne pourrait donc pas se distinguer réellement; comme aussi qu'elle soit, contrairement à la proposition 2, produite par le sujet qui, par hypothèse, l'eût contenue;

et enfin elle ne pourrait pas être ainsi, de sa nature, infinie et souverainement parfaite en son genre, contrairement à la proposition 3. Donc, puisque son essence n'est pas contenue dans une autre chose, elle est une chose qui existe par soi.

COROLLAIRE

La nature est connue par elle-même et non par aucune autre chose. Elle est formée d'attributs infinis dont chacun est infini et souverainement parfait en son genre, à l'essence desquels appartient l'existence, en sorte qu'en dehors d'eux n'existe aucune essence ou aucun être et elle coïncide ainsi exactement avec l'essence de Dieu, seul auguste et béni.

II

DE L'AME HUMAINE

(1) Puisque l'homme est une chose créée, finie, etc., il est nécessaire que ce qu'il a de Pensée et que nous appelons Ame soit une modification * de l'attribut auquel nous donnons ce nom de Pensée, sans qu'à son essence appartienne aucune autre chose que cette modification; et cela de telle façon que, si cette modification est anéantie, l'âme est également anéantie, bien que l'attribut susdit demeure inaltérable.

(2) Et de même ce qu'il a d'Étendue et que nous appelons Corps n'est rien qu'une modification de l'autre attribut que nous appelons Étendue et de façon aussi que, si cette modification est anéantie, le corps humain n'est plus, bien que l'attribut de l'Étendue demeure inaltérable.

(3) Et, pour comprendre maintenant de quelle sorte est ce mode que nous appelons âme, et comment il a

* Leçon de B. A donne *eigenschap*, attribut.

son origine du corps, comme aussi comment son changement dépend (seulement) du corps (en quoi consiste selon moi l'union de l'âme et du corps), il faut observer que :

1. La modification la plus immédiate de l'attribut que nous nommons Pensée contient en soi objectivement l'essence formelle de toutes choses ; et cela de telle façon que, si l'on posait un être formel quelconque dont l'essence ne serait pas contenue objectivement dans l'attribut susdésigné, ce dernier ne serait pas infini et souverainement parfait en son genre, ce qui va contre la démonstration donnée dans la troisième proposition.

(4) Et, comme la Nature, ou Dieu, est un être de qui des attributs infinis sont affirmés et qui contient en lui les essences de toutes les choses créées, il est nécessaire que de tout cela une idée soit produite dans la pensée, laquelle idée contient en soi objectivement la nature entière, telle qu'elle est réellement en elle-même *.

(5) *2*. Il est à observer que toutes les autres modifications, telles que l'Amour, le Désir, la Joie, etc., tirent leur origine de cette modification première et immédiate, de façon que, si celle-ci ne les précédait pas, il ne pourrait y avoir d'amour, de désir ni de joie, etc.

(6) D'où se conclut clairement que l'amour naturel, qui est en chaque chose, de conserver son corps ne peut avoir d'autre origine que l'Idée, ou essence objective de ce corps, qui est dans l'attribut pensant.

(7) De plus, puisque pour l'existence d'une Idée (ou d'une essence objective) nulle autre chose n'est requise que l'attribut de la pensée et l'objet (ou essence formelle), ce que nous avons dit est donc certain, à savoir que l'Idée ou essence objective est la modification la plus immédiate [1] de l'attribut de la pensée. En conséquence, dans cet attribut il ne peut y avoir aucune autre modification appartenant à l'essence de l'âme d'une chose quelconque, sinon l'idée que, d'une telle chose existant réellement, il doit y avoir nécessairement dans l'attribut pensant. Car une telle idée apporte avec elle les autres modifications de l'Amour, du Désir, etc. Puisque, maintenant, l'Idée naît de l'existence de l'objet, quand l'objet s'altère ou est anéanti, son idée doit aussi, dans la même mesure, s'altérer

1. J'entends par modification la plus immédiate d'un attribut un mode tel qu'il n'ait besoin pour exister réellement d'aucun autre mode du même attribut.

* Freudenthal est d'avis qu'il y a lieu de placer ici deux phrases qui, dans le manuscrit, se trouvent plus loin. Voir page 164.

ou être anéantie, et, puisqu'il en est ainsi, elle est ce qui est uni à l'objet °.

(8) Enfin, si nous voulons aller plus loin et rapporter à l'essence de l'âme ce par quoi elle peut exister réellement, on ne trouvera rien d'autre que l'attribut et l'objet dont nous venons de parler; mais ni l'un ni l'autre ne peuvent appartenir à l'essence de l'âme, puisque l'objet n'a rien de la Pensée, mais est réellement distinct de l'âme, et quant à l'attribut, nous avons déjà démontré qu'il ne peut appartenir à l'essence sus-désignée, ce qui se voit encore plus clairement par ce que nous avons dit, puisque l'attribut, en tant qu'attribut, n'est pas uni à l'objet, attendu qu'il n'est ni altéré ni anéanti, alors même que l'objet est altéré ou anéanti.

(9) L'essence de l'âme consiste donc uniquement en ce qu'elle est dans l'attribut pensant une idée ou une essence objective qui naît de l'essence d'un objet existant réellement dans la Nature. Je dis *d'un objet existant réellement*, etc., et sans particulariser davantage, afin de comprendre ici non seulement les modifications de l'étendue, mais aussi les modifications de tous les attributs infinis, qui ont une âme aussi bien que l'étendue.

(10) Pour concevoir toutefois un peu plus exactement cette définition, on doit avoir égard à ce que j'ai déjà dit quand je parlais des attributs, à savoir que ces derniers ne se distinguent pas quant à l'existence [2], car ils sont eux-mêmes les sujets de leurs essences **, et aussi à ce que l'essence de toutes les modifications est contenue dans les dits attributs, et enfin, à ce que tous ces attributs sont les attributs d'un être infini. C'est pourquoi aussi nous avons appelé créature immédiate de Dieu, dans le chapitre IX de la première partie, cette idée à cause qu'elle contient en elle objectivement l'essence formelle de toutes choses sans augmentation ni diminution ***. Et elle est nécessaire-

2. Car les choses se distinguent par ce qui est le principal dans leur nature; or ici l'essence des choses est au-dessus de leur existence, donc *...

° On peut supposer avec Sigwart, que le texte primitif devait contenir quelque chose comme ceci : *et c'est en quoi consiste son union avec l'objet.*

* Cette note ne se trouve pas dans l'édition van Vloten et Land; je la traduis d'après le texte donné par W. Meijer; le sens en est évidemment que l'existence des attributs suit nécessairement de leur existence, contrairement à ce qui a lieu pour les modes.

** Ces derniers mots, mis entre crochets par van Vloten et Land, ne se trouvent que dans le manuscrit A.

*** Cette phrase et la suivante, qui ne se trouve pas dans B, sont celles que Freudenthal est d'avis de placer à la fin du paragraphe 4, page 163.

ment une, en raison de ce que toutes les essences des attributs sont l'essence d'un seul être infini.

(11) Mais il est encore à observer que ces modes, considérés en tant que n'existant pas réellement, sont néanmoins tous compris dans leurs attributs; et comme il n'y a entre les attributs aucune sorte d'inégalité, non plus qu'entre les essences des modes, il ne peut y avoir aussi dans l'Idée aucune distinction puisqu'elle ne serait pas dans la nature. Mais, si quelques-uns de ces modes revêtent leur existence particulière et se distinguent ainsi en quelque manière de leurs attributs (parce que l'existence particulière qu'ils ont dans l'attribut est alors le sujet de leur essence), alors une distinction se produit entre les essences des modes et, par suite, aussi entre leurs essences objectives qui sont nécessairement contenues dans l'Idée.

(12) Et telle est la cause pour laquelle nous avons dans notre définition usé de ces mots : l'*Idée naît d'un objet existant réellement dans la Nature*. Par où nous croyons avoir suffisamment expliqué quelle sorte de chose est l'âme en général, entendant par là non seulement les Idées qui naissent des modifications corporelles, mais aussi celles qui naissent d'une modification déterminée des autres attributs.

(13) Comme cependant nous n'avons pas des autres attributs une connaissance telle que de l'étendue, voyons si nous pouvons trouver concernant les modifications de l'étendue une définition plus précise, et plus propre à exprimer l'essence de notre âme, ce qui est notre véritable propos.

(14) Nous commencerons par poser comme chose démontrée qu'il n'y a dans l'étendue d'autres modifications que le mouvement et le repos et que chaque chose corporelle n'est rien d'autre qu'une proportion déterminée de mouvement et de repos, de sorte que, s'il n'y avait dans l'étendue que du mouvement, ou que du repos, pas une seule chose particulière ne pourrait s'y montrer ou exister : ainsi le corps humain n'est rien d'autre qu'une certaine proportion de mouvement et de repos.

(15) L'essence objective, qui dans l'attribut pensant correspond à cette proportion existante, est, dirons-nous, l'âme du corps. Si maintenant l'une de ces modifications, soit le repos, soit le mouvement, vient à changer, étant ou accru ou diminué, l'Idée change aussi dans la même mesure; quand, par exemple, il arrive que le repos s'ac-

croît et que le mouvement diminue, cela cause la douleur ou la tristesse que nous appelons *froid*. Si, au contraire, le mouvement s'accroît, cela cause la douleur que nous nommons *chaleur*.

(16) Quand les degrés de mouvement et de repos ne sont pas les mêmes dans toutes les parties de notre corps, mais que quelques-unes ont plus de mouvement ou de repos que les autres, alors naissent divers sentiments. (C'est ainsi que nous éprouvons une sorte particulière de douleur quand on nous frappe sur les yeux ou les mains avec un bâton.) Quand les causes extérieures qui produisent ces changements sont différentes et n'ont pas toutes le même effet, des sentiments divers naissent de là dans une seule et même partie (ainsi nous éprouvons un sentiment différent quand on nous frappe sur la même main avec du bois ou avec du fer). Et d'autre part si le changement, qui s'introduit dans quelque partie, est cause que cette partie se trouve ramenée à sa proportion primitive de mouvement et de repos, il suit de là la joie que nous nommons repos, exercice agréable et gaieté.

(17) Enfin, après avoir expliqué ce qu'est le sentiment, nous pouvons voir aisément comment une Idée réflexive, ou la connaissance de nous-mêmes, l'Expérience et le Raisonnement en sortent. Et par tout cela (comme aussi parce que notre âme est unie à Dieu et est une partie de l'Idée infinie, naissant immédiatement de lui) on peut voir très distinctement l'origine de la Connaissance claire et l'immortalité de l'âme. Mais nous en avons dit assez pour le moment.

NOTICE
SUR LE TRAITÉ
DE LA « RÉFORME DE L'ENTENDEMENT »

Le traité de *la Réforme de l'Entendement* est compris dans les *Œuvres posthumes* publiées, quelques mois après la mort de l'auteur, par ses amis [1]; il est précédé d'un *Avis au lecteur* qu'on trouvera plus loin. Mention en est faite, en outre, dans la préface générale, vraisemblablement écrite par Jarig Jelles [2]. Nous apprenons ainsi que cet écrit est un des plus anciens de Spinoza et qu'il est resté inachevé, en dépit du désir qu'avait l'auteur de le compléter, à cause de « la difficulté de l'ouvrage, des profondes recherches et du savoir infini qu'il exigeait ».

Dans une lettre adressée à Oldenburg [3], Spinoza s'exprime ainsi : « Quant à vos questions sur la façon dont les choses ont commencé et leur lien de dépendance avec la cause première, j'ai composé un petit ouvrage entier sur ce sujet et aussi sur la réforme de l'entendement; je suis occupé à le transcrire et à le corriger. »

Ce *petit ouvrage* ne peut être ni le *Court Traité*, qui ne traite pas expressément de l'entendement et de la connaissance, ni l'*Éthique*, qui n'existait pas encore à cette date, n'est pas un petit ouvrage *(opusculum)*, et ne contient

1. Les autres écrits contenus dans cette édition sont l'*Éthique*, l'*Abrégé de grammaire hébraïque*, le *Traité politique* (inachevé) et un choix de *lettres*. Le livre ne portait ni le nom de l'auteur ni celui de l'éditeur. La publication en 1677 des ouvrages inédits de Spinoza était une entreprise présentant quelque danger et exigeant certaines précautions.

2. Voir p. 13, note.

3. L'original de cette lettre, la sixième de la collection, qui contenait les observations de Spinoza sur le livre de Boyle *De Nitro, Fluiditate et Firmitate*, se trouve aujourd'hui à Londres aux archives de la Société Royale (dont Oldenbourg fut le secrétaire). Elle n'est pas datée, mais, à l'aide de certains rapprochements, on peut la situer en décembre 1661 ou janvier 1662. Voir Meinsma, ouvrage cité, p. 179.

d'ailleurs pas non plus d'étude particulière de notre pouvoir de connaître.

Seul le fragment connu sous le nom de traité de *la Réforme de l'Entendement* peut être l'ouvrage que Spinoza donne dans sa lettre à Oldenburg comme étant déjà composé, bien que non encore achevé. A la vérité ce fragment ne contient dans son état actuel [1] que de très brèves allusions à l'origine des choses et à la cause première mais, en plusieurs endroits, Spinoza avertit le lecteur qu'il traitera plus loin des questions de cette sorte ou encore le renvoie à sa Philosophie [2], c'est-à-dire sans doute à la partie de son livre qui devait contenir l'exposé de sa doctrine métaphysique et qui a été détruite comme faisant double emploi avec l'*Éthique*.

Nous pouvons donc considérer le traité de *la Réforme de l'Entendement* comme ayant été composé en 1661 à peu près [3]. C'est un des ouvrages de cette période de la vie de Spinoza qu'il a passée à Rijnsburg; le plus célèbre, le plus lu et, au moins pour son contenu dogmatique, le plus important qu'il ait écrit dans cette première période d'activité littéraire.

On ne peut manquer de se demander pourquoi cet ouvrage, capital en dépit de son peu d'étendue, n'a pas été achevé. On conçoit fort bien que Spinoza, ayant entrepris la composition de l'*Éthique*, ait renoncé à écrire ou à conserver la partie de son traité où il devait exposer sa

1. Il me paraît vraisemblable que l'ouvrage a été remanié; peut-être le dessein primitif de Spinoza n'était-il pas d'y mettre tout ce que, plus tard, il a voulu y faire entrer concernant la méthode à suivre dans la recherche de la vérité.

2. Sur ce point voir Ellbogen, *Der Tractatus de intellectus emendatione*.

3. D'après Meinsma (ouvrage cité, p. 155) l'idée d'écrire un opuscule sur la réforme de l'entendement a pu venir à Spinoza, tandis qu'il assistait son maître van den Enden dans sa tâche de professeur. Plus tard d'ailleurs, à Rijnsburg même, où il a passé les années 1660 à 1663, il a eu à tout le moins un élève, un certain Casearius, dont il est fait mention dans les lettres 8 et 9 et dont nous aurons à dire quelques mots dans la Notice sur les *Principes de la Philosophie de Descartes*. Mais nul lecteur attentif du traité de *la Réforme de l'Entendement* ne croira devoir expliquer par des rencontres accidentelles la composition de cet ouvrage. Il a sa place nécessaire dans les travaux de Spinoza; ce n'est d'ailleurs pas, encore qu'il y soit fait mention de la pédagogie, l'écrit d'un pédagogue cherchant le moyen d'enseigner le vrai ou d'ouvrir l'esprit d'un élève; c'est celui d'un philosophe méditant profondément sur la nature du vrai et la méthode à suivre pour ne s'en point écarter dans ses propres recherches. L'événement qui a compté dans sa vie et qu'il peut être utile de rappeler à propos de *la Réforme de l'Entendement*, c'est la lecture de Descartes et sans doute aussi de Bacon qui paraît visé dans plusieurs passages.

philosophie; ce qui demande explication, c'est que même la théorie de la connaissance soit restée inachevée.

Les dernières pages de *la Réforme de l'Entendement* trahissent un certain embarras; la pensée, jusque-là sûre d'elle-même, facile à suivre dans sa marche, semble se chercher encore, hésiter peut-être, revenir sur son chemin, comme si des difficultés non prévues se fussent présentées et qu'il fallût user d'un détour. Après avoir exposé les motifs d'ordre moral [1] qui l'ont déterminé à entreprendre la réforme de son entendement, Spinoza commence par distinguer quatre modes de perception ou degrés de connaissance [2] et donne les raisons pour lesquelles le quatrième mode (la connaissance immédiate d'une chose par son essence ou sa cause prochaine) doit être préféré aux autres; il parle ensuite de la méthode à suivre pour parvenir à ce degré supérieur et montre que cette méthode consiste avant tout dans une connaissance réfléchie, *claire*, de la vérité qu'on possède déjà; cette connaissance en effet rendra possible la distinction du vrai et du faux et aussi le progrès de l'esprit, c'est-à-dire la formation de nouvelles idées claires et distinctes. Un peu plus loin il résume à peu près comme il suit ce qu'on doit attendre de la méthode :

1° Qu'elle enseigne à distinguer l'idée vraie de toutes les autres perceptions;

2° Qu'elle trace des règles pour former des choses encore inconnues des idées claires et distinctes;

3° Qu'elle institue un ordre de recherche propre à nous épargner d'inutiles fatigues;

Enfin 4° pour que la méthode soit la plus parfaite possible, il faudra que l'on prenne comme point de départ l'idée de l'être le plus parfait.

1. Il est difficile de lire sans émotion, à ce que je crois du moins, le début de l'ouvrage; la profondeur du sentiment, la sincérité de l'accent témoignent de l'âpreté des luttes traversées. Étranger à toute Église, seul en présence de l'Univers, mystérieux encore et sans doute hostile, plein de *dangers*, Spinoza veut se *sauver* par la réflexion pure, le bon usage de l'entendement. Cela est très grand. Combien différente la situation de Descartes au début des *Méditations* ! (Pour la comparaison des deux ouvrages, voir Kuno Fischer, *Geschichte der neueren Philosophie*, I, 2, p. 266.)

2. Dans le *Court Traité* les degrés de la connaissance étaient au nombre de trois, sans qu'il y eût fixité parfaite à cet égard; dans l'*Éthique* ils seront définitivement ramenés à trois, le ouï-dire et l'expérience vague formant le premier conjointement. — Sur la comparaison à faire à cet égard entre les trois ouvrages, voir, en particulier, Trendelenburg, *Historische Beiträge zur Philosophie*, Berlin, 1867.

Le premier point est entièrement traité : l'idée vraie est distinguée avec le plus grand soin de la fiction et de l'erreur. L'*Éthique* où l'on peut voir l'application des principes posés dans *la Réforme de l'Entendement* a un début conforme à la règle énoncée en quatrième lieu. Quant au second point, il n'est traité qu'incomplètement et le troisième ne l'est pas, du moins explicitement.

La connaissance des choses singulières étant le but à atteindre, toutes les autres n'étant que des êtres de raison, Spinoza montre que cette connaissance ne peut se déduire d'idées ou de principes généraux; d'autre part, l'ordre (de fait) dans lequel les choses se succèdent n'ayant point de connexion avec leur essence, n'étant pas une vérité [1], il est impossible de le concevoir clairement et distinctement. C'est par des choses singulières elles-mêmes mais fixes et éternelles qu'on parviendra déductivement à la connaissance des choses mobiles et changeantes. Dans quel ordre cependant cette déduction se fera-t-elle ? Il sera nécessaire de considérer une chose avant une autre : laquelle choisir ?

A cet endroit de son exposition, Spinoza, comme Descartes, sinon exactement pour les mêmes raisons [2], sent le besoin de faire appel à l'expérience. Il sera temps, nous dit-il, avant d'entreprendre de connaître les choses singulières, de traiter des moyens permettant d'atteindre cette fin, et il nomme comme moyens le bon usage des sens et l'emploi de l'expérience, non plus vague et nue, mais suivant des règles fixes et dans un ordre arrêté, pour déterminer la chose qu'on étudie. En fait, ni dans la suite du traité ni nulle part ailleurs, Spinoza n'a tenu la promesse qu'il semble faire ici. Il a toujours affirmé que la connaissance des choses existant dans la Nature était possible, et il est certain qu'elle *doit* l'être dans sa doctrine; il n'a jamais montré de façon satisfaisante comment elle l'était; il ne s'est jamais expressément expliqué sur le rôle de l'expérience dans l'acquisition du savoir.

Renvoyant donc à plus tard l'étude des règles à observer pour parvenir à la connaissance des choses changeantes

1. Spinoza dit : une *vérité éternelle*; je supprime ici le mot *éternelle* pour mieux marquer l'opposition de l'essence et de l'existence (en tant qu'elle dépend d'un concours de circonstances), du vrai et de ce qui, selon les partisans de la science expérimentale, est le réel.

2. *Métaphysiquement* les raisons ne sont pas les mêmes, car le rapport du possible à l'actuel est autre pour Spinoza qu'il n'est pour Descartes.

et périssables dont nous formons, à l'aide des sens, des idées confuses et obscures, Spinoza paraît vouloir s'en tenir à cette partie de la méthode qui a trait aux choses éternelles. Pour cela même il est requis de déterminer avec précision les forces et la puissance de l'entendement et, en vertu du principe posé dans la première partie, il est clair que cette connaissance doit se déduire de celle de l'entendement considéré en lui-même. *Mais nous n'avons pas une idée parfaitement claire de l'entendement humain.* Force est donc à Spinoza de suivre pour commencer une marche inverse de celle qu'il sait être la meilleure. Au lieu de déduire les propriétés de l'entendement de sa définition et de les connaître ainsi par leur cause prochaine ou l'essence de la chose, il énumère les propriétés de l'entendement, telles qu'elles lui sont actuellement connues par ses effets, et se propose ensuite de chercher *quelque chose de commun* d'où elles se puissent déduire.

A ce moment précis de sa recherche Spinoza s'interrompt : *reliqua desiderantur*. Ainsi, dans le seul ouvrage où il soit proprement traité de la connaissance et du moyen de l'acquérir, nous trouvons deux lacunes importantes :

1° Nous ne savons pas comment des choses éternelles [1] se déduiront les modes passagers et corruptibles (non l'existence de ces modes, qu'on l'observe, mais leurs essences); nous ne savons pas non plus par quels moyens nous nous assurerons de la réalité problématique des choses, avant d'en chercher la vérité et en vue même de cette recherche.

2° Nous n'arrivons même pas à une connaissance suffisamment claire de l'entendement humain et du rapport qu'il soutient avec les modes éternels; son pouvoir de connaître est mis hors de doute; ses erreurs sont expliquées avec une précision et une clarté que nous ne croyons pas qui puisse être surpassée, son essence reste incomplètement connue. Spinoza s'arrête avant même d'avoir achevé l'analyse qu'il a reconnue indispensable et qui n'était que le premier moment de la recherche entreprise.

Il est facile de comprendre que Spinoza n'ait pu, au moment de la rédaction du traité, combler à sa satisfaction

1. On a beaucoup discuté sur la nature de ces choses à la fois éternelles et singulières; voir à ce sujet en particulier Rivaud, *Les notions d'essence et d'existence dans la philosophie de Spinoza*, Paris 1906, page 49 et note 91. Il me paraît que les essences mathématiques, à la fois singulières et universelles, peuvent à tout le moins donner une idée de ce que Spinoza entendait par là.

ces deux lacunes; il eût fallu qu'il possédât dès lors une connaissance suffisante de la nature humaine et de la nature en général. Tout ce qui pouvait être dit sur la connaissance considérée en elle-même, abstraction faite de l'objet à connaître et, jusqu'à un certain point, du sujet connaissant, l'avait été de façon définitive; pour ce qui devait suivre, Spinoza n'a pu manquer de voir — il l'indique même en passant — que la solution des problèmes posés exigeait la constitution préalable d'une cosmologie et d'une anthropologie, qu'il fallait du moins établir les principes de ces parties de la philosophie et il a dû, en conséquence, interrompre provisoirement la composition d'un ouvrage sur la méthode à suivre pour connaître.

Pourquoi, cependant, n'y est-il pas revenu par la suite ? Pourquoi après avoir rédigé l'*Éthique* n'a-t-il pas achevé le traité de *la Réforme de l'Entendement* ?

Dans les *Notes sur Spinoza*, laissées par Lagneau, on trouve cette phrase [1] : « Pourquoi Spinoza n'a pas terminé son *de Emend :* parce qu'il n'avait pas appliqué, expérimenté la méthode expérimentale [2]. C'est pour cela qu'il ne la tenait pas comme il tenait l'autre. »

Je pense qu'il y a une part de vérité dans cette opinion d'un homme si profondément versé dans la philosophie de Spinoza. Toutefois, je ne crois pas que l'explication soit suffisante. Il est certain, en effet, que Spinoza a eu plus d'une occasion, sinon d'appliquer proprement la méthode expérimentale, au moins d'y réfléchir.

De nombreux passages des *lettres*, l'intérêt marqué aux recherches des physiciens et des chimistes, la composition du *Traité de l'Arc-en-Ciel* [3], le projet, que nous savons qu'il avait formé, d'écrire un ouvrage sur la *Philosophie Naturelle*, pour faire suite à l'*Éthique*, nous permettent d'affirmer que Spinoza n'a jamais entièrement perdu de vue les questions qui l'avaient préoccupé au moment où il écrivait sur la réforme de l'entendement, et, d'ailleurs, la composition de l'*Éthique* l'a nécessairement amené à se poser ces mêmes questions et en fournit même une solution au moins partielle.

1. *Revue de Métaphysique et de Morale*, vol. III, 1895, p. 378.

2. La méthode expérimentale à laquelle pense l'auteur de cette phrase ne peut pas être, bien entendu, une méthode pour parvenir à la connaissance, mais une méthode pour déterminer les problèmes à résoudre.

3. Sans que l'on puisse assigner d'une façon précise la date de cette composition, nous savons par les éditeurs des *Œuvres posthumes* qu'elle est antérieure de peu d'années à la mort de Spinoza (1677).

Je pense que Spinoza n'a pas réussi à les tirer au clair à sa pleine et entière satisfaction, parce qu'elles ne pouvaient être résolues entièrement au temps et dans les termes où il les posait, et je me hâte d'ajouter que, s'il n'y est revenu par la suite dans aucun ouvrage destiné à être publié, c'est que la solution ne lui en paraissait pas indispensable et qu'il ne croyait pas que cette lacune pût compromettre la solidité de son œuvre. Ce qui est essentiel, c'est que la possibilité de la science soit établie; quant aux moyens par lesquels elle se constituera, cela est relativement secondaire.

A la différence de Descartes, Spinoza est moraliste et non physicien. Les diverses sciences énumérées au début du traité de *la Réforme de l'Entendement* ont leur place dans la vie humaine, telle qu'il la conçoit; elles ne sont cependant pas une chose de première nécessité : l'homme peut parvenir à la liberté par la réflexion seule, pourvu qu'il sache que rien en lui ni hors de lui n'est inintelligible, et il est possible à cette même condition de déterminer dialectiquement les institutions qui conviennent à la cité. Ainsi le règlement, selon la droite raison, des choses humaines et le salut de l'individu n'exigent pas la constitution préalable d'une science de la Nature considérée dans la multiplicité de ses modes.

A la raison par laquelle Lagneau explique l'état d'inachèvement du traité de *la Réforme de l'Entendement*, il faut donc ajouter celle-ci : Spinoza avait une autre et plus pressante besogne à accomplir, une besogne qu'il pouvait faire *avant* de reprendre la première et qui importait davantage. Il avait à écrire le *Traité Théologico-Politique* et à prouver, contre toutes les Églises, contre toutes les sectes (celle des Collégiants exceptée), que l'État peut et doit être entièrement laïque, laisser à l'individu l'entière liberté de ses pensées philosophiques et religieuses et ne permettre à aucune autorité religieuse de s'imposer par la force. Il avait à composer le *Traité Politique* et n'a pu aller au-delà du onzième chapitre. Par-dessus tout, il avait à rédiger l'*Éthique*, à établir par la grande voie métaphysique, la seule qu'il pût suivre, que le courage et la générosité ont par eux-mêmes un prix infini, et que la moralité n'a pas besoin de récompense, étant identique à l'être.

Spinoza a enseigné aux hommes de son temps, et de tous les temps, ce qu'ils ont à gagner à se traiter les uns les autres en êtres raisonnables; il a montré à l'homme que, dans une âme claire, l'appétit se confond avec l'amour de Dieu, que la vie vraie, pas plus qu'elle n'est une vie de plaisirs, n'est une vie de peines et de privations, qu'elle est épanouissement joyeux, compréhension et possession de soi.

Il n'a pas repris et terminé son traité de *la Réforme de l'Entendement* parce que, avant de pouvoir y travailler sérieusement [1], il avait à dire ces choses grandes et salutaires, à les dire et à les prouver non seulement par ses écrits, mais par son exemple, par sa grande bonté et sa fermeté inflexible, par la douceur simple de ses mœurs et l'indépendance fière de son caractère, par sa modestie et son assurance; en polissant des verres de lunettes et en écrivant à Albert Burgh [2] : « Renonce à une superstition funeste, reconnais et cultive ta raison »; en protestant contre la barbarie de la foule meurtrière des frères de Witt [3], et en s'entretenant familièrement, gaiement, avec ses pro-

1. Nous savons cependant par la lettre 60 écrite à Tschirnhaus que les questions de méthode n'avaient pas cessé d'occuper son esprit.

2. Albert Burgh était fils de Conrad Burgh qui fut trésorier général des Provinces Unies, et pour qui Spinoza paraît avoir eu beaucoup de considération. On a cru pendant quelque temps qu'Albert Burgh pouvait être le disciple pour l'instruction duquel Spinoza composa les *Principes de la Philosophie de Descartes*. Van Vloten avait fait cette conjecture qui fut admise par bon nombre d'historiens et d'interprètes de Spinoza, entre autres Pollock : *Spinoza, his life and Philosophy* (Londres, 1880, p. 24). Il est bien prouvé aujourd'hui que ce disciple n'était pas A. Burgh (né au plus tôt en 1651), mais il est certain que Spinoza l'avait connu adolescent ou tout jeune homme, et avait même fondé sur lui quelques espérances. S'étant converti au catholicisme au cours d'un voyage en Italie, il eut l'audace d'écrire à Spinoza une lettre fort déraisonnable et insolente où il l'exhortait à rétracter ses erreurs. Spinoza, à la prière de certains amis et sans doute par égard pour le père du jeune homme, lui répondit (lettre 76 de l'édition van Vloten et Land). La réponse est particulièrement intéressante pour l'étude du caractère de Spinoza; elle le montre capable d'un sentiment vif, irrité, presque violent. En présence d'un jeune exalté qui, dans son zèle impertinent, le somme de renoncer à ce qui est sa vie même, Spinoza ne peut se défendre d'un mouvement de sainte colère. Lui, qui était habituellement la bienveillance et la douceur mêmes dans ses relations avec les hommes, parle, au nom de la raison outragée, un langage dur et sévère.

3. Nous savons par plusieurs témoignages que cette action abominable et qui laisse une souillure au nom de Guillaume d'Orange (ce sont les intrigues du parti orangiste et ultra-calviniste qui ont amené le soulèvement populaire et l'assassinat du Grand Pensionnaire) fit grande impression sur Spinoza. Il aurait voulu aussitôt après apposer sur les murs de La Haye un placard portant ces mots : *ultimi barbarorum*. Son propriétaire van der Spyck dut presque employer la violence pour l'en empêcher. Lors de son entrevue avec Leibnitz (novembre 1676) Spinoza rappela ce souvenir. (Voir Freudenthal : *Lebensgeschichte*, p. 201.)

priétaires van der Spyck; en refusant la chaire de professeur qu'on lui offrait à Heidelberg, comme il avait refusé la richesse offerte par son ami S. de Vries, et en répondant sans jamais se lasser aux questions souvent peu intelligentes posées par ses amis, voire même par des adversaires plus ou moins déclarés comme Guillaume de Blyenbergh [1]; en faisant toutes ces choses discrètement et sans faste, après avoir hésité et réfléchi quand il y avait lieu d'hésiter et de réfléchir; capable qu'il était de ressentir les mêmes émotions que les autres hommes, et supérieur à presque tous par la clarté de l'esprit et la force de la volonté.

1. Guillaume de Blyenbergh écrivit à Spinoza, sans être connu de lui, après la publication des *Principes de la Philosophie de Descartes*. Une correspondance s'engagea, donnant une haute idée de la patience de Spinoza. Elle cessa lorsqu'il eut acquis la certitude que son correspondant ne *voulait* pas user droitement de sa raison. Plus tard, Blyenbergh attaqua violemment Spinoza. (Voir Meinsma, *ouvrage cité*, p. 387.)

AVERTISSEMENT

RELATIF AU « TRAITÉ DE LA RÉFORME DE L'ENTENDEMENT »

L'établissement du texte ne présente pas pour cet ouvrage les difficultés grandes que j'ai rencontrées dans ma traduction du *Court Traité*. J'ai pu suivre en général le texte de l'édition van Vloten et Land. Pour le choix que j'ai eu à faire parfois entre deux leçons proposées par ces éditeurs et pour corriger certains passages, je me suis aidé de l'opuscule de Léopold : *Ad Spinozae Opera Posthuma*, La Haye, 1902; comme précédemment j'ai signalé par un astérisque * toutes les notes critiques.

Toutes les notes qui portent un numéro sont de Spinoza.

Pour rendre plus faciles les renvois et l'usage des notes explicatives, qu'on trouvera à la fin du volume, j'ai numéroté de 1 à 72 tous les paragraphes qu'on peut distinguer dans l'ouvrage en supposant qu'un paragraphe nouveau commence toutes les fois que l'auteur va à la ligne.

Il convient d'attirer l'attention du lecteur sur la traduction de certains mots importants :

En ce qui concerne d'abord la chose même qui est l'objet du traité, j'ai cru devoir conserver le mot d'*entendement* par déférence pour l'usage établi et aussi parce que l'habitude, qui s'est introduite, de traduire par entendement le *Verstand* de Kant ne doit pas nous empêcher d'user du mot dans le sens cartésien, au moins quand nous l'employons au sujet d'auteurs du XVIIe siècle.

Intelligo désigne proprement l'acte de *percevoir par l'entendement (intellectus)*, le fait d'avoir une *idée claire* d'une chose ou plus simplement le véritable *connaître* (tel que Descartes et Spinoza le définissent); c'est par ce dernier mot que je l'ai habituellement traduit. J'ai traduit de même *intellectio* par *connaissance* ou *connaissance claire; intelligibile* par *connaissable*.

Percipio est toujours rendu par *percevoir*, *perceptio* par *perception;* de même pour *concipio* et *conceptus* j'ai pris les mots français dérivés *concevoir* et *conception* ou *concept*.

Pour ce qui est du mot *fingo*, je n'ai pas voulu faire de même, le mot *feindre* en raison de son sens actuel pouvant donner lieu à une méprise; dans bien des cas le mot *imaginer* (au sens d'inventer) conviendrait assez; toutefois il pourrait aussi entraîner certaines confusions, et j'avais à le réserver pour traduire *imaginari;* j'ai adopté en fin de compte *forger*, ce qui m'a obligé à traduire *idea ficta* par *idée forgée*, après avoir été tenté d'emprunter à Descartes l'expression d'*idée factice*. Quant au substantif *fictio*, il n'y avait pas de raison pour ne pas le rendre par *fiction*.

TRAITÉ

DE LA RÉFORME DE L'ENTENDEMENT
ET DE LA MEILLEURE VOIE A SUIVRE
POUR PARVENIR A LA CONNAISSANCE VRAIE DES CHOSES

AVERTISSEMENT AU LECTEUR

Ce traité de la Réforme de l'Entendement *que nous te donnons ici, lecteur bienveillant, dans son état d'inachèvement, a été composé il y a bien des années, par l'auteur. Il eut toujours dans l'esprit de le terminer ; d'autres soins l'en ont empêché, et la mort finit par l'enlever avant qu'il eût pu, comme il l'eût désiré, mener son œuvre jusqu'au bout. Comme elle contient toutefois un grand nombre de choses remarquables et utiles, qui seront, nous n'en saurions douter, d'un grand prix pour le poursuivant sincère de la vérité, nous n'avons pas voulu que tu en fusses privé ; d'autre part, pour te faire paraître plus aisément pardonnables les obscurités, la rudesse et les imperfections qui s'y rencontrent çà et là, nous avons tenu à te prévenir et avons rédigé à cet effet le présent avertissement. Adieu.*

DE LA
RÉFORME DE L'ENTENDEMENT

(1) L'expérience m'avait appris que toutes les occurrences les plus fréquentes de la vie ordinaire sont vaines et futiles; je voyais qu'aucune des choses, qui étaient pour moi cause ou objet de crainte, ne contient rien en soi de bon ni de mauvais, si ce n'est à proportion du mouvement qu'elle excite dans l'âme : je résolus enfin de chercher s'il existait quelque objet qui fût un bien véritable, capable de se communiquer, et par quoi l'âme, renonçant à tout autre, pût être affectée uniquement, un bien dont la découverte et la possession eussent pour fruit une éternité de joie continue et souveraine. Je *résolus*, dis-je, *enfin :* au premier regard, en effet, il semblait inconsidéré, pour une chose encore incertaine, d'en vouloir perdre une certaine; je voyais bien quels avantages se tirent de l'honneur et de la richesse, et qu'il me faudrait en abandonner la poursuite, si je voulais m'appliquer sérieusement à quelque entreprise nouvelle : en cas que la félicité suprême y fût contenue, je devais donc renoncer à la posséder; en cas au contraire qu'elle n'y fût pas contenue, un attachement exclusif à ces avantages me la faisait perdre également. Mon âme s'inquiétait donc de savoir s'il était possible par rencontre d'instituer une vie nouvelle, ou du moins d'acquérir une certitude touchant cette institution, sans changer l'ordre ancien ni la conduite ordinaire de ma vie. Je le tentai souvent en vain. Les occurrences les plus fréquentes dans la vie, celles que les hommes, ainsi qu'il ressort de toutes leurs œuvres, prisent comme étant le souverain bien, se ramènent en effet à trois objets : richesse, honneur, plaisir des sens. Or chacun d'eux distrait l'esprit de toute pensée relative à un autre bien : dans le plaisir l'âme est suspendue comme si elle eût trouvé un bien où se reposer; elle est donc au plus haut point

empêchée de penser à un autre bien; après la jouissance d'autre part vient une extrême tristesse qui, si elle ne suspend pas la pensée, la trouble et l'émousse. La poursuite de l'honneur et de la richesse n'absorbe pas moins l'esprit; celle de la richesse, surtout quand on la recherche pour elle-même [1], parce qu'alors on lui donne rang de souverain bien; quant à l'honneur, il absorbe l'esprit d'une façon bien plus exclusive encore, parce qu'on ne manque jamais de le considérer comme une chose bonne par elle-même, et comme une fin dernière à laquelle se rapportent toutes les actions. En outre l'honneur et la richesse ne sont point suivis de repentir comme le plaisir; au contraire, plus on possède soit de l'un soit de l'autre, plus la joie qu'on éprouve est accrue, d'où cette conséquence qu'on est de plus en plus excité à les augmenter; mais si en quelque occasion nous sommes trompés dans notre espoir, alors prend naissance une tristesse extrême. L'honneur enfin est encore un grand empêchement en ce que, pour y parvenir, il faut nécessairement diriger sa vie d'après la manière de voir des hommes, c'est-à-dire fuir ce qu'ils fuient communément et chercher ce qu'ils cherchent.

(2) Voyant donc que ces objets sont un obstacle à l'entreprise d'instituer une vie nouvelle, que même il y a entre eux et elle une opposition telle qu'il faille nécessairement renoncer soit aux uns, soit à l'autre, j'étais contraint de chercher quel parti était le plus utile; il semblait en effet, je l'ai dit, que je voulusse pour un bien incertain en perdre un certain. Avec un peu d'attention toutefois je reconnus d'abord que si, renonçant à ces objets, je m'attachais à l'institution d'une vie nouvelle, j'abandonnais un bien incertain de sa nature, comme il ressort clairement des observations ci-dessus, pour un bien incertain, non du tout de sa nature (puisque j'en cherchais un inébranlable) mais seulement quant à son atteinte. Une méditation plus prolongée me convainquit ensuite que, dès lors, si seulement je pouvais réfléchir à fond, j'abandonnais un mal certain pour un bien certain. Je me voyais en effet dans un extrême péril et contraint de chercher de toutes mes forces

1. Ce point eût pu être traité avec plus de développement et plus distinctement par la considération séparée de plusieurs cas : richesse poursuivie pour elle-même, en vue de l'honneur, du plaisir, de la santé, et du progrès des sciences et des arts; ces considérations trouveront leur place ailleurs, n'y ayant pas de raison ici pour traiter ce point si soigneusement.

un remède, fût-il incertain; de même un malade atteint d'une affection mortelle, qui voit la mort imminente, s'il n'applique un remède, est contraint de le chercher, fût-il incertain, de toutes ses forces, puisque tout son espoir est dans ce remède. Or les objets que poursuit le vulgaire non seulement ne fournissent aucun remède propre à la conservation de notre être, mais ils l'empêchent et, fréquemment cause de perte pour ceux qui les possèdent [1], ils sont toujours cause de perte pour ceux qu'ils possèdent.

(3) Très nombreux en effet sont les exemples d'hommes qui ont souffert la persécution et la mort à cause de leur richesse, et aussi d'hommes qui, pour s'enrichir, se sont exposés à tant de périls qu'ils ont fini par payer leur déraison de leur vie. Il n'y a pas moins d'exemples d'hommes qui, pour conquérir ou conserver l'honneur, ont pâti très misérablement. Innombrables enfin sont ceux dont l'amour excessif du plaisir a hâté la mort. Ces maux d'ailleurs semblaient provenir de ce que toute notre félicité et notre misère ne résident qu'en un seul point : à quelle sorte d'objet sommes-nous attachés par l'amour ? Pour un objet qui n'est pas aimé, il ne naîtra point de querelle; nous serons sans tristesse s'il vient à périr, sans envie s'il tombe en la possession d'un autre; sans crainte, sans haine et, pour le dire d'un mot, sans trouble de l'âme; toutes ces passions sont, au contraire, notre partage quand nous aimons des choses périssables, comme toutes celles dont nous venons de parler. Mais l'amour allant à une chose éternelle et infinie repaît l'âme d'une joie pure, d'une joie exempte de toute tristesse; bien grandement désirable et méritant qu'on le cherche de toutes ses forces. Ce n'est pas sans raison toutefois que j'ai écrit ces mots : *si seulement je pouvais réfléchir sérieusement*. Si clairement en effet que mon esprit perçût ce qui précède, je ne pouvais encore me détacher entièrement des biens matériels, des plaisirs et de la gloire.

(4) Un seul point était clair : pendant le temps du moins que mon esprit était occupé de ces pensées, il se détournait des choses périssables et sérieusement pensait à l'institution d'une vie nouvelle; cela me fut une grande consolation : le mal, je le voyais, n'était pas d'une nature telle qu'il ne dût céder à aucun remède. Au début, à la vérité, ces relâches furent rares et de très courte durée, mais, à mesure que le vrai bien me fut connu de mieux en

1. Nous aurons à établir ce point plus soigneusement.

mieux, ils devinrent plus fréquents et durèrent davantage; surtout quand j'eus observé que le gain d'argent, le plaisir et la gloire ne sont nuisibles qu'autant qu'on les recherche pour eux-mêmes et non comme des moyens en vue d'une autre fin. Au contraire, si on les recherche comme des moyens, ils ne dépasseront pas une certaine mesure, et, loin de nuire, contribueront beaucoup à l'atteinte de la fin qu'on se propose, ainsi que nous le montrerons en son temps.

(5) Je me bornerai à dire ici brièvement ce que j'entends par un bien véritable et aussi ce qu'est le souverain bien. Pour l'entendre droitement il faut noter que bon et mauvais se disent en un sens purement relatif, une seule et même chose pouvant être appelée bonne et mauvaise suivant l'aspect sous lequel on la considère; ainsi en est-il de parfait et d'imparfait. Nulle chose, en effet, considérée dans sa propre nature, ne sera dite parfaite ou imparfaite, surtout quand on aura connu que tout ce qui arrive se produit selon un ordre éternel et des lois de nature déterminées. Tandis cependant que l'homme, dans sa faiblesse, ne saisit pas cet ordre par la pensée, comme il conçoit une nature humaine de beaucoup supérieure en force à la sienne et ne voit point d'empêchement à ce qu'il en acquière une pareille, il est poussé à chercher des intermédiaires le conduisant à cette perfection; tout ce qui dès lors peut servir de moyen pour y parvenir est appelé bien véritable; le souverain bien étant d'arriver à jouir, avec d'autres individus s'il se peut, de cette nature supérieure. Quelle est donc cette nature ? Nous l'exposerons en son temps et montrerons qu'elle est [1] la connaissance de l'union qu'a l'âme pensante avec la nature entière. Telle est donc la fin à laquelle je tends : acquérir cette nature supérieure et faire de mon mieux pour que beaucoup l'acquièrent avec moi; car c'est encore une partie de ma félicité de travailler à ce que beaucoup connaissent clairement ce qui est clair pour moi, de façon que leur entendement et leur désir s'accordent pleinement avec mon propre entendement et mon propre désir. Pour parvenir à cette fin il est nécessaire [2] d'avoir de la Nature une connaissance telle qu'elle suffise à l'acquisition de cette nature supérieure; en second lieu, de former une société telle qu'il

1. Cela est expliqué plus amplement en son temps.
2. On observera que je ne me suis soucié ici que d'énumérer les sciences nécessaires à notre objet et n'ai pas égard à leur enchaînement.

est à désirer pour que le plus d'hommes possible arrivent au but aussi facilement et sûrement qu'il se pourra. On devra s'appliquer ensuite à la Philosophie Morale de même qu'à la Science de l'Éducation; comme la santé n'est pas un moyen de peu d'importance pour notre objet, un ajustement complet de la Médecine sera nécessaire; comme enfin l'art rend faciles quantité de travaux qui, sans lui, seraient difficiles, fait gagner beaucoup de temps et accroît l'agrément de la vie, la Mécanique ne devra être en aucune façon négligée. Avant tout cependant il faut penser au moyen de guérir l'entendement et de le purifier, autant qu'il se pourra au début, de façon qu'il connaisse les choses avec succès, sans erreur et le mieux possible. Il est par là, dès à présent, visible pour chacun, que je veux diriger toutes les sciences vers une seule fin et un seul but [1], qui est de parvenir à cette suprême perfection humaine dont nous avons parlé; tout ce qui dans les sciences ne nous rapproche pas de notre but devra être rejeté comme inutile; tous nos travaux, en un mot, comme toutes nos pensées devront tendre à cette fin. Pendant toutefois que nous sommes occupés de cette poursuite et travaillons à maintenir notre entendement dans la voie droite, il est nécessaire que nous vivions; nous sommes donc obligés avant tout de poser certaines règles que nous tiendrons pour bonnes et qui sont les suivantes.

(6) I. Mettre nos paroles à la portée du vulgaire et faire d'après sa manière de voir tout ce qui ne nous empêchera pas d'atteindre notre but : nous avons beaucoup à gagner avec lui pourvu qu'autant qu'il se pourra, nous déférions à sa manière de voir et nous trouverons ainsi des oreilles bien disposées à entendre la vérité.

(7) II. Des jouissances de la vie prendre tout juste ce qu'il faut pour le maintien de la santé.

(8) III. Rechercher enfin l'argent, ou tout autre bien matériel, autant seulement qu'il est besoin pour la conservation de la vie et de la santé et pour nous conformer aux usages de la cité, en tout ce qui n'est pas opposé à notre but.

(9) Ces règles posées, je me mets en route et m'attache d'abord à ce qui doit venir le premier, c'est-à-dire à réformer l'entendement et à le rendre apte à connaître les choses comme il est nécessaire pour atteindre notre

1. Il y a là dans les sciences une fin unique vers laquelle il faut toutes les diriger.

but. Pour cela, l'ordre tiré de la nature exige que je passe en revue tous les modes de perception dont j'ai usé jusqu'ici pour affirmer ou nier avec assurance, afin de choisir le meilleur et de commencer du même coup à connaître mes forces et ma nature que je désire porter à sa perfection.

(10) En y regardant attentivement, le mieux que je puisse faire est de ramener à quatre tous ces modes.

(11) I. Il y a une perception acquise par ouï-dire ou par le moyen d'un signe conventionnel arbitraire.

(12) II. Il y a une perception acquise par expérience vague, c'est-à-dire par une expérience qui n'est pas déterminée par l'entendement; ainsi nommée seulement parce que, s'étant fortuitement offerte et n'ayant été contredite par aucune autre, elle est demeurée comme inébranlée en nous.

(13) III. Il y a une perception où l'essence d'une chose se conclut d'une autre chose, mais non adéquatement, comme il arrive [1] ou bien quand, d'un effet, nous faisons ressortir la cause ou bien qu'une conclusion se tire de quelque caractère général toujours accompagné d'une certaine propriété.

(14) IV. Il y a enfin une perception dans laquelle une chose est perçue par sa seule essence ou par la connaissance de sa cause prochaine.

(15) Voici des exemples pour illustrer ces distinctions. Je sais par ouï-dire seulement quel a été mon jour de naissance; que j'ai eu tels parents et autres choses semblables, dont je n'ai jamais douté. Je sais par expérience vague que je mourrai; si je l'affirme, en effet, c'est que j'ai vu d'autres êtres semblables à moi rencontrer la mort, bien que tous n'aient pas vécu le même espace de temps et ne soient pas morts de la même maladie. C'est par expérience vague encore que je sais que l'huile est pour la flamme un aliment propre à l'entretenir, et que l'eau est

1. En pareil cas nous ne connaissons rien de la cause hormis * ce que nous considérons dans l'effet; cela se voit assez à ce qu'on ne peut alors en parler que dans les termes les plus généraux : *Il y a donc quelque chose; il y a donc un pouvoir*, etc., ou même en termes négatifs : *Ce n'est donc pas ceci ou cela*, etc. Dans le second cas, il est attribué à la cause en sus de l'effet quelque chose qui est conçu clairement, comme on le verra par l'exemple donné; mais on ne dépasse pas ainsi les propriétés, on n'atteint pas l'essence particulière de la chose.

* Au mot *propter* qui se trouve ici dans le texte je substitue, selon l'exemple de Stern, le mot *praeter ;* la même observation s'applique quelques lignes plus bas; cf. les notes de la page suivante et voir la note explicative.

propre à l'éteindre, que le chien est un animal aboyant et l'homme un animal raisonnable; et ainsi ai-je appris presque tout ce qui se fait pour l'usage de la vie. Voici maintenant comment nous concluons une chose d'une autre chose. Quand nous percevons clairement que nous sentons tel corps et n'en sentons aucun autre, nous concluons clairement de là que l'âme est unie [1] au corps et que cette union est la cause de cette sensation; mais en quoi cette sensation, ou cette union, consiste, c'est ce que nous ne pouvons connaître absolument par là; de même quand je connais la nature de la vision et aussi cette propriété à elle appartenant, qu'un même objet vu à grande distance paraît plus petit que si nous le regardons de près, j'en conclus [2] * que le soleil est plus grand qu'il ne m'apparaît et autres propositions semblables. Une chose enfin est perçue par sa seule essence quand, par cela même que je sais quelque chose, je sais ce que c'est que de savoir quelque chose ou quand, par la connaissance que j'ai de l'essence de l'âme, je sais qu'elle est unie au corps. C'est de cette sorte de connaissance que nous savons que deux et trois font cinq et que deux lignes parallèles à une troisième sont parallèles entre elles, etc. Très peu nombreuses toutefois sont les choses que j'ai pu jusqu'ici connaître d'une connaissance de cette sorte.

(16) Pour faire mieux entendre tout ce qui précède, je me servirai enfin d'un exemple unique : Soient donnés trois nombres; on en cherche un quatrième qui soit au troisième comme le second est au premier. Des marchands diront ici mainte fois qu'ils savent ce qu'il faut faire pour trouver ce quatrième nombre parce qu'ils n'ont pas encore

1. On peut voir clairement par cet exemple que je viens de noter : par cette union nous n'entendons rien si ce n'est la sensation elle-même, duquel effet nous concluons une cause au sujet de laquelle nous n'avons aucune connaissance.

2. Une telle conclusion, bien que certaine, ne donne cependant pas une sécurité assez grande à moins qu'on ne soit au plus haut point sur ses gardes. A moins d'y veiller avec le plus grand soin, on tombera aussitôt dans l'erreur : quand on conçoit les choses de cette façon abstraite et non pas leur véritable essence, l'imagination vient en effet aussitôt produire des confusions. Car les hommes se représentent par l'imagination ce qui est un comme multiple : aux qualités conçues abstraitement, séparément, confusément, ils donnent des noms qu'ils emploient pour désigner d'autres choses plus familières; par où il arrive qu'ils imaginent les unes de la même façon que les autres auxquelles ils ont d'abord appliqué ces noms.

* La note 2 me paraît se rapporter au deuxième cas envisagé par Spinoza; je la déplace en conséquence.

oublié le procédé que sans démonstration ils ont appris de leurs maîtres. D'autres de l'expérience des cas simples tirent un principe universel : il arrive que le quatrième nombre soit connu comme dans la proportion 2, 4, 3, 6, et l'expérience montre qu'en divisant par le premier le produit du second et du troisième, on a comme quotient le nombre 6; obtenant par cette opération le même nombre qu'ils savaient déjà être le quatrième proportionnel demandé, ils en concluent que cette opération permet toujours de trouver un quatrième proportionnel. Les mathématiciens, s'appuyant sur la démonstration d'Euclide (proposition 19, livre VII), savent quels nombres sont proportionnels entre eux : ils le concluent de la nature de la proportion et de cette propriété lui appartenant que le produit du premier terme et du quatrième égale le produit du second et du troisième; ils ne voient pas toutefois adéquatement la proportionnalité des nombres donnés et, s'ils la voient, ce n'est point par la vertu de la proposition d'Euclide, mais intuitivement, sans faire aucune opération. Pour faire choix maintenant du meilleur parmi ces modes de perception, il est requis d'énumérer brièvement les moyens qui nous sont nécessaires pour atteindre notre fin, à savoir :

(17) I. Connaître exactement notre nature, que nous désirons porter à sa perfection, et avoir aussi de la nature des choses une connaissance suffisante

(18) II. Pour en faire droitement ressortir les différences, les conformités et les oppositions des choses

(19) III. De façon à concevoir droitement à quoi elles se prêtent et à quoi elles ne se prêtent pas

(20) IV. Afin de comparer ce résultat avec la nature et la puissance de l'homme. Par où se verra aisément la plus haute perfection où l'homme puisse parvenir.

(21) Après ces considérations voyons quel mode de perception doit être choisi :

(22) Pour le premier, il est de soi manifeste que par le simple ouï-dire, outre que ce mode est fort incertain, nous ne percevons nulle essence de chose ainsi qu'il apparaît dans notre exemple; or nous ne pouvons connaître l'existence singulière d'une chose que si l'essence nous en est connue, comme on le verra par la suite; d'où nous concluons que toute certitude acquise par ouï-dire doit être exclue des sciences. Par la simple audition en effet, sans un acte préalable de l'entendement propre, nul ne peut être affecté.

(23) Quant au deuxième mode [1] on ne peut dire non plus qu'il ait l'idée de la proportion qu'il cherche. Outre que cette connaissance est fort incertaine et n'est jamais définitive, on ne percevra jamais par expérience vague autre chose que des accidents dans les choses de la Nature, et de ces derniers nous n'avons d'idée claire que si les essences nous sont d'abord connues. Il faut donc également rejeter l'expérience vague.

(24) Au sujet du troisième mode par contre, on doit dire en quelque manière qu'il nous donne l'idée d'une chose et aussi nous permet de conclure sans danger d'erreur; il n'est cependant pas par lui-même un moyen d'atteindre à notre perfection.

(25) Seul le quatrième mode saisit l'essence adéquate d'une chose et cela sans risque d'erreur; c'est pourquoi nous devons nous en servir principalement. De quelle façon il faut l'employer pour acquérir des choses inconnues une connaissance claire de cette sorte, et comment nous y parviendrons le plus directement, c'est ce que nous allons faire en sorte d'expliquer.

(26) Sachant maintenant quelle sorte de connaissance nous est nécessaire, il nous faut indiquer la Voie et la Méthode par où nous arriverons à connaître ainsi véritablement les choses que nous avons à connaître. Pour cela il faut observer d'abord qu'il n'y aura pas ici d'enquête se poursuivant à l'infini : pour trouver la meilleure méthode de recherche de la vérité, nous n'aurons pas besoin d'une méthode par laquelle nous rechercherions cette méthode de recherche, et pour rechercher cette seconde méthode nous n'aurons pas besoin d'une troisième et ainsi de suite à l'infini; car de cette façon nous ne parviendrions jamais à la connaissance de la vérité ni même à aucune connaissance. Il en est de cela tout de même que des instruments matériels, lesquels donneraient lieu à pareil raisonnement. Pour forger le fer en effet, on a besoin d'un marteau et pour avoir un marteau il faut le faire; pour cela un autre marteau, d'autres instruments sont nécessaires et, pour avoir ces instruments, d'autres encore et ainsi de suite à l'infini; par où l'on pourrait s'efforcer vainement de prouver que les hommes n'ont aucun pouvoir de forger le fer. En réalité les hommes ont pu, avec les instruments naturels, venir à bout, bien qu'avec peine et imparfaite-

1. Je parlerai ici un peu plus amplement de l'expérience; et j'examinerai la méthode des empiriques et des nouveaux philosophes.

ment, de certaines besognes très faciles. Les ayant achevées, ils en ont exécuté de plus difficiles avec une peine moindre et plus parfaitement et, allant ainsi par degrés des travaux les plus simples aux instruments, de ces instruments à d'autres travaux et d'autres instruments, par un progrès constant, ils sont parvenus enfin à exécuter tant d'ouvrages et de si difficiles avec très peu de peine. De même l'entendement, avec sa puissance native [1], se façonne des instruments intellectuels par lesquels il accroît ses forces pour accomplir d'autres œuvres [2] intellectuelles; de ces dernières il tire d'autres instruments, c'est-à-dire le pouvoir de pousser plus loin sa recherche, et il continue ainsi à progresser jusqu'à ce qu'il soit parvenu au faîte de la sagesse. Qu'il en soit ainsi pour l'entendement, on le verra aisément, pourvu que l'on comprenne en quoi consiste la méthode de recherche de la vérité, et quels sont ces instruments naturels par la seule aide desquels il en façonne d'autres lui permettant d'aller de l'avant. Pour le montrer je procéderai comme il suit :

(27) L'idée [3] vraie (car nous avons une idée vraie) est quelque chose de distinct de ce dont elle est l'idée : autre est le cercle, autre l'idée du cercle. L'idée du cercle n'est pas un objet ayant un centre et une périphérie comme le cercle, et pareillement l'idée d'un corps n'est pas ce corps même. Étant quelque chose de distinct de ce dont elle est l'idée, elle sera donc aussi en elle-même quelque chose de connaissable; c'est-à-dire que l'idée, en tant qu'elle a une essence formelle, peut être l'objet d'une autre essence objective et, à son tour, cette autre essence objective, considérée en elle-même, sera quelque chose de réel et de connaissable et ainsi indéfiniment. Pierre par exemple est un objet réel; l'idée vraie de Pierre est l'essence objective de Pierre, et en elle-même elle est aussi quelque chose de réel qui est entièrement distinct de Pierre lui-même. Puis donc que l'idée de Pierre est quelque chose de réel,

1. Par puissance native j'entends ce qui n'est pas * causé en nous par des causes extérieures; cela sera expliqué plus tard dans ma Philosophie.

2. Il est fait ici simple mention de ces œuvres; dans ma Philosophie j'expliquerai en quoi elles consistent.

3. Observons que nous n'avons pas seulement à tâche en cet endroit de montrer ce que je viens de dire, mais encore de faire voir que nous avons suivi la voie droite jusqu'ici et en même temps beaucoup d'autres choses très nécessaires à savoir.

* Le texte de van Vloten et Land, qui reproduit celui des *Opera Posthuma*, est ici manifestement fautif; la négation manque.

elle sera aussi l'objet d'une autre idée qui contiendra objectivement en elle tout ce que l'idée de Pierre contient formellement, et à son tour cette idée, qui aura pour objet l'idée de Pierre, aura aussi son essence qui pourra de même être l'objet d'une nouvelle idée, et ainsi indéfiniment. Chacun peut l'éprouver en voyant que, sachant ce qu'est Pierre, il sait aussi qu'il sait, et encore sait qu'il sait qu'il sait, etc. Il est constant par là que, pour connaître l'essence de Pierre, il n'est pas nécessaire que l'entendement connaisse l'idée même de Pierre et, encore moins, l'idée de l'idée de Pierre; ce qui revient à dire que je n'ai pas besoin pour savoir, de savoir que je sais, et encore bien moins de savoir que je sais que je sais; pas plus que pour connaître l'essence du triangle il n'est besoin de connaître celle du cercle [1]. C'est le contraire qui a lieu dans ces idées : pour savoir que je sais, il est nécessaire que je sache d'abord. Il suit de là évidemment que la certitude n'est rien en dehors de l'essence objective elle-même; c'est-à-dire que la manière dont nous sentons l'essence objective est la certitude elle-même. Mais de là suit évidemment que, pour avoir la certitude de la vérité, nulle marque n'est nécessaire en dehors de la possession de l'idée vraie, car, ainsi que nous l'avons montré, je n'ai pas besoin pour savoir de savoir que je sais. Et de là suit de nouveau manifestement que seul peut savoir ce qu'est la plus haute certitude, celui qui a l'idée adéquate ou l'essence objective d'une chose : il le faut puisque certitude et essence objective ne font qu'un. Puis donc que la vérité n'a besoin d'aucune marque et qu'il suffit de posséder les essences objectives ou, ce qui revient au même, les idées des choses pour lever tout doute, il suit de là que la vraie méthode ne consiste pas à chercher la marque à laquelle se reconnaît la vérité après l'acquisition des idées ; la vraie méthode est la voie par laquelle la vérité elle-même, ou les essences objectives des choses, ou leurs idées (tous ces termes ont même signification) sont cherchées dans l'ordre dû [2]. La méthode, pour y revenir, doit nécessairement parler du raisonnement ou de l'action de connaître; c'est-

1. On observera que nous ne cherchons pas ici comment la première essence objective nous est donnée de naissance; cette question a sa place dans l'étude de la nature où cela sera plus abondamment expliqué, et où l'on fera voir en même temps qu'en dehors de l'idée il n'y a ni affirmation ni négation ni aucune volonté.

2. En quoi cette recherche consiste dans l'âme, ma Philosophie l'expliquera.

à-dire qu'elle n'est pas le raisonnement même par lequel nous connaissons les causes des choses, encore bien moins la connaissance de ces causes; elle consiste à bien entendre ce qu'est une idée vraie, en la distinguant des autres perceptions et en en étudiant la nature, de façon à prendre connaissance de notre pouvoir de connaître et à astreindre notre esprit à connaître, selon cette norme, tout ce qui doit être connu, lui traçant de plus à titre d'auxiliaires des règles assurées et lui épargnant d'inutiles fatigues. De là ressort que la méthode n'est pas autre chose que la connaissance réflexive ou l'idée de l'idée; et, n'y ayant pas d'idée d'une idée, si l'idée n'est donnée d'abord, il n'y aura donc point de méthode si une idée n'est donnée d'abord. La bonne méthode est donc celle qui montre comment l'esprit doit être dirigé selon la norme de l'idée vraie donnée.

(28) Deux idées, poursuivrons-nous, soutenant le même rapport que les essences formelles qui en sont les objets, il s'ensuit que la connaissance réflexive s'appliquant à l'idée de l'Être le plus parfait l'emporte sur la connaissance réflexive des autres idées; la méthode la plus parfaite sera donc celle qui montre, selon la norme de l'idée donnée de l'Être le plus parfait, comment l'esprit doit être dirigé. Par où se connaît aisément comment l'esprit, à mesure que sa connaissance s'étend à plus de choses, acquiert de nouveaux instruments lui permettant de continuer avec plus de facilité à l'étendre. Avant tout, en effet, comme il ressort de ce qui a été dit, doit exister en nous, comme un instrument donné de naissance, l'idée vraie dont la connaissance fasse connaître la différence existant entre une perception de cette sorte et toutes les autres. En cela consiste une partie de la méthode. Comme il va de soi, d'autre part, que l'esprit se connaît d'autant mieux que sa connaissance de la nature est plus étendue, il est constant que cette première partie de la méthode sera d'autant plus parfaite que l'esprit connaîtra plus de choses et qu'elle sera parfaite au plus haut point quand l'esprit s'applique attentivement ou réfléchit à la connaissance de l'Être le plus parfait. En second lieu, plus l'esprit sait de choses, mieux aussi il connaît ses propres forces et l'ordre de la Nature; mais mieux il connaît ses propres forces et plus aisément il peut se diriger et se donner des règles; et mieux il connaît l'ordre de la Nature, plus aisément il peut se préserver des démarches inutiles; et c'est en quoi consiste toute la méthode, comme nous l'avons dit. Il faut ajouter qu'il en est objectivement de l'idée tout de même qu'il en est de son objet. Si donc il existait dans la Nature quelque chose qui n'eût aucun commerce avec d'autres choses, à supposer qu'il y ait * de cette chose une essence objective, s'accordant en tout avec son essence formelle, elle aussi n'aurait [1] aucun commerce avec d'autres idées, c'est-à-dire que n'en pourrions rien conclure. Au contraire les choses ayant commerce avec d'autres, comme toutes celles qui existent dans la Nature, seront connues et leurs essences objectives auront entre elles le même commerce, c'est-à-dire que d'autres idées s'en déduiront, lesquelles auront à leur tour commerce avec d'autres et ainsi croîtront de nouveaux instruments pour aller plus avant. Ce que je cherchais à démontrer. Pour poursuivre enfin, de ce que nous avons dit en dernier, à savoir que l'idée doit s'accorder entièrement avec l'essence formelle correspondante, il suit clairement que, d'une manière générale, pour présenter un tableau de la Nature, notre esprit doit faire sortir toutes ses idées de celle qui représente la source et l'origine de la Nature entière, de façon que cette idée soit aussi la source des autres idées.

(29) Peut-être ici s'étonnera-t-on qu'après avoir dit que la bonne méthode est celle qui montre comment l'esprit doit être dirigé selon la norme de l'idée vraie donnée, nous le prouvions par le raisonnement : ce qui semble indiquer que cela n'est pas connu de soi. On pourra aussi demander si notre raisonnement est bon. Si notre raisonnement est bon nous devons partir de l'idée donnée, et comme ce point de départ a lui-même besoin d'une démonstration, il nous faudrait un second raisonnement pour justifier le premier, puis un troisième pour justifier le second, et ainsi à l'infini. A quoi je réponds : si quelqu'un, par un destin qui lui serait advenu, avait marché de l'avant dans son investigation de la Nature, comme nous l'avons expliqué, c'est-à-dire en acquérant des idées nouvelles dans l'ordre dû, selon la norme de l'idée vraie donnée, jamais il n'eût douté de la vérité [2] qu'il eût ainsi

1. Avoir commerce avec d'autres choses, c'est être produit par d'autres choses ou en produire.

2. De même que nous ne doutons pas de la vérité que nous possédons.

* A la leçon *daretur*, donnée par van Vloten et Land, je pense avec Léopold qu'il faut préférer la leçon *datur* qui est celle des *Opera Posthuma ;* la traduction hollandaise de 1677, faite, à ce qu'il semble, d'après le manuscrit original, supprime entièrement les mots *si datur*, plus gênants qu'utiles; le sens serait donc : l'essence objective de cette chose n'aurait, elle aussi, etc.

possédée, parce que la vérité, comme nous l'avons dit, se fait connaître elle-même, et que tout aussi se fût offert à lui d'un cours spontané. Mais cela n'advient jamais ou advient rarement; j'ai donc été obligé de poser ces principes afin que nous puissions acquérir par un dessein prémédité ce qui ne nous est pas échu par destin; je voulais aussi faire voir que, pour établir la vérité, et faire de bons raisonnements, nous n'avons besoin d'autres instruments que la vérité elle-même et le bon raisonnement : j'ai confirmé un bon raisonnement et je m'efforce encore de le justifier en raisonnant bien. Ajoutez que de cette façon les hommes s'accoutument aux méditations intérieures. La raison d'ailleurs pour laquelle il advient rarement que, dans l'étude de la Nature, on conduise son investigation dans l'ordre dû, ce sont d'abord les préjugés dont nous expliquerons plus tard les causes dans notre Philosophie. En second lieu, pour suivre cet ordre, il faut une attention très exacte et une vue très distincte, ce qui exige beaucoup d'application. Enfin cela tient aussi à l'état des affaires humaines qui est, comme nous l'avons déjà montré, très sujet au changement. Il y a encore d'autres raisons que nous ne recherchons pas.

(30) Si quelqu'un demande, comme il se peut, pourquoi moi-même je n'ai pas exposé d'abord, et avant tout, les vérités de la Nature dans l'ordre dû, puisque la vérité se fait connaître elle-même, je réponds en avertissant le lecteur qu'il se garde quand il rencontrera çà et là des propositions contraires à l'opinion commune de les rejeter comme fausses; que d'abord il prenne en considération l'ordre suivi par nous pour les prouver, et il acquerra la certitude que nous sommes parvenus à la connaissance de la vérité; telle est la raison pour laquelle j'ai commencé par ces considérations sur la méthode.

(31) Si, par la suite, quelque sceptique se trouvait dans le doute à l'égard de la première vérité elle-même et de toutes celles que nous déduirons, selon la norme, de cette première vérité, c'est, ou bien qu'il parlera contre sa conscience, ou bien nous avouerons qu'il y a des hommes dont l'esprit est complètement aveugle, qu'il le soit de naissance ou que les préjugés, c'est-à-dire quelque accident extérieur, l'aient rendu tel. En effet ils n'ont même pas conscience d'eux-mêmes : s'ils affirment quelque chose ou doutent de quelque chose, ils ne savent pas qu'ils affirment ou qu'ils doutent; ils disent qu'ils ne savent rien, et cela même qu'ils ne savent rien, ils déclarent l'ignorer;

encore ne le disent-ils pas sans restriction, car ils craignent de s'avouer existants, alors qu'ils ne savent rien, si bien qu'il leur faut enfin garder le silence pour être sûrs de ne rien admettre qui ait senteur de vérité. Il faut, en définitive, s'abstenir de parler de sciences avec eux (car pour ce qui concerne l'usage de la vie et de la société, la nécessité les oblige à admettre leur propre existence, à chercher ce qui leur est utile, à affirmer et à nier sous serment bien des choses). Leur prouve-t-on quelque chose, en effet, ils ne savent si l'argumentation est probante ou défectueuse. S'ils nient, concèdent, ou opposent une objection, ils ne savent qu'ils nient, concèdent, ou opposent une objection; il faut donc les considérer comme des automates entièrement privés de pensée.

(32) Revenons maintenant à notre dessein : nous avons *primo* déterminé la Fin vers laquelle nous nous appliquons à diriger toutes nos pensées. Nous avons reconnu *secundo* quelle est la Perception la meilleure à l'aide de laquelle nous puissions parvenir à notre perfection; *tertio*, quelle est la première Voie où doive s'attacher l'esprit pour bien commencer : elle consiste, étant donnée une idée vraie quelconque, à la prendre comme norme pour continuer ses recherches suivant des lois assurées. Pour le faire droitement, il faut demander à la méthode : *primo*, de distinguer l'idée vraie de toutes les autres perceptions et de préserver l'esprit de ces dernières; *secundo*, de tracer des règles pour percevoir selon cette norme les choses inconnues; *tertio*, d'instituer un ordre pour nous épargner d'inutiles fatigues. Après avoir fait connaissance avec cette méthode nous avons vu *quarto*, que pour qu'elle fût la plus parfaite, il fallait que nous eussions l'idée de l'Être le plus parfait. Nous aurons donc au début à prendre garde avant tout que nous parvenions le plus vite possible à la connaissance d'un tel Être.

(33) Commençons donc par la première partie de la méthode qui est, comme nous l'avons dit, de distinguer et de séparer l'Idée vraie des autres perceptions, et d'empêcher l'esprit de confondre les idées fausses, forgées et douteuses avec les vraies; mon intention est d'expliquer cela amplement en cet endroit, afin d'arrêter la pensée du lecteur sur une connaissance aussi nécessaire, et aussi parce que beaucoup en sont venus à douter même des choses vraies pour n'avoir pas pris garde à ce qui distingue la perception vraie de toutes les autres. Ils ressemblent ainsi à des hommes qui, pendant la veille, ne mettaient d'abord pas en doute qu'ils ne fussent éveillés, mais, s'étant une fois crus assurés en rêve, comme il arrive, qu'ils étaient éveillés, et ayant reconnu par la suite leur erreur, se sont mis à douter même de leurs veilles; accident dont la raison est qu'ils n'ont jamais distingué le sommeil d'avec la veille. J'avertis toutefois que je ne traiterai pas ici de l'essence de chaque perception et ne l'expliquerai point par sa cause prochaine; car cela appartient à la Philosophie. J'exposerai seulement ce que demande la méthode, c'est-à-dire à quel sujet se forme une perception fausse, forgée et douteuse, et comment nous arriverons à nous en libérer. Notre première enquête aura pour objet l'Idée forgée.

(34) Toute perception a pour objet une chose considérée comme existante ou bien seulement une essence et la plupart des fictions ont trait à des choses considérées comme existantes; je parlerai donc d'abord de cette dernière sorte, savoir celle où seule l'existence est controuvée, tandis que la chose que l'on se représente fictivement dans telle condition est connue ou supposée telle. Par exemple, je forge cette idée que Pierre, que je connais, va à la maison, vient me voir [1] et autres choses semblables. Je demande ici : à quoi se rapporte une pareille idée? Je vois qu'elle a trait uniquement aux choses possibles. J'appelle impossible une chose dont la nature implique qu'il y a contradiction à en poser l'existence; nécessaire une chose dont la nature implique qu'il y a contradiction à n'en pas poser l'existence; possible une chose dont l'existence, par sa nature même, n'implique pas qu'il y ait contradiction à en poser l'existence ou la non-existence, la nécessité ou l'impossibilité de l'existence de cette chose dépendant de causes qui nous sont inconnues tout le temps que nous forgeons l'idée qu'elle existe; par suite, si cette nécessité ou cette impossibilité, qui dépend de causes extérieures, nous était connue, nous ne pourrions forger aucune fiction au sujet de cette chose. Il s'ensuit que s'il existe un Dieu ou quelque être omniscient, cet être ne peut forger * absolument aucune fiction. Pour ce qui nous concerne en effet, sitôt [2] que je sais que j'existe, je ne puis

1. Voir plus bas nos remarques au sujet des hypothèses qui sont clairement connues de nous; où il y a fiction c'est quand nous disons que certaines choses comme telles existent dans les corps célestes.

2. Comme la vérité, dont il s'agit ici, pourvu qu'on l'entende, se fait connaître elle-même, un exemple suffit sans autre démonstration.

* Ed. Princ. : « nous ne pouvons forger ».

forger de fiction touchant mon existence ou ma non-existence; je ne puis non plus me représenter un éléphant passant par le trou d'une aiguille; ni, quand je connais [1] la nature de Dieu, me le représenter fictivement comme existant ou n'existant pas; on doit reconnaître qu'il en est de même touchant la Chimère dont la nature s'oppose à l'existence. D'où appert clairement ce que j'ai dit, à savoir que la fiction, dont nous parlons ici, n'a point lieu au sujet des vérités éternelles [2]. Avant de poursuivre toutefois il faut noter ici en passant que la même différence qu'il y a entre l'essence d'une chose et celle d'une autre existe aussi entre l'actualité ou l'existence de la première et l'actualité ou l'existence de la seconde. Par suite, si nous voulions concevoir l'existence d'Adam, par exemple par le moyen de l'existence en général, ce serait comme si, pour concevoir l'essence d'Adam, nous dirigions notre pensée sur la nature de l'être et définissions Adam comme étant un être. C'est pourquoi, plus généralement l'existence est conçue, plus aussi elle est conçue confusément et plus aisément elle peut être attribuée par fiction à toute chose; au contraire sitôt qu'elle est conçue comme l'existence plus particulière d'une chose, nous en avons une idée plus claire et l'attribuons plus difficilement par fiction (alors que nous ne prenons pas garde à l'ordre de la nature) à une autre chose; ce qui mérite d'être noté.

(35) Nous avons maintenant à considérer les cas où l'on dit communément qu'il y a fiction, bien que nous sachions clairement que la chose n'est pas comme nous la forgeons. Par exemple, bien que sachant que la terre est ronde, rien ne m'empêche de dire à quelqu'un qu'elle est un hémisphère, telle une demi-orange sur un plat, ou que le soleil se meut autour de la terre et autres choses

De même pour la proposition contradictoire, dont la fausseté apparaît sitôt qu'on l'examine, comme on le verra bientôt quand nous reparlerons de la fiction relative à l'essence.

1. On observera que si beaucoup de gens déclarent douter de l'existence de Dieu, ou bien ils n'en possèdent que le nom ou bien ils forgent une fiction qu'ils appellent Dieu; ce qui ne s'accorde pas avec la nature de Dieu, comme nous le montrerons en son lieu.

2. Je montrerai bientôt que nulle fiction ne peut avoir trait aux vérités éternelles. Par vérité éternelle j'entends une proposition qui, si elle est affirmative, ne puisse jamais être négative. Ainsi c'est une vérité première et éternelle que *Dieu est*, ce n'est pas une vérité éternelle qu'*Adam pense. La Chimère n'est pas* est une vérité éternelle, mais non *Adam ne pense pas*.

semblables. Si nous considérons ces cas avec attention, nous n'y verrons rien qui ne s'accorde avec nos paroles de tout à l'heure; il faut observer seulement d'abord qu'il y a eu à un certain moment possibilité de nous tromper et que maintenant nous avons conscience de nos erreurs; ensuite que nous pouvons forger ou au moins admettre l'idée que d'autres hommes sont dans la même erreur ou sont capables d'y tomber, comme nous l'avons été précédemment. Nous pouvons, dis-je, forger cette idée aussi longtemps que nous ne voyons pas d'impossibilité ni de nécessité. Quand donc je dis à quelqu'un que la terre n'est pas ronde, etc., je ne fais pas autre chose que de rappeler à mon souvenir l'erreur que j'ai commise peut-être, ou dans laquelle je pouvais tomber, et ensuite je forge ou j'admets l'idée que celui à qui je parle est encore dans l'erreur ou peut y tomber. Je forge cette idée comme je l'ai dit, aussi longtemps que je ne vois pas d'impossibilité ni de nécessité; si, en revanche, mon entendement avait perçu l'une ou l'autre, je n'aurais plus rien pu forger, et il aurait fallu dire seulement que j'avais fait une certaine tentative.

(36) Il nous reste à nous occuper des suppositions faites dans les discussions; suppositions qui ont trait, parfois, même à des impossibilités. Par exemple quand nous disons : supposons que cette chandelle qui brûle ne brûle pas, ou supposons qu'elle brûle dans quelque lieu imaginaire, c'est-à-dire où n'existe de corps d'aucune sorte. On fait parfois des suppositions semblables bien que voyant clairement que la dernière est impossible; mais quand cela arrive on ne forge rien en réalité. Dans le premier exemple en effet je n'ai rien fait que rappeler à mon souvenir [1] un autre exemple de chandelle ne brûlant pas (ou que concevoir la même chandelle sans flamme) et ce que je pense au sujet de cette autre chandelle, je l'entends aussi de celle-ci, aussi longtemps que je n'ai pas

1. Plus loin, quand nous parlerons de la fiction relative aux essences, il apparaîtra clairement que jamais une fiction ne crée ni n'offre à l'esprit rien de nouveau; que seuls les souvenirs qui sont dans le cerveau ou dans l'imagination sont rappelés et que l'esprit est attentif à tous à la fois confusément. On se rappelle par exemple une parole prononcée et un arbre; et l'esprit s'attachant à ces souvenirs indistinctement admet un arbre qui parle. Il faut l'entendre ainsi de l'existence, surtout, comme nous l'avons dit, quand elle est conçue sous la forme générale de l'être, parce qu'alors elle s'applique facilement à tous les souvenirs qui peuvent se présenter à l'esprit. Ce qui mérite fort d'être observé.

égard à la flamme. Dans le second exemple on n'a fait autre chose qu'abstraire ses pensées des corps environnants de façon que l'esprit se portât uniquement à la contemplation de la chandelle, considérée en et pour elle-même, et en conclût ensuite qu'elle n'a en elle aucune cause de destruction : si donc il n'y avait point du tout de corps environnants, cette chandelle et aussi cette flamme demeureraient immuables, ou autres choses semblables. Il n'y a donc là aucune fiction, mais [1] des assertions pures et simples.

(37) Passons maintenant aux fictions ayant trait aux essences seules ou jointes à quelque actualité ou existence. Il faut à ce sujet considérer surtout que, moins l'esprit connaît et plus il perçoit, plus il est capable de fiction; et plus il a de connaissances claires, plus ce pouvoir diminue. De même que, par exemple, comme nous l'avons vu plus haut, nous ne pouvons, aussi longtemps que nous pensons, forger l'idée que nous pensons et que nous ne pensons pas, de même, quand nous connaissons la nature du corps, nous ne pouvons forger l'idée d'une mouche infinie ou encore, quand nous connaissons la nature de l'âme [2], nous ne pouvons forger l'idée d'une âme carrée, bien que nous puissions exprimer en paroles n'importe quoi. Mais, comme nous l'avons dit, moins les hommes connaissent la Nature, plus facilement ils peuvent forger de nombreuses fictions; telles que des arbres qui parlent, des hommes changés subitement en pierres, en sources, des fantômes apparaissant dans des miroirs, rien devenant quelque chose, même des Dieux changés en bêtes et en hommes et une infinité d'autres semblables.

(38) Quelqu'un croira peut-être que la fiction est délimitée par la fiction et non par la connaissance; c'est-à-dire, qu'après que j'ai forgé l'idée d'une chose et, qu'usant

1. Cela doit s'entendre aussi des hypothèses que l'on fait pour expliquer certains mouvements célestes ou tirer une conclusion sur la nature du ciel qui peut cependant être différente, d'autant que pour expliquer ces mouvements l'on peut concevoir beaucoup d'autres causes.

2. Il arrive souvent qu'un homme rappelle à son souvenir ce mot âme et forme en même temps quelque image corporelle. Comme ces deux choses se représentent simultanément, il croit facilement qu'il imagine et forge une âme corporelle, car il ne distingue pas le mot de la chose elle-même. Je demande ici que les lecteurs ne soient pas empressés à rejeter ce que je dis, et j'espère qu'ils ne le feront pas, pourvu qu'ils considèrent les exemples et aussi ce qui va suivre avec grande attention.

d'une certaine liberté, j'ai voulu donner mon assentiment à ce que cette chose existât, telle que je l'ai forgée, dans la nature réelle, cela fait qu'il m'est impossible ensuite de la penser différemment. Par exemple, après que j'ai forgé (pour parler leur langage) telle idée sur la nature du corps, et que j'ai voulu, usant de ma liberté, me persuader que cette nature est telle dans la réalité, il ne m'est plus possible de forger l'idée d'une mouche infinie et, après que j'ai forgé l'essence de l'âme, je ne peux plus la faire carrée. Or, examinons. En premier lieu : ou bien l'on nie ou bien l'on accorde que nous pouvons connaître quelque chose. Si on l'accorde, on devra dire nécessairement de la connaissance ce qu'on dit de la fiction. Si on le nie, voyons, nous qui savons que nous savons quelque chose, ce que l'on dit. On dit ceci : l'âme peut sentir et percevoir de beaucoup de manières, mais non se percevoir elle-même, non plus que les choses qui existent; elle ne perçoit que les choses qui ne sont ni en soi ni en quelque part que ce soit; autrement dit, l'âme pourrait, par sa seule force, créer des sensations et des idées ne correspondant point à des choses; de telle sorte qu'on la considère en partie comme un Dieu. On dit ensuite : nous avons la liberté de nous contraindre, ou, notre âme a la liberté de se contraindre, bien mieux, de contraindre sa propre liberté; car, après qu'elle a forgé l'idée d'une chose et y a donné son assentiment, elle ne peut plus penser autrement cette chose ou en forger une autre idée, et cette fiction la contraint même à avoir des autres choses * des idées telles qu'il ne soit point contredit à la fiction; comme ici même on est contraint, pour n'abandonner point sa fiction, d'admettre les absurdités que j'indique et auxquelles nous ne nous fatiguerons pas à opposer des démonstrations. Laissant de tels adversaires à leur délire, nous prendrons soin plutôt de tirer de cet échange de paroles quelque vérité utile à notre objet, à savoir [1]** : l'esprit qui s'applique attentivement à une chose forgée et de sa nature fausse pour l'examiner et la connaître, et qui en déduit dans l'ordre juste ce qu'il faut en déduire,

1. J'ai l'air ici de tirer ma conclusion d'une expérience et l'on dira peut-être que je n'ai rien prouvé parce que la démonstration fait

* Suivant la leçon indiquée en note dans l'édition van Vloten et Land, je complète ici le texte par l'addition du mot *alia*.

** Suivant l'indication donnée par Léopold, d'après la traduction hollandaise de 1677, je place ici la note qui, dans l'édition van Vloten et Land, se rapporte au mot *démonstrations*, deux lignes plus haut.

en rendra aisément la fausseté manifeste; si la chose forgée est vraie de sa nature, quand l'esprit s'applique attentivement à elle pour la connaître, et commencer à déduire dans l'ordre juste ce qui s'ensuit, il continuera avec succès sans aucune interruption, comme nous avons vu que dans le cas de l'idée forgée fausse, ci-dessus mentionnée, l'entendement s'offre aussitôt à montrer l'absurdité qu'elle contient et les conséquences absurdes qui s'en déduisent.

(39) Nous n'avons donc nullement à redouter de forger une fiction pourvu que nous percevions la chose clairement et distinctement : s'il nous arrive de dire que des hommes sont subitement changés en bêtes, cela est dit d'une façon tout à fait générale, si bien qu'il n'y a dans l'esprit aucune conception de la chose, aucune idée, c'est-à-dire aucune liaison entre un sujet et un prédicat; si cette liaison existait, on verrait en même temps le moyen et les causes par où et pourquoi cette métamorphose a lieu. On ne prend pas garde non plus à la nature du sujet et du prédicat. En outre, pourvu seulement qu'une première idée ne soit pas forgée et que toutes les autres en soient déduites, l'empressement à forger disparaîtra peu à peu. De plus, une idée forgée ne peut être claire et distincte, mais seulement confuse et toute confusion provient de ce que l'esprit connaît un entier, ou une chose composée de beaucoup d'autres, seulement en partie, et ne distingue pas le connu de l'inconnu; de ce que, en outre, il s'attache à la fois aux nombreux éléments contenus dans chaque objet sans les distinguer le moins du monde, d'où il suit : *Primo*, que si une idée se rapporte à une chose très simple, elle ne pourra être que claire et distincte. Cette chose en effet ne devra pas être connue en partie mais ou bien elle le sera tout entière ou il n'en sera rien connu. *Secundo*, que si une chose composée de beaucoup de parties est divisée par la pensée en toutes ses parties les plus simples et qu'on soit attentif à chacune d'elles prises à part, toute confusion disparaîtra. *Tertio*, qu'une fiction ne peut pas être simple; elle naît de la combinaison des diverses idées confuses qui se rapportent à des choses et à des actions diverses existant dans la Nature; plutôt encore de ce que

défaut; si l'on y tient, la voici : Rien dans la nature ne peut se trouver en opposition avec ses lois, et tout arrive selon des lois de nature déterminées, de façon à produire selon des lois déterminées des effets déterminés dans un enchaînement inébranlable : il suit de là que l'âme, quand elle conçoit vraiment une chose, doit en développer objectivement les effets. Voir plus bas le passage relatif à l'idée fausse.

nous sommes attentifs en même temps, sans leur donner [1] notre assentiment, à ces diverses idées; si la fiction était simple, en effet, elle serait claire et distincte et par conséquent vraie. Si elle naissait d'une combinaison d'idées distinctes, cette combinaison même serait claire et distincte et par suite vraie. Quand, par exemple, nous connaissons la nature du cercle et aussi celle du carré, il devient impossible de les combiner et de forger un cercle carré ou une âme carrée ou d'autres combinaisons semblables. Concluons donc brièvement une fois encore : il n'est, nous le voyons, nullement à craindre qu'une fiction soit confondue avec des idées vraies. Pour ce qui concerne d'abord la première sorte de fiction dont nous avons parlé, sitôt qu'une chose est conçue clairement, nous voyons que si cette chose, qui est conçue clairement, est en soi une vérité éternelle, et que son existence en soit une également, nous ne pouvons forger aucune fiction à son sujet; par contre, si l'existence de la chose conçue n'est pas une vérité éternelle, il faut seulement prendre soin de confronter l'existence de la chose avec son essence et être attentif en même temps à l'ordre de la Nature. Quant à la dernière sorte de fiction, nous avons dit qu'elle consistait dans une attention non accompagnée d'assentiment portée à la fois sur plusieurs idées confuses se rapportant à des choses et à des actions diverses qui existent dans la nature, et nous avons vu aussi qu'une chose parfaitement simple ne pouvait être forgée, mais était un objet de connaissance; et aussi une chose composée, pourvu que nous fussions attentifs aux parties les plus simples dont elle est composée. Bien plus, nous ne pouvons même pas, en combinant ces parties, forger des actions qui ne soient pas vraies : car nous sommes obligés de considérer en même temps comment et pourquoi telle action a lieu.

(40) Ayant pris connaissance de ce qui précède, passons maintenant à l'investigation de l'Idée Fausse pour voir à quoi elle a trait et comment nous pouvons nous garder de tomber dans des perceptions fausses. Ni l'une ni l'autre tâche ne nous sera difficile après notre étude de

1. On observera qu'une fiction considérée en elle-même ne diffère pas beaucoup d'un songe, sauf que dans les songes font défaut ces causes qui, par le moyen des sens, s'offrent à l'homme éveillé et d'où ressort pour lui que les images lui apparaissant ne proviennent pas à ce moment même de choses occupant un lieu hors de lui. Pour l'erreur, ainsi qu'il apparaîtra bientôt, elle consiste à rêver éveillé. On l'appelle délire quand elle est très manifeste.

la fiction. Il n'y a en effet aucune différence entre elles, sinon que l'idée fausse implique l'assentiment, c'est-à-dire (comme nous l'avons déjà noté) que dans l'erreur, au moment de l'apparition de certaines images, il ne s'offre point de causes d'où puisse ressortir, comme dans la fiction, que ces images ne proviennent pas de choses extérieures; l'erreur consiste ainsi à peu près à rêver les yeux ouverts ou pendant l'état de veille. De même que la fiction, l'idée fausse se produit au sujet de, ou (pour mieux dire) se rapporte à, l'existence d'une chose dont l'essence est connue ou bien elle a trait à une essence. L'erreur relative à l'existence se corrige de même que la fiction; si en effet la nature de la chose connue implique l'existence nécessaire, il est impossible que nous nous trompions au sujet de l'existence de cette chose; par contre, si l'existence de la chose n'est pas une vérité éternelle, comme l'est son essence, mais que la nécessité ou l'impossibilité dépende de causes extérieures, alors que l'on reprenne et applique tout ce que nous avons dit quand nous parlions de la fiction; la correction de l'erreur se fait de même. Quant à l'autre sorte d'erreur, qui est relative aux essences ou encore aux actions, de telles perceptions sont nécessairement toujours confuses, composées de diverses perceptions confuses de choses existant dans la Nature; par exemple quand les hommes se persuadent qu'il y a des divinités dans les forêts, les idoles, les bêtes, etc.; qu'il y a des corps de la seule combinaison desquels l'entendement puisse naître; que des cadavres raisonnent, se promènent, parlent; que Dieu se trompe et autres erreurs semblables. Par contre, les idées qui sont claires et distinctes ne peuvent jamais être fausses; car les idées des choses qui sont conçues clairement et distinctement sont ou bien parfaitement simples, ou bien composées des idées les plus simples, c'est-à-dire déduites des idées les plus simples. Que d'ailleurs une idée parfaitement simple ne peut pas être fausse, c'est ce que chacun pourra voir, pourvu qu'il sache ce qu'est le vrai, ou l'entendement et, en même temps, ce qu'est le faux.

(41) A l'égard, en effet, de ce qui constitue la forme du vrai, il est certain qu'une pensée vraie ne se distingue pas seulement d'une fausse par un caractère extrinsèque, mais principalement par un caractère intrinsèque. Si quelque ouvrier, par exemple, a conçu un ouvrage bien ordonné, encore que cet ouvrage n'ait jamais existé et ne doive jamais exister, la pensée ne laisse pas d'en être vraie, et cette pensée reste la même que cet ouvrage existe ou non. Au contraire si quelqu'un dit que Pierre, par exemple, existe, sans qu'il sache que Pierre existe, cette pensée est fausse en ce qui concerne celui qui la forme ou, si l'on préfère, n'est pas vraie, encore que Pierre existe réellement. Et cette énonciation : Pierre existe, n'est vraie qu'en ce qui concerne celui qui sait avec certitude que Pierre existe. D'où suit qu'il y a dans les idées quelque chose de réel par quoi les vraies se distinguent des fausses; et nous devons maintenant diriger notre enquête sur ce point afin d'avoir la meilleure norme de vérité (nous avons dit en effet qu'il nous fallait déterminer nos pensées selon la norme donnée de l'idée vraie et que la méthode est la connaissance réflexive) et de connaître les propriétés de l'entendement. Il ne faut pas dire d'ailleurs que la différence provient de ce que la pensée vraie consiste à connaître les choses par leurs premières causes (en quoi elle différerait beaucoup à la vérité d'une fausse, la nature de la pensée fausse étant telle que je l'ai expliquée ci-dessus); car on appelle aussi pensée vraie celle qui enveloppe objectivement l'essence d'un principe qui n'a pas de cause et est connu en soi et par soi. La forme de la pensée vraie doit donc être contenue dans cette pensée même sans relation à d'autres, et elle ne reconnaît pas comme cause un objet, mais doit dépendre de la puissance même et de la nature de l'entendement. Si nous supposions en effet que l'entendement eût perçu quelque être nouveau n'ayant jamais existé, comme le faisait, selon certains, l'entendement de Dieu avant qu'il eût créé les choses (et cette perception ne peut assurément provenir d'aucun objet) et que de cette perception il en eût déduit légitimement d'autres, toutes ces pensées seraient vraies et ne seraient déterminées par aucun objet extérieur; mais dépendraient seulement de la puissance et de la nature de l'entendement. Pour diriger donc notre enquête, posons-nous devant les yeux quelque idée vraie dont nous sachions avec la plus haute certitude que l'objet dépend de notre pouvoir de penser et n'a pas d'objet dans la Nature; c'est dans une idée de cette sorte que nous pourrons plus facilement, comme il suit clairement de ce qui précède, faire notre enquête. Par exemple, pour former le concept d'une sphère, je forge une cause à volonté, à savoir qu'un demi-cercle tourne autour d'un centre et qu'une sphère est comme engendrée par cette rotation. Certes cette idée est vraie et, bien que nous sachions que nulle sphère n'a jamais été engendrée de la sorte dans la Nature, c'est là cependant une perception vraie et le moyen le plus aisé de former le concept d'une sphère. Il faut noter d'ailleurs que cette perception affirme la rotation du demi-cercle; affirmation qui serait fausse si elle n'était pas jointe au concept de la sphère ou à celui de la cause déterminant le mouvement, c'est-à-dire, parlant absolument, si elle était isolée, car l'esprit en pareil cas se bornerait à affirmer le mouvement du demi-cercle, ce mouvement n'étant ni contenu dans le concept du demi-cercle ni issu de celui de la cause déterminant le mouvement. La fausseté consiste donc en cela seul qu'il est affirmé d'une chose quelque chose qui n'est pas contenu dans le concept que nous avons formé de cette chose, tel le mouvement ou le repos dans le cadre du demi-cercle. D'où il suit que les pensées simples ne peuvent pas ne pas être vraies, telle l'idée simple d'un demi-cercle, du mouvement, de la quantité, etc. Ce que ces pensées contiennent d'affirmation atteint, sans les dépasser, les limites du concept; nous pouvons donc à notre gré, sans avoir d'erreur à craindre, former des idées simples. Il ne nous reste donc qu'à chercher par quelle puissance notre esprit peut former ces idées et jusqu'où s'étend cette puissance; cela trouvé en effet, nous aurons facilement la connaissance la plus haute à laquelle nous puissions parvenir. Car il est certain que cette puissance de l'esprit ne s'étend pas à l'infini; quand nous affirmons de quelque chose ce qui n'est pas contenu dans le concept que nous en formons, cela indique en effet qu'il y a en nous un manque de perception, c'est-à-dire que nos pensées ou nos idées sont mutilées en quelque sorte et tronquées. Nous avons vu que le mouvement d'un demi-cercle est faux sitôt qu'il est isolé dans l'esprit et qu'il est vrai s'il est joint au concept de la sphère ou à celui de quelque cause déterminant un tel mouvement. Que si, comme on le voit d'abord, il est de la nature d'un être pensant, de former des pensées vraies c'est-à-dire adéquates, il est certain que nos idées inadéquates ont pour unique origine que nous sommes une partie d'un être pensant dont certaines pensées dans leur intégrité, certaines seulement par partie, constituent notre esprit.

(42) Il importe encore ici d'avoir égard à une rencontre qu'il ne valait pas la peine de noter en traitant de la fiction et qui est l'occasion de l'erreur la plus grande, à savoir quand certaines choses présentes à l'imagination sont aussi dans l'entendement, c'est-à-dire sont conçues clairement

et distinctement : en pareil cas, tant que le distinct n'est pas distingué du confus, la certitude, c'est-à-dire l'idée vraie, se mêle aux idées non distinctes. Quelques-uns, par exemple, d'entre les Stoïciens ont, par rencontre, entendu parler de l'âme et aussi de son immortalité, choses qu'ils ne faisaient qu'imaginer confusément; ils imaginaient aussi et en même temps percevaient par l'entendement que les corps les plus subtils pénètrent tous les autres et ne sont pénétrés par aucuns. Imaginant toutes ces choses ensemble et y joignant la certitude de cet axiome, ils étaient certains tout aussitôt que ces plus subtils d'entre les corps sont l'esprit, qu'ils ne peuvent être divisés, etc. Nous nous affranchissons toutefois également de cette erreur en nous efforçant d'examiner toutes nos perceptions selon la norme de l'idée vraie donnée, nous gardant, comme nous l'avons dit au commencement, des idées qui nous viennent par ouï-dire ou par expérience vague. Il faut ajouter que cette sorte d'erreur provient de ce que l'on conçoit les choses d'une façon trop abstraite; car il est de soi assez clair que, ce que je conçois dans son véritable objet, je ne puis l'appliquer à un autre. L'erreur provient aussi de ce qu'on ne connaît pas les premiers éléments de toute la Nature, par suite procédant sans ordre et confondant la Nature avec des axiomes abstraits, encore qu'ils soient vrais, on porte en soi-même la confusion et on renverse l'ordre de la Nature. Pour nous, si nous procédons de la façon la moins abstraite qu'il se puisse et partons des premiers éléments, c'est-à-dire de la source et de l'origine de la Nature, le plus tôt qu'il se pourra, nous n'avons pas à craindre de nous tromper ainsi. Pour ce qui touche d'ailleurs la connaissance de l'origine de la Nature, il n'est pas du tout à redouter que nous la confondions avec des choses abstraites; quand en effet on conçoit quelque chose abstraitement, comme on fait pour tous les universaux, ces concepts s'étendent toujours dans l'entendement au-delà des limites où peuvent exister réellement dans la Nature leurs objets particuliers. De plus, comme il y a dans la Nature beaucoup de choses dont la différence est si petite qu'elle échappe presque à l'entendement, il peut arriver facilement (à les concevoir abstraitement) qu'on les confonde; mais, comme nous le verrons plus loin, il ne peut y avoir de l'origine de la Nature de concept abstrait, ni de concept général, et cette origine ne peut être conçue par l'entendement comme plus étendue qu'elle n'est réellement; elle n'a d'ailleurs aucune ressemblance avec des choses soumises au changement; aucune confusion n'est donc à craindre au sujet de son idée, pourvu que nous possédions la norme de la vérité (que nous avons déjà indiquée); l'être dont il s'agit est unique [1] en effet, infini, c'est-à-dire qu'il est l'être total hors duquel il n'y a pas d'être [2].

(43) Voilà pour l'idée fausse; il nous reste à étudier l'Idée Douteuse, c'est-à-dire à chercher en quoi consiste ce qui peut nous conduire au doute et, en même temps, comment le doute est levé. Je parle du doute véritable dans l'esprit et non de ce doute qui se rencontre maintes fois : à savoir quand, par le langage, on prétend douter, bien que l'esprit ne doute pas; ce n'est pas à la méthode qu'il appartient de corriger ce doute, cela rentre plutôt dans l'étude de l'obstination et de son traitement. Il n'y a pas dans l'âme, disons-nous donc, de doute dû à la chose même dont on doute, c'est-à-dire s'il n'y avait dans l'âme qu'une seule idée, qu'elle fût vraie ou fausse, il n'y aurait place pour aucun doute et pour aucune certitude; il n'y aurait qu'une sensation de telle ou telle sorte. Car cette idée n'est en soi rien de plus qu'une sensation de telle ou telle sorte, mais le doute se forme par le moyen d'une autre idée qui n'est pas si claire et distincte qu'on en puisse rien conclure de certain à l'égard de la chose dont on doute, c'est-à-dire que l'idée qui nous incline au doute n'est pas claire et distincte. Par exemple quelqu'un qui n'a jamais eu la pensée occupée de l'illusion des sens — si elle vient de l'expérience ou a une autre origine — ne doutera jamais si le soleil est plus grand ou plus petit qu'il ne paraît. C'est ainsi que les paysans s'étonnent maintes fois, quand ils entendent dire que le soleil est beaucoup plus grand que le globe terrestre; mais [3] le doute prend naissance en pensant à l'illusion des sens, et si, après avoir douté, on parvient à la connaissance vraie des sens et de la façon dont, par leurs organes, les choses

1. Ce ne sont point là des attributs de Dieu qui manifestent son essence, comme je le montrerai dans la Philosophie.

2. Cela a déjà été démontré ci-dessus. Si en effet un tel être n'existait pas, il ne pourrait jamais être produit; et ainsi l'esprit pourrait connaître plus que la Nature ne peut fournir, ce qui a déjà été reconnu faux ci-dessus.

3 *. C'est-à-dire le sens sait souvent qu'il a été trompé; mais il le sait confusément, car il ne sait pas comment les sens trompent.

* Cette note est, dans la traduction hollandaise, jointe au texte qui se lirait ainsi : *mais le doute prend naissance en pensant à l'illusion des sens, c'est-à-dire que le sens sait souvent*, etc.

sont représentées à distance, alors le doute sera de nouveau levé. Il suit de là que nous ne pouvons mettre en doute des idées vraies sous prétexte qu'il existe peut-être un Dieu trompeur qui nous tromperait dans les choses les plus certaines, sinon quand nous n'avons encore de Dieu * aucune idée claire et distincte, c'est-à-dire quand, par la considération attentive de la connaissance que nous avons de l'origine de toutes choses, nous ne trouvons rien qui nous fasse savoir que Dieu n'est pas trompeur aussi clairement que, par la considération attentive de la nature du triangle, nous trouvons que ses trois angles sont égaux à deux droits; mais, si nous avons de Dieu une connaissance telle que du triangle, alors tout doute est levé. Et, de même que nous pouvons parvenir à cette connaissance claire du triangle, bien que ne sachant pas avec certitude si quelque souverain trompeur ne nous égare pas, de même aussi nous pouvons parvenir à une telle connaissance de Dieu, bien que ne sachant pas avec certitude s'il n'existe pas quelque souverain trompeur; et, sitôt que nous avons cette connaissance, cela suffit, comme je l'ai dit, pour lever tout doute que nous pouvons avoir au sujet des idées claires et distinctes. De plus, si l'on procède droitement, s'appliquant d'abord à la recherche de ce qu'il faut chercher premièrement, suivant sans aucune interruption l'enchaînement des choses, et si l'on sait comment on doit déterminer les problèmes avant d'entreprendre de les résoudre, on n'aura jamais que les idées les plus certaines, c'est-à-dire claires et distinctes : car le doute n'est rien d'autre que l'indécision de l'esprit à l'égard d'une affirmation ou d'une négation qu'il prononcerait s'il ne se trouvait devant lui quelque objet dont l'ignorance doit rendre imparfaite la connaissance de la chose affirmée ou niée. Il ressort de là que le doute naît toujours de ce que les choses sont étudiées sans ordre.

(44) Telles sont les questions que j'ai promis de traiter dans cette première partie de la méthode. Pour ne rien omettre cependant de ce qui peut conduire à la connaissance de l'entendement et de ses forces, je traiterai encore brièvement de la mémoire et de l'oubli; y ayant à considérer principalement ici que la mémoire acquiert de la force avec le secours de l'entendement et aussi sans ce secours.

* J'ajoute au texte latin le mot *Dei*, de Dieu; correction faite par la traduction hollandaise de 1677 et d'ailleurs nécessaire au sens; voir note explicative.

Touchant le premier point, plus une chose est connaissable et plus facilement elle se retient, et au contraire moins elle est connaissable, plus facilement nous l'oublions. Par exemple, si je donne à quelqu'un un grand nombre de mots sans lien, il les retiendra beaucoup plus difficilement que si je les lui communique sous forme de récit. La mémoire acquiert aussi de la force sans le secours de l'entendement, en raison de la vigueur avec laquelle une chose matérielle singulière affecte l'imagination ou le sens appelé commun. Je dis une chose *singulière ;* car seules les choses singulières affectent l'imagination. Si quelqu'un, par exemple, a lu une seule pièce contenant une histoire d'amour, il la retiendra très bien tant qu'il n'en aura pas lu plusieurs du même genre, parce qu'elle se maintient seule dans son imagination; mais, s'il y a plusieurs objets du même genre, on les imagine tous à la fois et on les confond aisément. Je dis de plus : une chose *matérielle*, car seuls les corps affectent l'imagination. Puis donc que la mémoire acquiert de la force par l'entendement et sans lui, il s'ensuit qu'elle doit être quelque chose de distinct de l'entendement et qu'à l'égard de l'entendement considéré en lui-même, il n'y a ni mémoire ni oubli. Que sera donc la mémoire ? Rien d'autre que la sensation des empreintes qui sont dans le cerveau, jointe à une pensée relative à une durée [1] déterminée de cette sensation, comme le montre la réminiscence. Dans la réminiscence, en effet, l'âme a la pensée de cette sensation, mais non sous la forme d'une durée continue; et ainsi l'idée de la sensation n'est pas la durée même de la sensation, c'est-à-dire qu'elle n'en est pas proprement la mémoire. Quant à savoir si les idées elles-mêmes sont sujettes à quelque corruption, nous le verrons dans la Philosophie. Et si quelqu'un trouvait cela très absurde, il suffit pour notre dessein de considérer que plus une chose est singulière, plus aisément on la retient, comme il appert de l'exemple ci-dessus donné de la comédie. En outre, plus une chose est connaissable, plus aisément on la retient. D'où suit que nous ne pourrons ne pas retenir une chose sin-

1. Si la durée n'est pas déterminée, le souvenir gardé de la même chose est imparfait, comme chacun paraît l'avoir appris de la nature. Car souvent pour accroître la crédibilité d'un témoignage nous demandons où et quand s'est passé le fait rapporté. Et, bien que les idées aussi aient leur durée dans l'esprit, ayant accoutumé de déterminer la durée par la mesure d'un mouvement, opération qui se fait elle-même à l'aide de l'imagination, nous n'observons jusqu'ici aucune mémoire appartenant à l'esprit pur.

gulière au plus haut point, pour peu qu'elle soit connaissable.

(45) Nous avons donc distingué entre l'Idée Vraie et les autres perceptions et nous avons montré que les idées forgées, fausses et autres, ont leur origine dans l'imagination, c'est-à-dire dans certaines sensations fortuites (pour ainsi parler) et sans lien qui ne naissent pas du pouvoir qu'a l'esprit, mais de causes extérieures, selon que le corps, soit dans le rêve, soit à l'état de veille, reçoit tels ou tels mouvements. Que si on le préfère, on entende ici par imagination tout ce qu'on voudra, pourvu que ce soit quelque chose de distinct de l'entendement et par quoi l'âme puisse prendre la condition de patient; car la façon de l'entendre ne fait pas de différence, sitôt que nous savons que l'imagination est quelque chose d'indéterminé par où l'âme pâtit, et en même temps comment nous nous en libérons à l'aide de l'entendement. On ne s'étonnera donc pas que je ne prouve pas encore ici l'existence du corps et d'autres choses nécessaires à connaître, et que je parle cependant de l'imagination, du corps et de sa constitution. Comme je l'ai dit en effet, ce que j'entends par là ne fait pas de différence, sitôt que je sais que c'est quelque chose d'indéterminé, etc.

(46) Nous avons montré cependant que l'idée vraie est simple, ou composée d'idées simples, telle l'idée faisant connaître comment et pourquoi une chose existe ou a eu lieu; nous avons montré aussi qu'il en découle dans l'âme des effets objectifs proportionnés à l'essence formelle de son objet; cela revient à ce qu'ont dit les anciens : que la vraie science procède de la cause aux effets; à cela près cependant que, jamais que je sache, on n'a conçu, comme nous ici, l'âme agissant selon des lois déterminées et telle qu'un automate spirituel. Par là nous avons, autant qu'il se pouvait au début, acquis la connaissance de notre entendement, et une norme de l'idée vraie telle que nous n'ayons plus à craindre de confondre la vérité avec l'erreur et la fiction; nous verrons maintenant sans étonnement que nous puissions connaître certaines choses qui ne tombent en aucune façon sous l'imagination, qu'il y en ait dans l'imagination qui contredisent à l'entendement et qu'il y en ait aussi qui s'accordent avec lui. Nous savons en effet que ces opérations, d'où naissent les images, se produisent selon d'autres lois, entièrement différentes des lois de l'entendement, et que l'âme, en ce qui concerne l'imagination, est dans la condition d'un patient. Par là se voit aussi avec quelle facilité peuvent tomber dans de grandes erreurs ceux qui n'ont pas distingué très exactement entre l'imagination et la connaissance. Dans cette classe rentrent, par exemple, les erreurs suivantes : que l'étendue, dont les parties se distinguent * réellement les unes des autres, doit être en un lieu, qu'elle doit être finie, qu'elle est le premier et unique fondement de toutes choses, et occupe à un moment un espace plus grand qu'à un autre et beaucoup d'autres opinions de même sorte qui sont toutes entièrement contraires à la vérité comme nous le montrerons en son lieu.

(47) Ensuite, comme les mots sont une partie de l'imagination, c'est-à-dire comme nous forgeons beaucoup de concepts suivant que, par une disposition quelconque du corps, les mots s'assemblent sans ordre déterminé dans la mémoire, il ne faut pas douter qu'ils ne puissent, autant que l'imagination, être cause de nombreuses et grandes erreurs, si nous ne nous mettons pas fortement en garde contre eux. Ajoutez qu'ils sont formés au gré du vulgaire et selon sa manière de voir; de sorte qu'ils sont des signes des choses, telles qu'elles sont dans l'imagination et non telles qu'elles sont dans l'entendement, comme il se voit clairement de ce que l'on a souvent appliqué à toutes les choses qui sont seulement dans l'entendement et ne sont pas dans l'imagination des noms négatifs, par exemple : incorporel, infini, etc., et aussi de ce que l'on exprime négativement beaucoup de choses qui sont en réalité affirmatives et inversement comme : incréé, indépendant, infini, immortel, parce qu'effectivement nous imaginons avec beaucoup plus de facilité leurs contraires et que ces dernières se sont ainsi offertes les premières aux premiers hommes et ont accaparé les termes affirmatifs. Beaucoup d'affirmations et de négations prennent naissance parce que la nature des mots s'y prête, et non la nature des choses; c'est pourquoi si nous ignorions cela nous prendrions facilement le faux pour le vrai **.

(48) Nous évitons, en outre, une autre grande cause de confusion qui empêche que l'entendement ne réfléchisse sur lui-même : en effet, quand nous ne distinguons pas entre l'imagination et l'entendement, nous croyons que ce qui est plus facilement imaginé est aussi plus clair pour

* Je suis la leçon de l'édition princeps qui met l'indicatif *distinguuntur*.

** Cette dernière phrase depuis : *Beaucoup d'affirmations*, etc., est probablement une note jointe au texte après coup; dans la traduction hollandaise de 1677, elle ne figure qu'en note.

nous, et ce que nous imaginons nous croyons le connaître. Par suite nous mettons devant ce qui doit venir après, l'ordre vrai suivant lequel il nous faut avancer est renversé et aucune conclusion légitime n'est possible.

(49) Pour arriver maintenant à la deuxième partie de cette méthode [1], j'indiquerai d'abord le but que nous nous proposons dans cette méthode, puis les moyens de l'atteindre. Le but est d'avoir des idées claires et distinctes, c'est-à-dire des idées telles qu'elles proviennent de la pensée pure et non des mouvements fortuits du corps. Ensuite, pour ramener toutes ces idées à l'unité, nous nous efforcerons de les enchaîner et de les ordonner de telle façon que notre esprit, autant qu'il se peut faire, reproduise objectivement ce qui est formellement dans la nature, prise dans sa totalité aussi bien que dans ses parties.

(50) Touchant le premier point, il est, comme nous l'avons déjà dit, requis pour notre fin qu'une chose soit conçue ou bien par sa seule essence ou par sa cause prochaine : à savoir, si une chose existe en soi ou, comme on dit communément, est cause de soi, elle devra alors être connue par sa seule essence; si, au contraire, une chose n'existe pas en soi mais requiert une cause pour exister, alors elle doit être connue par sa cause prochaine; car en réalité connaître l'effet [2] n'est pas autre chose qu'acquérir une connaissance plus parfaite de la cause. Nous ne devrons donc jamais, tant qu'il s'agira d'étudier les choses réelles, tirer des conclusions de concepts abstraits et nous prendrons grand-garde à ne pas mêler ce qui est seulement dans l'entendement avec ce qui est dans la réalité. Mais la conclusion la meilleure est celle qui se tirera d'une essence particulière affirmative, ou d'une définition vraie et légitime. Car des seuls axiomes universels l'entendement ne peut descendre aux choses singulières, puisque les axiomes s'étendent à l'infini et ne peuvent déterminer l'entendement à considérer une chose singulière plutôt qu'une autre. La voie droite pour inventer est donc de former des pensées en partant d'une définition donnée, ce que

1. La règle principale de cette partie est, comme il suit de la première, de passer en revue toutes les idées que nous trouvons en nous qui sont de l'entendement pur, afin de les distinguer de celles que nous formons par l'imagination. Distinction qui se tirera des propriétés tant de l'imagination que de la connaissance.

2. Notons cette conséquence que nous ne pouvons rien connaître de la Nature sans rendre en même temps plus étendue notre connaissance de la première cause, c'est-à-dire de Dieu.

nous ferons avec d'autant plus de succès et de facilité que nous aurons mieux défini une chose. Ainsi le point capital en toute cette deuxième partie de la méthode consiste en ceci seulement : connaître les conditions d'une bonne définition, et ensuite donner le moyen d'en trouver. Je traiterai donc en premier lieu des conditions de la Définition.

(51) Pour qu'une définition soit dite parfaite elle devra exprimer l'essence intime de la chose et nous prendrons garde qu'à la place de cette essence, nous ne mettions certaines propriétés de la chose. Pour éclaircir cela, à défaut d'autres exemples que j'écarte pour n'avoir pas l'air de vouloir mettre en lumière les erreurs des autres, je prendrai seulement l'exemple d'une chose très abstraite que l'on peut, sans que cela fasse de différence, définir d'une manière quelconque, à savoir le cercle : si on le définit une figure où les lignes menées du centre à la circonférence sont égales, il n'est personne qui ne voie que cette définition n'exprime pas du tout l'essence du cercle, mais seulement une de ses propriétés. Et bien que, comme je l'ai dit, cela importe peu quand il s'agit de figures et d'autres êtres de raison, cela importe beaucoup dès qu'il s'agit d'êtres physiques et réels : effectivement les propriétés des choses ne sont pas clairement connues aussi longtemps qu'on n'en connaît pas les essences; si nous passons outre sans nous arrêter aux essences, nous renverserons nécessairement l'enchaînement des idées qui doit reproduire dans l'entendement l'enchaînement de la Nature, et nous nous éloignerons tout à fait de notre but. Pour nous libérer de cette faute, il faudra observer dans la définition les règles suivantes :

(52) I. S'il s'agit d'une chose créée, la définition devra, comme nous l'avons dit, comprendre en elle la cause prochaine. Par exemple, le cercle selon cette règle devrait être défini ainsi : une figure qui est décrite par une ligne quelconque dont une extrémité est fixe et l'autre mobile; cette définition comprend clairement en elle la cause prochaine.

(53) II. Le concept d'une chose, ou sa définition, doit être tel que toutes les propriétés de la chose puissent en être conclues, alors qu'on le considère seul, sans y joindre d'autres concepts, ainsi qu'on peut le voir dans cette définition du cercle; car on en conclut clairement que toutes les lignes menées du centre à la circonférence sont égales; et, que ce soit là une condition nécessaire de la définition, cela est de soi si évident pour celui qui y prend garde qu'il ne paraît pas qu'il vaille la peine de s'arrêter à le démontrer, non plus que de tirer de cette deuxième condition cette conséquence que toute définition doit être affirmative. Je parle d'une affirmation de l'entendement, m'inquiétant peu de la verbale, laquelle, à cause du manque de mots, pourra bien à l'occasion s'exprimer sous une forme négative, bien qu'elle soit entendue affirmativement.

(54) Quant aux conditions d'une définition s'appliquant à une chose incréée, ce sont les suivantes :

(55) I. Elle doit exclure toute cause, c'est-à-dire que l'objet ne doit avoir besoin pour s'expliquer d'aucune chose en dehors de son être propre.

II. Une fois donnée la définition de la chose, il ne doit plus y avoir place pour cette question : existe-t-elle ?

III. Elle ne doit pas, eu égard à l'esprit, contenir de substantifs dont on puisse faire des adjectifs, c'est-à-dire qu'elle ne doit pas s'exprimer par des termes abstraits.

IV. Enfin (bien que ce ne soit pas très nécessaire à noter), il faut que de cette définition se puissent conclure toutes les propriétés de la chose. Tout cela est évident pour quiconque est attentif.

(56) J'ai dit aussi que la meilleure conclusion se tirera d'une essence particulière affirmative : car plus une idée est spéciale, plus elle est distincte, et claire par conséquent. D'où suit que nous devons chercher par-dessus tout la connaissance des choses particulières.

(57) Relativement à l'ordre maintenant et pour ordonner et unir toutes nos perceptions, il est requis, et la raison demande *, que nous cherchions, aussitôt qu'il se peut faire, s'il existe un Être, et en même temps quel il est, qui soit cause de toutes choses, de manière que son essence objective soit aussi cause de toutes nos idées, et alors notre esprit, comme je l'ai dit, reproduira la Nature aussi parfaitement que possible. Car il en possédera objectivement et l'essence et l'ordre et l'unité. Par là nous pouvons voir qu'avant tout il nous est nécessaire de tirer toujours toutes nos idées de choses physiques, c'est-à-dire d'êtres réels, allant, autant qu'il se pourra, suivant la suite des causes, d'un être réel à un autre être réel, et cela sans passer aux choses abstraites et générales, évitant également de conclure de ces choses quelque chose de réel, ou de

* Je déplace, conformément à l'indication donnée par Léopold, les mots *et ratio postulat*.

conclure ces choses d'un être réel, car l'un et l'autre interrompent la véritable marche en avant de l'entendement. Il est à noter toutefois que, par la suite des causes et des choses réelles, je n'entends pas ici la succession des choses singulières soumises au changement, mais seulement la suite des choses fixes et éternelles. Pour ce qui touche en effet la suite des choses singulières soumises au changement, il serait impossible à la faiblesse humaine de la saisir, tant à cause de leur multitude supérieure à tout nombre qu'à cause des circonstances infinies réunies dans une seule et même chose, circonstances dont chacune peut faire que la chose existe ou n'existe pas; puisque l'existence de ces choses n'a aucune connexion avec leur essence, c'est-à-dire, comme nous l'avons déjà dit, n'est pas une vérité éternelle. Mais il n'est pas du tout nécessaire non plus que nous en connaissions la succession, puisque les essences des choses singulières soumises au changement ne doivent pas être tirées de cette succession, c'est-à-dire de leur ordre d'existence, lequel ne nous offre rien d'autre que des dénominations extrinsèques, des relations ou, au plus, des circonstances, toutes choses bien éloignées de l'essence intime des choses. Cette essence, au contraire, doit être acquise des choses fixes et éternelles et aussi des lois qui y sont, on peut dire, véritablement codifiées et suivant lesquelles arrivent et s'ordonnent toutes les choses singulières; en vérité, ces choses singulières soumises au changement dépendent si intimement et si essentiellement (pour ainsi dire) des choses fixes qu'elles ne pourraient sans ces dernières ni être ni être conçues. Ces choses fixes et éternelles, bien qu'elles soient singulières, seront donc pour nous, à cause de leur présence partout et de leur puissance qui s'étend au plus loin, comme des universaux ou des genres à l'égard des définitions des choses singulières et comme les causes prochaines de toutes choses.

(58) Puisqu'il en est ainsi toutefois, une difficulté, non petite, semble inhérente à l'entreprise de parvenir à la connaissance de ces choses singulières; car de tout concevoir à la fois, cela dépasse de beaucoup les forces de l'entendement humain. Or l'ordre suivant lequel il faut qu'une chose soit connue avant une autre ne doit pas, nous l'avons dit, se tirer de la succession des existences, ni non plus des choses éternelles; car en elles toutes les choses singulières sont données par nature à la fois. Il nous faudra donc nécessairement chercher d'autres secours que ceux dont nous usons pour connaître les choses éternelles et leurs lois; ce n'est cependant pas le lieu ici d'en traiter, et ce n'est pas nécessaire tant que nous n'aurons pas acquis une connaissance suffisante des choses éternelles et de leurs lois infaillibles et que la nature de nos sens ne nous sera pas connue.

(59) Il sera temps, avant d'entreprendre de connaître les choses singulières, de traiter de ces secours qui se rapportent tous à cette fin : savoir nous servir de nos sens et faire, d'après des règles et dans un ordre arrêté, des expériences suffisantes pour déterminer la chose que l'on étudie, de façon à en conclure enfin selon quelles lois des choses éternelles elle est faite et prendre connaissance de sa nature intime, comme je le montrerai en son lieu *. Ici, pour revenir à notre dessein, je m'efforcerai seulement d'indiquer ce qui paraît nécessaire pour que nous puissions parvenir à la connaissance des choses éternelles, et en formions des définitions conformes aux conditions ci-dessus énoncées.

(60) Pour cela il nous faut rappeler à notre souvenir ce qui a été dit plus haut, à savoir que, si l'esprit s'attache à une pensée quelconque afin de l'examiner soigneusement et d'en déduire en bon ordre ce qui s'en déduit légitimement, en cas qu'elle soit fausse il en découvrira la fausseté; si au contraire elle est vraie, alors il continuera avec succès ** à en déduire sans aucune interruption des choses vraies; cela, dis-je, est requis pour notre objet. Car sans un principe nos pensées ne peuvent *** être déterminées. Si donc nous voulons prendre comme objet d'étude la chose qui est le première de toutes il est nécessaire qu'il y ait quelque principe qui dirige nos pensées de ce côté. En outre, puisque la méthode est la connaissance réflexive elle-même, ce principe, qui doit diriger nos pensées, ne peut être autre chose que la connaissance de ce qui constitue la forme de la vérité, et la connaissance de l'entendement, de ses propriétés et de ses forces; quand nous l'aurons acquise en effet nous posséderons un principe d'où nous pourrons déduire nos pensées, et une voie par laquelle l'entendement pourra, dans la mesure de sa compré-

* Toute cette phrase qui forme la plus grande partie du paragraphe 59 paraît être une note ajoutée après coup. Le mot *ici*, par lequel commence la phrase suivante, fait suite aux mots *ce n'est cependant pas le lieu ici d'en traiter* qui se trouvent dans le paragraphe 58; voir sur ce point Léopold, ouvrage cité.

** Je suis la leçon *feliciter* donnée en note par van Vloten et Land, le texte porte *faciliter*.

*** J'ajoute à la phrase latine telle qu'elle se trouve dans l'édition van Vloten et Land une négation. Sur ce passage dont la traduction et l'interprétation sont assez embarrassantes, voir note explicative.

hension, parvenir à la connaissance des choses éternelles, ayant égard à ses propres forces.

(61) S'il appartient cependant à la nature de la pensée de former des idées vraies, comme on l'a montré dans la première partie, il faut chercher ici ce que nous entendons par les Forces et la Puissance de l'entendement. Or, si c'est la partie principale de notre méthode de connaître parfaitement les forces de l'entendement et sa nature, nous nous voyons nécessairement obligés (par ce qui a été dit dans cette deuxième partie de la méthode) de déduire cette connaissance de la définition même de la pensée et de l'entendement. Mais nous n'avons jusqu'ici pas eu de règles pour trouver des définitions et, comme nous ne pouvons poser ces règles sans une définition de l'entendement et de sa puissance, il suit de là que, ou bien la définition de l'entendement doit être claire par elle-même ou que nous ne pouvons rien connaître clairement. Or cette définition n'est pas par ou en elle-même, parfaitement claire. Puisque cependant, pour que nous puissions percevoir clairement et distinctement les propriétés de l'entendement, il faut que la nature nous en soit connue (comme de tout ce dont nous avons une véritable connaissance), la définition de l'entendement s'éclaircira d'elle-même si nous considérons avec attention les propriétés à lui appartenant dont nous avons une idée claire et distincte. Nous énumérerons donc les propriétés de l'entendement et nous les examinerons soigneusement et nous commencerons à traiter de nos instruments natifs.

(62) Les propriétés de l'entendement que j'ai principalement remarquées et que je connais sont les suivantes :

(63) I. Il enveloppe en lui la certitude, c'est-à-dire il sait que les choses sont formellement comme elles sont contenues en lui objectivement.

(64) II. Il perçoit certaines choses, autrement dit, il forme certaines idées absolument, en forme d'autres d'autres idées. Ainsi il forme l'idée de quantité absolument, sans avoir égard à d'autres, mais il ne forme pas les idées de mouvement sans avoir égard à l'idée de quantité.

(65) III. Les idées qu'il forme absolument expriment une infinité; quant aux idées déterminées, il les forme d'autres idées. Ainsi pour l'idée * de quantité : quand il

* Je suis la leçon donnée par van Vloten et Land dans le texte; je crois qu'il est possible de la justifier grammaticalement, en faisant de l'accusatif *ideam* un mot mis en apposition, et le sens me paraît plus satisfaisant qu'en y substituant, comme on l'a voulu faire, le nominatif *idea*.

la perçoit par sa cause, alors il détermine une quantité, comme, par exemple, quand il conçoit que du mouvement d'une surface naît un corps, du mouvement d'une ligne une surface, de celui d'un point une ligne; toutes ces perceptions ne servent pas à rendre plus claire l'idée de quantité mais seulement à déterminer une quantité. Cela se reconnaît à ce que nous concevons ces choses comme si elles naissaient du mouvement, alors que cependant nous ne percevons pas le mouvement avant d'avoir perçu la quantité et que nous pouvons aussi prolonger à l'infini le mouvement qui engendre la ligne, ce qui nous serait impossible si nous n'avions pas l'idée de la quantité infinie.

(66) IV. Il forme des idées positives avant d'en former de négatives.

(67) V. Il perçoit les choses non tant dans la durée que sous une certaine forme d'éternité et d'infinité numérique, ou plutôt il n'a égard, pour percevoir les choses, ni au nombre ni à la durée. C'est quand il se représente les choses par l'imagination qu'il les perçoit sous la forme d'un nombre déterminé, d'une durée et d'une quantité déterminées.

(68) VI. Les idées que nous formons claires et distinctes semblent découler de la seule nécessité de notre nature, de telle façon qu'elles paraissent dépendre absolument de notre puissance seule; c'est le contraire pour les idées confuses; car celles-là se forment souvent en dépit de nous.

(69) VII. L'esprit peut déterminer de beaucoup de manières les idées des choses que l'entendement forme d'autres idées; c'est ainsi que, pour déterminer, par exemple, une surface elliptique, il se représente une pointe appliquée contre une corde et se mouvant autour de deux points fixes, ou conçoit des points infinis en nombre qui soutiennent un certain rapport constant avec une ligne droite, ou encore un cône coupé par un plan oblique dont l'angle d'inclinaison soit plus grand que l'angle au sommet du cône, ou procède encore d'une infinité d'autres manières.

(70) VIII. Les idées sont d'autant plus parfaites qu'il y a plus de perfection dans l'objet qu'elles expriment : nous n'admirons pas autant l'artiste qui a conçu l'idée d'une pagode que celui qui a conçu l'idée d'un temple magnifique.

(71) Je ne m'arrête pas ici aux autres modes qui appartiennent encore à la pensée, comme l'amour, la joie, etc., car ils ne font rien à notre présent dessein et ne peuvent être conçus qu'on n'ait d'abord perçu l'entendement. Qu'on supprime en effet complètement la perception, ils sont tous supprimés.

(72) Les idées fausses et forgées n'ont rien de positif (comme je l'ai suffisamment montré) par quoi elles méritent la dénomination de fausses et de forgées; mais c'est seulement un manque de connaissance qui les rend telles qu'on les considère. Donc les idées fausses et forgées ne peuvent, comme telles, rien nous apprendre de l'essence de la pensée; cette connaissance doit être acquise des propriétés positives ci-dessus passées en revue; c'est-à-dire qu'on doit maintenant établir quelque chose de commun d'où ces propriétés découlent nécessairement, c'est-à-dire tel que, l'existence en étant posée, elles suivent nécessairement, et, l'existence en étant levée, elles soient toutes levées.

(La suite manque.)

NOTICE

SUR
« LES PRINCIPES DE LA PHILOSOPHIE DE DESCARTES » ET LES « PENSÉES MÉTAPHYSIQUES » [1]

La préface de Louis Meyer [2], qu'on trouvera ci-après, nous renseigne sur les circonstances dans lesquelles furent composés ces deux ouvrages. « Il me fut, dit-il, on ne peut plus agréable, d'apprendre de notre Auteur (Spinoza) qu'il avait dicté à un sien disciple, auquel il enseignait la philosophie de Descartes, la deuxième partie des *Principes* et un fragment de la troisième, démontrées à la façon des géomètres, comme aussi les principales et plus difficiles questions agitées dans la Métaphysique et non encore résolues par Descartes. »

Il est, d'autre part, fait mention dans deux lettres, l'une de Simon de Vries à Spinoza, l'autre écrite en réponse à la première [3], d'un jeune homme vivant sous le même toit que Spinoza (alors à Rijnsburg), prenant ses repas et se promenant avec lui, recevant de lui des enseignements sur les plus hauts sujets. Simon de Vries déclare ce jeune homme heureux et très enviable, à quoi Spinoza répond : « Ne l'enviez pas tant; il m'est insupportable et je me tiens en garde contre lui; je vous prie même, vous et tous nos

1. Ces deux ouvrages ayant été publiés ensemble et le second étant expressément donné comme le complément du premier, je ne crois pas devoir les séparer.

2. Lodewijk Meyer, luthérien de naissance, plus âgé que Spinoza de deux ans, médecin, poète, lexicographe, directeur de théâtre, auteur en 1666 d'un ouvrage intitulé *Philosophia Sacrae Scripturae Interpres*, fut un des meilleurs et plus fidèles amis de Spinoza. On l'a souvent considéré comme l'auteur de la *Préface* des *Œuvres posthumes* que nous avons attribuée à Jarig Jelles (voir *Notice sur le Court Traité* p. 15, note). Il est possible qu'il y ait eu collaboration; dans tous les cas, Louis Meyer fut de ceux qui assumèrent la charge de publier les *Œuvres posthumes*. — Voir Meinsma, ouvrage cité; Freudenthal, *Spinoza sein Leben und seine Lehre*, Bd. I.

3. Ce sont les lettres 8 et 9 de l'éd. van Vloten et Land; l'une et l'autre sont de février 1663.

amis, de ne pas lui communiquer mes opinions avant qu'il ait acquis un peu plus de maturité. Pour le moment il est trop jeune, inconstant, et plus curieux de nouveauté que de vérité. J'espère d'ailleurs que ces défauts de jeunesse se corrigeront d'ici quelques années; à en juger par ses dons naturels, je suis même presque sûr qu'il en sera ainsi; et ses bonnes dispositions m'inspirent pour lui de l'affection. »

Enfin, quelques mois après [1], Spinoza, écrivant à Oldenburg, lui faisait part de la publication des *Principes de la Philosophie de Descartes* et des *Pensées Métaphysiques*, « dictés à un certain jeune homme auquel il ne voulait pas exposer ouvertement ses propres opinions ». Ce texte rapproché des précédents permet de considérer le commensal envié par S. de Vries comme étant le disciple auquel Louis Meyer fait allusion dans sa préface [2].

Spinoza donc ayant consenti à enseigner la philosophie à un étudiant d'une vingtaine d'années et ne le jugeant pas assez mûr pour l'initier à sa propre doctrine entreprit de lui faire connaître celle de Descartes, laquelle comptait d'assez nombreux adeptes en Hollande, mais était loin cependant de régner en maîtresse dans les grandes écoles et n'y était même pas toujours tolérée [3]. On obser-

1. En juillet 1663, lettre 13.

2. Van Vloten a supposé que ce jeune homme pouvait être Albert Burgh (Voir *Notice sur le tr. de « la Réf. de l'Ent. »*, p. 174, note). Il suffit, pour écarter cette hypothèse, d'observer que le père d'Albert Burgh s'étant marié en 1650 (Meinsma, ouvrage cité, p. 381) son fils a pu naître au plus tôt en 1651 et aurait eu à peine douze ans en février 1663. D'ailleurs S. de Vries *nomme* dans sa lettre l'étudiant qui a eu la singulière fortune de vivre pendant quelque temps dans une sorte d'intimité avec Spinoza, et ce dernier le nomme également dans la sienne. Il s'appelait Casearius; S. de Vries, toutefois, orthographie mal son nom; il l'écrit *Casuarius*. Bien que le nom ait une *majuscule* dans les deux lettres autographes (les originaux se trouvent à l'église baptiste d'Amsterdam), il a été imprimé avec une *minuscule*, et beaucoup d'interprètes en ont fait à la suite de van Vloten un mot bas-latin signifiant : qui réside sous le même toit. Meinsma (ouvrage cité, p. 181) a complètement éclairci ce point d'histoire et nous lui devons également d'amples renseignements sur ce personnage de Casearius : né en 1642 à Amsterdam, étudiant en théologie à Leyde en 1661, il fut plus tard pasteur au Malabar (Hindoustan) et collabora très activement à un grand et important ouvrage de botanique, *Hortus Malabaricus*. Il mourut jeune, à Batavia semble-t-il, de la dysenterie, et paraît avoir justifié pleinement les espérances fondées sur lui par Spinoza. Van Reede, auteur principal du *Jardin du Malabar*, parle de lui en excellents termes dans la préface du 3e volume (v. Meinsma, ouvrage cité, p. 189).

3. Les théologiens protestants et les péripatéticiens firent prendre à diverses reprises des mesures contre l'introduction et l'enseignement de la philosophie cartésienne. Sur la persistance de la tradition scolas-

vera, d'ailleurs, que nulle étude n'était plus propre à satisfaire la curiosité d'un jeune homme avide de nouveauté, qu'elle ne pouvait manquer de lui être fort salutaire et, dans la pensée de Spinoza, devait le préparer, sans doute, à l'intelligence d'une autre et plus grande doctrine.

Il paraît surprenant au premier abord que Spinoza ait commencé son exposition géométrique à la deuxième partie des *Principes;* nous savons cependant par lui-même (lettre 13 à Oldenburg) et par la préface de Louis Meyer qu'il en fut ainsi [1]. Aurait-il voulu s'en tenir avec Casearius, son élève, à l'étude des *principes des choses matérielles*, laissant provisoirement de côté celle des *principes de la connaissance?* Cela paraît assez peu admissible, les enseignements donnés dans la deuxième partie ayant pour fondement nécessaire ceux qui sont donnés dans la première. Il est impossible qu'avant d'exposer sous forme géométrique les *éléments de la mécanique* de Descartes, Spinoza n'ait pas fait connaître à son élève la *théorie de la connaissance* et la *métaphysique* de Descartes, au moins dans leurs traits essentiels.

En fait il n'y a point manqué, mais au lieu de se borner à une simple exposition des principes du cartésianisme, il avait cru devoir donner à cette partie de son enseignement un caractère polémique [2]. Il a commencé par une sorte d'examen critique des notions et des théories les plus

tique en Hollande voir Freudenthal, *Spinoza sein Leben und seine Lehre*, p. 44; — même auteur, *Spinoza und die Scholastik* (dans *Philosophische Aufsatze E. Zeller gowidmet*, Leipzig, 1887); — sur l'enseignement de la philosophie dans les universités hollandaises au XVIIe siècle, Land, *Arnold Geulincx und seine Philosophie*, La Haye, 1895; — sur l'introduction en Hollande du cartésianisme : Bouillier, *Histoire de la Philosophie cartésienne*, I, p. 255 sq.

1. Louis Meyer nous dit aussi qu'à sa prière Spinoza avait consenti à exposer après coup dans la même forme géométrique la première partie, afin que l'ouvrage ne fût pas trop incomplet, et que cette partie du travail fut faite en quinze jours seulement, l'auteur retenu par d'autres et plus grandes occupations n'ayant pu y affecter plus de temps.

2. Il est permis de supposer que Casearius, étudiant en théologie, avait reçu une certaine culture scolastique; d'où la nécessité de le débarrasser avant tout des idées fausses dont son esprit était probablement rempli, et de lui montrer la futilité, la vanité de la scolastique; la plupart des personnes instruites de Hollande et d'ailleurs se trouvant dans la même condition intellectuelle, ce qui était bon pour Casearius devait l'être aussi pour beaucoup au jugement de Spinoza et de ses amis. On s'expliquerait ainsi très bien la publication de l'ouvrage, le consentement de Spinoza à ce qu'elle eût lieu, la peine prise par lui à cet effet, le zèle de Louis Meyer qui y donna tous ses soins, celui de Jarig Jelles qui en fit les frais, l'enthousiasme enfin de Bouwmeester, auteur probable d'une poésie latine qu'on trouvera ci-après.

importantes de la philosophie généralement enseignée (la scolastique) et il a résolu dans un sens cartésien [1] les problèmes relatifs à l'être en général et à certains êtres en particulier : Dieu et l'âme humaine. Cette partie de l'enseignement donné à Casearius forme l'ouvrage publié sous le titre de *Pensées Métaphysiques* et présenté au public comme un appendice aux *Principes de la Philosophie de Descartes*. Les *Pensées Métaphysiques* furent donc composées avant les *Principes;* cela est *certain* pour ce qui touche la première partie de ce dernier ouvrage, écrite en quinze jours, en vue de la publication projetée, comme nous l'apprend Louis Meyer dans sa préface; cela est tout le moins extrêmement probable, en ce qui concerne la deuxième [2]. Avant la publication, toutefois, les *Pensées Métaphysiques* furent revues par l'auteur, des renvois aux *Principes* y furent ajoutés, quelques corrections faites à la rédaction primitive, mais le peu de temps donné par

1. Je dis *dans un sens cartésien*, ce qui, dans ma pensée, n'exclut nullement la possibilité pour Spinoza d'indiquer çà et là assez clairement, au moins pour nous qui connaissons ses autres œuvres, sa propre manière de voir. J'ajoute qu'il le fait dans les *Principia* tout autant que dans les *Cogitata Metaphysica*. Les *Cogitata Metaphysica* ont donné lieu à un intéressant débat entre Freudenthal et Kuno Fischer. Ce dernier avait cherché à établir, dans son *Histoire de la Philosophie moderne*, que Spinoza, interprète de Descartes dans les *Principia Philosophiæ Cartesianæ*, le combattait dans les *Cogitata*, sinon ouvertement, du moins indirectement. Ainsi, d'après Kuno Fischer, les *Cogitata* seraient un écrit anticartésien, joint aux *Principia* à titre de correctif. Freudenthal a bien montré, croyons-nous, dans sa dissertation déjà citée, *Spinoza und die Scholastik (Philos. Aufsätze E. Zeller gewidmet) :* 1° que les *Cogitata* avaient été composés avant les *Principia* et simplement revus pour l'impression; 2° que les *Cogitata* étaient un écrit antiscolastique et non anticartésien. — Voir, outre les ouvrages ci-dessus, la réponse de Kuno Fischer dans l'édition la plus récente de son grand ouvrage (*Geschichte der neueren Philosophie Jubiläum-Ausgabe*, Heidelberg, 1898, II, p. 306 sq., note) et la réplique de Freudenthal dans *Zeitschrift für Philosophie*, Bd. 114, p. 304 sq. — Voir aussi Lewkowitz, *Spinoza's Cogitata Metaphysica*, Breslau, 1902.

2. Les *Pensées Métaphysiques* sont ainsi un des premiers ouvrages de Spinoza : postérieures seulement, à ce que je pense, au *Court Traité* et au traité de *la Réforme de l'Entendement*. Deux historiens, à ma connaissance, L. Busse en Allemagne (*Zeitschrift für Philosophie*, Bd. 90, 92) et M. Couchoud en France (*les Grands Philosophes, Benoît de Spinoza*, Paris, 1902), ont considéré les *Pensées Métaphysiques* comme antérieures au *Court Traité*, à tort à ce qu'il semble. M. Rivaud, d'autre part, dans sa thèse sur les *Notions d'essence et d'existence dans la Philosophie de Spinoza* (Paris, 1906), fait des *Pensées Métaphysiques* un commentaire au *Court Traité;* cela me paraît à tout le moins fort exagéré. Tel que je le conçois, cet ouvrage est une *introduction à l'étude du cartésianisme et du spinozisme à l'usage des personnes ayant reçu la culture philosophique habituelle au XVII*^e^ *siècle*.

Spinoza à ce travail ne permet pas de croire qu'aucun changement important ait été apporté au texte dicté à Casearius.

Les *Principes de la Philosophie de Descartes* et les *Pensées Métaphysiques* le cèdent assurément en importance dogmatique et en intérêt historique au traité de *la Réforme de l'Entendement* et au *Court Traité*. Il est cependant indispensable de lire ces ouvrages, non seulement pour ne rien négliger de ce qui peut servir à l'intelligence des autres écrits de Spinoza, mais pour se faire une idée de ses études et de ses lectures philosophiques, et aussi de la position prise par lui à l'égard tant de Descartes que des scolastiques. Dans les *Principes*, il expose la philosophie de Descartes avec exactitude et intelligence, en homme qui la connaît à fond et l'estime grandement. Il la complète sur quelques points en s'inspirant de la pensée de son auteur, cherche à rendre certaines choses, par exemple les distinctions à établir entre le mouvement, la direction du mouvement, la vitesse du mouvement, plus claires ou moins obscures qu'elles ne le sont dans l'ouvrage même qu'il interprète. Tout en l'exposant, cependant, on voit fort bien qu'il la juge, sait très exactement à quel moment précis sa pensée propre cesse de s'accorder avec celle de Descartes ; cela, bien entendu, est surtout apparent dans la première partie, et je signalerai dans mes notes explicatives quelques passages où des points attaquables de la doctrine de Descartes sont indiqués de façon plus ou moins directe. Je me contenterai de signaler ici la manière dont il répond, dans son introduction, à ceux qui reprochent à Descartes de s'être mis dans l'impossibilité de démontrer l'existence de Dieu et, par suite, de parvenir à aucune certitude véritable [1]. Spinoza commence par indiquer la réponse que fait Descartes lui-même : après quoi, il prend la parole en son propre nom, et tout de suite, sur un point fondamental s'il en est, une divergence de vues se manifeste. Descartes fonde la certitude sur l'*existence de Dieu ;* rien n'est assuré pour lui aussi longtemps que cette existence n'est pas établie. Spinoza s'en tient à *l'idée de Dieu ;* sitôt qu'il a reconnu qu'il avait en lui une idée claire et distincte de Dieu, d'un Dieu qui ne *peut pas* être trompeur, il suffit : les vérités mathématiques et avec elles toutes les autres sont sauves, la science est reconnue possible. Pour qui veut y réfléchir, toute la doctrine de l'immanence est déjà contenue en germe dans

1. C'est la question fameuse du *cercle cartésien*.

cette simple proposition : je suis capable de connaître avec certitude par cela seul que j'ai de l'être souverainement réel une idée claire; c'est-à-dire, au fond, la vérité est une qualité intrinsèque de mes pensées, de celles du moins qui sont de *vraies* pensées; je n'ai besoin d'aucun garant extérieur; le fondement de la science n'est pas l'*existence* d'un Dieu distinct de moi, mais la *présence* en moi d'une idée de l'être absolu que je n'aurais pas si je n'étais cet être même en quelque manière, *Deus quatenus*.

Tout cela Spinoza ne le dit pas; il ne l'indique même pas; il se borne à rectifier sur un point la théorie cartésienne de la certitude pour la rendre inattaquable, mais la façon dont il la rectifie, bien que très cartésienne elle-même, puisque c'est la première règle de la méthode qui est appliquée avec rigueur [1], modifie très profondément la théorie exposée et peut entraîner par la suite les plus graves conséquences métaphysiques.

Les *Pensées Métaphysiques*, outre qu'elles nous renseignent sur le sens attribué par Spinoza aux termes qu'il emprunte aux auteurs scolastiques [2], contiennent une exposition forte et précise de quelques théories importantes concernant, par exemple, les universaux, le temps et la durée, la création continuée, le sens tout mécaniste à donner aux mots tendance et vie, etc.; sur tous ces points Spinoza est, pourrait-on dire, plus cartésien que Descartes; son artifice, à supposer le mot juste, consiste à montrer que le cartésianisme même oblige à dépasser Descartes. La discussion enfin de la thèse déterministe soutenue par Heereboord sur la volonté mérite d'être étudiée de très près. Sans que nous devions croire avec Kuno Fischer que cet ouvrage soit destiné à renverser ce qui est édifié dans les

1. Rien n'est plus cartésien que ce principe : le vrai c'est le clair, *quod clare intelligitur*, et il est encore plus spinoziste que cartésien. En ce sens, le mot de Leibnitz est juste.

2. Spinoza paraît avoir connu surtout les scolastiques les plus récents (il lui arrive cependant de citer saint Thomas), ceux du XVIe et du XVIIe siècle. Les ouvrages du jésuite espagnol Suarez ont directement ou indirectement, à travers d'autres auteurs, contribué à la formation de son esprit et de son vocabulaire. Parmi les scolastiques protestants, Burgersdijck, professeur à Leyde de 1620 à 1635, semble celui à qui il a le plus emprunté de termes et de notions. Peut-être d'ailleurs l'a-t-il surtout connu à travers Heereboord, élève de Burgersdijck; Heereboord est un demi-cartésien encore très scolastique de langage et d'esprit. Ses *Meletemata Philosophica* sont textuellement cités dans les *Pensées Métaphysiques*, et il est certain que ce livre a été un des livres d'*étude* de Spinoza. Sur tous ces points voir, outre la vie de Spinoza par Freudenthal, la dissertation du même auteur sur *Spinoza et la Scolastique (Philosophische Aufsätze E. Zeller gewidmet)*.

Principes [1], sans qu'il faille davantage partager l'opinion de Joel [2] qui voit dans les *Pensées Métaphysiques* plutôt le fruit des lectures de philosophes juifs, faites par Spinoza dans sa jeunesse [3], nous pouvons donc tirer un assez grand profit de l'étude de cet ouvrage.

La publication se fit, comme on l'a vu plus haut, par les soins de Louis Meyer, dont la préface, évidemment écrite après entente avec l'auteur, contient elle-même des indications précieuses. Spinoza tenait à avertir le public, auquel il s'adressait pour la première fois, que la doctrine exposée dans son ouvrage n'était pas la sienne. Certaines choses à la vérité, dit Meyer, ne sont pas de Descartes, mais de Spinoza, toutes sont en conformité avec les principes posés par Descartes [4]. L'auteur en croit vraies quelques-unes, mais il en rejette beaucoup. Cette déclaration faite, Louis Meyer indique à titre d'exemple la théorie de la volonté libre, distincte de l'entendement, théorie qui se rattache à celle de l'existence de l'âme comme *substance* pensante.

L'ouvrage ainsi présenté au public parut en 1663 chez Rieuwertsz précédé d'une poésie en vers latins élégiaques [5], œuvre selon van Vloten et Land d'un certain Bresser mais que Meinsma attribue, avec raison semble-t-il, à Johannes

1. Voir à ce sujet la note ci-dessus, p. 224.
2. *Zur Genesis der Lehre Spinoza's*, p. 47.
3. Sur ce point voir également Freudenthal, *Spinoza und die Scholastik*, p. 102.
4. Cette déclaration s'applique expressément aux *Pensées Métaphysiques* aussi bien qu'aux *Principes;* cela seul suffit à infirmer la thèse de Kuno Fischer (voir ci-dessus, p. 224, note) à moins d'admettre que Spinoza et L. Meyer ont fait une déclaration fausse. Le cartésianisme est entendu dans un sens que Descartes n'eût pas toujours avoué; certaines rectifications ou améliorations y sont apportées qui, ainsi qu'on a pu le voir plus haut, sont grosses de conséquences non cartésiennes mais spinozistes. Je ne crois cependant pas qu'on puisse accuser Spinoza d'être un interprète infidèle.
5. Voici la traduction de ce petit morceau :

Au Livre

« Que nous te disions né d'un génie meilleur ou que de la source de Descartes tu sois rené, petit Livre, tout ce que tu exposes, toi seul étais digne de le posséder et tu ne tiens ton mérite d'aucun modèle. Que j'aie égard à ton génie propre ou à tes enseignements, il me faut élever jusqu'aux astres ton Auteur. Ce qu'il nous a donné est sans exemple jusqu'ici; mais toi, petit Livre, fais en sorte d'être un exemple et, ce qu'au seul Spinoza doit Descartes, que Spinoza se le doive à lui-même. »

I. B. M. D
(Johannes Bouwmeester, Medicinae Doctor.)

Bouwmeester [1]. L'année suivante : les *Principes* et les *Pensées Métaphysiques* furent traduits en hollandais par Pieter Balling, un des membres les plus intéressants du petit groupe d'amis pour lequel Spinoza avait écrit le *Court Traité* et auquel il communiqua l'*Éthique* au fur et à mesure qu'il l'écrivit. Le livre eut du succès tant en Hollande qu'à l'étranger; c'est sans doute à cette publication, la seule faite de son vivant sous son nom, que Spinoza dut, dix ans plus tard, l'offre d'une chaire de philosophie à l'Université de Heidelberg [2]. L'auteur cependant paraît s'être assez peu inquiété de ce livre où il exposait la doctrine d'un autre, qu'il avait composé pour l'instruction d'un élève et publié à la prière de ses amis, dans l'espoir, écrit-il à Oldenburg, de gagner la protection de quelques personnages et de pouvoir, sans crainte d'être inquiété, publier d'autres écrits [3]. Il n'eut, semble-t-il, jamais l'idée de compléter l'exposition de la *Physique* de Descartes interrompue au commencement de la troisième partie des *Principes*. Il est fort probable du reste que son jugement sur la *Mécanique* et la *Physique* cartésiennes s'est modifié dans les années qui suivirent et, assez favorable au début, l'est devenu de moins en moins. La sévérité avec laquelle il s'exprime dans une lettre à Tschirnhaus [4] sur les principes des choses naturelles admis par Descartes permet de le croire; il n'a pas hésité, dit-il, à déclarer ces principes inutiles pour ne pas dire absurdes. Telle n'était sans doute pas son opinion au moment où il les exposait à Casearius. Nous aurons d'ailleurs l'occasion de revenir sur cette appréciation dans les notes explicatives et de la rapprocher d'autres jugements.

1. Meinsma, ouvrage cité, p. 210. Bouwmeester, contemporain de L. Meyer, ayant, comme lui, étudié la médecine et son grand ami, entra en relation, sans doute par son intermédiaire, avec Spinoza qui avait pour lui de l'affection, comme le prouve la lettre 37 à lui adressée (et non à Bresser contrairement à ce que disent van Vloten et Land). Toutefois, sa compréhension des questions philosophiques paraît avoir été fort petite et la poésie latine dont j'ai donné la traduction dans la note précédente le montre capable d'éloges hyperboliques plutôt que d'une saine appréciation des choses.

2. Il semble qu'un Français, Urbain Chevreau, résidant à la cour de Charles-Louis, Électeur palatin, ait eu quelque part à l'offre; du moins affirme-t-il qu'il signala Spinoza, connu par lui seulement comme auteur des *Principes de la Philosophie de Descartes* et qu'il appelle un juif protestant, à l'attention de l'Électeur. — Voir Freudenthal, *Lebensgeschichte Spinoza's*, p. 219.

3. Ce passage de la lettre 13 n'infirme pas l'hypothèse que je fais dans la note 2 de la page 223; il viendrait plutôt à l'appui.

4. Lettre 81, datée du 5 mai 1676.

AVERTISSEMENT

RELATIF AUX « PRINCIPES DE LA PHILOSOPHIE DE DESCARTES » ET AUX « PENSÉES MÉTAPHYSIQUES »

Le texte ne donne lieu à aucune observation particulière; je n'ai guère relevé dans l'édition van Vloten et Land que des fautes d'impression.

En ce qui concerne la traduction, il va de soi que j'ai eu sous les yeux une édition française des *Principes* de Descartes et que je m'en suis inspiré pour le choix de certains mots. En général quand Spinoza cite le texte soit des *Principes*, soit des *Méditations*, soit des *Réponses aux Objections*, je reproduis la traduction française faite du vivant de Descartes et en quelque sorte sous ses yeux. Je ne m'y astreins cependant pas toujours et ma raison pour m'en dispenser à l'occasion est que Spinoza lisait Descartes en latin, non en français.

La traduction hollandaise des *Pensées Métaphysiques* contient quelques notes marginales qui sont peut-être du traducteur Pieter Balling, mais où il est fort possible que Spinoza ait mis la main; elles ne laissent pas d'avoir un certain intérêt et, pour cette raison, je les ai traduites d'après le texte que donne l'édition van Vloten et Land, en les signalant par une croix.

AU LECTEUR BIENVEILLANT

LOUIS MEYER

PRÉSENTE SES SALUTATIONS

C'est le sentiment unanime de tous ceux qui veulent s'élever au-dessus du vulgaire par la clarté de la pensée que la Méthode d'investigation et d'exposition scientifique des Mathématiciens (c'est-à-dire celle qui consiste à démontrer des Conclusions à l'aide de Définitions, de Postulats et d'Axiomes) est la voie la meilleure et la plus sûre pour chercher et enseigner la vérité. Et cela à bon droit. En effet, comme nulle connaissance ferme et assurée d'une chose inconnue ne se peut acquérir et tirer que de choses préalablement connues avec certitude, il est nécessaire de poser d'abord celles-ci à la base comme un fondement solide sur lequel se puisse dresser plus tard tout l'édifice de la connaissance humaine, sans risquer de s'affaisser de lui-même ou de s'effondrer au moindre choc. Or, que ce caractère de notions fondamentales appartienne à celles qui, sous le nom de Définitions, de Postulats et d'Axiomes, sont d'un si fréquent usage parmi les personnes cultivant la Mathématique, c'est ce dont ne pourra douter quiconque aura seulement salué du seuil cette noble science. Les Définitions en effet ne sont autre chose que des explications très ouvertes des termes et noms par où sont désignés les objets dont il sera traité; quant aux Postulats et aux Axiomes, ou Notions communes de l'esprit, ce sont des énonciations si claires et distinctes que nul, pour peu qu'il ait compris les mots, ne peut leur refuser son assentiment.

Malgré cela on ne trouve cependant à peu près aucune science, les Mathématiques mises à part, où cette Méthode ait été suivie; on en suit une autre presque diamétralement opposée, où tout se fait par le moyen de définitions et de divisions constamment enchaînées entre elles et entremêlées çà et là de questions et d'explications. On a jugé en effet presque universellement (et beaucoup qui s'appliquent à constituer les sciences ou en traitent dans leurs écrits jugent encore) que cette méthode est particulière aux Mathématiques et que toutes les autres disciplines y sont opposées et la rejettent. Ainsi est-il advenu que ces auteurs ne démontrent les thèses qu'ils apportent par aucunes raisons apodictiques, mais s'efforcent seulement de les soutenir par des vraisemblances et des arguments probables, et publient de la sorte un amas confus de gros livres dans lesquels on ne peut rien trouver de solide et de certain; ce dont ils sont tout pleins c'est de controverses et de dissentiments, et ce que l'un a établi par quelques raisons de peu de poids, bientôt l'autre le réfute et, par des armes toutes pareilles, le renverse et le met en pièces; si bien que l'esprit avide de vérité inébranlable, où il pensait trouver un lac tranquille à souhait et, après une traversée heureuse et sûre, parvenir selon son désir au port de la connaissance, se voit flottant au hasard sur la mer houleuse des opinions, entouré de toutes parts des orages de la discussion, ballotté et submergé par les vagues du doute, sans aucun espoir de reprendre pied.

Quelques hommes se sont trouvés cependant qui en ont jugé autrement et, pleins de pitié pour ce destin lamentable de la Philosophie, se sont écartés de la voie communément suivie dans les sciences et battue par tous, pour entrer dans des chemins nouveaux, ardus certes, hérissés de difficultés, devant les conduire à transmettre à la postérité, démontrées selon la Méthode et avec la certitude Mathématique, les parties de la Philosophie autres que la Mathématique. De ces hommes les uns ont exposé dans cet ordre nouveau une philosophie déjà admise et coutumièrement enseignée dans les écoles, les autres, une Philosophie nouvelle, trouvée par leurs propres moyens et qu'ils présentaient au monde savant. Et, après que cette entreprise eut été tentée pendant un long temps et par beaucoup sans succès, se leva enfin cet astre le plus éclatant de notre siècle, René Descartes, qui d'abord, par une méthode nouvelle, fit passer des ténèbres à la lumière tout ce qui dans la Mathématique était resté inaccessible aux anciens et tout ce que les contemporains n'avaient pu découvrir, puis posa les fondements inébranlables de la Philosophie; fondements sur lesquels il est possible d'asseoir la plupart des vérités dans l'ordre et avec la certitude mathématiques, ainsi que lui-même l'a réellement démontré et comme, à tous ceux qui ont étudié attentivement ses écrits dont jamais la louange n'égalera le mérite, il apparaît avec une clarté qui l'emporte sur la lumière du jour.

Si, d'ailleurs, dans les ouvrages philosophiques de cet homme illustre et incomparable, il est procédé selon la raison démonstrative et l'ordre Mathématique, ce n'est cependant pas de cette façon commune, usitée dans les Éléments d'Euclide et par les autres Géomètres, consistant à rattacher les ropositions et leurs Démonstrations à des, Définitions, des Postulats et des Axiomes posés d'abord mais d'une autre et très différente façon qu'il proclame lui-même la vraie et la meilleure méthode d'enseignement et nomme Analytique. Il distingue, en effet, à la fin de la *Réponse aux Deuxièmes Objections*, deux sortes de démonstration apodictique, l'une par Analyse, « qui montre la vraie voie par laquelle une chose a été inventée méthodiquement et comme *a priori* »; l'autre par la synthèse « qui se sert d'une longue suite de définitions de demandes ou d'axiomes, de théorèmes et de problèmes, afin que, si on lui en nie quelques conséquences, elle fasse voir comment elles sont contenues dans leurs antécédents, et qu'elle arrache ainsi le consentement au lecteur, tout obstiné et opiniâtre qu'il puisse être, etc. »

Bien que dans l'une et l'autre manières de démontrer se trouve une certitude s'élevant au-dessus de tout risque de doute, elles ne sont cependant pas toutes les deux également utiles et commodes pour tous. Car la plupart des hommes, n'étant pas versés dans les sciences mathématiques et ignorant ainsi complètement et la méthode par où elles sont exposées (Synthèse) et celle par où elles sont inventées (Analyse), ne peuvent ni saisir pour eux-mêmes ni expliquer aux autres les choses apodictiquement démontrées dont il est traité dans ces livres. Ainsi est-il advenu que beaucoup, après s'être enrôlés parmi les partisans de Descartes par un entraînement aveugle ou par docilité à l'influence d'autrui, ont seulement imprimé dans leur mémoire sa façon de penser et ses enseignements, quand il en est discouru, ne savent que se répandre en paroles et en vains bavardages et, comme c'était jadis et c'est encore la coutume parmi les adhérents de la Philosophie Péripatéticienne, sont incapables de rien démontrer. Pour leur venir en aide j'ai donc souvent désiré qu'un homme, également exercé à l'ordre Analytique et au Synthétique, très familier avec les ouvrages de Descartes et connaissant à fond sa Philosophie, voulût bien se mettre à l'œuvre, disposer dans l'ordre synthétique ce que Descartes a présenté dans l'ordre analytique et le démontrer à la façon de la géométrie ordinaire. Moi-même, bien qu'ayant pleine conscience de ma faiblesse, et me sachant fort au-dessous d'une œuvre si grande, j'en ai eu souvent le dessein et j'ai même commencé de l'entreprendre, mais d'autres occupations par lesquelles je suis très souvent distrait m'ont empêché de l'accomplir.

Il me fut donc on ne peut plus agréable d'apprendre de notre Auteur qu'il avait dicté à un sien disciple, auquel il enseignait la Philosophie de Descartes, la deuxième partie des *Principes* et un fragment de la troisième démontrées à la façon des géomètres comme aussi les principales et plus difficiles questions agitées dans la Métaphysique et non encore résolues par Descartes; et que, sur les vives instances de ses amis, il ferait paraître cet ouvrage après l'avoir corrigé et augmenté. Je ne manquai donc pas d'approuver aussi ce dessein et offris volontiers mon aide à l'auteur en cas qu'il en eût besoin pour la publication; je le priai même de disposer dans le même ordre géométrique et de placer avant le reste la première partie des *Principes* afin que le tout ainsi présenté fût d'abord mieux compris et mieux accueilli. Voyant que cela était parfaitement raisonnable, il ne voulut se refuser ni aux prières d'un ami, ni à l'intérêt du public et comme, habitant la campagne, loin de la ville, il ne pouvait lui-même surveiller l'impression, il la commit à mes soins ainsi que la publication.

Nous t'offrons donc, lecteur bienveillant, dans ce petit livre, la première partie et la deuxième des *Principes de la Philosophie* de René Descartes et un fragment de la troisième, y ayant joint à titre d'*Appendice* des *Pensées Métaphysiques* de notre Auteur. Si cependant nous disons ici, et si le titre même du livre annonce, la première partie des *Principes*, nous n'avons pas voulu donner à entendre que l'on trouve ici exposé, avec démonstration selon l'ordre géométrique, tout ce qu'a dit Descartes dans cette partie; mais cette dénomination a été prise comme la plus convenable et ainsi les questions principales concernant la Métaphysique, traitées par Descartes dans ses *Méditations* (ce qui intéresse la logique, et ce qui est rapporté et considéré avec un caractère seulement historique, a été laissé de côté) ont été tirées de là. Pour s'acquitter plus aisément de sa tâche notre Auteur a donc reproduit ici mot pour mot presque tout ce que Descartes a exposé lui-même dans l'ordre géométrique à la fin de sa *Réponse aux Deuxièmes Objections :* il a mis en tête toutes les Définitions de Descartes; inséré les Propositions de cet Auteur parmi les siennes propres, n'a pas placé toutefois les Axiomes aussitôt après les Définitions mais seulement après la quatrième Proposition, et en a modifié l'ordre pour en rendre la démonstration plus aisée; a enfin laissé de côté ce qui pour lui était superflu. Notre Auteur n'ignore pas que ces Axiomes (ainsi que Descartes le dit lui-même dans la septième demande) peuvent être démontrés comme des Théorèmes et se trouveraient même mieux à leur place parmi les Propositions; bien que nous lui ayons demandé cependant d'effectuer ce changement, les soins plus importants dont il est occupé, ne lui permettant pas d'affecter à cet ouvrage plus de deux semaines, furent cause qu'il ne put satisfaire notre désir et le sien propre. Il a simplement, quant à présent, joint aux Axiomes une courte explication pouvant tenir lieu de démonstration et a remis à plus tard la démonstration plus longue et complètement achevée qu'il donnera si, après l'écoulement de la présente édition, il y a lieu de préparer une édition nouvelle. Pour l'augmenter nous tâcherons alors d'obtenir de lui qu'il achève en son entier la troisième partie, traitant du *Monde visible*, dont nous ne publions ici qu'un fragment (l'Auteur ayant terminé là son enseignement), joint au reste parce que nous n'avons pas voulu, si petit qu'il fût, que le lecteur en fût privé. Afin d'observer l'ordre légitime dans cette besogne complémentaire, il faudra aussi ajouter dans la deuxième partie quelques Propositions sur la nature et les propriétés des Fluides, addition à laquelle je m'emploierai de mon mieux à déterminer l'Auteur.

Non seulement dans la position et l'explication des axiomes, mais aussi dans la démonstration des théorèmes et des autres conséquences, notre Auteur s'éloigne très souvent de Descartes et use d'un raisonnement très différent du sien. Que nul n'interprète ces divergences comme s'il voulait corriger cet homme illustre; qu'on se persuade, au contraire, qu'il a seulement en vue de mieux observer l'ordre précédemment adopté par lui et de ne pas augmenter indûment le nombre des axiomes. Pour la même raison, il a dû démontrer beaucoup de propositions laissées sans démonstration par Descartes et en ajouter qu'il avait complètement omises.

Avant tout je désire qu'on observe que dans tout

l'ouvrage, aussi bien dans la première partie et la deuxième des *Principes* et dans le fragment de la troisième, que dans ses *Pensées métaphysiques*, notre Auteur a seulement voulu exposer les idées de Descartes et leurs démonstrations, telles qu'on les trouve dans ses écrits, ou telles que des principes établis on les peut déduire par légitime conséquence. Ayant promis d'instruire son disciple dans la Philosophie de Descartes, il se fit une religion de ne pas s'en écarter de la largeur d'un ongle et de ne rien dicter qui ne répondît pas ou fût contraire aux enseignements de ce philosophe. Qu'on ne croie donc pas qu'il fasse connaître ici ses propres idées ou même des idées qui aient son approbation. S'il en juge vraies quelques-unes, et s'il reconnaît en avoir ajouté quelques-unes de lui-même, il en a rencontré beaucoup qu'il rejette comme fausses et auxquelles il oppose une conviction profondément différente.

Pour donner de ces dernières un exemple seulement entre beaucoup d'autres, je citerai ce qui est dit de la Volonté dans le *Scolie de la Proposition* 15, *partie I* des *Principes* et le *chapitre* 12, *partie II* de l'*Appendice*, bien que paraissant établi avec assez de poids et un suffisant appareil. Il n'estime pas, en effet, que la Volonté soit distincte de l'Entendement et encore bien moins qu'elle soit douée de la liberté que lui attribue Descartes. Quand il énonce son opinion à ce sujet, Descartes, cela peut se voir dans le *Discours de la méthode*, quatrième partie, dans la *Deuxième Méditation* et ailleurs, suppose seulement, il ne prouve pas, que l'âme est absolument une substance pensante. Tandis qu'au contraire notre Auteur admet à la vérité l'existence dans la Nature d'une substance pensante, mais nie qu'elle constitue l'essence de l'âme humaine, et soutient que la pensée pas plus que l'étendue n'a de limites la déterminant; qu'en conséquence, de même que le corps humain n'existe pas absolument, mais seulement une étendue déterminée d'une certaine façon par du mouvement et du repos selon les lois de la Nature étendue, de même l'Esprit, ou l'Ame humaine, n'existe pas absolument, mais bien une pensée déterminée d'une certaine façon par des idées selon les lois de la Nature pensante; pensée dont l'existence est posée nécessairement, sitôt que le corps commence d'exister. Par cette définition, il ne croit pas difficile de démontrer que la Volonté n'est pas distincte de l'Entendement, et qu'il s'en faut encore bien davantage qu'elle jouisse de la liberté à elle attribuée par Descartes; bien plus, que la faculté même d'affirmer et de nier est une pure fiction; que l'affirmer et le nier ne sont rien en dehors des idées; que pour les autres facultés, telles que l'Entendement, le Désir, etc., on doit les ranger au nombre des êtres imaginaires ou au moins de ces notions que les hommes ont formées parce qu'ils conçoivent les choses abstraitement, telles l'humanité, la pierréité et autres de même genre.

Je ne dois pas non plus passer sous silence qu'il faut porter au même compte, c'est-à-dire considérer comme exprimant la pensée de Descartes seulement, ce qui se trouve en quelques passages, à savoir que « telle ou telle chose est au-dessus de l'humaine compréhension ». On doit se garder, en effet, d'entendre cela comme si notre Auteur l'avançait parce que tel est son sentiment. Car il juge que toutes ces choses, et même beaucoup d'autres plus élevées et plus subtiles, non seulement peuvent être conçues par nous clairement et distinctement, mais qu'il est même possible de les expliquer très commodément, pourvu que l'entendement humain se dirige dans la poursuite de la vérité et la connaissance des choses par une autre voie que celle qui a été ouverte et frayée par Descartes; et qu'ainsi les fondements des sciences trouvés par Descartes, et l'édifice qu'il a élevé sur eux, ne suffisent pas pour dénouer et résoudre toutes les questions et les plus difficiles qui se rencontrent dans la Métaphysique; mais que d'autres sont requis si nous désirons élever notre entendement à ce faîte de la connaissance.

Enfin, pour achever cette préface, nous rappellerons aux Lecteurs que la publication de tous ces traités est faite uniquement en vue de la recherche et de la propagation de la vérité, et pour inciter les hommes à l'étude de la Philosophie vraie et sincère; que tous donc, avant de se mettre à les lire pour en tirer, comme nous le leur souhaitons dans l'âme, un fruit excellent, soient avertis d'avoir à réparer certaines omissions où elles se trouvent, et de bien vouloir corriger avec soin les fautes d'impression qui se sont glissées dans le texte : il en est quelques-unes, en effet, qui pourraient empêcher d'apercevoir la force d'une Démonstration et la vraie pensée de l'Auteur, comme chacun s'en rendra compte aisément d'un coup d'œil.

LES PRINCIPES DE LA PHILOSOPHIE DE DESCARTES

DÉMONTRÉS SELON LA MÉTHODE GÉOMÉTRIQUE

PARTIE I

INTRODUCTION

Avant d'en venir aux Propositions elles-mêmes et à leurs Démonstrations, il a paru bon d'exposer brièvement pourquoi Descartes a douté de tout, par quelle voie il a trouvé les fondements stables des sciences et enfin par quels moyens il s'est délivré de tous ses doutes. Nous aurions disposé tout cela dans l'ordre mathématique, si nous n'avions pensé que l'inévitable prolixité de cette exposition empêcherait que cela ne fût dûment perçu d'une seule vue par l'entendement ainsi qu'en un tableau.

Descartes donc, afin de procéder avec la plus grande prudence dans son investigation des choses, s'est efforcé :

1° De rejeter tous préjugés;

2° De trouver des fondements sur lesquels s'élèverait tout l'édifice;

3° De découvrir la cause de l'erreur;

4° De connaître toute chose clairement et distinctement.

Pour pouvoir parvenir au premier, au second et au troisième point il commence par tout révoquer en doute; non certes à la manière d'un sceptique pour qui le doute est la seule fin poursuivie, mais à l'effet de libérer son esprit de tous préjugés et de trouver par là les fondements fermes et inébranlables des sciences comme il ne pouvait manquer de le faire, s'il en existe. Les vrais principes des sciences en effet doivent être si clairs et certains qu'ils n'aient besoin d'aucune démonstration, qu'ils excluent tout risque de doute, et qu'on ne puisse rien démontrer sans eux. Il en a trouvé de tels après un doute prolongé. Quand il y fut parvenu, il ne lui fut pas difficile de distinguer le vrai du faux, de découvrir la cause de l'erreur, et aussi de prendre garde qu'il ne mît le faux et le douteux à la place du vrai et du certain.

Pour parvenir au quatrième et dernier point, c'est-à-dire pour connaître toutes choses clairement et distinctement, sa règle principale fut de faire une revue de toutes les idées simples, desquelles toutes les autres sont composées, et de les examiner une à une. Sitôt en effet qu'il pourrait percevoir les idées simples clairement et distinctement, il connaîtrait sans doute aussi avec la même clarté et la même distinction toutes les autres qui en sont composées. Après ces préliminaires nous expliquerons brièvement comment Descartes a révoqué toutes choses en doute, trouvé les vrais principes des sciences et s'est délivré des difficultés des doutes.

Doute universel. — En premier lieu, il considère toutes les choses perçues par les sens, savoir le ciel, la terre et autres semblables, et jusqu'à son propre corps; toutes choses que jusqu'alors il avait cru qui existaient dans la Nature. Et il doute de leur certitude parce qu'il avait observé que ses sens le trompaient quelquefois et s'était souvent persuadé pendant ses rêves de l'existence réelle de beaucoup de choses, pour reconnaître ensuite son illusion; enfin parce qu'il avait entendu affirmer par d'autres hommes, même pendant l'état de veille, qu'ils sentaient une douleur dans des membres perdus depuis longtemps. Il put donc, non sans raison, douter de l'existence même de son corps. Et tout cela lui permit de conclure avec vérité que ses sens ne sont pas (puisqu'on peut les révoquer en doute) le fondement le plus solide sur lequel toute la science doive être édifiée, et que la certitude doit dépendre d'autres principes plus certains. Pour poursuivre sa recherche de ces principes il considère en second lieu toutes les choses universelles telles que la nature corporelle en général et son étendue, la figure, la quantité, etc., comme aussi toutes les vérités mathématiques. Bien que ces notions lui parussent plus certaines que toutes celles qu'il avait eues par les sens, il trouva cependant une raison d'en douter : parce qu'il était arrivé à d'autres de se tromper à leur sujet, et surtout parce qu'il avait, fixée dans l'esprit, une opinion ancienne suivant laquelle il existerait un Dieu pouvant tout; un Dieu l'ayant créé lui-même tel qu'il était et ayant pu faire qu'il fût trompé même dans les choses lui paraissant les plus claires. Par ce moyen donc il révoqua tout en doute.

Découverte du fondement de toute science. — Pour trouver les vrais principes des sciences il chercha ensuite s'il avait révoqué en doute tout ce qui pouvait tomber sous sa pensée, ce qui était une façon d'examiner s'il ne restait pas peut-être encore quelque chose dont il ne doutât pas. Si en effet, doutant comme il le faisait, il trouvait quelque chose que, ni pour aucune des raisons précédentes, ni pour aucune autre, il ne pût révoquer en doute, il jugea avec raison qu'il la pourrait prendre comme fondement pour y asseoir toute la connaissance. Et, bien qu'en apparence il eût tout mis en doute puisqu'il doutait également des choses acquises par les sens et des choses perçues par le seul entendement, il se trouva cependant un objet encore à examiner : à savoir lui-même qui doutait ainsi. Non pas en tant qu'il se composait d'une tête, de mains et d'autres membres du corps, toutes choses déjà comprises dans le doute; mais seulement en tant qu'il doutait, pensait, etc. Il reconnut par un examen très attentif qu'aucune des raisons ci-dessus indiquées ne pouvait ici justifier le doute : que ce soit en rêve ou à l'état de veille qu'il pense, encore est-il vrai qu'il pense et qu'il est; que d'autres ou que lui-même aient erré en d'autres sujets, ils n'en existaient pas moins, puisqu'ils erraient. Il ne pouvait non plus supposer par aucune fiction un auteur de sa propre nature qui, si rusé qu'il fût, pût le tromper en cela; car dans le temps qu'on le supposera trompé on devra accorder qu'il existe. Quelque autre cause de doute qu'il pût concevoir enfin, il ne s'en pourra trouver aucune qui ne le rende en même temps au plus haut point certain de sa propre existence. Bien mieux, plus il se trouvera de raisons de douter, plus il y aura aussi d'arguments pour le convaincre de son existence. Si bien que, de quelque côté qu'il se tourne pour douter, il n'en est pas moins contraint de s'écrier : *je doute, je pense, donc je suis.*

Cette vérité découverte, il trouve en même temps le fondement de toutes les sciences et aussi une mesure et une règle de toutes les autres vérités, à savoir :

Tout ce qui est perçu aussi clairement et distinctement que cette première vérité est vrai.

Qu'il ne puisse y avoir d'autre fondement des sciences que celui-là, ce qui précède le montre avec une clarté suffisante et plus que suffisante, parce que tout le reste peut être révoqué en doute sans aucune peine, mais que cela ne peut l'être en aucune façon. A l'égard toutefois de ce principe : *je doute, je pense, donc je suis*, il importe avant tout d'observer que cette affirmation n'est pas un syllogisme, dont la majeure serait passée sous silence. Car, si c'était un syllogisme, les prémisses devraient être plus claires et mieux connues que la conclusion même : *donc je suis ;* et, par conséquent, *je suis* ne serait pas le premier fondement de toute connaissance; outre que cette conclusion ne serait pas certaine, car sa vérité dépendrait de prémisses universelles que notre Auteur a depuis longtemps révoquées en doute. Ainsi ce *je pense, donc je suis,* est une proposition unique équivalant à celle-ci : *je suis pensant.*

Il faut savoir, en outre, pour éviter la confusion dans ce qui suivra (car la chose doit être perçue clairement et distinctement) ce que nous sommes. Car, une fois qu'on l'aura connu clairement et distinctement, notre essence ne pourra plus être confondue avec d'autres. Pour le déduire de ce qui précède, notre Auteur continue comme il suit.

Il rappelle à sa mémoire toutes les pensées qu'il a eues autrefois sur lui-même : que son âme était un corps subtil semblable au vent, au feu ou à l'éther, répandu dans les parties plus épaisses du corps; que son corps lui était plus connu que son âme et qu'il en avait une perception plus claire et plus distincte. Il trouve que tout cela est en contradiction manifeste avec ce qu'il vient de connaître avec certitude : car il pouvait douter de son corps, mais non de son essence en tant qu'il pensait. De plus, ne pouvant percevoir clairement et distinctement ces choses, il devait, pour se conformer à la règle de méthode qu'il s'était prescrite, les rejeter comme si elles étaient fausses. Puis donc qu'il ne pouvait, ayant égard à ce qu'il savait déjà de lui-même, les reconnaître comme lui appartenant, il continue à chercher plus outre les choses qui appartenaient proprement à son essence, celles qu'il n'avait pu révoquer en doute et à cause desquelles il lui fallait affirmer son existence. De telle nature sont les suivantes : *il voulait prendre garde à ne pas se tromper, il désirait acquérir des idées claires de beaucoup de choses ; il doutait de tout ce qu'il ne pouvait concevoir clairement ; jusqu'à présent il n'avait affirmé qu'une seule vérité ; il niait et rejetait comme faux tout le reste ; il imaginait malgré lui beaucoup de choses ; il en observait enfin beaucoup qui semblaient venir des sens.* Comme de chacune de ces manières d'être prise à part son existence ressortait avec une égale évidence et qu'il ne pouvait en ranger aucune parmi les choses révoquées en doute, qu'enfin toutes pouvaient se concevoir sous le même attribut, il s'ensuit que ce sont autant de vérités et de manières d'être appartenant à sa nature. Et ainsi en disant *je pense,* comme il l'avait fait, il entendait tous ces modes de penser : *douter*, *connaître*, *affirmer*, *nier*, *vouloir*, *ne pas vouloir*, *imaginer et sentir*.

Il faut noter avant tout ici, ce qui sera d'un grand usage par la suite, où il s'agira de la distinction de l'âme d'avec le corps :

1° Que ces modes de penser sont connus clairement et distinctement sans les autres choses dont il est encore douté;

2° Que le concept clair et distinct, que nous en avons, est rendu obscur et confus si l'on y veut adjoindre quelqu'une des choses dont il est encore douté.

Délivrance de tous doutes. — Pour se rendre certain des choses qu'il avait révoquées en doute et lever tout doute, il continue en dirigeant sa recherche sur la nature de l'Être le plus parfait et sur son existence. Sitôt en effet qu'il aura vu qu'il existe un Être tout parfait, par la puissance de qui toutes choses sont produites et conservées, et dont la nature répugne à ce qu'il soit trompeur, cette raison de douter provenant de ce qu'il ignorait sa propre cause sera levée. Car il saura que la faculté de discerner le vrai d'avec le faux ne lui a pas été donnée par un Dieu souverainement bon et véridique pour qu'il fût trompé. Et ainsi les vérités mathématiques et toutes les choses paraissant très évidentes ne pourront plus être suspectées. Il fait alors un pas nouveau en avant pour lever les autres causes de doute et se demande : d'où vient que nous errons quelquefois ? Et quand il a trouvé que cela vient de ce que nous usons de notre libre volonté pour donner notre assentiment à ce que nous n'avons perçu que confusément, il est en droit de conclure aussitôt qu'il pourra, par la suite, se tenir en garde contre l'erreur, pourvu qu'il ne donne son assentiment qu'à ce qu'il aura perçu clairement et distinctement. Or chacun peut obtenir cela facilement de lui-même, parce qu'il a le pouvoir de contraindre sa volonté et de faire ainsi qu'elle soit contenue dans les limites de l'entendement. Mais comme, dans le premier âge, nous avons acquis beaucoup de préjugés dont nous ne nous libérons pas aisément, pour nous en délivrer et ne rien admettre que nous ne percevions clairement et distinctement, il continue en faisant une revue de toutes les notions et idées simples dont toutes nos pensées sont composées; il les examine chacune en particulier afin d'observer ce qu'il y a de clair et ce qu'il y a d'obscur en chacune. Ainsi pourra-t-il aisément distinguer le clair d'avec l'obscur et former des pensées claires et distinctes;

et il sera facile par là de trouver une distinction réelle entre l'âme et le corps; ce qu'il y a de clair et ce qu'il y a d'obscur dans les perceptions que nous avons par les sens; en quoi enfin le rêve diffère de l'état de veille. Après quoi il ne peut plus ni douter de ses veilles ni être trompé par les sens; et ainsi s'est-il délivré de tous les doutes ci-dessus énumérés.

Avant cependant que je termine cette introduction, il faut, ce semble, que je donne satisfaction à ceux qui objecteraient : comme l'existence de Dieu ne nous est pas connue par elle-même, il ne paraît pas que nous puissions être certains d'aucune chose; car de prémisses incertaines (et nous avons dit que tout était incertain aussi longtemps que nous ignorons notre origine) il ne se peut rien conclure de certain.

Pour écarter cette difficulté Descartes répond ainsi : de ce que nous ne savons pas encore si peut-être l'auteur de notre origine ne nous a pas créés tels que nous devions être trompés même dans les choses qui nous paraissent les plus évidentes, il ne suit pas que nous puissions douter de ce que nous connaissons clairement et distinctement en soi-même, ou même par le raisonnement, pendant le temps que nous y sommes attentifs; nous pouvons douter seulement de ce que nous avons antérieurement démontré qui était vrai, et dont le souvenir peut nous revenir, alors que nous ne sommes plus attentifs aux raisons dont nous l'avons déduit et que nous les avons oubliées. C'est pourquoi, bien que l'existence de Dieu soit connue non par elle-même mais par autre chose, nous pourrons parvenir cependant à une connaissance certaine de l'existence de Dieu, pourvu que nous fassions la plus grande attention à toutes les prémisses d'où nous la concluons. Voir *Principes, partie I, article* 13, et *réponse aux deuxièmes objections, n*° 3 et *la fin de la cinquième Méditation.*

Comme cette réponse toutefois ne satisfait pas tout le monde, j'en donnerai une autre. Nous avons vu plus haut, quand nous parlions de la certitude et de l'évidence de notre existence, qu'elle se conclut de ce que, de quelque côté que nous dirigions le regard de notre esprit, nous ne rencontrons aucune raison de douter qui ne nous convainque par cela même de notre existence : que nous soyons attentifs à notre propre nature; que nous nous représentions l'auteur de notre nature comme un rusé trompeur; ou qu'enfin nous invoquions quelque autre raison de douter, extérieure à nous, que nous n'ayons précédemment jamais vu qui intervînt à aucun autre sujet. Car, bien que, si nous prenons garde à la nature du Triangle, par exemple, nous soyons obligés de conclure que ses trois angles égalent deux droits, nous ne pouvons cependant pas conclure cela de ce que peut-être nous sommes trompés par l'auteur de notre nature; tandis qu'au contraire, de cela même notre existence ressort avec la plus grande certitude. Nous ne sommes donc pas obligés de conclure, de quelque côté que nous dirigions le regard de notre esprit, que les trois angles d'un triangle égalent deux droits, mais nous trouvons au contraire, un motif d'en douter; et cela, parce que nous n'avons pas de Dieu une idée telle qu'étant affectés par elle, il nous soit impossible de penser que Dieu est trompeur. Car à celui qui n'a pas de Dieu l'idée vraie que nous supposons que nous n'avons pas, il est aussi facile de concevoir son auteur comme étant trompeur que comme ne l'étant pas. De même qu'à celui qui n'a aucune idée du Triangle il est aussi facile de penser que ses trois angles égalent ou n'égalent pas deux droits. Nous accordons donc que, en dehors de notre existence, nous ne pouvons être absolument certains d'aucune chose, si vraiment attentifs que nous soyons à sa démonstration, aussi longtemps que nous n'avons pas de Dieu une conception claire et distincte nous obligeant d'affirmer qu'il est souverainement véridique, ainsi que notre idée du Triangle nous contraint de conclure que ses trois angles égalent deux droits; mais nous nions que nous ne puissions en conséquence parvenir à aucune connaissance. Car, cela est évident par tout ce qui précède, le point central autour duquel tourne toute la question consiste en ceci seulement : que nous puissions former une conception de Dieu ne nous permettant plus de penser avec une égale facilité qu'il est trompeur et qu'il n'est pas trompeur, mais nous contraignant d'affirmer qu'il est souverainement véridique. Dès que nous aurons formé cette idée, en effet, la raison que nous avions de douter des vérités mathématiques sera levée; car de quelque côté que nous dirigions alors le regard de notre esprit pour mettre l'une d'elles en doute, nous ne trouverons rien d'où nous ne devions conclure par cela même qu'elle est très certaine, ainsi qu'il arrive au sujet de notre existence. Par exemple, si, après être parvenus à l'idée de Dieu, nous considérons attentivement l'idée du Triangle, cette idée nous contraindra d'affirmer que ses trois angles égalent deux droits; si nous considérons l'idée de Dieu, elle nous contraindra d'affirmer qu'il est souverainement véridique, auteur et conservateur incessant de notre nature, et, par suite, ne nous trompe pas au sujet de cette vérité concernant le Triangle. Nous ne pourrons pas plus, sitôt que nous considérons l'idée de Dieu (que nous supposons qui sera déjà en notre possession) penser qu'il est trompeur, qu'en considérant l'idée du Triangle nous ne pouvons penser que ses trois angles diffèrent de deux droits. Et, de même que nous pouvons former cette idée du Triangle, bien que ne sachant pas si l'auteur de notre nature ne nous trompe pas, de même nous pouvons aussi rendre claire pour nous l'idée de Dieu et nous la mettre devant les yeux, bien que doutant encore si l'auteur de notre nature ne nous trompe pas en tout. Et, pourvu que nous l'ayons, de quelque façon que nous l'ayons acquise, cela suffira, comme on l'a montré, pour lever tout doute. Ayant posé ce que je viens de dire, je réponds à l'objection qu'on élève : nous ne pouvons être certains d'aucune chose, non du tout aussi longtemps que nous ignorons l'existence de Dieu (car je n'ai point parlé de cela), mais aussi longtemps que nous n'avons pas de lui une idée claire et distincte. Si donc quelqu'un veut argumenter contre moi, il devra dire : nous ne pouvons être certains d'aucune chose avant que nous ayons une idée claire et distincte de Dieu. Or nous ne pouvons avoir une idée claire et distincte de Dieu, aussi longtemps que nous ignorons si l'auteur de notre nature ne nous trompe pas. Donc nous ne pouvons être certains d'aucune chose aussi longtemps que nous ne savons pas si l'auteur de notre nature ne nous trompe pas, etc. A quoi je réponds que j'accorde la majeure mais que je nie la mineure. Car nous avons une idée claire et distincte du Triangle bien que ne sachant pas si l'auteur de notre nature ne nous trompe pas; et, pourvu que nous ayons de Dieu une telle idée, comme je l'ai abondamment montré plus haut, nous ne pouvons douter ni de son existence ni d'aucune vérité mathématique.

Après cette introduction nous allons commencer notre exposition.

DÉFINITIONS

I. Je comprends par le nom de *pensée* tout ce qui est en nous et dont nous avons immédiatement conscience.

Ainsi toutes les opérations de la volonté, de l'entendement, de l'imagination et des sens sont des pensées. J'ai ajouté immédiatement *pour exclure les choses qui sont des conséquences des pensées; ainsi le mouvement volontaire a bien la pensée pour principe mais il n'est cependant pas lui-même une pensée.*

II. J'entends par le nom d'*idée* cette forme d'une pensée quelconque, par la perception immédiate de laquelle j'ai conscience de cette pensée même.

Ainsi je ne puis rien exprimer par des mots (quand j'entends ce que je dis) sans qu'il soit certain par cela même que j'ai en moi l'idée de ce qui est signifié par ces mots. Et ainsi je n'appelle pas idées seulement les images qui sont peintes dans l'imagination; et même je n'appelle ces images en aucune façon des idées en tant qu'elles sont dans l'imagination corporelle, c'est-à-dire en tant qu'elles sont peintes dans quelque partie du cerveau, mais seulement en tant qu'elles informent l'esprit lui-même tourné vers cette partie du cerveau.

III. Par *réalité objective d'une idée* j'entends l'être ou l'entité de la chose représentée par l'idée, en tant que cette entité est dans l'idée.

On pourra dire de même façon perfection objective, artifice objectif, etc. Car tout ce que nous percevons dans les objets des idées est objectivement dans ces idées mêmes.

IV. Les mêmes choses sont dites être *formellement* dans les objets des idées quand elles sont en eux telles que nous les percevons; et *éminemment* quand elles n'y sont pas telles, à la vérité, mais si grandes qu'elles puissent tenir lieu de celles qui seraient telles.

On observera que, si je dis qu'une cause contient éminemment *les perfections de son effet, je veux signifier par là que la cause contient les perfections de l'effet plus excellemment que ne les contient l'effet lui-même* (Voir aussi l'Axiome 6).

V. Toute chose dans laquelle réside immédiatement comme en un sujet, ou par laquelle existe, quelque chose que nous percevons, c'est-à-dire quelque propriété, qualité, ou attribut, dont l'idée réelle est en nous, est appelée *substance*.

Nous n'avons pas en effet d'autre idée de la substance, elle-même précisément prise, sinon qu'elle est une chose dans laquelle existe formellement ou éminemment ce quelque chose que nous percevons, c'est-à-dire qui est objectivement dans l'une de nos idées.

VI. La substance dans laquelle réside immédiatement la pensée est appelée *Esprit*.

Je parle ici d'un esprit plutôt que d'une âme parce que le nom d'Ame est équivoque et souvent pris pour désigner une chose corporelle.

VII. La substance qui est le sujet immédiat de l'étendue, et des accidents qui présupposent l'étendue, comme de la figure, de la situation, du mouvement dans l'espace, etc., est appelée *Corps*.

Quant à savoir si c'est une seule et même substance qui est appelée Esprit et Corps, ou si ce sont deux substances différentes, cela devra être examiné plus tard.

VIII. La substance que nous connaissons qui est par elle-même souverainement parfaite et dans laquelle nous ne concevons absolument rien qui enveloppe quelque défaut, c'est-à-dire quelque limitation de perfection, est appelée *Dieu*.

IX. Quand nous disons que quelque attribut est contenu dans la nature ou le concept d'une chose, c'est de même que si nous disions que cet attribut est vrai de cette chose, c'est-à-dire qu'il peut être affirmé d'elle avec vérité.

X. Deux substances sont dites être réellement distinctes quand chacune d'elles peut exister sans l'autre.

Nous avons omis ici les Postulats de Descartes parce que nous n'en tirons aucune conclusion dans ce qui suit ; nous prions cependant sérieusement les lecteurs de les lire et de les méditer attentivement.

AXIOMES

I. Nous ne parvenons à la connaissance et à la certitude d'une chose inconnue que par la connaissance et la certitude d'une autre chose qui est elle-même antérieure en certitude et en connaissance.

II. Il existe des raisons qui nous font douter de l'existence de notre corps.

*Cela a été effectivement établi dans l'*Introduction, *c'est pourquoi nous le posons comme un axiome.*

III. Si nous avons en nous quelque chose outre l'esprit et le corps, cela nous est moins connu que l'esprit et le corps.

On observera que ces axiomes n'affirment rien des choses extérieures mais seulement ce que nous trouvons en nous, en tant que nous sommes choses pensantes.

PROPOSITION I

Nous ne pouvons être absolument certains d'aucune chose, aussi longtemps que nous ne savons pas que nous existons.

Démonstration

Cette proposition est évidente par elle-même, car celui qui ne sait pas d'une manière absolue qu'il est ne sait pas non plus qu'il est un être affirmant ou niant, c'est-à-dire que certainement il affirme ou il nie.

On observera ici que, bien que nous affirmions ou niions beaucoup de choses avec une grande certitude sans faire attention à ce que nous existons, si cela n'était pas posé d'abord comme indubitable, tout pourrait être révoqué en doute.

PROPOSITION II

Le je suis *doit être connu de lui-même.*

Démonstration

Si vous le niez c'est donc qu'il ne sera connu que par une autre chose dont (*par l'axiome* 1) la connaissance et la certitude devront être en nous antérieures à cette affirmation : *je suis*. Or cela est absurde *(par la proposition précédente)* ; donc *je suis* doit être connu de soi.

C. Q. F. D.

PROPOSITION III

Je suis *n'est pas la première vérité et n'est pas connu de soi en tant que* je *suis une chose composée d'un corps.*

Démonstration

Il y a certaines raisons qui nous font douter de l'existence de notre corps (*par l'axiome* 2); donc (*par l'axiome* 1) nous ne parviendrons à la certitude à son égard que par la connaissance et certitude d'une autre chose, qui est elle-même antérieure en connaissance et en certitude. Donc cette affirmation : *je suis* n'est pas la première vérité et n'est pas connue de soi en tant que *je* suis une chose formée d'un corps.

C. Q. F. D.

PROPOSITION IV

Je suis *ne peut être la première vérité connue qu'en tant que nous pensons.*

Démonstration

Ce jugement : je suis une chose corporelle ou formée d'un corps, n'est pas la première vérité connue *(par la proposition précédente)*; et je ne suis pas non plus certain de mon existence, en tant que je suis formé d'une chose autre que l'esprit et le corps; car si nous sommes formés de quelque autre chose, distincte de l'esprit et du corps, cette autre chose nous est moins connue que le corps (*par l'axiome* 3); donc *je suis* ne peut être la première vérité qu'en tant que nous pensons.

COROLLAIRE

Il est évident par là que l'esprit, c'est-à-dire la chose pensante, est plus connu que le corps. (*Pour plus ample explication, voir Principes, partie I, art.* 11 *et* 12.)

SCOLIE

Chacun aperçoit avec la plus grande certitude qu'il *affirme*, *nie*, *doute*, *connaît*, *imagine*, etc.; c'est-à-dire qu'il existe en tant que *doutant*, *connaissant*, *affirmant*, etc.; soit en un mot que *pensant* et il ne peut le révoquer en doute. C'est pourquoi ce jugement *je pense*, ou *je suis pensant*, est le fondement unique (*par la proposition* 1) et le plus assuré de toute la Philosophie. Et comme dans les sciences on ne peut, pour connaître les choses avec le plus de certitude, chercher ni désirer autre chose que de tout déduire des principes les plus assurés et de tout rendre aussi clair et distinct que les principes d'où on le déduit, il suit de là que tout ce qui est pour nous aussi évident et tout ce que nous percevons aussi clairement et distinctement que ce principe déjà trouvé, et tout ce qui s'accorde avec ce principe et en dépend de telle sorte que, si nous en voulions douter, il nous faudrait aussi douter du principe, nous devons le tenir pour très vrai. Pour avancer toutefois le plus prudemment qu'il se pourra dans l'énumération de ces choses, je n'admettrai d'abord comme également évidentes et perçues aussi clairement et distinctement, que celles que chacun observe en lui-même, en tant que pensant; comme, par exemple, qu'il veut ceci et cela, qu'il a telles idées déterminées, et qu'une idée contient en elle plus de réalité et de perfection qu'une autre; ainsi celle qui contient objectivement l'être et la perfection de la substance est beaucoup plus parfaite que celle qui contient seulement la perfection objective d'un accident; celle enfin qui est de toutes la plus parfaite est celle qui a pour objet l'être souverainement parfait. Nous apercevons ces choses, dis-je, non seulement avec une évidence égale, une clarté et une distinction égales, mais peut-être encore plus distinctement. Car non seulement elles affirment que nous pensons mais de quelle manière nous pensons. De plus, nous disons aussi que s'accordent avec le principe posé ces choses qui ne peuvent pas être révoquées en doute, sans que ce fondement inébranlable soit du même coup révoqué en doute; ainsi par exemple si quelqu'un veut mettre en doute s'il pourrait être sorti du néant, du même coup il pourra mettre en doute si nous existons, alors que nous pensons. Car, si je puis affirmer quelque chose du néant, à savoir qu'il peut être cause de quelque chose, je pourrai du même droit affirmer aussi du néant la pensée et dire que je ne suis rien alors que je pense. Comme cela m'est impossible, il me sera impossible aussi de penser que quelque chose vienne du néant. Après ces considérations, j'ai décidé de placer ici dans l'ordre convenable les principes qui nous sont maintenant nécessaires pour aller plus outre et de les mettre au nombre des Axiomes; attendu que Descartes les propose comme des Axiomes à la fin de sa *Réponse aux deuxièmes objections* et que je ne veux pas être plus rigoureux que lui-même. Toutefois, pour ne pas m'écarter de l'ordre suivi au début, je m'appliquerai à les éclaircir le plus possible et à montrer comment ils dépendent l'un de l'autre et dépendent tous de ce principe : *je suis pensant*, ou s'accordent avec lui par l'évidence et la raison.

AXIOMES

PRIS DE DESCARTES

IV. Il y a divers degrés de réalité ou entité : car la substance a plus de réalité que l'accident ou le mode; et la substance infinie que la finie; et par suite, il y a plus de réalité objective dans l'idée de la substance que dans celle de l'accident; et dans l'idée de la substance infinie que dans l'idée de la substance finie.

Cet axiome se connaît de la seule contemplation de nos idées, de l'existence desquelles nous sommes certains, puisque ce sont des modes de penser; car nous savons combien de réalité ou de perfection l'idée de la substance affirme de la substance et combien l'idée du mode en affirme du mode. Puisqu'il en est ainsi, nous connaissons aussi, nécessairement, que l'idée de la substance contient plus de réalité objective que l'idée d'un accident quelconque, etc. (Voir proposition 4, Scolie.)

V. Si une chose pensante vient à connaître quelques perfections qu'elle n'ait pas, elle se les donnera aussitôt si elles sont en sa puissance.

Chacun observe cela en lui-même, en tant qu'il est chose pensante; c'est pourquoi (par la Proposition 4, Scolie) *nous en sommes très certains, et pour la même cause, nous ne sommes pas moins certains du suivant axiome, savoir :*

VI. Dans l'idée ou le concept de toute chose est contenue l'existence ou possible ou nécessaire (*Voir Axiome* 10 de Descartes).

L'existence nécessaire dans le concept de Dieu, c'est-à-dire de l'être souverainement parfait; car autrement, il serait conçu comme une chose imparfaite, ce qui va à l'encontre de la conception qu'on suppose; l'existence contingente ou possible dans le concept d'une chose limitée.

VII. Aucune chose, et aucune perfection actuellement existante d'une chose, ne peut avoir le néant, c'est-à-dire une chose non existante, pour cause de son existence.

Cet axiome est pour nous aussi évident que je suis pensant *comme je l'ai démontré dans la Proposition* 4, *Scolie.*

VIII. Tout ce qu'il y a de réalité ou de perfection dans une chose se trouve ou formellement ou éminemment dans sa cause première et adéquate.

J'entends par éminemment *que la cause contient toute la réalité de l'effet plus parfaitement que l'effet lui-même; par* formellement *qu'il la contient avec une perfection égale.*

Cet axiome dépend du précédent, car, si l'on supposait que dans la cause il y a le néant, ou qu'il y a moins que dans l'effet, le néant dans la cause serait cause de l'effet. Mais cela est absurde (par l'Axiome précédent); *c'est pourquoi non une chose quelconque peut être cause d'un effet, mais précisément celle où se trouve éminemment ou au moins formellement toute la perfection qui est dans l'effet.*

IX. La réalité objective de nos idées requiert une cause dans laquelle cette même réalité soit contenue non pas seulement objectivement, mais formellement ou éminemment.

Cet axiome est reconnu par tous quoique beaucoup en usent mal. Sitôt, en effet, que quelqu'un a conçu quelque chose de nouveau, il n'est personne qui ne cherche la cause de ce concept ou de cette idée. Et quand on peut en assigner une dans laquelle soit contenu formellement ou éminemment autant de réalité qu'il y en a objectivement dans le concept, on se tient pour satisfait. L'exemple de la machine que donne Descartes dans les Principes, partie I, art. 17, *l'explique suffisamment. De même si l'on demande d'où l'homme tient l'idée de sa propre pensée et celle de son corps, il n'est personne qui ne voie qu'il les tient de lui-même, en tant qu'il contient en lui formellement tout ce que ces idées contiennent objectivement. C'est pourquoi, si l'homme avait quelque idée contenant plus de réalité objective qu'il n'a lui-même de réalité formelle, dirigés par la Lumière Naturelle, nous chercherions nécessairement en dehors de l'homme une autre cause qui contînt toute cette perfection formellement ou éminemment. Personne n'a jamais assigné une cause autre que celle-là, qu'il conçût avec une clarté et une distinction égales. De plus, en ce qui concerne la vérité de cet Axiome, elle dépend des précédents.*

Il existe, en effet (par l'Axiome 4), *des degrés divers de réalité ou d'entité dans les idées; et de plus* (par l'Axiome 8) *à proportion de leur degré de perfection elles requièrent une cause plus parfaite. Mais les degrés*[1] *de réalité que nous observons dans les idées ne sont pas en elles en tant qu'on les considère comme des modes de penser, mais en tant que l'une représente une substance, l'autre seulement un mode de la substance, ou en un mot, en tant qu'on les considère comme des images des choses; d'où il suit clairement qu'il ne peut exister aucune autre cause première des idées que celle que, nous le montrions tout à l'heure, tous connaissent clairement et distinctement par la Lumière Naturelle, à savoir celle où est contenue formellement ou éminemment la même réalité qui est en elles objectivement. Pour que cette conclusion soit mieux entendue, je l'éclaircirai par un ou deux exemples. Si quelqu'un voit écrits de la même main deux livres (on peut supposer que l'un est d'un philosophe insigne et l'autre d'un bavard insipide) et qu'il ne prenne point garde au sens des mots (c'est-à-dire ne prenne point garde aux mots en tant qu'ils sont des images), mais seulement aux caractères tracés et à l'ordre des lettres, il ne discernera aucune inégalité qui l'oblige à chercher des causes différentes pour ces deux livres; ils lui paraîtront avoir été produits par la même cause et de la même façon. Si, au contraire, il prend garde au sens des mots et des discours, il trouvera entre ces livres une grande inégalité et en conclura que la cause première de l'un a été fort différente de la cause première de l'autre, et que l'une l'a emporté réellement sur l'autre en perfection autant que les discours contenus dans les*

1. Nous sommes aussi certains de cela parce que nous le trouvons en nous en tant que nous pensons (Voir Scolie précédent).

deux livres, ou les mots considérés en tant qu'images, diffèrent entre eux. Je parle d'ailleurs de la cause première du livre qui doit nécessairement exister, bien que j'accorde et même que je suppose, cela étant évident, qu'un livre peut être copié d'un autre. Cela peut encore s'éclaircir par l'exemple d'un portrait, disons celui d'un prince. Si, en effet, nous prenons garde seulement à la matière de ce portrait, nous ne trouverons aucune inégalité entre lui et d'autres portraits qui nous oblige à chercher des causes différentes ; rien ne nous empêchera même de penser que ce portrait a été copié d'un autre, et ce dernier à son tour d'un autre et ainsi à l'infini. Car nous discernons suffisamment que nulle autre cause n'est requise pour les lignes tracées. Mais, si nous prenons garde à l'image en tant qu'elle est une image, nous serons aussitôt obligés de chercher une cause première qui contienne formellement ou éminemment ce que cette image contient représentativement. Et je ne vois pas qu'il y ait rien de plus à demander pour établir et éclaircir cet axiome.

X. Il ne faut pas pour conserver une chose une cause moindre que pour la créer à l'origine.

De ce que nous pensons en cet instant il ne suit pas nécessairement que nous penserons plus tard. Car la conception que nous avons de notre pensée n'enveloppe ou ne contient pas l'existence nécessaire de la pensée : je puis en effet concevoir une pensée[1] *clairement et distinctement, bien que supposant qu'elle n'existe pas. Comme maintenant la nature de chaque cause doit contenir en elle ou envelopper la perfection de son effet* (par l'Axiome 8), *il s'ensuit clairement qu'en nous ou hors de nous il existe nécessairement à présent même quelque chose que nous ne connaissons pas encore, dont le concept ou la nature enveloppe l'existence, et qui soit cause que notre pensée ait commencé d'exister et aussi qu'elle continue d'exister. Bien que notre pensée ait commencé d'exister en effet, sa nature et son essence n'enveloppent pas l'existence nécessaire plus qu'avant qu'elle existât et a besoin par conséquent pour persévérer dans l'existence de la même force que pour commencer d'exister. Et ce que nous disons de la pensée, nous le dirons aussi de toute chose dont l'essence n'enveloppe pas l'existence nécessaire.*

XI. Aucune chose n'existe de laquelle on ne puisse demander quelle est la cause (ou la raison) pourquoi elle existe. (Voir Axiome 1 de Descartes.)

1. Chacun découvre cela en lui-même, en tant qu'il est chose pensante.

Comme l'existence est quelque chose de positif, nous ne pouvons dire qu'elle ait le néant pour cause (par l'Axiome 7); *nous devons donc assigner une cause ou raison positive pourquoi une chose existe, et cette cause sera externe, c'est-à-dire en dehors de la chose même, ou interne, c'est-à-dire contenue dans la nature et la définition de la chose existante elle-même.*

Les quatre Propositions suivantes sont prises de Descartes :

PROPOSITION V

L'existence de Dieu se connaît de la seule considération de sa nature.

Démonstration

Dire que quelque chose est contenu dans la nature ou dans le concept d'une chose, c'est le même que de dire que ce quelque chose est vrai de cette chose (*par la Définition* 9). Or l'existence nécessaire est contenue dans le concept de Dieu (*par l'Axiome* 6). Donc il est vrai de dire de Dieu que l'existence nécessaire est en lui, ou qu'il existe.

SCOLIE

De cette proposition découlent d'importantes conséquences; de cela même, peut-on dire, que l'existence appartient à la nature de Dieu, ou que le concept de Dieu enveloppe l'existence nécessaire comme le concept du triangle que ses trois angles égalent deux droits; ou que son existence, non moins que son essence, est une vérité éternelle, dépend presque toute la connaissance des attributs de Dieu, laquelle nous conduit à l'amour de Dieu (c'est-à-dire à la suprême béatitude). C'est pourquoi il serait fort à souhaiter que le genre humain comprît enfin ces choses avec nous. Je reconnais d'ailleurs qu'il existe des préjugés [1] qui empêchent que chacun ne le comprenne aussi facilement. Si cependant, avec une intention droite,

1. Qu'on lise les *Principes*, part. I, art. 16.

et poussé par le seul amour de la vérité et de son intérêt véritable, on voulait examiner ce point et peser en soi-même ce qui est dit dans la *Cinquième Méditation*, à la fin de la *Réponse aux Premières objections* et aussi ce que nous disons sur l'éternité dans la partie II, chapitre I, de notre *Appendice*, il n'est pas douteux qu'on ne connaisse la chose aussi clairement que possible et nul ne pourra douter s'il a une idée de Dieu (ce qui est assurément le premier fondement de la béatitude humaine). Car il verra clairement aussi que l'idée de Dieu diffère beaucoup des idées des autres objets sitôt qu'il connaîtra que Dieu diffère entièrement, et quant à l'essence et quant à l'existence, des autres êtres. Il n'est donc pas nécessaire de retenir plus longtemps le lecteur en ce point.

PROPOSITION VI

L'existence de Dieu est démontrée a posteriori *de cela seul que son idée est en nous.*

Démonstration

La réalité objective de chacune de nos idées requiert une cause dans laquelle cette même réalité soit contenue non pas simplement objectivement mais formellement ou éminemment (*par l'Axiome* 9). Or nous avons l'idée de Dieu (*par les Définitions* 2 *et* 8) et la réalité objective de cette idée n'est contenue en nous ni éminemment ni formellement (*par l'Axiome* 4) et elle ne peut être contenue dans aucune chose autre que dans Dieu même (*par la Définition* 8). Donc cette idée de Dieu qui est en nous requiert Dieu pour cause et par conséquent Dieu existe (*par l'Axiome* 7).

SCOLIE

Il y a des hommes qui nient qu'ils aient de Dieu aucune idée et qui cependant, à ce qu'ils disent, l'aiment et lui rendent un culte. Et alors même qu'on leur met sous les yeux la Définition et les attributs de Dieu on ne gagne rien; pas plus en vérité que si l'on essayait d'apprendre à un aveugle de naissance la distinction des couleurs, telles que nous les voyons. A moins cependant que nous ne voulions les tenir pour un nouveau genre d'animaux, intermédiaire entre l'homme et la brute, nous devons avoir peu de souci de leurs paroles. De quelle façon, je le demande, pouvons-nous faire connaître l'idée d'une chose autrement qu'en en énonçant la définition et en en expliquant les attributs ? Et comme c'est ce que nous faisons à l'égard de l'idée de Dieu, il n'y a pas de raison pour nous attarder aux paroles de gens qui nient l'idée de Dieu pour cette seule raison qu'ils ne peuvent former de lui aucune image dans le cerveau.

Il faut noter ensuite que Descartes, quand il cite l'Axiome 4 pour montrer que la réalité objective de l'idée de Dieu n'est contenue ni formellement ni éminemment en nous, suppose que chacun sait qu'il n'est pas une substance infinie, c'est-à-dire souverainement connaissante, souverainement puissante, etc. Et il peut le supposer; qui sait qu'il pense, en effet, sait aussi qu'il doute de beaucoup de choses et ne connaît pas tout clairement et distinctement.

Il faut noter enfin que de la définition 8 il suit aussi clairement qu'il ne peut y avoir plusieurs Dieux, mais seulement un seul, ainsi que nous le démontrons clairement dans la Proposition 11 et dans notre *Appendice*, partie II, chapitre 11.

PROPOSITION VII

L'existence de Dieu est démontrée aussi de cela seul que nous-mêmes, qui avons son idée, existons.

SCOLIE

Pour démontrer cette proposition Descartes admet ces deux Axiomes : 1° *Ce qui peut faire le plus ou le plus difficile peut aussi faire le moins; 2° c'est une chose plus grande de créer ou (par l'Axiome* 10) *de conserver une substance que de créer ou conserver ses attributs ou propriétés.*

Je ne sais pas ce qu'il veut dire par là. Qu'appelle-t-il facile et difficile en effet ? Nulle chose n'est dite facile ou difficile absolument [1] mais seulement eu égard à sa cause. De sorte qu'une seule et même chose, dans le même temps, eu égard à des causes différentes, peut être dite facile et difficile. Que si Descartes appelle difficile ce qui peut être fait avec un grand travail, facile ce qui peut être fait avec un petit travail, par la même cause : une force par exemple qui soulève un poids de 50 livres pourrait en soulever un de 25 deux fois plus facilement, alors l'axiome ne sera certainement pas vrai absolument, et il ne pourra pas démontrer par là ce qu'il se propose. Quand il dit en effet : *si j'avais la puissance de me conserver moi-même, j'aurais aussi le pouvoir de me donner toutes les perfections qui me manquent* (parce qu'en effet elles ne requièrent pas une puissance aussi grande), je lui accorderai que les forces que je dépense pour ma conservation pourraient faire plusieurs autres choses plus facilement, si je n'avais pas besoin d'elles pour me conserver; mais aussi longtemps que j'en use pour ma conservation, je nie que je puisse les dépenser pour faire d'autres choses, même plus faciles, comme on peut le voir clairement dans notre exemple. Et il ne lève pas la difficulté en disant qu'étant chose pensante je devrais nécessairement savoir si je dépense toutes mes forces pour ma conservation et si c'est pour cette cause que je ne me donne pas les autres perfections. En effet (outre que l'on ne discute pas ce point, mais le point de savoir si de l'axiome suit nécessairement la proposition à démontrer) si je le savais, je serais plus grand et peut-être demanderais-je, pour me conserver dans cette perfection plus grande, des forces plus grandes que celles que j'ai. De plus, je ne sais pas si c'est un travail plus grand de créer une substance que de créer (ou conserver) des attributs; c'est-à-dire, pour parler un langage plus clair et plus philosophique, je ne sais pas si une substance n'a pas besoin de toute la vertu et essence, par laquelle elle se conserve peut-être, pour conserver ses attributs. Mais laissons cela et examinons plus avant ce que veut ici l'illustre Auteur; c'est-à-dire ce qu'il entend par facile et difficile. Je ne crois pas et ne puis me persuader en aucune façon qu'il entende

1. Pour ne pas chercher d'autres exemples, qu'on prenne celui de l'araignée qui tisse facilement une toile que des hommes ne pourraient tisser sans de très grandes difficultés; par contre les hommes font très facilement un très grand nombre de choses qui sont peut-être impossibles aux anges.

par difficile ce qui est impossible (et qu'ainsi l'on ne peut du tout concevoir en quelle manière il arriverait) et par facile ce qui n'implique aucune contradiction (et qu'ainsi l'on conçoit aisément en quelle manière il arrive); et cela malgré un passage de la *troisième Méditation* où il semble au premier coup d'œil vouloir le dire : *Et je ne dois pas croire que les choses qui me manquent sont peut-être plus difficiles à acquérir que celles qui sont déjà en moi. Car au contraire il est très certain qu'il a été beaucoup plus difficile que moi, c'est-à-dire une chose ou une substance qui pense, soit sorti du néant qu'il ne serait*, etc. Cela en effet ne s'accorderait pas avec les paroles de l'Auteur et serait peu digne de son génie; car, sans insister sur le premier point, entre le possible et l'impossible, c'est-à-dire entre le concevable et le non-concevable, il n'existe aucune proportion; tout comme entre le néant et quelque chose; et un pouvoir ne peut pas plus s'appliquer à des choses impossibles que la création et la génération à des choses qui ne sont pas; on ne peut donc établir aucune comparaison entre le possible et l'impossible. Ajoutez que, pour pouvoir comparer des choses entre elles et en connaître le rapport, il faut avoir d'elles toutes un concept clair et distinct. Je nie donc qu'on puisse raisonner ainsi : qui peut faire l'impossible peut faire aussi ce qui est possible. Je le demande en effet, quelle sorte de raisonnement serait-ce là : si quelqu'un peut faire un cercle carré, il pourra aussi faire un cercle où toutes les lignes menées du centre à la circonférence soient égales; ou encore : si quelqu'un peut faire subir au *néant* un certain traitement et s'en servir comme d'une matière pour produire quelque chose, il aura aussi le pouvoir de faire quelque chose de quelque chose? Comme je l'ai dit en effet, entre l'impossible et le possible, dans ces cas et d'autres semblables, il n'y a ni convenance ni analogie, ni comparaison, ni rapport d'aucune sorte. Et chacun peut le voir pour peu qu'il y prenne garde. Je pense donc que cette façon d'entendre les choses est tout à fait étrangère à l'esprit de Descartes. Si maintenant je considère attentivement le second des Axiomes cités tout à l'heure, il semble que par plus grand et plus difficile Descartes veuille dire ce qui est plus parfait, par plus petit et plus facile ce qui est plus imparfait. Et cela encore est fort obscur. La difficulté est la même que plus haut; car je nie, comme je l'ai fait ci-dessus, que celui qui peut faire une chose plus grande puisse du même coup et par la même activité, comme il faut le supposer pour établir la Proposition à démontrer, faire ce qui est plus petit. En outre, quand il dit que *c'est une chose plus grande de créer (ou conserver) une substance que des attributs,* assurément il ne peut entendre par attributs ce qui est contenu formellement dans la substance et ne s'en distingue que par une distinction de raison. Car alors c'est la même chose de créer une substance et de créer ses attributs. Pour la même raison il ne peut pas non plus entendre les propriétés de la substance qui suivent nécessairement de son essence et de sa définition. Encore bien moins peut-il entendre, ce que cependant il semble vouloir, les propriétés et les attributs d'une autre substance; par exemple, si je dis que j'ai le pouvoir de me conserver, moi substance pensante finie, je ne puis pas dire pour cela que j'aie le pouvoir de me donner les perfections de la substance infinie, laquelle par toute son essence diffère de la mienne. Car la force ou l'essence par laquelle je me conserve [1] dans mon être diffère entièrement de la force ou de l'essence par laquelle se conserve une substance absolument infinie, entre laquelle et ses forces et propriétés n'existe qu'une distinction de raison. Et, par suite (encore que je supposerais que je me conserve moi-même), si je voulais concevoir que je puis me donner les perfections de la substance absolument infinie, cela reviendrait exactement à supposer que je pourrais anéantir toute mon essence et créer à nouveau une substance infinie. Ce qui serait certes beaucoup plus grand que de me supposer capable de me conserver en tant que substance finie. Puis donc que par attributs ou propriétés il ne peut entendre rien de tout cela, il reste seulement que ce soient les qualités que contient la substance elle-même éminemment (comme telle et telle pensée dans l'esprit que j'aperçois clairement qui me manquent) non du tout celle que contient éminemment une autre substance (comme tel et tel mouvement dans l'étendue; car des perfections de telle sorte n'en sont pas pour moi en tant que je suis substance pensante et, par conséquent, ne me manquent pas). Mais alors on ne peut du tout conclure de cet axiome ce que Descartes veut démontrer : à savoir que, si je me conserve j'ai aussi le pouvoir de me donner toutes les perfections que je trouve clairement appartenir à l'être souverainement parfait;

1. Notez que la force par quoi une substance se conserve n'est rien en dehors de l'essence et n'en diffère que nominalement; ce qui trouvera sa place surtout dans l'Appendice, là où nous parlerons de la puissance de Dieu.

ainsi qu'il est suffisamment établi par ce que nous avons dit. Pour ne pas laisser toutefois une chose sans démonstration et éviter toute confusion, nous avons cru devoir démontrer au préalable les Lemmes suivants et fonder sur eux la démonstration de la Proposition 7.

LEMME I

Plus une chose est parfaite de sa nature, plus grande et plus nécessaire est l'existence qu'elle enveloppe; et inversement plus grande et plus nécessaire est l'existence qu'une chose enveloppe de sa nature, plus parfaite elle est.

Démonstration

Dans l'idée ou le concept de toute chose est contenue l'existence (*par l'Axiome* 6). Soit donc A une chose supposée avoir dix degrés de perfection. Je dis que son concept contient plus d'existence que si elle était supposée contenir seulement cinq degrés de perfection. Puisque, en effet, nous ne pouvons rien affirmer du néant (voir *Scolie* de la *Proposition* 4), autant nous retranchons par la pensée à la perfection de A (le concevant ainsi de plus en plus comme participant du néant) autant aussi de possibilité d'existence nous nions de lui. Et, par suite, si nous concevons que les degrés de sa perfection soient diminués à l'infini, autrement dit jusqu'à zéro, A ne contiendra aucune existence, c'est-à-dire contiendra une existence absolument impossible. Si, au contraire, nous augmentons à l'infini ses degrés, nous le concevrons comme enveloppant l'existence suprême, et par suite, suprêmement nécessaire. C'est là la première partie de la Proposition. Maintenant comme nécessité et perfection ne peuvent être aucunement séparées *(ainsi qu'il est assez certain par l'Axiome* 6 *et toute la première partie de cette Démonstration)*, il suit de là clairement ce qu'il fallait démontrer en second lieu.

OBSERVATION I. — *Bien que beaucoup de choses soient dites exister nécessairement par cela seul qu'une cause déterminée existe pour les produire, ce n'est point de telles choses que nous parlons ici mais seulement de cette nécessité et de cette possibilité qui suivent de la seule considération de la nature ou de l'essence d'une chose, sans avoir égard à aucune cause.*

OBSERVATION II. — *Nous ne parlons pas ici de la beauté et des autres perfections que les hommes ont voulu appeler perfections par superstition et ignorance. Mais j'entends par perfection seulement la réalité ou l'être ; ainsi je perçois qu'il est contenu dans la substance plus de réalité que dans les modes et les accidents, et en conséquence je connais clairement qu'elle contient une existence plus nécessaire et parfaite que les accidents, comme il est assez certain par les Axiomes* 4 et 6.

COROLLAIRE

Il suit de là que tout ce qui enveloppe l'existence nécessaire est l'être suprêmement parfait, c'est-à-dire Dieu.

LEMME II

Qui a le pouvoir de se conserver, sa nature enveloppe l'existence nécessaire.

Démonstration

Qui a la force de se conserver a aussi la force de se créer (*par l'Axiome* 10), c'est-à-dire (comme tous l'accorderont facilement) n'a besoin d'aucune cause extérieure pour exister, sa seule nature étant pour lui cause suffisante d'existence soit possible soit nécessaire. Mais ce ne peut être d'existence possible, car alors (*par ce qui a été démontré au sujet de l'Axiome* 10) il ne suivrait pas de ce qu'il existe déjà qu'il doit exister par la suite *(ce qui est contre l'hypothèse)*. C'est donc d'existence nécessaire, c'est-à-dire que sa nature enveloppe l'existence nécessaire.

Démonstration de la Proposition VII

Si j'avais la force de me conserver, je serais d'une nature telle que j'envelopperais l'existence nécessaire (*par le*

Lemme 1) donc (*par le corollaire du Lemme* 2) ma nature contiendrait toutes les perfections. Or, je trouve en moi, en tant que je suis chose pensante, beaucoup d'imperfections (par exemple, que je doute, que je désire, etc.) dont je suis certain (*par le Scolie de la Proposition* 4); je n'ai donc aucun pouvoir de me conserver. Et je ne puis dire que je manque de ces perfections, parce que j'ai voulu me les refuser, car cela contredirait évidemment au premier Lemme et à ce que je trouve clairement en moi.

En outre, je ne puis exister actuellement sans être conservé aussi longtemps que j'existe soit par moi-même, si j'en ai le pouvoir, soit par un autre, qui ait ce pouvoir (*par les Axiomes* 10 *et* 11). Or j'existe (*par la Scolie de la Proposition* 4), et cependant je n'ai pas le pouvoir de me conserver moi-même, donc je suis conservé par un autre. Mais non par un autre qui n'ait pas la force de se conserver (pour la même raison par laquelle je viens de démontrer que je ne pouvais me conserver moi-même); donc par un autre qui ait la force de se conserver, c'est-à-dire (*par le Lemme* 2) dont la nature enveloppe l'existence nécessaire, ou encore (*par le Corollaire du Lemme* 1) qui contienne toutes les perfections que je connais clairement qui appartiennent à l'être suprêmement parfait; et ainsi (*par la Définition* 8) cet être suprêmement parfait, c'est-à-dire Dieu, existe.

C. Q. F. D.

COROLLAIRE

Dieu peut faire toutes les choses que nous percevons clairement en la manière que nous les percevons.

Démonstration

Toutes ces choses suivent clairement de la Proposition précédente. L'existence de Dieu y est en effet déduite de ce que quelque être doit exister en qui soient toutes les perfections dont quelque idée est en nous. Or, nous avons en nous l'idée d'une puissance si grande que, par celui seul en qui elle réside, le ciel, la terre et toutes les autres choses connues par moi comme possibles puissent être faites. Donc, en même temps que l'existence, tout cela a été aussi prouvé de lui.

PROPOSITION VIII

L'esprit et le corps sont réellement distincts.

Démonstration

Tout ce que nous percevons clairement peut être fait par Dieu en la manière que nous le percevons *(par le Corollaire de la Proposition précédente)*. Mais nous percevons clairement l'esprit, c'est-à-dire (*par la Définition* 6) une substance pensante, sans le corps, c'est-à-dire (*par la définition* 7) sans une substance étendue (*par les Propositions* 3 *et* 4) et inversement le corps sans l'esprit (comme tous l'accordent facilement). Donc, au moins par la puissance de Dieu, l'esprit peut exister sans le corps et le corps sans l'esprit.

Maintenant les substances qui peuvent être l'une sans l'autre sont réellement distinctes (*par la Définition* 10); or l'esprit et le corps sont des substances (*par les Définitions* 5, 6 *et* 7) qui peuvent exister l'une sans l'autre *(nous venons de le prouver) ;* donc l'esprit et le corps sont réellement distincts.

Voir Proposition 4 à la fin de la *Réponse aux Deuxièmes Objections* et ce qui se trouve dans la partie I des *Principes* depuis l'article 22 jusqu'à l'article 29. Car je ne juge pas qu'il vaille la peine de le transcrire ici.

PROPOSITION IX

Dieu est suprêmement connaissant.

Démonstration

Si on le nie, c'est donc que Dieu, ou bien ne connaît rien, ou bien ne connaît pas tout, mais seulement certaines choses. Mais connaître seulement certaines choses et ignorer les autres suppose un entendement limité et imparfait qu'il est absurde d'attribuer à Dieu (*par la Définition* 8). Quant à ne rien connaître, ou bien cela indique en Dieu un manque de capacité de connaître, comme il arrive pour les hommes, lorsqu'ils ne connaissent rien, et dans ce manque est contenue une imperfection qui *(par la même définition)* ne peut se rencontrer en Dieu; ou bien cela indique que cela même, à savoir connaître quelque chose, répugne à la nature de Dieu. Mais si la capacité de connaître est ainsi entièrement refusée à Dieu, il ne pourra créer aucun entendement (*par l'Axiome* 8). Or, comme nous percevons clairement et distinctement l'entendement, Dieu peut en être cause (*par le Corollaire de la Proposition* 7). Il s'en faut donc de beaucoup qu'il répugne à la nature de Dieu de connaître quelque chose. Donc, il sera suprêmement connaissant.

C. Q. F. D.

SCOLIE

Bien qu'il faille accorder que Dieu est incorporel comme le montre la Proposition 16, cela cependant ne doit pas être entendu comme si toutes les perfections de l'Étendue devaient être écartées de lui, mais seulement en tant que la nature de l'étendue et ses propriétés enveloppent quelque imperfection. Il faut dire la même chose de la capacité de connaître de Dieu, comme l'avouent tous ceux qui veulent s'élever par la clarté de la pensée au-dessus de la foule des Philosophes, ainsi qu'il sera plus amplement expliqué dans notre *Appendice*, partie II, chapitre VII.

PROPOSITION X

Tout ce qui se trouve de perfection en Dieu est de Dieu.

Démonstration

Si on le nie, supposons qu'il existe en Dieu quelque perfection qui ne soit pas de Dieu. Cette perfection sera en Dieu, ou bien par elle-même, ou bien par quelque être différent de Dieu. Si elle est par elle-même, elle a donc l'existence nécessaire * (*par le Lemme* 2 *de la Proposition* 7), elle sera donc quelque chose de parfait au suprême degré et ainsi (*par la Définition* 8) sera Dieu. Si donc on dit qu'une chose est en Dieu par elle-même, cela revient à dire qu'elle est de Dieu.

C. Q. F. D.

Si, au contraire, elle est en Dieu par un être différent de Dieu, Dieu ne peut donc pas être connu par lui-même comme parfait au suprême degré, ce qui est contre la Définition 8. Tout ce qui se trouve de perfection en Dieu est donc de Dieu.

C. Q. F. D.

PROPOSITION XI

Il n'existe pas plusieurs Dieux.

Démonstration

Si on le nie, que l'on conçoive, s'il est possible, plusieurs Dieux, par exemple A et B. Alors nécessairement (*par la Proposition* 9), aussi bien A que B sera suprêmement connaissant, c'est-à-dire que A connaîtra toutes choses, donc se connaîtra lui-même et aussi B; et inversement B se connaîtra lui-même et aussi A. Mais comme A et B existent nécessairement (*par la Proposition* 5), la cause de la vérité et de la nécessité de l'idée de B, qui est en A, est B lui-même; et par contre, la cause de la vérité et de la nécessité de l'idée de A qui est en B est A lui-même. Par conséquent, il y aura en A une perfection qui n'est pas de A et en B une perfection qui n'est pas de B; donc (*par la Proposition précédente*) ni A ni B ne seront Dieux, et, par suite, il ne peut y avoir plusieurs Dieux.

C. Q. F. D.

On observera ici que, de cela seul qu'une chose enveloppe de soi l'existence nécessaire ainsi que Dieu, il suit nécessaire-

* Je supprime les mots *sive minime possibilem* qui me paraissent avoir été ajoutés par inadvertance.

ment qu'elle est unique ; comme chacun pourra le reconnaître en soi-même par une méditation attentive, et comme j'aurais pu le démontrer ici, mais non d'une façon aussi percevable pour tous que l'est la démonstration prédécente.

PROPOSITION XII

Tout ce qui est est conservé par la seule force de Dieu.

Démonstration

Si on le nie, que l'on suppose quelque chose qui se conserve soi-même; il faudra donc (*par le Lemme* 2 *de la Proposition* 7) que sa nature enveloppe l'existence nécessaire; et par suite (*par le Corollaire du Lemme* 1 *de la Proposition* 7) cette chose serait Dieu ce qui est absurde *(par la Proposition précédente)*. Donc rien n'existe qui ne soit conservé par la seule force de Dieu.

C. Q. F. D.

COROLLAIRE I

Dieu est créateur de toutes choses.

Démonstration

Dieu *(par la Proposition précédente)* conserve tout, c'est-à-dire (*par l'Axiome* 10) qu'il a créé tout ce qui existe et continue de le créer.

COROLLAIRE II

Les choses n'ont d'elles-mêmes aucune essence qui soit cause d'une connaissance contenue en Dieu ; mais au contraire Dieu est cause des choses en ce qui concerne aussi leurs essences.

Démonstration

Comme il ne se trouve en Dieu aucune perfection qui ne soit de Dieu (*par la Proposition* 10), les choses n'auront d'elles-mêmes aucune essence qui puisse être cause d'une connaissance contenue en Dieu. Mais, au contraire, comme Dieu non seulement n'a pas fait naître d'autre chose, mais a entièrement créé toutes choses (*par la Proposition* 12 *et son premier Corollaire*) et que l'action créatrice ne reconnaît aucune cause sinon la cause efficiente (*c'est ainsi que je définis la création*) qui est Dieu, il suit que les choses avant la création n'étaient absolument rien et qu'ainsi Dieu a été aussi la cause de leurs essences.

C. Q. F. D.

Il est à noter que ce Corollaire suit encore manifestement de ce que Dieu est la cause ou le créateur de toutes choses (par le premier Corollaire), et que la cause doit contenir en elle toutes les perfections de l'effet (*par l'Axiome* 8), *ainsi que chacun peut le voir facilement.*

COROLLAIRE III

Il suit de là clairement que Dieu ne sent et à proprement parler ne perçoit rien; car son entendement n'est déterminé par aucune chose extérieure à lui, mais tout coule de lui.

COROLLAIRE IV

Dieu est, par sa causalité, antérieur à l'essence et à l'existence des choses, comme il suit clairement des Corollaires I et II de la précédente Proposition.

PROPOSITION XIII

Dieu est véridique au suprême degré, il n'est aucunement trompeur.

Démonstration

Nous ne pouvons rien attribuer par fiction à Dieu (*par la Définition* 8) en quoi nous reconnaissions quelque imperfection. Et comme toute tromperie *(ainsi qu'il est connu de soi* [1]*)* ou volonté de tromper n'a d'autre origine que la crainte ou la malice, nulle tromperie ou volonté de tromper ne pourra être attribuée à Dieu, c'est-à-dire à un être puissant et bon au suprême degré, mais au contraire on devra le dire suprêmement véridique et nullement trompeur.

C. Q. F. D.

Voir *Réponse aux Deuxièmes Objections n° 4.*

PROPOSITION XIV

Tout ce que nous percevons clairement et distinctement est vrai.

Démonstration

La faculté de discerner le vrai d'avec le faux qui est en nous (comme chacun le découvre en lui-même et comme on peut le voir dans tout ce qui a été déjà démontré) a été créée par Dieu et est continûment conservée par lui *(par la Proposition* 12 *et ses Corollaires) ;* c'est-à-dire *(par la Proposition précédente)* par un être véridique au plus haut point et nullement trompeur; et il ne nous a donné aucun pouvoir (comme chacun le découvre en

1. Je n'ai pas mis cet axiome au nombre des axiomes parce que cela était fort peu nécessaire. Je n'en avais besoin, en effet, que pour démontrer cette seule proposition et de plus, aussi longtemps que j'ignorais l'existence de Dieu, je n'ai voulu tenir pour vrai que ce que je pouvais déduire de la première chose connue : *Je suis*, ainsi que je l'ai indiqué dans la Proposition 4, Scolie. Enfin, je n'ai pas mis les définitions de la crainte et de la malice au nombre des définitions, parce que personne ne les ignore et que j'en avais besoin seulement pour cette unique Proposition.

soi-même) de nous abstenir de croire ces choses que nous concevons clairement ou de leur refuser notre assentiment. Donc, si nous étions trompés à leur sujet, nous serions entièrement trompés par Dieu et il serait trompeur, ce qui *(par la Proposition précédente)* est absurde. Tout ce donc que nous percevons clairement et distinctement est vrai.

C. Q. F. D.

SCOLIE

Comme ces choses, auxquelles nous donnons nécessairement notre assentiment parce que nous les percevons clairement et distinctement, sont vraies nécessairement; et que nous avons (comme chacun le découvre en soi-même) la faculté de refuser notre assentiment à celles qui sont obscures et douteuses, c'est-à-dire ne sont pas déduites des principes les plus certains, il suit de là clairement que nous pouvons toujours prendre garde à ne pas tomber dans l'erreur et à ne jamais nous tromper (ce qui se connaîtra encore plus clairement par ce qui viendra ci-après), pourvu que nous prenions sérieusement en nous-mêmes la décision de ne rien affirmer que nous ne percevions clairement et distinctement, c'est-à-dire qui ne soit déduit de principes clairs et certains.

PROPOSITION XV

L'erreur n'est pas quelque chose de positif.

Démonstration

Si l'erreur était quelque chose de positif elle aurait Dieu seul pour cause, et devrait être continûment créée par lui (*par la Proposition* 12). Or, cela est absurde (*par la Proposition* 13). Donc l'erreur n'est pas quelque chose de positif.

C. Q. F. D.

SCOLIE

Puisque l'erreur n'est pas quelque chose de positif elle ne pourra être autre chose que la privation du bon usage de la liberté (*par le Scolie de la Proposition* 14); et ainsi Dieu ne devra pas être dit cause de l'erreur; sinon en ce sens où nous disons que l'absence du soleil est la cause des ténèbres, ou encore au sens où l'on dit que Dieu est cause de la cécité parce qu'il a créé un enfant semblable aux autres, à la vision près; c'est-à-dire parce qu'il nous a donné un entendement s'étendant seulement à un petit nombre de choses. Pour connaître cela clairement, et, du même coup, comment l'erreur vient du seul abus de notre volonté, et enfin comment nous pouvons nous préserver de l'erreur, rappelons à notre mémoire tous les modes de penser que nous avons, c'est-à-dire toutes les manières de percevoir (telles que sentir, imaginer et, purement, connaître) et de vouloir (telles que désirer, avoir de l'aversion, affirmer, nier et douter); car tous peuvent se ramener à ces deux.

Il faut noter à leur sujet : 1° que l'esprit, en tant qu'il connaît les choses clairement et distinctement, et donne à celles qui sont ainsi connues son assentiment, ne peut être trompé (*par la Proposition* 14); pas davantage en tant qu'il perçoit seulement les choses sans leur donner son assentiment. Quand bien même, en effet, je percevrais un cheval ailé, il est certain que cette perception ne contient aucune fausseté aussi longtemps que je n'affirme pas qu'il est vrai qu'il existe un cheval ailé, et même aussi longtemps que je doute s'il existe un cheval ailé. Et comme affirmer ou donner son assentiment n'est autre chose que déterminer sa volonté, il suit de là que l'erreur dépend du seul usage de la volonté.

Pour que cela soit encore plus clair il faut noter : 2° que nous n'avons pas seulement le pouvoir de donner notre assentiment à ce que nous percevons clairement et distinctement, mais aussi à ce que nous percevons d'une autre manière.

Car notre volonté n'est déterminée par aucunes limites. Ce que chacun peut voir clairement, pourvu qu'il prenne garde à ceci que Dieu, s'il voulait rendre infinie notre faculté de connaître, n'aurait pas besoin de nous donner une faculté d'affirmer plus ample que celle que nous avons déjà, pour que nous pussions donner notre assentiment à tout ce qui serait perçu par notre entendement; cette même faculté que nous avons déjà suffirait pour affirmer une infinité de choses. Et nous éprouvons aussi, réellement, que nous affirmons beaucoup de choses que nous n'avons pas déduites de principes certains. On peut voir, en outre, par là que, si l'entendement s'étendait aussi loin que la faculté de vouloir, ou si la faculté de vouloir ne s'étendait pas plus loin que l'entendement, ou si, enfin, nous pouvions contenir la faculté de vouloir dans les limites de l'entendement, nous ne tomberions jamais dans l'erreur (*par la Proposition* 14).

Mais nous n'avons aucun pouvoir de faire que l'entendement s'étende aussi loin que la volonté, ou que la volonté ne s'étende pas plus loin que l'entendement, car un tel pouvoir implique que la volonté ne soit pas infinie et que l'entendement n'ait pas été créé fini. Reste à considérer si nous avons le pouvoir de contenir notre faculté de vouloir dans les limites de l'entendement. Or, comme la volonté est libre de se déterminer, il s'ensuit que nous avons le pouvoir de contenir notre faculté d'affirmer dans les limites de l'entendement et par suite de faire que nous ne tombions pas dans l'erreur; d'où il suit très évidemment qu'il dépend du seul usage de la liberté de la volonté que nous ne soyons jamais trompés. Que d'ailleurs notre volonté soit libre, cela est démontré dans les *Principes*, partie I, article 39, et dans la *Quatrième Méditation*, et par nous, encore plus amplement, dans notre *Appendice*, chapitre dernier. Et si, quand nous percevons une chose clairement et distinctement, nous ne pouvons pas lui refuser notre assentiment, cet assentiment nécessaire ne suit pas de la faiblesse, mais de la seule liberté et de la perfection de notre volonté. Car affirmer est en nous une perfection (comme il est assez connu de soi) et la volonté n'est jamais plus parfaite ni plus libre que lorsqu'elle se détermine entièrement. Or comme cela peut arriver sitôt que l'esprit a une connaissance claire et distincte, elle ne manquera pas de se donner aussitôt cette perfection (*par l'Axiome* 5). C'est pourquoi il s'en faut de beaucoup que nous nous concevions comme moins libres parce que nous sommes le moins indifférents quand nous saisissons le vrai. Nous tenons pour certain, au contraire, que nous sommes d'autant moins libres que nous sommes plus indifférents.

Il reste, enfin, seulement à expliquer ici comment l'erreur relativement à l'homme n'est rien qu'une privation, et relativement à Dieu une simple négation. Nous le verrons facilement, si nous observons d'abord que, percevant beaucoup de choses outre celles que nous percevons clairement, nous sommes ainsi plus parfaits que si nous ne les percevions pas, comme il ressort clairement de ce que, supposé que nous n'eussions aucune perception claire et distincte, mais seulement des perceptions confuses, nous n'aurions alors pas de perfection plus grande que de percevoir les choses confusément et nulle autre chose ne serait souhaitable pour notre nature. De plus, donner aux choses même confuses son assentiment est une perfection, en tant que c'est une action. Cela aussi deviendra manifeste pour chacun si, comme tout à l'heure, on suppose qu'il répugne à la nature de l'homme d'avoir des perceptions claires et distinctes; car alors il paraîtra clairement qu'il est de beaucoup meilleur pour l'homme d'affirmer des choses même confuses et d'exercer sa liberté que de rester toujours indifférent, c'est-à-dire (comme nous venons de le montrer) au plus bas degré de la liberté. Et si nous considérons aussi l'usage et l'intérêt de la vie humaine, nous trouverons cela absolument nécessaire et l'expérience quotidienne l'apprendra à chacun.

Puis donc que tous les modes de penser que nous avons, en tant qu'on les considère en eux-mêmes, sont parfaits, ce qui constitue la forme de l'erreur ne peut résider en eux comme tels. Mais, si nous considérons les modes de vouloir en tant qu'ils diffèrent les uns des autres, nous trouverons les uns plus parfaits que les autres dans la mesure où les uns rendent la volonté moins indifférente, c'est-à-dire plus libre, que les autres. Nous verrons aussi que, pendant le temps que nous affirmons des choses confuses, nous faisons que l'esprit soit moins apte à discerner le vrai du faux et que nous soyons ainsi privés de la liberté la meilleure. Donc, affirmer des choses confuses, en tant que c'est là quelque chose de positif, n'est pas une imperfection et ne contient pas la forme de l'erreur; mais en tant seulement que nous nous privons par là de la liberté la meilleure qui appartienne à notre nature et soit en notre pouvoir. Toute l'imperfection de l'erreur consistera donc dans cette seule privation de la liberté la meilleure, et c'est cette privation qui est appelée erreur. Elle est dite privation parce que nous sommes privés d'une perfection qui est réclamée par notre nature; erreur parce que c'est par notre faute que nous sommes privés de cette perfection, n'ayant pas contenu, comme nous le pouvions, notre volonté dans les limites de l'entendement. Puis donc que l'erreur n'est rien d'autre relativement à l'homme qu'une privation de l'usage droit ou parfait de la liberté, il s'ensuit qu'elle ne réside en aucune des facultés que l'homme tient de Dieu, ni même dans aucune opération de ces facultés en tant qu'elle dépend de Dieu. Nous ne pouvons pas dire que Dieu nous a privés d'un entendement plus ample qu'il pouvait nous donner et a fait ainsi que nous pussions tomber dans l'erreur. Car la nature d'aucune chose ne peut exiger de Dieu quoi que ce soit et il n'est rien qui appartienne à aucune chose à part ce dont la volonté de Dieu a voulu la gratifier, puisque rien n'existe et ne peut même être conçu (comme nous l'expliquons amplement dans notre *Appendice*, chapitres VII et VIII) avant la volonté de Dieu. C'est pourquoi Dieu ne nous a pas plus privés d'un entendement plus ample ou d'une faculté de connaître plus parfaite qu'il n'a privé le cercle des propriétés de la sphère ou la circonférence de celles de la surface sphérique.

Puis donc qu'aucune de nos facultés, de quelque façon qu'on la considère, ne peut montrer en Dieu aucune imperfection, il s'ensuit clairement que cette imperfection, en quoi consiste la forme de l'erreur, n'est relativement à l'homme qu'une privation; mais rapportée à Dieu, comme à sa cause, elle ne peut être dite une privation, mais seulement une négation.

PROPOSITION XVI

Dieu est incorporel.

Démonstration

Le corps est sujet immédiat du mouvement dans l'espace (*par la Définition* 7), donc si Dieu était corporel, il serait divisé en parties; or, cela enveloppant une imperfection, il est absurde (*par la Définition* 8) de l'affirmer de Dieu.

Autre Démonstration

Si Dieu était corporel, il pourrait être divisé en parties (*par la Définition* 7) et chacune des parties, ou bien pourrait subsister par elle-même, ou bien ne le pourrait pas; si elle ne le pouvait pas elle serait semblable aux autres choses que Dieu a créées et par suite, comme toute chose créée, serait continûment créée avec la même force par Dieu (*par la Proposition* 10 *et l'Axiome* 11) et n'appartiendrait pas plus à la nature de Dieu que les autres choses créées, ce qui est absurde (*par la Proposition* 5). Mais si chaque partie existe par elle-même, elle doit envelopper l'existence nécessaire (*par le Lemme* 2 *de la Proposition* 7) et en conséquence chacune serait un être suprêmement parfait (*par le Corollaire du Lemme* 2 *de la Proposition* 7). Mais cela aussi est absurde (*par la Proposition* 11); donc Dieu est incorporel.

C. Q. F. D.

PROPOSITION XVII

Dieu est un être tout à fait simple.

Démonstration

Si Dieu était composé de parties, ces parties devraient être, de leur nature au moins, antérieures à Dieu (comme tous l'accorderont facilement) ce qui est absurde (*par le Corollaire* 4 *de la Proposition* 12). Dieu est donc un être tout à fait simple.

C. Q. F. D.

COROLLAIRE

Il suit de là que l'entendement de Dieu, sa volonté, ou son Décret, et sa Puissance ne se distinguent de son essence que par une distinction de raison.

PROPOSITION XVIII

Dieu est immuable.

Démonstration

Si Dieu était changeant, il ne devrait pas changer partiellement, mais devrait être changé suivant la totalité de son essence (*par la Proposition* 17). Mais l'essence de Dieu existe nécessairement (*par les Propositions* 5, 6 *et* 7); donc Dieu est immuable.

C. Q. F. D.

PROPOSITION XIX

Dieu est éternel.

Démonstration

Dieu est un être souverainement parfait (*par la Définition* 8). D'où suit (*par la Proposition* 5) qu'il existe nécessairement. Si nous lui attribuons une existence limitée, les limites de son existence doivent être nécessairement connues sinon de nous au moins de Dieu lui-même (*par la Proposition* 9), puisqu'il est suprêmement connaissant; donc Dieu, par-delà ces limites, se connaîtra lui-même, c'est-à-dire connaîtra un être parfait (*par la Définition* 8) comme n'existant pas, ce qui est absurde (*par la Proposition* 5). Donc Dieu a l'existence non pas limitée, mais infinie, que nous appelons éternité. *(Voir chapitre I, partie II de notre Appendice.)* Dieu est donc éternel.

C. Q. F. D.

PROPOSITION XX

Dieu a préordonné toutes choses de toute éternité.

Démonstration

Puisque Dieu est éternel *(par la Proposition précédente)* sa connaissance sera éternelle, car elle appartient à son essence éternelle (*par le Corollaire de la Proposition* 17). Or, son entendement ne diffère pas réellement de sa volonté ou de son Décret (*par le Corollaire de la proposition* 17); donc, en disant que Dieu a connu toutes choses de toute éternité, nous disons du même coup qu'il les a ainsi voulues et décrétées de toute éternité.

C. Q. F. D.

COROLLAIRE

Il suit de cette Proposition que Dieu est constant au suprême degré dans ses œuvres.

PROPOSITION XXI

La substance étendue en longueur, largeur et profondeur existe réellement; et nous sommes unis à une de ses parties.

La chose étendue, selon qu'il est perçu par nous clairement et distinctement, n'appartient pas à la nature de Dieu (*par la Proposition* 16); mais elle peut être créée par Dieu (*par le Corollaire de la Proposition* 7 *et par la Proposition* 8). D'autre part, nous percevons clairement et distinctement (comme chacun le trouve en soi en tant qu'il pense) que la substance étendue est une cause qui suffit à produire en nous le chatouillement, la douleur, et les idées semblables, c'est-à-dire les sensations qui se produisent continuellement en nous, malgré nous. Mais, si nous voulons forger une cause des sensations autre que la substance étendue, disons Dieu ou un Ange, nous détruisons aussitôt le concept clair et distinct que nous avons. Pour cette raison [1], aussi longtemps que nous sommes droitement attentifs à nos perceptions de façon à ne rien admettre que nous ne percevions clairement et distinctement, nous serons extrêmement portés, c'est-à-dire nous ne serons nullement indifférents, à cette affirmation que la substance étendue est la seule cause de nos sensations; et par suite qu'une chose étendue créée par Dieu existe. Et en cela nous ne pouvons être trompés (*par la Proposition* 14 *avec le Scolie*). Donc il est affirmé avec vérité que la substance étendue en longueur, largeur et profondeur existe. Ce qui était à démontrer en premier lieu.

En outre, nous observons une grande différence entre nos sensations qui (ainsi que nous venons de le démontrer) doivent être produites en nous par la substance étendue, à savoir quand je dis que je sens ou que je vois un arbre et quand je dis que j'ai soif, que je souffre, etc. Je vois d'ailleurs que je ne puis percevoir clairement la cause de cette différence, si je ne connais d'abord que je suis uni étroitement à une partie de la matière et non de même aux autres parties. Puisque je connais cela clairement et distinctement et que cela ne peut être perçu d'une autre manière par moi, il est donc vrai (*par la Proposition* 14 *avec son Scolie*) que je suis uni à une partie de la matière. Ce qui était le second point. Nous avons donc démontré C. Q. F. D.

Observation. — *A moins que le lecteur ne se considère ici seulement comme chose pensante et sans corps, et ne renonce à toutes les raisons qu'il a eues auparavant de croire que le corps existe, comme étant des préjugés, il essaiera en vain d'entendre cette démonstration.*

1. Voir la démonstration de la Proposition 14 et la Proposition 15, Scolie.

PARTIE II

POSTULAT

Il est demandé ici seulement que chacun considère ses perceptions avec l'attention la plus diligente afin de pouvoir distinguer le clair de l'obscur.

DÉFINITIONS

I. L'*Étendue* est ce qui comprend trois dimensions; mais nous n'entendons pas par étendue l'acte de s'étendre ou quoi que ce soit de différent de la quantité.

II. Par *Substance* nous entendons ce qui n'a besoin pour exister que du seul concours de Dieu.

III. Un *Atome* est une partie de la matière indivisible de sa nature.

IV. *Indéfini* est ce dont les limites (s'il en existe) ne peuvent être explorées par l'entendement humain.

V. Le *Vide* est l'étendue sans substance corporelle.

VI. Entre l'*Espace* et l'étendue nous ne concevons qu'une distinction de raison, c'est-à-dire qu'il n'en est pas réellement distinct. Lire *Principes*, partie II, art. 10.

VII. Nous appelons *divisible* au moins en puissance ce que nous connaissons par la pensée pouvoir être divisé.

VIII. Le *mouvement dans l'espace* est le transport d'une partie de la matière, c'est-à-dire d'un corps, du voisinage des corps qui le touchent immédiatement et sont considérés comme immobiles, dans le voisinage d'autres corps.

Descartes use de cette définition pour expliquer le mouvement dans l'espace; pour la bien entendre il faut considérer :

1° *Que par partie de la matière il entend tout ce qui peut être transporté à la fois, encore que cela même puisse être à son tour composé de beaucoup de parties;*

2° *Que pour éviter la confusion dans cette définition, il parle seulement de ce qui est toujours dans la chose mobile, à savoir le transport, qui ne doit pas être confondu, comme il l'a été par d'autres, avec la force ou l'action qui transporte. On croit communément que cette force ou cette action est requise seulement pour le mouvement non pour le repos, en quoi l'on se trompe entièrement. Car, ainsi qu'il se connaît de soi, la même force qui est requise pour imprimer à un corps quelconque certains degrés de mouvement l'est aussi pour enlever à ce corps les mêmes degrés de mouvement, de façon qu'il vienne au repos. Cela est même prouvé par l'expérience, car il nous faut pour mettre en mouvement un navire au repos dans une eau stagnante une force à peu près égale à celle dont nous avons besoin pour l'arrêter brusquement quand il se meut ; et l'égalité serait assurément complète si nous n'étions aidés pour le retenir par la pesanteur et l'inertie de l'eau soulevée par le navire ;*

3° *Qu'il dit que le transport se fait du voisinage des corps contigus dans le voisinage d'autres corps, mais non d'un lieu dans un autre. Car le lieu (comme il l'a expliqué article 13, partie II) n'est pas quelque chose de réel mais dépend seulement de notre pensée, de telle sorte que le même corps peut être dit à la fois changer et ne pas changer de lieu ; mais on ne peut dire qu'il est à la fois transporté et non transporté du voisinage d'un corps contigu ; car seuls certains corps déterminés peuvent être au même instant contigus au même corps mobile ;*

4° *Qu'il ne dit pas que le transport ait lieu absolument du voisinage des corps contigus, mais de ceux-là seulement qui sont considérés comme étant au repos. Pour qu'un corps A, en effet, soit transporté à distance d'un corps B, la même force est nécessaire d'un côté que de l'autre, ce qui apparaît clairement par l'exemple d'un bateau adhérent à la boue ou au sable qui sont au fond de l'eau ; pour qu'il en soit détaché il faut appliquer la même force au bateau et au fond. Pour cette raison la force qui doit mouvoir des corps se dépense également sur le corps mû et sur celui qui reste immobile. Le transport d'ailleurs est réciproque, car si le bateau est éloigné du sable, le sable aussi est éloigné du bateau. Si donc, parlant absolument, nous voulions attribuer des mouvements égaux dans des directions opposées à l'un comme à l'autre des deux corps qui se séparent,*

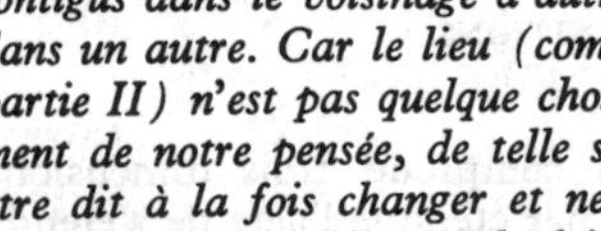

FIG. 1.

pour cette raison qu'il y a la même action dans l'un et dans l'autre, nous serions alors contraints d'attribuer tout autant de mouvement aux corps considérés comme immobiles, par exemple au sable duquel le bateau est détaché, qu'aux corps mus; car, ainsi que nous l'avons montré, la même action est requise des deux côtés et le transport est réciproque. Mais cela serait se trop écarter de la façon commune de parler. Toutefois, bien que ces corps desquels les autres sont séparés soient considérés comme immobiles et ainsi dénommés, nous nous rappellerons cependant que tout ce qui est dans le corps mû, à cause de quoi il est dit se mouvoir, est aussi dans le corps immobile.

5° *Enfin il apparaît clairement par cette Définition que chaque corps a seulement un mouvement qui lui soit propre parce qu'on le conçoit comme s'éloignant seulement de certains corps déterminés à lui contigus et immobiles. Toutefois, si le corps mû est une partie d'autres corps ayant d'autres mouvements, nous connaissons clairement qu'il peut avoir part à des mouvements innombrables; mais comme il n'est pas facile d'en concevoir à la fois une telle quantité et que tous ne peuvent même pas être reconnus, il suffira de considérer dans chaque corps cet unique mouvement qui lui est propre (voir Principes, partie II, art. 31).*

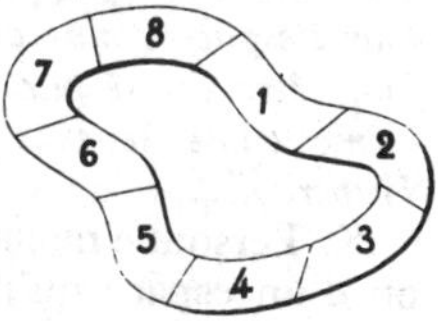

FIG. 2.

IX. Par *cercle de corps mus* nous entendons seulement ce qui se produit quand le dernier corps mû par l'impulsion d'un autre est immédiatement contigu au premier, encore que la figure formée par tous les corps sous l'impulsion d'un même mouvement soit très sinueuse (*fig.* 2).

AXIOMES

I. Le néant n'a pas de propriétés.

II. Rien de ce qui peut être enlevé d'une chose sans porter atteinte à son intégrité ne constitue son essence; mais ce qui, s'il est enlevé, supprime la chose constitue son essence.

III. Sur la dureté le sens ne nous apprend rien et nous n'en pouvons rien connaître clairement et distinctement, sinon que les parties des corps durs résistent au mouvement de nos mains.

IV. Si deux corps se rapprochent ou s'éloignent l'un de l'autre, ils n'occuperont pas pour cela un espace plus grand ou plus petit.

V. Une partie de la matière, soit qu'elle cède, soit qu'elle résiste, ne perd pas pour cela la nature d'un corps.

VI. Le mouvement, le repos, la figure et autres choses semblables ne peuvent être conçus sans l'étendue.

VII. En sus des qualités sensibles, il ne reste rien, dans un corps, que l'étendue et ses affections énumérées dans la première partie des Principes.

VIII. Un même espace, ou une étendue quelconque, ne peut être plus grand une fois qu'une autre.

IX. Toute étendue peut être divisée au moins par la pensée.

La vérité de cet Axiome ne paraîtra douteuse à aucune personne ayant appris les éléments de la Mathématique. Car l'espace donné entre la Tangente et le Cercle peut toujours être divisé par une infinité de Cercles plus grands. La même chose se voit par le moyen des Asymptotes d'une Hyperbole.

X. Personne ne peut concevoir les limites d'une étendue ou d'un espace qu'il ne conçoive au-delà de ces limites d'autres espaces suivant immédiatement le premier.

XI. Si la matière est multiple et qu'une matière ne touche pas l'autre immédiatement chacune est comprise sous les limites au-delà desquelles il n'y a plus de matière.

XII. Des corps très petits cèdent facilement au mouvement de nos mains.

XIII. Un espace ne pénètre pas un autre espace et n'est pas plus grand une fois qu'une autre.

XIV. Si un canal A est de même longueur qu'un autre C et C deux fois plus large que A, et si quelque matière fluide passe deux fois plus vite à travers le canal A que celle qui passe à travers le canal C, autant de matière passera dans le même espace de temps à travers le canal A

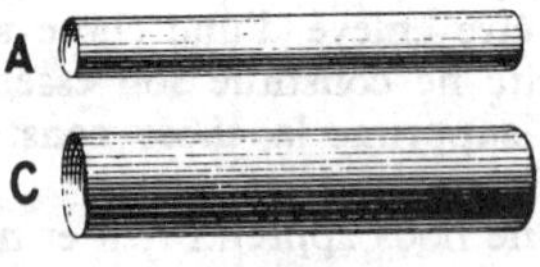

FIG. 3.

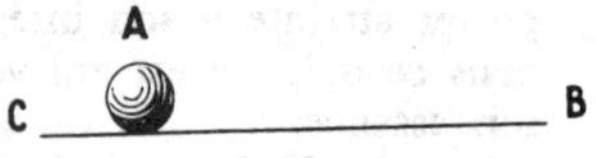

FIG. 4.

qu'à travers le canal C. Et si autant de matière passe à travers le canal A qu'à travers C, celle qui passe à travers A aura une vitesse double.

XV. Des choses qui s'accordent avec une même troisième s'accordent entre elles. Et celles qui sont doubles d'une même troisième sont égales entre elles.

XVI. Une matière qui est mue de diverses façons a au moins autant de parties séparées actuellement les unes des autres qu'on y peut observer en même temps de degrés différents de vitesse.

XVII. La ligne la plus courte entre deux points est la droite.

XVIII. Le corps A qui se meut de C vers B, s'il est repoussé par une impulsion en sens contraire, se mouvra selon la même ligne vers C.

XIX. Des corps qui ont des mouvements opposés, quand ils viennent à se rencontrer, doivent éprouver l'un et l'autre quelque changement, ou au moins l'un des deux.

XX. Un changement dans une chose provient d'une force plus grande.

XXI. Si, quand le corps 1 se meut vers le corps 2 et le pousse, le corps 8 par cette impulsion est mû vers 1, les corps 1, 2, 3 ne peuvent être en ligne droite, mais tous jusqu'à 8 forment un cercle complet (voir *fig.* 2).

LEMME I

Où il y a de l'Étendue ou de l'Espace il y a nécessairement une substance.

Démonstration

L'étendue ou l'espace (*par l'Axiome* 1) ne peut être un pur néant; elle est donc un attribut qui doit nécessairement appartenir à quelque chose. Ce n'est pas à Dieu (*par la Proposition* 16, *partie I*); c'est donc à une chose qui n'a besoin pour exister que du seul concours de Dieu (*par la Proposition* 12, *partie I*), c'est-à-dire à une substance (*par la Définition* 2, *partie II*).

C. Q. F. D.

LEMME II

La Raréfaction et la Condensation sont conçues clairement et distinctement par nous bien que nous n'accordions pas que les corps occupent dans la raréfaction un espace plus grand que dans la condensation.

Démonstration

La raréfaction et la condensation se peuvent concevoir en effet par cela seul que les parties d'un corps s'écartent ou se rapprochent les unes des autres, donc (*par l'Axiome* 4) elles n'occuperont un espace ni plus grand ni plus petit. Car, si les parties d'un corps, supposons d'une éponge, par cela seul qu'elles se rapprochent les unes des autres, expulsent les corps qui remplissaient les intervalles les séparant, par cela même ce corps deviendra plus dense, et cependant ses parties n'occuperont pas un espace plus grand qu'auparavant (*par l'Axiome* 4). Et, si elles s'écartent de nouveau les unes des autres et que les cavités se remplissent d'autres corps, il y aura raréfaction et cependant les parties n'occuperont pas un espace plus grand. Et cela, qu'à l'aide des sens nous percevons clairement dans l'éponge, nous pouvons le concevoir, par le seul entendement, de tous les corps, bien que les intervalles des parties échappent entièrement au sens de l'homme. Donc la Raréfaction et la Condensation sont conçues clairement et distinctement par nous bien que, etc.

C. Q. F. D.

Il a paru bon de placer en tête ces lemmes pour débarrasser l'entendement de ses préjugés sur l'Espace, la Raréfaction, etc., et le rendre apte à entendre ce qui suivra.

PROPOSITION I

Encore que l'on enlève d'un corps la dureté, le poids et les autres qualités sensibles, la nature de ce corps n'en gardera pas moins son intégrité.

Démonstration

Sur la dureté le sens ne nous apprend rien et nous n'en pouvons rien concevoir clairement et distinctement, sinon que les parties des corps durs résistent au mouvement de nos mains (*par l'Axiome* 3). Donc (*par la Proposition* 14, *partie I*), la dureté ne sera rien d'autre. Or, si l'on divise le corps dur en poussière aussi menue que possible, ses parties cèderont facilement (*par l'Axiome* 12), et cependant ne perdront pas la nature d'un corps (*par l'Axiome* 5).

C. Q. F. D.

Au sujet du poids et des autres qualités sensibles la démonstration a lieu de la même façon.

PROPOSITION II

La nature du Corps, autrement dit de la matière, consiste dans la seule étendue.

Démonstration

La nature du corps n'est pas détruite par l'enlèvement des qualités sensibles (*par la Proposition* 1, *partie II*); donc elles ne constituent pas son essence (*par l'Axiome* 2). Rien ne reste donc que l'étendue et ses affections (*par l'Axiome* 7). Donc, si l'étendue est enlevée, rien ne restera qui appartienne à la nature du corps, mais elle sera entièrement détruite; donc (*par l'Axiome* 2) la nature du corps consiste dans la seule étendue.

C. Q. F. D.

COROLLAIRE

L'Espace et le Corps ne diffèrent pas réellement.

Démonstration

Le corps et l'étendue ne diffèrent pas réellement (*par la Proposition précédente*); l'espace et l'étendue (*par la Définition* 6) ne diffèrent pas non plus réellement; donc (*par l'Axiome* 15) l'espace et le corps ne diffèrent pas réellement.

C. Q. F. D.

SCOLIE

Bien que nous disions [1] que Dieu est partout il n'est pas accordé par là que Dieu soit étendu, c'est-à-dire *(par la Proposition précédente)* corporel; car cette ubiquité se rapporte à la seule puissance de Dieu et à son concours par lequel toutes choses sont conservées; de sorte que l'ubiquité de Dieu ne se rapporte pas plus à une étendue ou à un corps qu'à des anges ou à des âmes humaines. Mais il est à noter que, lorsque nous disons que sa puissance est partout, nous n'en séparons pas son essence; car où est sa puissance est aussi son essence (*Proposition* 17, *Corollaire partie I*); mais excluons seulement toute corporéité, c'est-à-dire que Dieu n'est pas partout par quelque puissance corporelle, mais par une puissance ou essence divine, servant également à la conservation de l'étendue et à celle des choses pensantes (*Proposition* 17, *partie I*) qu'il ne pourrait certainement pas conserver si sa puissance, c'est-à-dire son essence, était corporelle.

PROPOSITION III

Il répugne qu'il existe un vide.

1. Voir, à ce sujet, de plus amples détails dans l'*Appendice* partie II, chap. VI et IX.

Démonstration

On entend par vide une étendue sans substance corporelle (*par la Définition* 5), c'est-à-dire (*par la Proposition* 2, *partie II*) un corps sans corps, ce qui est absurde.

Pour plus ample explication et pour corriger le préjugé relatif au vide, qu'on lise les articles 17 *et* 18 *de la partie II des* Principes, *où l'on observera principalement que des corps entre lesquels rien n'est interposé se touchent nécessairement l'un l'autre et aussi que le néant n'a point de propriétés.*

PROPOSITION IV

Une même partie d'un corps n'occupe pas un plus grand espace une fois qu'une autre fois et, inversement, le même espace ne contient pas plus de corps une fois qu'une autre fois.

Démonstration

L'espace et le corps ne diffèrent pas réellement (*par le Corollaire de la Proposition* 2, *partie II*). Donc, quand nous disons qu'un espace n'est pas plus grand une fois qu'une autre (*par l'Axiome* 13), nous disons aussi qu'un corps ne peut pas être plus grand, c'est-à-dire occuper un espace plus grand, une fois qu'une autre. Ce qui était le premier point à démontrer. Maintenant, de ce que l'espace et le corps ne diffèrent pas réellement, il suit qu'en disant qu'un corps ne peut occuper un espace plus grand une fois qu'une autre fois, nous disons du même coup que le même espace ne peut occuper plus de corps une fois qu'une autre fois.

C. Q. F. D.

COROLLAIRE

Des corps qui occupent même espace, supposons de l'or et de l'air, contiennent une égale quantité de matière ou de substance corporelle.

Démonstration

La substance corporelle ne consiste pas dans la dureté, par exemple la dureté de l'or, ni dans la mollesse, par exemple la mollesse de l'air, ni dans aucune des qualités sensibles (*par la Proposition* 1, *partie II*), mais dans la seule étendue (*par la Proposition* 2, *partie II*). Comme d'ailleurs *(par hypothèse)* il y a autant d'espace, c'est-à-dire d'étendue (*par la Définition* 6), dans l'un que dans l'autre, il y aura donc autant de substance corporelle.

C. Q. F. D.

PROPOSITION V

Il n'existe point d'Atomes.

Démonstration

Les Atomes sont des parties indivisibles de leur nature (*par la Définition* 3). Mais, comme la nature de la matière consiste dans l'étendue (*par la Proposition* 2, *partie II*) qui, de sa nature est divisible, si petite qu'elle soit (*par l'Axiome* 9 *et la Définition* 7), une partie de la matière, si petite qu'elle soit, sera donc divisible de sa nature, c'est-à-dire qu'il n'existe point d'Atomes ou de parties de la matière indivisibles de leur nature.

C. Q. F. D.

SCOLIE

La question des atomes fut toujours difficile et embrouillée. Quelques-uns affirment qu'il y a des Atomes parce qu'un infini ne peut être plus grand qu'un autre infini; or si deux quantités, disons A et une quantité double de A, sont divisibles à l'infini, elles pourront aussi par la puissance de Dieu, qui connaît leurs parties infinies d'une seule vue, être actuellement divisées en parties infinies. Donc, puisqu'un infini ne peut être, ainsi que nous l'avons dit, plus grand qu'un autre infini, la quantité A sera égale à une quantité double, ce qui est absurde. On demande en outre si la moitié d'un nombre infini est aussi infinie, si elle est paire ou impaire, et autres questions semblables. A tout cela Descartes répond que nous ne devons pas rejeter les choses qui tombent sous notre entendement et sont conçues par suite clairement et distinctement, à cause d'autres choses qui dépassent notre entendement ou notre compréhension et par suite ne peuvent pas être perçues par nous sinon très inadéquatement. Or l'infini et ses propriétés dépassent l'entendement humain, lequel est de sa nature fini; il serait donc inepte de rejeter comme faux ce que nous concevons clairement et distinctement au sujet de l'espace, ou de le tenir pour douteux, parce que nous ne comprenons pas l'infini. Et pour cette raison Descartes tient pour indéfinies ou illimitées les choses dans lesquelles nous n'observons point de limites, comme l'étendue du monde, la divisibilité des parties de la matière, etc. Lire les *Principes*, partie I, article 26.

PROPOSITION VI

La matière est indéfiniment étendue, et la matière du ciel et de la terre est une et la même.

Démonstration

1° Démonstration de la première partie : Nous ne pouvons imaginer nulles limites de l'étendue, c'est-à-dire (*par la Proposition* 2, *partie II*) de la matière, sans concevoir au-delà de ces limites d'autres espaces suivant immédiatement (*par l'Axiome* 10), c'est-à-dire (*par la Définition* 6) de l'étendue ou encore de la matière et cela indéfiniment. Ce qu'il fallait démontrer en premier.

2° Démonstration de la deuxième partie : l'essence de la matière consiste dans l'étendue (*par la Proposition* 2, *partie II*), et elle est indéfinie (*par la première partie de cette démonstration*), c'est-à-dire (*par la définition* 4) qu'elle ne peut être perçue sous aucunes limites par l'entendement humain; donc (*par l'Axiome* 11) elle n'est pas multiple, mais une et la même partout. Ce qui était le second point.

SCOLIE

Nous avons traité jusqu'ici de la nature ou essence de l'étendue. Que d'ailleurs, elle existe, créée par Dieu, telle que nous la concevons, nous l'avons démontré dans la Proposition dernière de la partie I; et il suit de la Proposition 12 de la partie I qu'elle est conservée maintenant par la même puissance qui l'a créée. En outre, dans cette même Proposition dernière de la partie I, nous avons démontré que nous, en tant que choses pensantes, étions unis à une certaine partie de cette matière et que, par son aide, nous percevons l'existence actuelle de tous ces changements dont, par la seule contemplation de la matière, nous la savons capable; ainsi la divisibilité, le mouvement dans l'espace, c'est-à-dire le passage d'une partie d'un lieu dans un autre, passage dont nous avons une idée claire et distincte, pourvu que nous connaissions que d'autres parties de la matière viennent prendre la place de celles qui ont été déplacées. Cette division de la matière et ce mouvement sont conçus par nous d'une infinité de manières et, par suite, une infinité de changements de la matière peuvent être conçus. Je dis qu'ils sont conçus par nous clairement et distinctement, tant que nous les concevons comme des modes de l'étendue, mais non comme des choses réellement distinctes de l'étendue, ainsi qu'il a été amplement expliqué dans la première partie des *Principes*. Et bien que les Philosophes aient forgé d'autres mouvements, nous, qui n'admettons rien que nous ne concevions clairement et distinctement, nous n'admettrons d'autre mouvement que le mouvement dans l'espace parce que nous connaissons clairement et distinctement que l'étendue n'est capable d'aucun autre et que même aucun autre ne tombe sous notre imagination.

Zénon cependant, à ce qu'on rapporte, a nié le mouvement dans l'espace, et cela pour diverses raisons que Diogène le Cynique a réfutées à sa manière en marchant dans l'école où enseignait Zénon et en troublant ses auditeurs. Quand il sentit qu'un d'eux le retenait pour l'empêcher de marcher, il l'apostropha en ces termes : « Comment oses-tu réfuter les raisonnements de ton maître ? » Pour que nul cependant, trompé par les raisonnements de Zénon, ne croie que les sens nous font voir quelque chose — à savoir le mouvement — qui contredise entièrement à l'entendement, de telle sorte que l'esprit serait trompé même au sujet des choses qu'il perçoit clairement et distinctement à l'aide de l'entendement, je reproduirai ici les principaux raisonnements de Zénon, et je montrerai en même temps qu'ils ne s'appuient que sur de faux préjugés, c'est-à-dire que ce philosophe n'avait aucun concept vrai de la matière.

En premier lieu, il aurait dit que, s'il existait un mouvement dans l'espace, le mouvement d'un corps mû circulairement avec la plus grande célérité ne différerait pas du repos; or, cette conséquence est absurde; donc aussi la supposition d'où on la tire. Il prouve ainsi cette conséquence. Un corps est au repos, quand tous les points demeurent constamment en un même lieu; or, tous les points d'un corps mû circulairement avec la plus grande vitesse demeurent constamment en un même lieu. Donc, etc. Et cela même, il l'aurait expliqué par l'exemple d'une roue, disons ABCD. Si cette roue se meut autour de son centre avec une certaine vitesse, le point A décrira un cercle par B et C plus rapidement que si la roue se mouvait plus lentement. Supposons donc, par exemple, quand elle commence lentement à se mouvoir, que le point A revienne au bout d'une heure à son lieu de départ. Si la vitesse est supposée double, il reviendra à son lieu de départ au bout d'une demi-heure, et, si on la suppose quadruple, au bout d'un quart d'heure; et, si nous concevons que cette vitesse augmente à l'infini et que le temps de la rotation diminue jusqu'à l'instantanéité, alors le point A, dans cette plus grande vitesse, sera à tous les instants, c'est-à-dire constamment dans son lieu de départ et ainsi demeure toujours en un même lieu. Ce que nous connaissons du point A doit d'ailleurs être entendu de tous les points de la roue; et ainsi tous ces points dans cette plus grande vitesse seront constamment dans un même lieu.

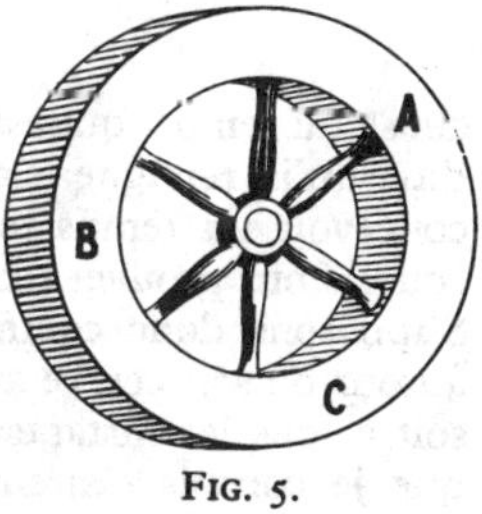

FIG. 5.

Pour répondre, il faut observer que cet argument porte plutôt contre une vitesse supposée la plus grande que contre le mouvement lui-même; nous n'examinerons cependant point ici si Zénon argumente correctement mais plutôt les préjugés sur lesquels s'appuie toute cette argumentation, en tant qu'elle prétend combattre le mouvement. En premier lieu donc, il suppose que les corps peuvent être conçus comme se mouvant avec une vitesse telle qu'ils ne puissent pas se mouvoir plus vite. En second lieu, il compose le temps d'instants comme d'autres ont conçu que la quantité est composée de points indivisibles. L'une et l'autre supposition sont fausses. Car, d'abord, nous ne pouvons jamais concevoir un mouvement si rapide que nous n'en concevions en même temps un plus rapide; et, en effet, il répugne à notre entendement de concevoir un mouvement, quelque petite que soit la ligne décrite, si rapide qu'il n'en puisse exister de plus rapide. Et il en est de même à l'égard de la lenteur car il implique contradiction de concevoir un mouvement si lent qu'il n'en puisse exister de plus lent. Nous affirmons encore la même

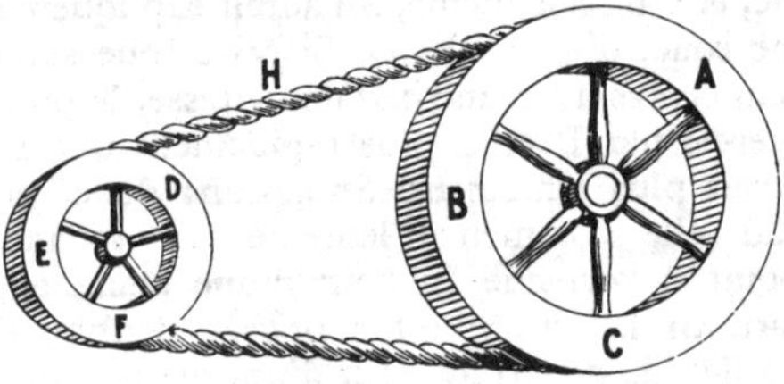

FIG. 6.

chose du temps, qui est la mesure du mouvement, c'est-à-dire qu'il répugne clairement à notre entendement de concevoir un temps tel qu'il n'en puisse exister de plus court. Pour prouver tout cela, suivons les traces de Zénon. Supposons donc comme lui une roue ABC se mouvant autour de son centre avec une vitesse telle que le point A soit à tous les instants dans le lieu A d'où il part. Je dis que je conçois clairement une vitesse indéfiniment plus grande et, par conséquent, des instants plus petits à l'infini; que l'on suppose en effet, tandis que la roue ABC tourne autour de son centre, qu'à l'aide d'une corde H une autre roue DEF (je la suppose deux fois plus petite) soit elle-même mise en mouvement autour de son centre. Comme la roue DEF est supposée deux fois plus petite que ABC, il est clair que cette roue DEF se mouvra deux fois plus vite que la roue ABC et, par conséquent, que le point D se retrouvera dans le lieu d'où il part au bout d'instants deux fois plus petits. Ensuite, si nous attribuons à la roue ABC le mouvement de la roue DEF, alors DEF se mouvra quatre fois plus vite qu'auparavant [ABC]; et si de nouveau nous attribuons à ABC cette vitesse de DEF, alors DEF se mouvra huit fois plus vite, et ainsi à l'infini. Mais cela se voit déjà par le seul concept de la matière. Car l'essence de la matière consiste dans l'étendue ou l'espace, toujours divisible, comme nous l'avons prouvé; et il n'y a pas de mouvement sans espace. Nous avons démontré aussi qu'une même partie de la matière ne peut pas occuper en même temps deux espaces, ce qui serait la même chose que de dire qu'une même partie de la matière égale une quantité double d'elle-même, comme il est évident par ce qui a été démontré ci-dessus. Donc, si une partie de la matière est en mouvement, elle se meut dans un certain espace et cet espace, si petit qu'on le suppose, sera cependant divisible et par conséquent aussi le temps par lequel cet espace est mesuré; et par suite la durée ou le temps de ce mouvement sera aussi divisible et cela à l'infini.

C. Q. F. D.

Passons maintenant à un autre sophisme, attribué au même Zénon, qui s'énonce comme il suit. Si un corps est en mouvement, ou bien il se meut dans le lieu où il est, ou bien dans le lieu où il n'est pas. Or ce n'est pas dans le lieu où il est, car, s'il est quelque part, il est nécessairement immobile. Ce n'est pas non plus dans le lieu où il n'est pas. Donc ce corps ne se meut pas. Mais cette argumentation est toute semblable à la précédente; car on suppose qu'il existe un temps tel qu'il n'y en ait pas de plus petit. — Si en effet nous répondons à Zénon que le corps se meut non dans un lieu mais du lieu où il est au lieu où il n'est pas, il nous demandera : ce corps n'a-t-il pas été dans les lieux intermédiaires ? — Si nous répondons par cette distinction : Entendez-vous, par ces mots *il a été, qu'il est demeuré en repos*, nous nions qu'il ait été nulle part aussi longtemps qu'il était en mouvement; si *il a été* signifie qu'*il a existé* nous disons qu'il existait nécessairement pendant le temps qu'il se mouvait; Zénon demandera alors : Où a-t-il existé pendant le temps qu'il se mouvait ? — Si nous répondons derechef : demandez-vous, par ces mots *où a-t-il existé*, en quel lieu s'est-il tenu pendant qu'il était en mouvement, nous répondrons qu'il ne s'est tenu en aucun lieu pendant qu'il se mouvait; mais, si vous demandez *quel lieu il a abandonné*, nous dirons qu'il a abandonné tous les lieux que l'on voudra assigner dans l'espace qu'il a parcouru. Zénon demandera s'il a pu à un même instant du temps occuper un lieu et l'abandonner. — A quoi nous répondons par cette distinction nouvelle : si par un instant du temps vous entendez un temps tel qu'il n'en puisse exister de plus petit, c'est demander une chose qui ne peut s'entendre, comme nous l'avons assez montré, et qui, par suite, ne mérite pas de réponse; si le temps se prend au sens que j'ai expliqué plus haut, c'est-à-dire dans son vrai sens, on ne pourra jamais assigner de temps si petit que, même en le supposant indéfiniment plus court, un corps ne puisse pendant ce temps et occuper et abandonner un lieu; chose manifeste pour qui est assez attentif. On voit par là clairement, ce que nous disions plus haut, que Zénon suppose un temps si petit qu'il n'en puisse exister de plus petit, et que, par suite, il ne prouve rien.

Outre ces deux arguments, on rapporte de Zénon un autre argument qui se peut lire avec sa réfutation dans Descartes : Lettre avant-dernière du premier volume des *Lettres*.

Je désire cependant que mes lecteurs observent ici qu'aux raisonnements de Zénon j'ai opposé des raisonnements; et ainsi je l'ai réfuté par la Raison et non par les sens, comme l'a fait Diogène. Jamais en effet les sens ne peuvent fournir à l'homme cherchant la vérité que des Phénomènes de la Nature par lesquels il est déterminé à la recherche de leurs causes; ils ne peuvent lui fournir quoi que ce soit qui montre la fausseté de ce que l'entendement reconnaît clairement et distinctement être vrai. C'est ainsi que nous jugeons, et c'est là notre Méthode; démontrer les choses que nous proposons par des raisons que l'entendement perçoive clairement et distinctement; tenant pour négligeable ce que les sens peuvent dire qui leur paraît contraire. Ainsi que nous l'avons dit en effet, ils peuvent déterminer seulement l'entendement à chercher ceci plutôt que cela, mais non le convaincre de fausseté quand il a perçu quelque chose clairement et distinctement.

PROPOSITION VII

Nul corps ne peut prendre la place d'un autre que cet autre ne prenne lui-même la place d'un autre.

Démonstration [1]

Si on le nie, qu'on suppose, s'il est possible, qu'un corps A prenne la place d'un corps B, que je suppose égal à A et ne quittant pas sa place. L'espace alors qui contenait seulement B contient *(par hypothèse)* A et B; c'est-à-dire le double de la substance corporelle qu'il contenait auparavant; ce qui (*par la Proposition* 4, *partie II*) est absurde. Donc aucun corps ne prend la place d'un autre, etc.

C. Q. F. D.

PROPOSITION VIII

Quand un corps prend la place d'un autre, au même instant du temps le lieu abandonné par lui est occupé par un autre corps qui le touche immédiatement.

Démonstration

Si le corps B se meut vers D, les corps A et C au même instant du temps s'approcheront l'un de l'autre et se toucheront, ou bien ils n'en feront rien. S'ils se rapprochent l'un de l'autre et se touchent, notre proposition est reconnue vraie.

S'ils ne se rapprochent pas l'un de l'autre, mais que tout l'espace abandonné par B continue de séparer A de C, c'est donc qu'un corps égal à B (*par le Corollaire de la Proposition* 2 *et le Corollaire de la Proposition* 1, *partie II*) est situé entre eux. Mais ce corps n'est pas B *(par hypo-*

1. Voir la figure jointe à la Proposition suivante.

thèse) ; c'est donc un autre qui au même instant du temps prend la place de B, et, comme il la prend au même instant du temps, il ne peut être autre qu'un corps qui touche B immédiatement (*par le Scolie de la Proposition* 6 *de cette partie*); car, nous l'avons démontré là, il n'existe pas de mouvement d'un lieu à un autre qui ne requière un temps, lequel ne sera jamais si petit qu'il n'en puisse exister de plus petit. D'où il suit que la place du corps B ne peut au même instant du temps être occupée par un autre corps qui devrait parcourir un certain espace avant de l'occuper. Donc un seul corps qui touche B immédiatement prend sa place à l'instant même.

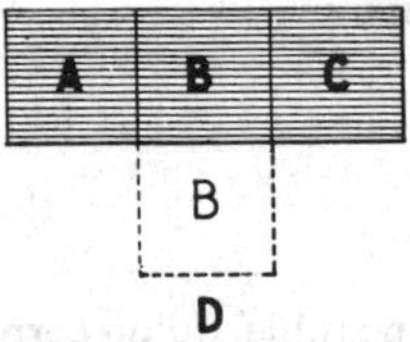

FIG. 7.

SCOLIE

Puisque les parties de la matière sont réellement distinctes les unes des autres (*par l'Article* 61, *partie I des Principes*), l'une peut être sans l'autre (*par le Corollaire de la Proposition* 7, *partie I*) et elles ne dépendent pas les unes des autres. C'est pourquoi toutes les fictions sur la Sympathie et l'Antipathie doivent être rejetées comme fausses. En outre, comme la cause d'un certain effet doit toujours être positive, on ne devra jamais dire qu'un corps est mû pour qu'il n'y ait pas de vide, mais seulement qu'il est mû par l'impulsion qu'il reçoit d'un autre.

COROLLAIRE

En tout mouvement il y a toujours un cercle complet de corps mus en même temps.

Démonstration

Dans le temps que le corps 1 occupe la place du corps 2, ce corps 2 doit occuper la place d'un autre, disons 3, et ainsi de suite (*par la Proposition* 7, *partie II*). En outre, au même instant du temps où 1 prend la place de 2, le lieu abandonné par 1 doit être occupé par un autre (*par la Proposition* 8, *partie II*); disons 8 ou un autre qui touche 1 immédiatement. Or, puisque cela a lieu par la seule impulsion d'un autre corps (*par le Scolie de la Proposition précédente*), que l'on suppose ici être 1, tous ces corps ne peuvent pas se mouvoir en ligne droite (*par l'Axiome* 21) mais (*par la Définition* 9) forment un cercle complet (voir *fig.* 2).

PROPOSITION IX

Si un canal circulaire ABC *est plein d'eau et qu'il soit en* A *quatre fois plus large qu'en* B, *dans le temps que l'eau (ou tout autre corps fluide) qui est en* A *commence à se mouvoir vers* B, *l'eau qui est en* B *se mouvra quatre fois plus vite.*

Démonstration

Puisque toute l'eau qui est en A se meut vers B, une quantité égale venant de C qui touche A immédiatement doit prendre sa place (*par la Proposition* 8, *partie II*); et, venant de B, une quantité d'eau égale doit occuper la place C (*par la même Proposition*); donc (*par l'Axiome* 14), cette quantité se mouvra quatre fois plus vite.

C. Q. F. D.

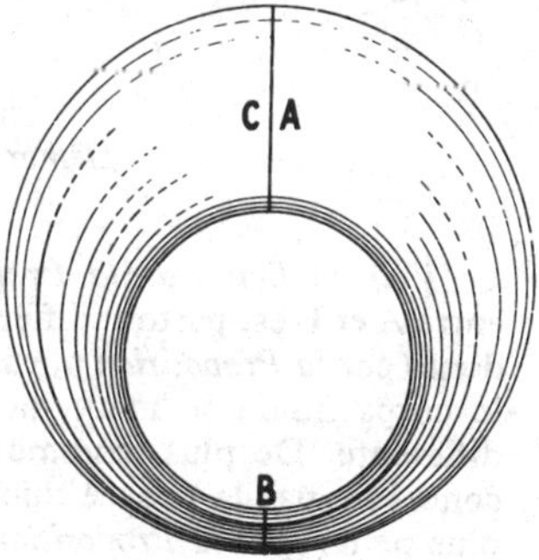

FIG. 8.

Ce que nous disons d'un canal circulaire doit s'entendre aussi de tous les espaces inégaux par où des corps qui se meuvent ensemble sont obligés de passer; la démonstration sera la même dans les autres cas.

LEMME

Si deux demi-cercles sont décrits du même centre comme A et B, l'espace compris entre les périphéries

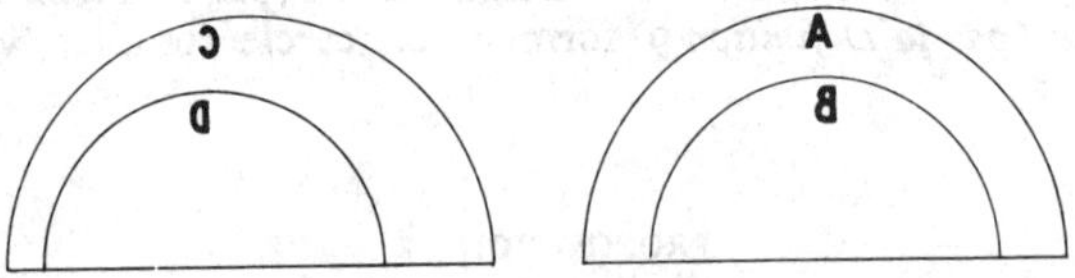

FIG. 9.

sera partout le même; mais si deux demi-cercles sont tracés de centres différents comme C et D, l'espace compris entre les périphéries sera partout différent. La démonstration découle évidemment de la seule définition du cercle.

PROPOSITION X

Un corps fluide qui se meut à travers un canal ABC *reçoit des degrés de vitesse en nombre illimité.*

Démonstration

(Voir la figure de la Proposition précédente.) L'espace entre A et B est partout différent *(par le Lemme précédent)*; donc (*par la Proposition* 9, *partie II*), la vitesse avec laquelle le corps fluide se meut dans le canal ABC est partout différente. De plus, comme entre A et B, nous pouvons concevoir par la pensée une infinité d'espaces de plus en plus petits (*par la Proposition* 5, *partie II*), nous concevons aussi en nombre illimité les inégalités qui sont partout et, par suite (*par la Proposition* 9, *partie II*), il y aura des degrés de vitesse en nombre illimité.

C. Q. F. D.

PROPOSITION XI

Dans une matière qui coule par le canal ABC, *il y a une division en particules illimitées en nombre.*

Démonstration

(*Voir la figure de la Proposition* 9.) La matière qui coule par le canal ABC acquiert à la fois des degrés de vitesse en nombre illimité (*par la Proposition* 10, *partie II*), donc (*par l'Axiome* 16), elle a réellement des parties différentes en nombre illimité.

C. Q. F. D.

(Lire les articles 34 et 35, partie II, des *Principes*.)

SCOLIE

Nous avons parlé jusqu'ici de la nature du mouvement; il faut maintenant que nous en recherchions la cause qui est double; savoir une cause première et générale qui est la cause de tous les mouvements qui sont dans le monde et une cause particulière par laquelle il arrive que les parties singulières de la matière acquièrent des mouvements qu'elles n'avaient pas auparavant. Pour ce qui touche la cause générale, comme nous ne devons rien admettre (*par la Proposition* 14 *et le Scolie de la Proposition* 17, *partie I*) que nous ne percevions clairement et distinctement et que nous ne connaissons clairement et distinctement aucune autre cause que Dieu (c'est-à-dire le créateur de la Matière), il apparaît manifestement que nulle cause générale autre que Dieu ne doit être admise. Ce que, d'ailleurs, nous disons du mouvement devra s'entendre aussi du repos.

PROPOSITION XII

Dieu est la cause principale du mouvement.

Démonstration

Voir le Scolie qui précède.

PROPOSITION XIII

La même quantité de mouvement et de repos que Dieu a imprimée une fois à la matière est conservée maintenant encore par son concours.

Démonstration

Comme Dieu est cause du mouvement et du repos (*par la Proposition* 12, *partie II*), il les conserve maintenant encore par la même puissance par laquelle il les a créés (*par l'Axiome* 10, *partie I*), et cela en la même quantité qu'il les a créés d'abord (*par le Corollaire de la Proposition* 20, *partie I*).

C. Q. F. D.

SCOLIE

I. Bien que l'on dise dans la Théologie que Dieu fait beaucoup de choses par bon plaisir et pour montrer aux hommes sa puissance, comme ces choses qui dépendent de son bon plaisir ne sont pas connues sinon par révélation divine, elles ne devront pas être admises dans la Philosophie où il n'est recherché que ce qu'enseigne la Raison, afin que la Philosophie ne se confonde pas avec la Théologie.

II. Bien que le mouvement ne soit rien d'autre, dans la matière mue, qu'un mode de cette matière, il a cependant une certaine quantité déterminée; on verra par ce qui suit comment il faut l'entendre. Lire article 36, partie II, des *Principes*.

PROPOSITION XIV

Chaque chose, en tant qu'elle est simple et indivise, et qu'on la considère seulement en elle-même, persévère toujours, autant qu'il est en elle, dans le même état.

Cette Proposition est tenue par beaucoup pour un Axiome; nous la démontrerons cependant.

Démonstration

Comme nulle chose n'est dans un certain état sinon par le seul concours de Dieu (*par la Proposition* 12, *partie I*) et que Dieu est constant au suprême degré dans ses œuvres (*par le Corollaire de la Proposition* 20, *partie I*), si nous n'avons égard à nulles causes extérieures, mais considérons une chose en elle seule, il faudra affirmer qu'autant qu'il est en elle, elle persévère toujours dans l'état où elle est.

C. Q. F. D.

COROLLAIRE

Un corps qui se meut une fois continue toujours à se mouvoir s'il n'est pas ralenti par des causes extérieures.

Démonstration

Elle suit clairement de la Proposition précédente; toutefois pour corriger le préjugé relatif au mouvement, lire articles 37 et 38, partie II, des *Principes*.

PROPOSITION XV

Tout corps en mouvement tend de lui-même à continuer à se mouvoir suivant une ligne droite et non une ligne courbe.

On pourrait placer cette Proposition parmi les Axiomes; je la démontrerai cependant par celles qui précèdent.

Démonstration

Le mouvement, puisqu'il a Dieu seulement pour cause (*par la Proposition* 12, *partie II*), n'a par lui-même aucune force d'exister (*par l'Axiome* 10, *partie I*), mais il est à tout instant comme procréé par Dieu (par ce qui est démontré au sujet de l'Axiome sus-visé). Pour cette raison, aussi longtemps que nous avons égard à la seule nature du mouvement, nous ne pourrons jamais lui attribuer, comme appartenant à sa nature, une durée pouvant être plus grande qu'une autre. Or, si l'on disait qu'il appartient à la nature d'un corps en mouvement de décrire dans son mouvement une ligne courbe quelconque, on attribuerait à la nature du mouvement une durée plus grande que si l'on suppose qu'il est de la nature du corps mû de tendre à continuer de se mouvoir suivant une ligne droite (*par l'Axiome* 17). Or, comme *(ainsi que nous l'avons déjà démontré)* nous ne pouvons attribuer une telle durée à la nature du mouvement, il ne faut donc pas poser non plus qu'il est de la nature du corps mû de continuer à se mouvoir suivant aucune ligne courbe, mais seulement suivant une ligne droite.

C. Q. F. D.

SCOLIE

Cette démonstration paraîtra peut-être à beaucoup ne pas montrer qu'il n'appartient pas à la nature du mouvement de décrire une ligne courbe et pas davantage qu'il lui appartient d'en décrire une droite; et cela parce qu'on ne peut assigner aucune ligne droite, qu'il n'y ait une ligne plus petite, soit droite, soit courbe, et aucune ligne courbe qu'il n'y ait une ligne courbe plus petite. Cependant, même en tenant compte de cela, je juge que la démonstration n'en est pas moins correcte, puisqu'elle conclut de la seule essence universelle, c'est-à-dire de la différence essentielle des lignes (et non de la quantité de chacune d'elles, c'est-à-dire d'une différence accidentelle), ce qui était proposé à démontrer. Toutefois, pour ne pas rendre plus obscure en la démontrant une chose assez claire par elle-même, je renvoie les Lecteurs à la seule définition du mouvement, qui n'affirme rien du mouvement, sinon le transport d'une partie de la matière du voisinage, etc. dans lc voisinage, etc. Par suite, à moins que nous ne concevions ce transport comme le plus simple possible, c'est-à-dire comme ayant lieu suivant une ligne droite, nous attribuerons, par fiction, au mouvement quelque chose qui n'est pas contenu dans sa définition ou son essence et ainsi n'appartient pas à sa nature.

COROLLAIRE

Il suit de cette Proposition que tout corps qui se meut suivant une ligne courbe est continûment détourné de la ligne suivant laquelle de lui-même il continuerait à se mouvoir, et cela par la force de quelque cause extérieure (*par la Proposition* 14, *partie II*).

PROPOSITION XVI

Tout corps qui est mû circulairement, comme par exemple une pierre dans une fronde, est constamment déterminé à continuer de se mouvoir suivant la tangente.

Démonstration

Un corps qui est mû circulairement est constamment empêché par une force extérieure de continuer à se mouvoir suivant une ligne droite *(par le Corollaire de la Proposition précédente)*; si cette action venait à s'interrompre le corps continuerait de lui-même à se mouvoir suivant une ligne droite (*par la Proposition* 15). Je dis, en outre, qu'un corps qui est mû circulairement est déterminé par une cause extérieure à se mouvoir selon la tangente. Si on le nie, en effet, qu'on suppose, par exemple, en B une pierre déterminée par une fronde à se mouvoir non suivant la tangente BD, mais suivant une autre droite partant du même point et comprise ou non comprise dans le cercle, soit BF quand la fronde viendra de L vers B; ou BG (que je connais qui fait avec le diamètre BH un angle égal à l'angle FBH) si au contraire on suppose que la fronde vient de C en B. Si la pierre est au point B supposée déterminée par la fronde allant de L en B à continuer de se mouvoir vers F, il est nécessaire (*par l'Axiome* 18), quand la fronde par une détermination opposée viendra de C vers B, que la pierre soit déterminée à continuer de se mouvoir suivant la même ligne droite et, par suite, vers K, non vers G, ce qui est contre l'hypothèse. Et comme [1] aucune ligne pouvant être menée par le point B, sauf la tangente, ne peut être supposée faire avec la ligne B deux angles égaux comme DBH et ABH, aucune ligne autre que la tangente ne peut s'accorder avec l'hypothèse, soit que la fronde aille de L en B ou de C en B; et, par suite, on ne peut admettre d'autre ligne suivant laquelle la pierre puisse tendre à se mouvoir.

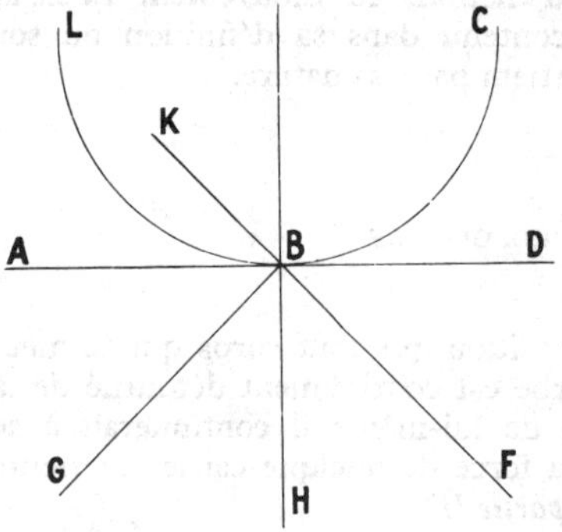

FIG. 10.

C. Q. F. D.

Autre Démonstration

Soit conçu à la place d'un cercle un hexagone ABH inscrit dans un cercle et un corps C au repos en l'un des côtés AB de l'hexagone; soit ensuite une règle DBE (dont je suppose une extrémité fixe au centre D, et l'autre mobile) se mouvant autour du centre D et coupant constamment la ligne AB. Il est clair que, si la règle DBE, tandis qu'elle se meut ainsi rencontre le corps C, au moment où elle coupe à angle droit la ligne AB, cette règle détermine par sa poussée le corps C à continuer de se

1. Cela est évident par les Propositions 18 et 19 du 3e livre des *Éléments*.

mouvoir vers G suivant la ligne FBAG, c'est-à-dire suivant le côté AB de l'hexagone indéfiniment prolongé. Mais puisque nous avons choisi un hexagone arbitrairement on pourra affirmer la même chose de toute figure supposée inscrite dans le cercle, c'est-à-dire que, lorsque le corps C, au repos un certain instant sur l'un des côtés de la figure, est poussé par la règle DBE au moment où elle coupe ce côté à angle droit, il est déterminé par cette règle à se

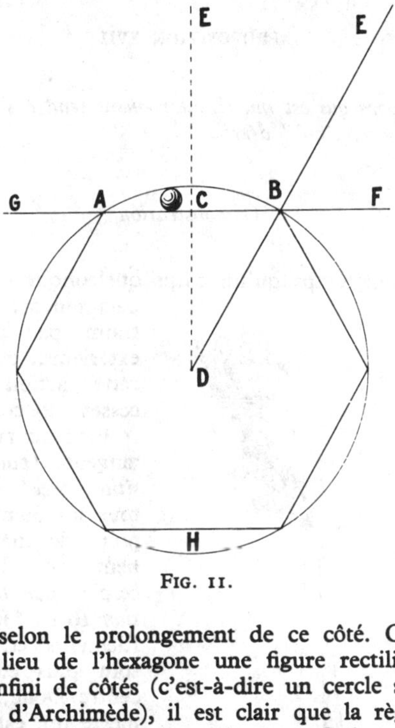

FIG. 11.

mouvoir selon le prolongement de ce côté. Concevons donc au lieu de l'hexagone une figure rectiligne d'un nombre infini de côtés (c'est-à-dire un cercle suivant la définition d'Archimède), il est clair que la règle DBE, quelque part qu'elle rencontre le corps C, le rencontrera toujours à un moment où elle coupe à angle droit un côté de la figure; et ainsi elle ne rencontrera jamais le corps C sans le déterminer en même temps à se mouvoir selon ce côté indéfiniment prolongé. Et comme ce côté quelconque, prolongé dans l'un ou l'autre sens, doit toujours tomber en dehors de la figure, il sera tangent à la figure d'un nombre infini de côtés, c'est-à-dire au cercle. Si donc au lieu d'une règle nous concevons une fronde mue circulairement, elle déterminera constamment la pierre à continuer de se mouvoir suivant une tangente.

C. Q. F. D.

Il est à noter ici que l'une et l'autre démonstration s'appliquent à des figures curvilignes quelconques.

PROPOSITION XVII

Tout corps qui est mû circulairement tend à s'éloigner du centre du cercle qu'il décrit.

Démonstration

Aussi longtemps qu'un corps quelconque est mû circulairement, il est contraint par une cause extérieure, et sitôt que cette action vient à cesser, il continue de se mouvoir suivant une tangente *(par la Proposition précédente)* dont tous les points, sauf le point de contact, tombent en dehors du cercle (*par la Proposition 16 du Livre III des* Éléments) et, par suite, sont plus éloignés du centre. Donc, quand une pierre qui est mue circulairement dans une fronde EA est au point A, elle tend à continuer selon une ligne dont tous les points sont plus distants du centre E que tous ceux de la circonférence LAB, ce qui n'est pas autre chose que tendre à s'éloigner du centre du cercle qu'elle décrit.

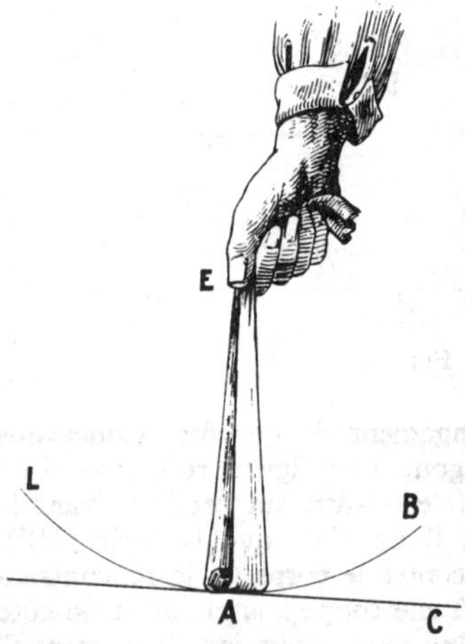

FIG. 12.

C. Q. F. D.

PROPOSITION XVIII

Si un corps, disons A, *se meut vers un corps immobile* B, B *ne perd cependant rien de son repos par le choc du corps* A *et* A *non plus ne perd rien de son mouvement, mais retient entièrement la même quantité de mouvement qu'il avait auparavant.*

Si on le nie, qu'on suppose que le corps A perd de son mouvement et ne transporte pas dans un autre, disons B, ce qu'il a perdu; il y aura dans la Nature, quand cela arrivera, une quantité de mouvement moindre qu'auparavant, ce qui est absurde (*par la Proposition* 13, *partie II*). La démonstration procède de même à l'égard du repos dans le corps B; c'est pourquoi si l'un ne le transporte pas dans l'autre, B conservera tout son repos et A tout son mouvement.

C. Q. F. D.

PROPOSITION XIX

Le mouvement considéré en lui-même diffère de sa détermination à suivre telle ou telle direction et il n'est pas nécessaire qu'un corps mû, pour être porté dans la direction opposée ou repoussé, soit quelque temps au repos.

Démonstration

Qu'on suppose comme dans la Proposition précédente que le corps A se meuve vers le corps B et soit empêché par B de continuer son mouvement, il conservera donc la totalité de son mouvement *(par la Proposition précédente)* et ne restera pas immobile le plus petit espace de temps; toutefois, quand il continuera de se mouvoir, il ne se mouvra pas dans la même direction où il se mouvait auparavant, car on suppose qu'il en est empêché par B; donc son mouvement se conservant entièrement et la détermination antérieure étant perdue il se mouvra dans la direction opposée (*par ce qui est dit au Chapitre II de la* Dioptrique) et ainsi (*par l'Axiome* 2) la détermination à suivre une certaine direction n'appartient pas à l'essence du mouvement, mais en diffère et le corps mû, quand il est repoussé, n'est en repos aucun moment.

C. Q. F. D.

COROLLAIRE

Il suit de là que le mouvement n'est pas opposé au mouvement.

PROPOSITION XX

Si un corps A *rencontre un corps* B *et l'entraîne avec lui,* A *perd de son mouvement autant que* B *en acquiert de* A *à la suite du choc de* A.

Démonstration

(*Voir la figure* 1.) Si on le nie supposons que B acquiert de A plus ou moins de mouvement que A n'en perd; toute la différence devra être ajoutée à la quantité de mouvement de la Nature entière ou en devra être retranchée, ce qui est absurde (*par la Proposition* 13, *partie II*). Donc, comme le corps B ne peut acquérir ni plus ni moins de mouvement que n'en perd A, il en acquerra tout juste autant.

C. Q. F. D.

PROPOSITION XXI

Si un corps A *est deux fois plus grand qu'un corps* B *et se meut avec une vitesse égale,* A *aura un mouvement double de* B, *c'est-à-dire la force de garder la même vitesse que* B (*voir la figure* 1).

Démonstration

Qu'on pose par exemple à la place de A deux fois B, c'est-à-dire *(par hypothèse)* le seul A divisé en deux parties égales, les deux B auront la force de rester dans l'état où ils sont (*par la Proposition* 14, *partie II*), et cette force est égale dans les deux (*par hypothèse*). Si maintenant ces deux B sont joints, on aura un seul A dont la force et la quantité seront égales aux deux B, c'est-à-dire doubles d'un seul B.

C. Q. F. D.

On notera que cela découle aussi de la seule définition du mouvement; plus en effet le corps qui se meut est grand, plus il y a de matière qui est séparée d'une autre quantité de matière, et il y a donc plus de séparation, c'est-à-dire (par la Définition 8) *plus de mouvement. Voir notre* 4ᵉ *Observation sur la définition du mouvement.*

PROPOSITION XXII

Si un corps A *est égal à un corps B et que* A *se meuve deux fois plus vite que* B, *la force ou le mouvement sera en* A *double de* B.

Démonstration

Supposons que B, quand il a acquis une certaine force de se mouvoir, ait acquis quatre degrés de vitesse. Si rien ne survient, il continuera de se mouvoir (*par la Proposition* 14, *partie II*) et de persévérer dans son état. Supposons maintenant qu'il acquière par une nouvelle impulsion une nouvelle force égale à la première; il acquerra donc quatre nouveaux degrés en sus des quatre premiers qu'il conservera (*par la même Proposition*), c'est-à-dire qu'il se mouvra deux fois plus vite, soit avec une vitesse égale à celle de A, et en même temps il aura une force double, c'est-à-dire égale à celle de A; donc le mouvement est en A double de B.

C. Q. F. D.

On observera que nous entendons ici par force dans les corps en mouvement une quantité de mouvement, quantité qui dans des corps égaux doit être plus grande à proportion de la rapidité du mouvement, en tant que par cette vitesse des corps égaux sont séparés de ceux qui leur sont immédiatement contigus plus qu'ils ne seraient au même instant s'ils se mouvaient plus lentement; et par là (par la Définition 8) *ont aussi plus de mouvement. Dans les corps au repos on entend par force de résister une quantité de repos. D'où il suit :*

COROLLAIRE I

Plus les corps se meuvent lentement, plus ils participent du repos, car aux corps mus plus rapidement qui les rencontrent et qui ont une force moindre qu'eux-mêmes, ils résistent davantage et ils sont aussi moins séparés de ceux qui les touchent immédiatement.

COROLLAIRE II

Si un corps A *se meut deux fois plus vite qu'un corps* B *et que* B *soit deux fois plus grand que* A, *il y a autant de mouvement en* B, *le plus grand des deux, qu'en* A, *le plus petit, et par conséquent aussi une force égale.*

Démonstration

Soit B deux fois plus grand que A, A se mouvant deux fois plus vite que B, et ensuite C deux fois plus petit que B et deux fois plus lent que A; B aura donc (*par la Proposition* 21, *partie II*) un mouvement double de C et A (*par la Proposition* 22, *partie II*) un mouvement double de C; donc (*par l'Axiome* 15) B et A auront des mouvements égaux, car le mouvement de chacun d'eux est double du même troisième C.

C. Q. F. D.

COROLLAIRE III

Il suit de là *que le mouvement est distinct de la vitesse.* Nous concevons en effet que de deux corps ayant même vitesse l'un puisse avoir plus de mouvement que l'autre (*par la Proposition* 21, *partie II*); et inversement qu'ayant des vitesses inégales ils puissent avoir des mouvements égaux (*par le Corollaire précédent*). Cela ressort d'ailleurs aussi de la seule définition du mouvement qui n'est pas autre chose que le transport d'un corps du voisinage, etc.

Il faut noter toutefois que ce troisième Corollaire ne contredit pas le premier. Car la vitesse est conçue par nous de deux façons ; ou bien en tant qu'un corps est séparé plus ou moins au même instant des corps le touchant immédiatement et, comme tel, participe plus ou moins du mouvement ou du repos ; ou bien en tant qu'il parcourt en un même temps une distance plus grande ou plus petite et à cet égard est distinct du mouvement.

J'aurais pu ajouter ici d'autres Propositions pour développer plus amplement la Proposition 14 *de cette partie et expliquer les forces des choses en un état quelconque, comme nous l'avons fait ici à l'égard du mouvement ; mais il suffira de lire l'Article* 43, *partie II des* Principes, *et d'adjoindre seulement une Proposition qui est nécessaire pour entendre ce qui suit.*

PROPOSITION XXIII

Quand les modes d'un corps doivent éprouver un changement, ce changement est toujours le moindre qui puisse être.

Démonstration

Cette Proposition découle assez clairement de la Proposition 14 de cette Partie.

PROPOSITION XXIV

Règle 1

Si deux corps, disons A *et* B (*voir la figure* 1), *sont tout à fait égaux et qu'ils se meuvent en ligne droite l'un vers l'autre avec une égale vitesse, quand ils se rencontreront l'un l'autre, chacun rejaillira du côté opposé sans perdre aucune partie de sa vitesse.*

Dans cette hypothèse il est clair que, pour supprimer l'opposition des deux corps, il faut ou que l'un et l'autre soient renvoyés du côté opposé ou que l'un entraîne l'autre avec lui; car ils sont opposés quant à la détermination à suivre une direction, mais non quant au mouvement.

Démonstration

Quand A et B se rencontrent l'un l'autre, ils doivent éprouver un certain changement (*par l'Axiome* 19); comme d'ailleurs le mouvement n'est pas opposé au mouvement (*par le Corollaire de la Proposition* 19, *partie II*), ils ne doivent rien perdre de leur mouvement (*par l'Axiome* 19). C'est pourquoi le changement aura lieu dans la direction seulement; mais nous ne pouvons concevoir que la direction de l'un seulement, soit B, soit changée à moins de supposer A, qui devrait produire ce changement, plus fort que B (*par l'Axiome* 20). Mais cela serait contre l'hypothèse. Donc, puisqu'un changement de direction ne peut pas avoir lieu seulement dans l'un, il aura lieu dans l'un et l'autre, c'est-à-dire que A et B seront renvoyés du côté opposé (*par ce qui est dit au Chapitre II de la* Dioptrique) et garderont la totalité de leur mouvement.

PROPOSITION XXV

Règle 2

Si les corps sont inégaux en volume, à savoir B *plus grand que* A (*voir figure* 1), *les autres conditions étant supposées les mêmes que précédemment, alors* A *seulement rejaillira et les deux corps continueront à se mouvoir avec la même vitesse.*

Démonstration

Puisque A est supposé plus petit que B, il aura aussi (*par la Proposition* 20, *partie II*) une force moindre; or, puisque dans cette hypothèse comme dans la précédente il n'y a d'opposition que dans la seule direction et qu'ainsi, comme nous l'avons démontré dans la Proposition précitée, il ne doit y avoir de changement que dans la seule direction, il ne s'en produira qu'en A et non en B (*par l'Axiome* 20); donc A seulement sera renvoyé du côté opposé par B qui est plus fort, en gardant sa vitesse entière.

C. Q. F. D.

PROPOSITION XXVI

Si des corps sont inégaux par le volume et la vitesse, à savoir B *deux fois plus grand que* A (*voir la figure* 1), *mais le mouvement en* A *deux fois plus rapide qu'en* B, *les autres conditions étant supposées les mêmes que précédemment, tous deux rejailliront du côté opposé, chacun gardant la vitesse qu'il avait.*

Démonstration

Puisque A et B se meuvent l'un vers l'autre selon l'hypothèse, il y a autant de mouvement dans l'un que dans l'autre (*par le Corollaire de la Proposition* 22, *partie II*); donc le mouvement de l'un n'est pas contraire au mouvement de l'autre (*par le Corollaire de la Proposition* 19, *partie II*); et les forces sont égales dans l'un et l'autre (*par le Corollaire* 2 *de la Proposition* 22, *partie II*). Cette hypothèse est ainsi entièrement semblable à celle de la Proposition 24 ci-dessus; et ainsi, par la même démonstration, A et B rejailliront en sens contraire en gardant leur mouvement en entier.

C. Q. F. D.

COROLLAIRE

Des trois Propositions précédentes il suit clairement que la direction d'un corps requiert, pour être changée, la même force que le mouvement; d'où suit qu'un corps qui perd plus de la moitié de sa détermination à suivre une direction et plus de la moitié de son mouvement éprouve plus de changement que celui qui perd la totalité de sa détermination.

PROPOSITION XXVII

Règle 3

Si des corps sont égaux en volume, mais que B *se meuve un peu plus vite que* A, *non seulement* A *rejaillira du côté opposé, mais* B *transportera dans* A *la moitié de l'excès de vitesse qu'il a sur* A *et tous deux continueront de se mouvoir du même côté.*

Démonstration

A *(par hypothèse)* n'est pas seulement opposé à B par sa direction, mais aussi par sa lenteur en tant que celle-ci participe du repos (*par le Corollaire de la Proposition* 22, *partie II*). Par suite, s'il est renvoyé du côté opposé et que seule sa direction soit changée, toute opposition n'est pas détruite pour cela entre ces deux corps, donc (*par l'Axiome* 19) il doit y avoir changement et dans la direction et dans le mouvement. Mais comme, par hypothèse, B se meut plus vite que A, B (*par la Proposition* 22, *partie II*) sera plus fort que A, donc (*par l'Axiome* 20) un changement sera produit en A par B, par qui A sera renvoyé du côté opposé. Ce qui était le premier point.

Maintenant, aussi longtemps que A se meut plus lentement que B, il est opposé à B (*par le Corollaire de la Proposition* 22, *partie II*), donc le changement doit se poursuivre (*par l'Axiome* 19) jusqu'à ce que A ne se meuve pas plus lentement que B. Mais il n'est pas dans l'hypothèse examinée de cause assez forte pour le faire se mouvoir plus vite que B; puis donc qu'il ne peut se mouvoir ni plus lentement que B, alors qu'il est poussé par B, ni plus vite que B, il continuera à se mouvoir avec la même vitesse que B. En outre, si B transporte dans A moins de la moitié de son excès de vitesse, A se mouvra moins vite que B; si B transporte plus de la moitié de cet excès, alors A se mouvra plus vite que B; l'un et l'autre sont absurdes, comme nous l'avons déjà démontré. Donc le changement se poursuivra jusqu'à ce que B ait fait passer dans A la moitié de son excès de vitesse que (*par la Proposition* 20, *partie II*) il doit perdre; et ainsi tous deux continueront à se mouvoir du même côté et également vite sans plus d'opposition entre eux.

C. Q. F. D.

COROLLAIRE

Il suit de là que plus un corps se meut vite, plus il est déterminé à se mouvoir suivant la ligne qu'il parcourt, et au contraire, plus lentement il se meut, moins il a de détermination à suivre une certaine direction.

SCOLIE

Pour que les Lecteurs ne confondent pas ici la force de détermination avec la force du mouvement, il a paru bon d'ajouter quelques observations établissant clairement la distinction de ces deux forces. Si donc l'on conçoit deux corps égaux A et C se mouvant directement l'un vers l'autre avec des vitesses égales, ces deux corps (*par la Proposition* 24, *partie II*) rejailliront du côté opposé en gardant tout leur mouvement. Mais, si le corps C est en B et se meut obliquement vers A, il est clair qu'il a une détermination moindre à se mouvoir suivant la ligne BD ou CA. Donc, bien qu'il ait autant de mouvement que A, la force de détermination de C se mouvant directement vers A, qui est égale à la force de détermination du corps A, est plus grande que la force de détermination du même C se mouvant de B vers A; et d'autant plus grande que la ligne BA est plus grande que la ligne CA; car plus la ligne BA l'emporte en grandeur sur la ligne CA, plus il est requis de temps (le corps situé en B et A étant supposés ici se mouvoir avec la même vitesse) pour que le corps situé en B puisse se mouvoir suivant la ligne BD ou CA par laquelle il est opposé à la direction de A. Et ainsi, quand C venant de B rencontre A obliquement, il est déterminé tout de même que s'il devait continuer à se mouvoir vers B' suivant la ligne AB' (B' étant un point de la ligne BC prolongée situé à la même distance de C que B). A cependant, gardant tout son mouvement et toute sa détermination, continuera à se mouvoir vers C et poussera avec lui le corps situé d'abord en B, puisque ce corps, aussi longtemps qu'il est déterminé à se mouvoir suivant la diagonale AB' et se meut avec la même vitesse que A, a besoin de plus de temps pour décrire une partie quelconque de la ligne AC et est opposé en cela même à la détermination plus forte de A. Mais, pour que la force de détermination de C se mouvant de B vers A soit égale à la force de détermination du même C se mouvant directement vers A (force égale par hypothèse à celle de A), il est nécessaire que le corps situé en B ait autant de degrés de mouvement de plus que le corps A que la ligne BA a de longueur de plus que la ligne CA et alors, quand ce corps rencontrera le corps A obliquement, il sera renvoyé vers B' dans une direction opposée à celle qu'il suivait et A vers A', l'un et l'autre gardant tout leur mouvement. Par contre, si l'excès de mouvement du corps situé en B l'emporte sur l'excès de longueur de la ligne BA sur la ligne CA, alors ce corps repoussera A vers A' et lui communiquera une partie de son mouvement jusqu'à ce que l'égalité des deux excès s'établisse (c'est-à-dire qu'il y ait entre les mouvements des deux corps le même rapport qu'entre les lignes BA et CA), perdant lui-même autant de mouvement qu'il en cède, et continuera à se mouvoir du même côté qu'avant la rencontre. Par exemple, si la ligne AC est à AB comme 1 à 2 et le mouvement du corps A à celui du corps situé en B comme 1 à 5, ce dernier corps transportera dans A un degré de son mouvement, le repoussera du côté opposé et continuera lui-même à se mouvoir dans la direction qu'il suivait avec quatre degrés de mouvement.

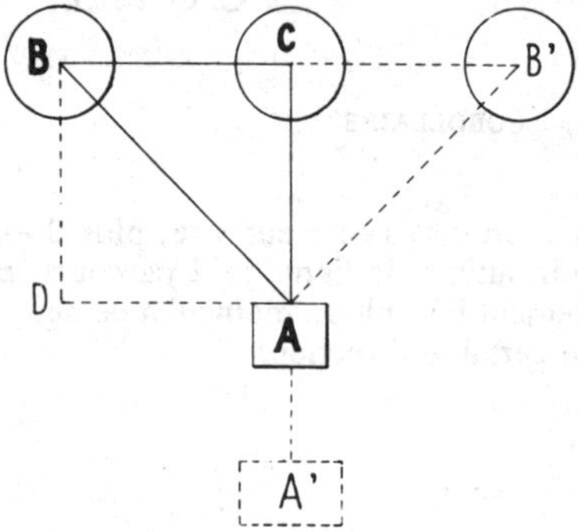

FIG. 13.

PROPOSITION XXVIII

Règle 4

Si un corps A (*voir fig.* 1) *est complètement au repos, et un peu plus grand que le corps* B, *avec quelque vitesse que* B *se meuve vers* A, *jamais il ne mettra* B *en mouvement mais sera repoussé par lui du côté opposé gardant tout son mouvement.*

On observera que l'opposition de ces corps peut être détruite de trois manières : ou bien quand l'un d'eux entraîne l'autre avec lui et qu'ils continuent ensuite à se mouvoir du même côté avec la même vitesse; ou bien quand l'un est renvoyé du côté opposé et que l'autre garde tout son repos; ou bien quand l'un est renvoyé du côté opposé et transfère une partie de son mouvement à l'autre qui est au repos; il n'y a pas de quatrième cas (*en vertu de la Proposition* 13, *partie II*). Il y aura donc à démontrer maintenant (*à cause de la Proposition* 23, *partie II*) que dans notre hypothèse le changement qui se fait dans ces corps est le plus petit qui se puisse.

Démonstration

Si B mettait A en mouvement, il devrait (*par la Proposition* 20, *partie II*), jusqu'au moment où les deux corps se mouvraient avec la même vitesse, céder à A autant de mouvement que A en acquerrait et (*par la Proposition* 21, *partie II*) il devrait perdre plus de la moitié de son mouvement et conséquemment aussi (*par le Corollaire de la Proposition* 27, *partie II*) plus de la moitié de sa détermination; et ainsi (*par le Corollaire de la Proposition* 26, *partie II*) il éprouverait plus de changement que s'il perdait seulement sa détermination. Et, si A perd quelque chose de son repos, mais non assez pour pouvoir continuer de se mouvoir avec la même vitesse que B, alors l'opposition des deux corps n'est pas détruite; car A s'opposera par sa lenteur, en tant qu'elle participe du repos (*par le Corollaire de la Proposition* 22, *partie II*), à la vitesse de B et ainsi B devra encore être renvoyé du côté opposé et perdra avec toute sa détermination la partie de son mouvement qu'il aura fait passer en A, ce qui est un changement plus grand que s'il perdait seulement sa détermination. Le changement donc, dans notre hypothèse, sera, parce qu'il n'a lieu que dans la seule détermination, le plus petit qui puisse être dans ces corps, et par conséquent (*par la Proposition* 23, *partie II*) aucun autre ne se produira.

C. Q. F. D.

On notera dans la démonstration de cette Proposition que la même chose a lieu aussi dans d'autres cas; nous n'avons pas en effet cité la Proposition 19, *partie II, dans laquelle il est démontré* que la direction peut être entièrement changée, le mouvement subsistant cependant en entier; *il faut cependant y avoir égard pour que la force de la démonstration soit bien perçue. Car, dans la Proposition* 23, *partie II,* nous ne disions pas que le changement doit être le plus petit absolument, mais le plus petit qui puisse être.

Qu'un changement consistant dans la seule détermination tel que celui que nous avons supposé dans cette démonstration puisse avoir lieu, cela se voit par les Propositions 18 *et* 19, *partie II, avec le Corollaire.*

PROPOSITION XXIX

Règle 5

Si un corps A *au repos (voir fig.* 1) *est plus petit que* B, *si lentement que* B *se meuve vers* A, *il le mettra en mouvement avec lui, lui transférant une partie de son mouvement telle que tous deux ensemble se meuvent ensuite également vite (lire Article* 50, *partie II, des* Principes).

Dans cette règle comme dans la précédente on peut concevoir trois cas seulement dans lesquels l'opposition est détruite : nous démontrerons que dans notre hypothèse ce changement qui se fait dans ces corps est le plus petit qui se puisse, et ainsi (*par la Proposition* 23, *partie II*) que c'est celui-là qui doit se faire.

Démonstration

Dans notre hypothèse B transporte dans A (*par la Proposition* 21, *partie II*) moins de la moitié de son mouvement et (*par le Corollaire de la Proposition* 17, *partie II*) moins de la moitié de sa détermination. Or, si B n'entraînait pas A avec lui mais était renvoyé du côté opposé, il perdrait toute sa détermination et le changement serait plus grand (*par le Corollaire de la Proposition* 26, *partie II*); et bien plus grand encore si B perdait toute sa détermination et en même temps une partie de son mouvement comme on le suppose dans ce troisième cas; donc, dans notre hypothèse, le changement est le plus petit possible.

C. Q. F. D.

PROPOSITION XXX

Règle 6

Si un corps A *au repos était rigoureusement égal à un corps* B *se mouvant vers lui, il serait en partie poussé par lui et en partie le repousserait du côté opposé.*

Ici encore comme dans la Proposition précédente, trois cas seulement peuvent être conçus; il faut donc montrer que le changement supposé par nous est le plus petit qui se puisse.

Démonstration

Si le corps B entraîne avec lui le corps A, jusqu'à ce que tous deux se meuvent avec la même vitesse, il y aura alors autant de mouvement dans l'un que dans l'autre (*par la Proposition* 22, *partie II*) et (*par le Corollaire de la Proposition* 27, *partie II*) B devra perdre la moitié de sa détermination et aussi (*par la Proposition* 20, *partie II*) la moitié de son mouvement. Si, au contraire, il est repoussé par A du côté opposé, alors il perdra sa détermination en entier et gardera son mouvement (*par la Proposition* 18, *partie II*), changement égal au précédent. Mais ni l'un ni l'autre ne peut être; car si A gardait son état et pouvait changer la détermination de B, il devrait être nécessairement (*par l'Axiome* 20) plus fort que B, ce qui serait contre l'hypothèse. Et, si B entraînait A avec lui jusqu'à ce que tous deux se mussent avec la même vitesse, B serait plus fort que A, ce qui est aussi contre l'hypothèse. Puis donc que ni l'un ni l'autre de ces deux cas n'est possible, c'est donc le troisième qui se produira, à savoir que B poussera A un peu et sera repoussé par A.

C. Q. F. D.

Lire Article 51, partie II, des *Principes*.

PROPOSITION XXXI

Règle 7.

Si B *et* A *se mouvaient dans la même direction,* A *plus lentement mais* B *le suivant plus vite, de telle façon qu'il l'atteignît enfin, et que* A *fût plus grand que* B *mais que l'excès de vitesse en* B *fût plus grand que l'excès de grandeur en* A, B *alors fera passer en* A *une partie de son mouvement telle que tous deux ensuite s'avancent avec la même vitesse et dans la même direction. Si par contre l'excès de grandeur en* A *était plus grand que l'excès de vitesse en* B, B *serait repoussé dans la direction opposée en gardant tout son mouvement.*

Lire Article 52, partie II, des *Principes*. Ici encore trois cas seulement peuvent être conçus.

Démonstration

Première partie. — B ne peut pas être renvoyé dans la direction opposée par A, puisqu'il est (*par les Propositions* 21 et 22, *partie II*) supposé plus fort que A; donc B étant le plus fort, il entraîne A avec lui, et cela de telle façon que les deux continuent à se mouvoir avec la même vitesse. Alors le changement sera le plus petit possible, comme il se voit facilement par ce qui précède.

Deuxième partie. — B ne peut, étant supposé moins fort que A (*par les Propositions* 21 *et* 22, *partie II*), pousser A ni lui céder aucune partie de son mouvement (*par l'axiome* 20), donc (*par le Corollaire de la Proposition* 14, *partie II*) il retiendra tout son mouvement mais ne se mouvra pas du même côté puisqu'il en est, par hypothèse, empêché par A; donc (*par ce qui est dit au chapitre II de la* Dioptrique) il sera renvoyé (*par la Proposition* 18, *partie II*) du côté opposé en gardant tout son mouvement.

C. Q. F. D.

On observera que dans cette Proposition et dans les précédentes nous avons tenu pour démontré que tout corps en rencontrant un autre directement et absolument empêché par lui de continuer à avancer du même côté doit rejaillir du côté opposé et non dans aucune autre direction; pour le bien entendre, lire le chapitre II de la Dioptrique.

SCOLIE

Nous avons jusqu'ici, pour expliquer les changements résultant de la rencontre, considéré les deux corps comme entièrement séparés de tous autres corps, sans avoir le moindre égard aux corps qui les entourent de toutes parts. Maintenant nous considérerons l'état et les changements en tenant compte des corps environnants.

PROPOSITION XXXII

Si un corps B est entouré de toutes parts de petits corps en mouvement le poussant avec la même force dans toutes les directions, aussi longtemps qu'aucune autre cause n'intervient, il restera immobile au même lieu.

Démonstration

Cette Proposition est évidente par elle-même; si, en effet, le corps était mû dans une direction quelconque par l'impulsion des corpuscules venant d'un certain côté, les corpuscules qui le mettraient en mouvement le pousseraient avec une force plus grande que ceux qui, au même instant, le poussent du côté opposé et ne peuvent avoir leur effet (*par l'Axiome* 20), ce qui serait contre l'hypothèse.

PROPOSITION XXXIII

Le corps B, *dans les conditions ci-dessus, peut, par la survenue d'une force aussi petite qu'on voudra, être mû dans une direction quelconque.*

Démonstration

Tous les corps touchant B immédiatement, puisque *(par hypothèse)* ils sont en mouvement et que B *(par la Proposition précédente)* reste immobile, sitôt qu'ils touchent B, rejailliront du côté opposé en gardant tout leur mouvement (*par la Proposition* 28, *partie II*); et ainsi le corps B est constamment délaissé par les corps qui le touchent immédiatement; si grand que l'on veuille supposer B, aucune action n'est donc requise pour le séparer des corps qui le touchent immédiatement (*par notre quatrième observation au sujet de la Définition* 8). Donc aucune force extérieure, si petite qu'on la veuille supposer, ne peut être appliquée à B, qu'elle ne soit plus grande que la force par laquelle B demeure dans le même lieu (car nous l'avons déjà démontré, il n'a lui-même aucune force de rester attaché aux corps le touchant immédiatement); et plus grande aussi, jointe à l'impulsion des corpuscules poussant B du même côté qu'elle, que la force des corpuscules poussant B du côté opposé (et supposée égale à l'impulsion contraire); donc (*par l'Axiome* 20), le corps B sera mis en mouvement par cette force extérieure si petite qu'elle soit.

C. Q. F. D.

PROPOSITION XXXIV

Le corps B *dans les mêmes conditions que ci-dessus ne peut être mû plus rapidement que ne le pousse la force extérieure encore que les particules, dont il est entouré, soient agitées d'un mouvement beaucoup plus rapide.*

Démonstration

Les corpuscules qui, en même temps que la force extérieure, poussent le corps B d'un certain côté, bien qu'agités d'un mouvement beaucoup plus rapide que l'impulsion donnée à B par la force extérieure, n'ont toutefois point *(par hypothèse)* une force plus grande que les corpuscules poussant B du côté opposé; et, par suite, dépenseront à résister seulement à ces derniers toutes leurs forces de détermination et ne conféreront à B *(par la Proposition* 32, *partie II)* aucune vitesse. Donc, puisqu'on ne suppose pas d'autres circonstances ni d'autres causes, B ne recevra de vitesse d'aucune autre cause que de la force extérieure et par conséquent (*par l'Axiome* 8, *partie I*) ne pourra être mû plus rapidement que ne le pousse la force extérieure.

C. Q. F. D.

PROPOSITION XXXV

Quand un corps B *est ainsi mû par une force extérieure, il reçoit la plus grande partie de son mouvement des corps dont il est constamment entouré, et non de la force extérieure.*

Démonstration

Le corps B, quelque grand qu'on le suppose, doit être mû par une impulsion si petite qu'elle soit (*par la Proposition* 33, *partie II*).

Concevons donc le corps B quatre fois plus grand que le corps extérieur par la force duquel il est poussé; puis donc que *(par la Proposition précédente)* tous deux doivent se mouvoir également vite, il y aura quatre fois plus de mouvement en B que dans le corps extérieur qui le pousse (*par la Proposition* 21, *partie II*); ce n'est donc pas (*par l'Axiome* 8, *partie I*) de la force extérieure qu'il tient la partie principale de son mouvement. Et, puisqu'on ne suppose point d'autres causes que les corps dont il est constamment entouré (le corps B est en effet supposé immobile de lui-même) il reçoit donc (*par l'Axiome* 7, *partie I*) des seuls corps dont il est entouré, et non de la force extérieure, la partie principale de son mouvement.

C. Q. F. D.

On observera que nous ne pouvons ici dire comme ci-dessus que ce mouvement des particules venant d'un côté est requis pour résister au mouvement des particules venant du côté opposé; car les corps se mouvant les uns vers les autres avec un mouvement égal (comme il est supposé ici) sont opposés par la détermination[1] *seulement, non par le mouvement* (*par le Corollaire de la Proposition* 19, *partie II*) *et donc dépensent en résistant les uns aux autres leur détermination seulement et non leur mouvement; c'est pourquoi le corps* B *ne peut recevoir des corps qui l'environnent aucune détermination et conséquemment aucune vitesse* (*par le Corollaire de la Proposition* 27, *partie II*) *en tant que la vitesse est distincte du mouvement, mais il en reçoit du mouvement, bien plus à la survenue d'une force additionnelle il doit être mû par eux comme nous l'avons démontré dans cette Proposition et comme on le voit clairement par la manière dont nous avons démontré la Proposition* 33.

PROPOSITION XXXVI

Si un corps, par exemple notre main, peut être mû d'un certain mouvement égal dans toute direction, de façon qu'il ne résiste, en aucune façon, à aucuns corps et qu'aucuns corps ne lui résistent en aucune façon, il est nécessaire que dans l'espace où il se meut ainsi il y ait autant de corps mus d'un côté que d'un autre quelconque avec une force de vitesse égale à celle de la main.

Démonstration

Un corps ne peut se mouvoir en aucun espace qui ne soit plein de corps (*par la Proposition* 3, *partie II*). Je dis

1. Voir la Proposition 24, partie II; nous y avons démontré en effet que deux corps en résistant l'un à l'autre dépensent leur détermination, non leur mouvement.

donc que l'espace dans lequel notre main peut se mouvoir ainsi est plein de corps qui se meuvent dans les conditions que j'ai dites. Si on le nie, qu'on suppose qu'ils soient au repos ou se meuvent d'une autre façon. S'ils sont au repos ils résisteront nécessairement au mouvement de la main (*par la Proposition* 14, *partie II*) jusqu'à ce que ce mouvement leur ait été communiqué de façon qu'ils se meuvent du même côté qu'elle avec une vitesse égale à la sienne (*par la Proposition* 20, *partie II*). Mais dans notre hypothèse ils ne résistent pas; donc ces corps sont en mouvement, *ce qui était le premier point.*

Maintenant ils doivent se mouvoir de tous les côtés. Si on le nie, qu'on suppose un côté duquel ils ne se meuvent pas, disons de A vers B. Si alors la main se meut de A en B, elle rencontrera nécessairement des corps en mouvement *(par la première partie de cette démonstration)* et, suivant l'hypothèse que l'on vient de faire, avec une détermination différente de celle de la main; ils lui résisteront donc (*par la Proposition* 14, *partie II*) jusqu'à ce qu'ils soient mus du même côté que la main (*par la Proposition* 24 *et le Scolie de la Proposition* 27, *partie II*). Or, ces corps *(par hypothèse)* ne résistent pas à la main; donc ils se meuvent dans toutes les directions possibles, *ce qui était le second point.*

Je dis maintenant que ces corps se mouvront de tous les côtés avec la même force de vitesse. Supposons en effet qu'il n'en soit pas ainsi et que ceux qui se meuvent de A vers B aient une force de vitesse moindre que ceux qui se meuvent de A vers C. Alors, si la main était mue de A vers B avec la même vitesse que sont mus les corps allant de A vers C (elle est supposée en effet pouvoir être mue d'un mouvement égal de tous les côtés sans résistance) les corps allant de A vers B résisteraient au mouvement de la main (*par la Proposition* 14, *partie II*) jusqu'à ce qu'ils se mussent avec la même force de vitesse qu'elle-même (*par la Proposition* 31, *partie II*). Mais cela est contre l'hypothèse; donc les corps se mouvront avec la même force de vitesse de tous les côtés, *ce qui était le troisième point.*

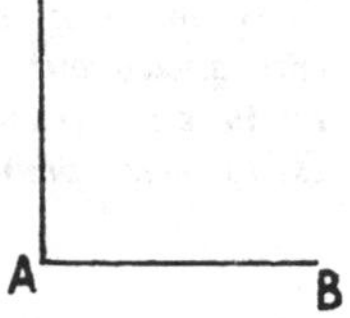

FIG. 14.

Enfin, si les corps se mouvaient avec une force de vitesse inégale à celle de la main, ou bien la main se mouvra plus lentement, c'est-à-dire avec une force de vitesse moindre que les corps, ou bien elle se mouvra plus vite, c'est-à-dire avec une force de vitesse plus grande. Dans le premier cas, la main résistera aux corps la suivant dans la même direction (*par la Proposition* 31, *partie II*). Dans le second cas, les corps que suit la main en allant dans la même direction lui résisteront (*par la même Proposition*). L'une et l'autre conséquence sont contre l'hypothèse. Donc, puisque la main ne peut se mouvoir ni plus lentement ni plus vite, elle se mouvra avec la même force de vitesse que les corps.

C. Q. F. D.

Si l'on demande pourquoi je dis la même force de vitesse et non simplement la même vitesse, qu'on lise le Scolie du Corollaire de la Proposition 27, *partie II. Si l'on me demande ensuite si la main allant par exemple de* A *vers* B *ne résiste pas aux corps se mouvant en même temps avec une force égale de* B *vers* A, *qu'on lise la Proposition* 33, *partie II, par où l'on comprendra que la force de ces corps est compensée par celle des corps qui se meuvent en même temps avec la main de* A *vers* B *(force qui, par la troisième partie de la démonstration ci-dessus, doit égaler la première).*

PROPOSITION XXXVII

Si un corps, disons A, *peut être mis en mouvement d'un côté quelconque par une force quelque petite qu'elle soit, il est nécessairement entouré de corps mus avec une vitesse qui est la même pour tous.*

Démonstration

Le corps B doit être entouré de toutes parts de corps (*par la Proposition* 6, *partie II*) et de corps mus également dans toutes les directions. Si en effet ces corps étaient au repos, A ne pourrait pas, comme il est supposé, être mû d'un côté quelconque par une force quelque petite qu'elle fût, mais ne pourrait l'être que par une force capable au moins de mouvoir avec elle les corps touchant A immédiatement (*par l'Axiome* 20, *partie II*). En outre, si les corps dont A est entouré étaient mus par une force plus grande d'un côté que d'un autre, disons de B vers C que de C vers B, comme il est entouré de toutes parts de corps en mouvement *(ainsi que nous l'avons déjà démontré)*, il arriverait nécessairement que les corps se mouvant de B vers C entraîneraient avec eux le corps A *(par ce que nous avons démontré Proposition* 33). Et ainsi une force, quelque petite qu'elle fût, ne suffirait pas à mouvoir A vers B, mais elle devrait être assez grande pour compenser l'excès de mouvement des corps venant de B vers C (*par l'Axiome* 20); donc les corps entourant A doivent se mouvoir avec une force égale de tous les côtés.

C. Q. F. D.

SCOLIE

Comme ce que nous avons supposé se trouve advenir pour les corps appelés Fluides, il s'ensuit que les corps fluides sont ceux qui sont divisés en un grand nombre de petites particules mues avec une force égale de tous les côtés. Et, bien que ces particules ne puissent être aperçues par aucun œil, fût-il d'un lynx, il ne faut cependant pas nier ce que nous avons démontré clairement. Car, par ce qui a été dit dans les Propositions 10 et 11, nous sommes déjà parvenus à établir une subtilité de la Nature telle que notre pensée (pour ne rien dire des sens) ne peut la délimiter ni l'atteindre. De plus, comme il est assez certain par ce qui précède que les corps résistent aux autres corps, par leur repos seulement, et que dans la dureté, ainsi que les sens l'indiquent, nous ne percevons rien d'autre sinon que les parties des corps durs résistent au mouvement de nos mains, nous concluons clairement que les corps durs sont ceux dont toutes les particules sont en repos les unes à l'égard des autres. Lire Articles 54, 55, 56, partie II des *Principes*.

PARTIE III

Après cette exposition des principes les plus universels des choses naturelles, il nous faut passer maintenant à l'explication des choses qui en découlent. Toutefois, comme ces dernières sont trop nombreuses pour que notre esprit puisse les parcourir toutes par la pensée et que nous ne sommes point déterminés par elles à considérer les unes plutôt que les autres, il nous faut avant tout présenter ici une courte histoire des principaux Phénomènes dont nous rechercherons les causes. Cette histoire se trouve dans la partie III des *Principes*, depuis l'Article 5 jusqu'à l'Article 15. Et de l'Article 20 à l'Article 43 est proposée l'hypothèse que Descartes juge la plus commode non seulement pour concevoir les Phénomènes célestes, mais encore pour en chercher les causes naturelles.

En outre, comme, pour connaître la nature des plantes ou de l'homme, la meilleure voie est de considérer de quelle façon ils naissent et sont engendrés peu à peu de certaines semences, il faudra découvrir par la pensée des principes tels qu'ils soient très simples et très faciles à connaître et que de ces principes nous démontrions que les astres, la terre et tout enfin ce que nous découvrons dans le monde visible auraient pu provenir comme de semences; encore que nous sachions bien d'ailleurs qu'ils n'en sont pas provenus. Car de cette façon nous exposerons leur nature beaucoup mieux que si nous les décrivions seulement tels qu'ils sont.

Je dis que nous cherchons des principes simples et faciles à connaître; à moins qu'ils ne soient tels en effet, nous n'en aurons que faire; puisque, cela est clair, nous ne supposons de semences des choses pour aucune autre raison, sinon pour que la nature des choses nous soit connue, et que nous nous élevions, à la manière des mathématiciens, des plus claires à celles qui sont plus obscures et des plus simples à celles qui sont plus complexes.

Nous disons ensuite que nous cherchons des principes tels que nous démontrions que les Astres et la Terre, etc., auraient pu en provenir. Nous ne cherchons pas en effet, comme il arrive aux Astronomes, des causes qui suffisent seulement pour expliquer les Phénomènes du ciel, mais telles qu'elles nous conduisent à la connaissance des choses qui sont sur la terre (attendu que nous estimons devoir ranger au nombre des Phénomènes de la Nature tout ce que nous observons qui advient à la surface de la terre). Pour trouver de tels principes, il faut observer qu'une bonne Hypothèse doit :

I. N'impliquer aucune contradiction (quand on la considère en elle-même seulement);

II. Être la plus simple qu'il puisse y avoir;

III. Être la plus facile à entendre, ce qui est la suite de la deuxième condition;

IV. Rendre possible la déduction de tout ce qui s'observe dans la Nature entière.

Nous avons dit enfin qu'il nous était permis de prendre une Hypothèse d'où nous puissions déduire comme des effets les Phénomènes de la Nature; bien que sachant d'ailleurs qu'ils n'en sont point provenus. Pour le faire entendre j'userai de cet exemple. Si l'on trouve tracée sur le papier la ligne courbe appelée Parabole et qu'on veuille en rechercher la nature, il revient au même qu'on suppose cette ligne produite d'abord par la section d'un cône et imprimée ensuite sur le papier, ou tracée par le mouvement de deux lignes droites, ou produite de quelque autre manière; pourvu que de ce qu'on suppose on puisse déduire toutes les Propriétés de la Parabole. Bien mieux, si même on sait qu'elle provient de l'impression sur le papier de la section d'un cône, on pourra néanmoins supposer à volonté une autre cause paraissant le plus commode pour expliquer toutes les Propriétés de la Parabole. De même aussi, pour expliquer les lignes de la Nature, il est permis de prendre une hypothèse à volonté pourvu qu'on en déduise par conséquences mathématiques tous les Phénomènes de la Nature. Et ce qui est fort digne d'être noté, nous n'en pourrons guère prendre aucune d'où les mêmes effets ne puissent être déduits, bien que plus laborieusement peut-être, par les Lois de la Nature précédemment expliquées. Comme par le moyen de ces Lois, en effet, la matière doit prendre nécessairement toutes les formes qu'elle peut recevoir, si nous les considérons dans l'ordre, nous pourrons arriver enfin à la forme qui est celle du monde présent; nous n'avons ainsi à craindre aucune erreur d'une hypothèse fausse.

POSTULAT

On demande d'accorder que toute cette matière dont est composé le monde visible a été divisée dans le principe par Dieu en particules aussi égales que possible entre elles; non point en particules sphériques parce que plusieurs corps globulaires joints ensemble ne remplissent pas un espace continu, mais en partie figurées d'autre sorte, moyennement grandes, c'est-à-dire intermédiaires entre toutes celles dont sont composés le ciel et les astres. Qu'en outre ces particules aient eu en elles autant de mouvement qu'il s'en trouve actuellement dans le monde et aient été mues également, et cela ou bien d'un mouvement particulier à chacune autour d'un centre propre, et tel que toutes, restant séparées les unes des autres, composent un corps fluide comme nous jugeons qu'est le ciel, ou bien plusieurs ensemble autour de certains autres points, également distants les uns des autres et disposés en même sorte que sont maintenant les centres des étoiles fixes, et même autour d'un nombre un peu plus grand de centres de façon à comprendre les planètes, si bien qu'elles aient composé autant de tourbillons qu'il y a maintenant d'astres dans le monde.

Voir la Figure, Article 47, Partie III des *Principes*.

Cette hypothèse considérée en elle-même n'enveloppe aucune contradiction; car de la sorte on n'attribue rien à la matière en dehors de la divisibilité et du mouvement et nous avons démontré plus haut que ces modifications existent réellement dans la matière; et puisque nous avons fait voir que la matière est indéfinie et que celle du ciel comme celle de la terre ne sont qu'une seule et même matière, nous pouvons supposer sans aucun risque de contradiction que ces modifications ont pu exister dans la matière tout entière.

Cette hypothèse est, en outre, la plus simple parce qu'elle ne suppose aucune inégalité et aucune dissemblance ni entre les particules dans lesquelles la matière a été divisée à l'origine, ni même dans leur mouvement; d'où il suit que cette hypothèse est aussi la plus facile à entendre. Cela suit encore avec évidence de ce que par cette hypothèse il n'est rien supposé dans la matière, sauf ce qui est connu de soi à chacun par le seul concept de la matière, à savoir la divisibilité et le mouvement dans l'espace.

Que maintenant de cette même hypothèse on puisse déduire réellement, autant que la chose est possible, tout ce qui s'observe dans la Nature, nous nous efforcerons de le montrer, et cela dans l'ordre suivant. En premier lieu, nous en déduirons la fluidité des cieux et nous expliquerons comment elle est cause de la lumière. Ensuite nous passerons à la nature du Soleil et en même temps à ce qui s'observe dans les étoiles fixes. Après quoi nous parlerons des Comètes et enfin des Planètes et de leurs Phénomènes.

DÉFINITIONS

I. Par *Écliptique* nous entendons cette partie d'un tourbillon qui, tandis qu'il tourne autour de son axe, décrit le plus grand cercle.

II. Par *Pôles*, nous entendons ces parties d'un tourbillon qui sont les plus éloignées de l'Écliptique, c'est-à-dire qui décrivent les plus petits cercles.

III. Par *Tendance au mouvement*, nous entendons non une pensée quelconque, mais seulement qu'une partie de la matière est située et poussée à se mouvoir de telle sorte qu'elle devrait réellement aller quelque part si elle n'en était empêchée par aucune cause.

IV. Par *Angle* nous entendons tout ce qui dans un corps fait saillie par-delà la figure sphérique.

AXIOMES

I. Plusieurs petits globes joints ensemble ne peuvent occuper un espace continu.

II. Une portion de la matière divisée en parties anguleuses, si les parties en sont mues autour de leurs centres propres, requiert un espace plus grand que si toutes les parties en étaient au repos, et que tous leurs côtés fussent en contact immédiat les uns avec les autres.

III. Plus une partie de la matière est petite, plus facilement elle est divisée par une même force.

IV. Des parties de la matière qui se meuvent dans la même direction et, dans ce mouvement, ne s'éloignent pas les unes des autres ne sont pas actuellement séparées.

PROPOSITION I

Les parties de la matière dans lesquelles elle a été divisée à l'origine n'étaient pas rondes mais anguleuses.

Démonstration

La matière tout entière a été divisée à l'origine en parties égales et semblables *(par le Postulat)*; donc (*par l'Axiome* 1, *partie III*, *et la Proposition* 2, *partie II*) elles n'étaient pas rondes; et, par suite, elles étaient anguleuses (*par la Définition* 4).

C. Q. F. D.

PROPOSITION II

La force qui a fait que les particules de la matière se mussent autour de leurs centres propres a fait en même temps que leurs angles fussent polis par le choc des unes contre les autres.

Démonstration

Toute la matière à l'origine a été divisée en parties égales *(par le Postulat)* et anguleuses (*par la Proposition* 1, *partie III*). Si donc, sitôt qu'elles ont commencé à se mouvoir autour de leurs centres propres, leurs angles n'avaient pas été polis, nécessairement (*par l'Axiome* 2) toute la matière aurait dû occuper un espace plus grand que lorsqu'elle était au repos; or, cela est absurde (*par la Proposition* 4, *partie II*); donc leurs angles ont été polis sitôt qu'elles ont commencé à se mouvoir.

C. Q. F. D.

(*La suite manque.*)

APPENDICE

CONTENANT

LES « PENSÉES MÉTAPHYSIQUES »

DANS LESQUELLES LES DIFFICULTÉS QUI SE RENCONTRENT TANT DANS LA PARTIE GÉNÉRALE DE LA MÉTAPHYSIQUE, QUE DANS LA SPÉCIALE, AU SUJET DE L'ÊTRE ET DE SES AFFECTIONS, DE DIEU ET DE SES ATTRIBUTS ET DE L'AME HUMAINE, SONT BRIÈVEMENT EXPLIQUÉES

PAR

BENOIT DE SPINOZA

D'AMSTERDAM

PARTIE I

DE L'APPENDICE

CONTENANT

LES « PENSÉES MÉTAPHYSIQUES »

DANS LAQUELLE SONT EXPLIQUÉES BRIÈVEMENT LES PRINCIPALES QUESTIONS QUI SE RENCONTRENT COMMUNÉMENT DANS LA PARTIE GÉNÉRALE DE LA MÉTAPHYSIQUE AU SUJET DE L'ÊTRE ET DE SES AFFECTIONS (†).

†. La traduction hollandaise contient en plus cette indication : *Le but et l'objet de cette Partie est de démontrer que la Logique et la Philosophie ordinaires servent seulement à exercer et à fortifier la mémoire; de façon à bien retenir les choses qui, au hasard des rencontres, sans ordre ni enchaînement, sont perçues par les sens et dont nous ne pouvons ainsi être affectés que par les sens; mais ne servent pas à exercer l'Entendement.*

CHAPITRE I

De l'Être Réel, de l'Être Forgé et de l'Être de Raison.

Je ne dis rien de la définition de cette science ni même de l'objet auquel elle a trait; mon intention est seulement d'expliquer ici brièvement les points qui sont plus obscurs et qui sont traités par les auteurs dans leurs écrits métaphysiques.

Définition de l'Être. — Commençons donc par l'Être par où j'entends : *Tout ce que, quand nous en avons une perception claire et distincte, nous trouvons qui existe nécessairement ou au moins peut exister.*

Une Chimère, un Être forgé et un Être de Raison ne sont pas des Êtres. — De cette définition ou, si l'on préfère, de cette description, il suit qu'*une Chimère, un Être de Raison* ne peuvent du tout être rangés parmi les êtres, car une *Chimère*[1] de sa nature ne peut exister. Pour un *Être forgé*, il exclut la perception claire et distincte, attendu que l'homme usant simplement de sa liberté, et non, comme dans l'erreur, sans le savoir, mais le sachant et à dessein, conjoint les choses qu'il lui plaît de conjoindre et disjoint celles qu'il lui plaît de disjoindre. Un *Être de Raison* enfin n'est rien d'autre qu'un mode de penser qui sert à *retenir*, *expliquer* et *imaginer* plus facilement les choses connues. Et il faut noter ici que par mode de penser, nous entendons ce que nous avons expliqué déjà dans le Scolie de la Proposition 4, partie I, à savoir toutes les affections de la pensée, telles que l'entendement, la joie, l'imagination, etc.

1. On observera que, par le mot de Chimère ici et dans ce qui suit, est entendu ce dont la nature enveloppe une contradiction ouverte, ainsi qu'il est plus amplement expliqué au chapitre III.

Par quels modes de penser nous retenons les choses. — Que, d'ailleurs, il existe certains modes de penser nous servant à *retenir* les choses plus fermement et facilement et à nous les rappeler à l'esprit, quand nous voulons, ou à les maintenir dans l'esprit, c'est ce qui est assez certain pour ceux qui usent de cette règle bien connue de la Mémoire : pour retenir une chose tout à fait nouvelle et l'imprimer dans la mémoire, nous avons recours à une autre chose qui nous est familière et qui s'accorde avec la première soit seulement par le nom, soit en réalité. C'est de semblable façon que les Philosophes ont ramené toutes les choses naturelles à de certaines classes auxquelles ils ont recours quand quelque chose de nouveau s'offre à eux et qu'ils appellent *genre*, *espèce*, etc.

Par quels modes de penser nous expliquons les choses. — Pour expliquer une chose, nous avons aussi des modes de penser; nous la déterminons par comparaison avec une autre. Les modes de penser dont nous usons à cet effet s'appellent *temps*, *nombre*, *mesure*, et peut-être y en a-t-il d'autres.

De ceux que j'indique l'un, le temps, sert à l'explication de la durée; le nombre, à celle de la quantité discrète; la mesure, à celle de la quantité continue.

Par quels modes de penser nous imaginons les choses. — Comme enfin nous avons accoutumé, toutes les fois que nous connaissons une chose, de la figurer aussi par quelque image dans notre imagination, il arrive que nous imaginons positivement, comme des êtres, des non-êtres. L'âme humaine, en effet, considérée en elle seule, en tant que chose pensante, n'a pas un pouvoir plus grand d'affirmer que de nier; mais comme imaginer n'est rien d'autre que sentir les traces laissées dans le cerveau par le mouvement des esprits, excité lui-même dans les sens par les objets, une telle sensation ne peut être qu'une affirmation confuse. Et ainsi advient-il que nous imaginons comme des êtres tous ces modes dont l'esprit use pour nier, tels par exemple que la *cécité*, l'*extrémité* ou la *fin*, le *terme*, les *ténèbres*, etc.

Pourquoi les Êtres de Raison ne sont pas des Idées de choses et sont cependant tenus pour telles. — Il est clair par ce qui précède que ces modes de penser ne sont pas des idées de choses et ne peuvent être du tout rangés parmi les idées; aussi n'ont-ils aucun objet qui existe nécessairement ou puisse exister. Mais la cause qui fait que ces modes de penser sont pris pour des idées de choses est qu'ils proviennent et naissent des idées de choses assez immédiatement pour être très aisément confondus avec elles à moins de l'attention la plus diligente; c'est pourquoi on leur a appliqué des noms comme pour désigner des êtres situés en dehors de notre esprit et on a appelé ces Êtres, ou plutôt ces Non-Êtres, Êtres de Raison.

Fausseté de la division de l'Être en Être réel et Être de Raison. — Il est facile de voir par ce qui précède combien déraisonnable est cette division par où l'Être est divisé en Être réel et Être de Raison : on divise ainsi l'Être en Être et non-Être ou en Être et mode de Penser. Je ne m'étonne pas cependant que les Philosophes attachés aux mots ou à la grammaire soient tombés dans des erreurs semblables; car ils jugent des choses par les noms, et non des noms par les choses.

Comment un Être de Raison peut être dit un pur Néant et comment il peut être dit un Être Réel. — Non moins déraisonnable le langage de celui qui dit qu'un Être de Raison n'est pas un pur Néant. Car s'il cherche ce qui est signifié par ces noms, en dehors de l'entendement, il trouvera que c'est un pur Néant; s'il entend au contraire les modes de penser eux-mêmes, ce sont des Êtres Réels. Quand je demande en effet ce qu'est une *espèce*, je ne demande rien d'autre que la nature de ce mode de penser qui est réellement un Être et se distingue de tout autre mode; mais ces modes de penser ne peuvent être appelés des idées et ne peuvent être dits vrais ou faux, de même que l'amour ne peut être dit vrai ou faux, mais bon ou mauvais. C'est ainsi que Platon, quand il a dit que l'homme était un animal bipède sans plumes, n'a pas commis une erreur plus grande que ceux qui ont dit que l'homme était un animal raisonnable. Car Platon a connu que l'homme était un animal raisonnable, tout autant que les autres; mais il a rangé l'homme dans une certaine classe afin que, par la suite, quand il voudrait penser à l'homme, il rencontrât aussitôt la pensée de l'homme en recourant à cette classe qu'il pouvait se rappeler aisément.

Bien plus, Aristote est tombé dans l'erreur la plus grande s'il a cru avoir expliqué adéquatement l'essence de l'homme par sa propre définition; quant à savoir si Platon a bien fait, on peut se le demander. Mais ce n'est pas ici le moment.

Dans une recherche relative aux choses, les Êtres Réels ne doivent pas être confondus avec les Êtres de Raison. — De tout ce qui vient d'être dit suit clairement qu'il n'y a aucune concordance entre l'Être Réel et les objets auxquels se rapporte l'Être de Raison. On voit par là avec quel soin il faut se garder dans l'étude des choses de confondre les Êtres Réels et les Êtres de Raison. Autre chose en effet est de s'appliquer à l'étude des choses, autre chose d'étudier les modes suivant lesquels nous les percevons. En confondant le tout, nous ne pourrons reconnaître ni les modes de percevoir, ni la nature elle-même; en outre, et c'est le plus grave, nous tomberons dans de grandes erreurs, comme il est advenu à beaucoup jusqu'à présent.

Comment se distinguent l'Être de Raison et l'Être Forgé. — Il faut noter encore que beaucoup confondent l'Être de Raison avec l'Être Forgé ou la Fiction; ils croient que ce dernier est aussi un Être de Raison parce qu'il n'a point d'existence hors de l'esprit. Mais si l'on prend garde aux définitions ci-dessus données de l'Être de Raison et de l'Être Forgé, on trouvera qu'il y a entre eux une grande différence non seulement par rapport à leur cause, mais en conséquence aussi de leur nature et sans avoir égard à leur cause. Nous avons dit en effet qu'une Fiction n'était rien d'autre que deux *termes* conjoints simplement par la seule volonté non guidée par la Raison; d'où suit que l'Être Forgé peut être vrai par accident; quant à l'Être de Raison, ni il ne dépend de la seule volonté, ni il ne se compose de termes conjoints, comme il est assez évident par sa définition. Donc à qui nous demanderait si l'Être Forgé est un Être Réel ou un Être de Raison, nous répéterions et représenterions seulement ce que nous avons déjà dit : que la division de l'Être en Être Réel et Être de Raison est mauvaise; et que par suite on demande à tort si un Être Forgé est un Être Réel ou un Être de Raison; car on suppose que tout l'Être est divisé en Être de Raison et en Être Réel.

Division de l'Être. — Pour revenir à notre objet dont nous semblons nous être quelque peu écartés, on voit facilement par la définition, ou si l'on préfère, la description donnée de l'Être que l'Être doit être divisé en Être qui existe *nécessairement* par sa seule nature, c'est-à-dire dont l'essence enveloppe l'existence et en Être dont l'essence n'enveloppe qu'une existence *possible*. Ce dernier Être est divisé en Substance et Mode, les définitions de la substance et du mode étant données dans les Articles 51, 52 et 56 de la partie I des *Principes de Philosophie*, ce pourquoi il est inutile de les répéter ici. Je veux seulement qu'on note au sujet de cette division que nous avons dit expressément : l'Être se divise en Substance et Mode, mais non en Substance et Accident; car l'Accident n'est rien qu'un mode de penser; attendu qu'il dénote seulement un aspect. Par exemple, quand je dis qu'un triangle est mû, le mouvement n'est pas un mode du triangle, mais bien du corps qui est mû; à l'égard du triangle le mouvement est un accident, mais à l'égard du corps le mouvement est un être réel ou un mode; on ne peut en effet concevoir ce mouvement sans le corps mais bien sans le triangle.

En outre, pour faire mieux entendre ce qui a déjà été dit et ce qui va suivre, nous nous efforcerons d'expliquer ce qu'il faut entendre par l'*Être de l'Essence*, l'*Être de l'Existence*, l'*Être de l'Idée*, et enfin l'*Être de la Puissance*. Notre motif est l'ignorance de quelques-uns qui ne connaissent aucune distinction entre l'essence et l'existence, ou, s'ils en reconnaissent une, confondent l'*être de l'essence* avec l'*être de l'idée* ou l'*être de la puissance*. Pour les satisfaire et tirer la question au clair nous expliquerons la chose le plus distinctement que nous pourrons dans le chapitre suivant.

CHAPITRE II

Ce que c'est que l'Être de l'Essence, l'Être de l'Existence, l'Être de l'Idée, l'Être de la Puissance.

Pour que l'on perçoive clairement ce qu'il faut entendre par ces quatre *Êtres*, il est seulement nécessaire de mettre sous les yeux ce que nous avons dit de la substance increéée, c'est-à-dire de Dieu, savoir :

Les créatures sont en Dieu éminemment. — 1° Dieu contient éminemment ce qui se trouve formellement dans les choses créées; c'est-à-dire Dieu a des attributs tels que toutes choses créées y soient contenues de façon plus éminente (*voir Partie I*, *Axiome* 8 *et Corollaire* 1 *de la Proposition* 12). Par exemple, nous concevons clairement l'étendue sans aucune existence et ainsi, comme elle n'a par soi aucune force d'exister, nous avons démontré qu'elle avait été créée par Dieu *(Proposition dernière, partie I)*. Et parce qu'il doit y avoir dans la cause autant de perfection au moins que dans l'effet, il s'ensuit que toutes les perfections de l'étendue appartiennent à Dieu. Mais, voyant ensuite que la chose étendue est de sa nature divisible, c'est-à-dire contient une imperfection, nous n'avons pu en conséquence attribuer à Dieu l'étendue (*Proposition* 16, *partie I*), et il nous a fallu reconnaître ainsi qu'il y a en Dieu quelque attribut qui contient toutes les perfections de la matière de façon plus excellente (*Scolie de la Proposition* 9, *partie I*) et qui peut tenir lieu de matière.

2° Dieu se connaît lui-même et connaît toutes choses, c'est-à-dire qu'il a aussi en lui toutes choses objectivement (*Proposition* 9, *partie I*).

3° Dieu est cause de toutes choses et il opère par la liberté absolue de sa volonté.

Ce qu'est l'Être de l'Essence, de l'Existence, de l'Idée et de la Puissance. — On voit clairement par là ce qu'il faut entendre par ces quatre *être*. En premier lieu, l'*Être de l'Essence* n'est rien d'autre que la façon dont les choses créées sont comprises dans les attributs de Dieu; l'*Être de l'Idée*, en second lieu, se dit en tant que toutes choses sont contenues objectivement dans l'idée de Dieu; l'*Être de la Puissance* ensuite se dit en ayant égard à la puissance de Dieu, par laquelle il a pu dans la liberté absolue de sa volonté créer tout ce qui n'existait pas encore; enfin, l'*Être de* l'*Existence* est l'essence même des choses en dehors de Dieu et considérée en elle-même, et il est attribué aux choses après qu'elles ont été créées par Dieu.

Ces quatre « être » ne se distinguent les uns des autres que dans les créatures. — Il apparaît clairement par là que ces quatre *être* ne se distinguent que dans les choses créées mais non du tout en Dieu. Car nous ne concevons pas que Dieu ait été en puissance dans un autre être et son existence comme son entendement ne se distinguent pas de son essence.

Réponse à certaines questions sur l'Essence. — Il est facile aussi de répondre aux questions que les gens posent de temps à autre sur l'essence. Ces questions sont les suivantes : *si l'essence est distincte de l'existence; et si, en cas qu'elle soit distincte, elle est quelque chose de différent de l'idée; et, en cas qu'elle soit différente de l'idée, si elle a quelque existence en dehors de l'entendement;* ce dernier point ne pouvant d'ailleurs manquer d'être reconnu.

A la première question nous répondons qu'en Dieu l'essence ne se distingue pas de l'existence, puisque sans l'existence l'essence ne peut pas être conçue; dans les autres êtres l'essence diffère de l'existence; car on peut concevoir la première sans la dernière. A la deuxième question nous répondons qu'une chose qui est perçue hors de l'entendement clairement et distinctement, c'est-à-dire en vérité, est quelque chose de différent d'une idée. On demandera de nouveau *si ce qui est hors de l'entendement est par soi ou bien créé par Dieu.* A quoi nous répondons que l'essence formelle n'est point par soi et n'est pas non plus créée; car l'un et l'autre impliqueraient une chose existant en acte; mais qu'elle dépend de la seule essence divine où tout est contenu; et qu'ainsi en ce sens nous approuvons ceux qui disent que les essences des choses sont éternelles. On pourrait demander encore *comment nous connaissons les essences des choses avant de connaître la nature de Dieu;* alors que toutes, je viens de le dire, dépendent de la seule nature de Dieu. Je réponds à cela que cela provient de ce que les choses sont déjà créées, car si elles n'étaient pas créées j'accorderais entièrement que cette connaissance serait impossible avant qu'on eût une connaissance adéquate de Dieu; cela serait aussi impossible et même bien plus impossible qu'il ne l'est, quand on ne connaît pas encore la nature de la Parabole, de connaître celle de ses ordonnées.

Pourquoi l'auteur dans la définition de l'essence recourt aux attributs de Dieu. — Il faut noter, en outre, que, bien que les essences des modes non existants soient comprises dans leurs substances et que leur *être de l'essence* y soit contenu, nous avons voulu recourir à Dieu pour expliquer d'une manière générale l'essence des modes et des substances et aussi parce que l'essence des modes n'était pas dans les substances de ces modes avant que ces dernières fussent créées et que nous cherchions l'*être* éternel *des essences*.

Pourquoi l'auteur n'a pas examiné les définitions données par d'autres. — Je ne pense pas qu'il vaille la peine de réfuter ici les auteurs dont le sentiment diffère du nôtre et d'examiner leurs définitions ou descriptions de l'essence et de l'existence. Car de la sorte nous rendrions plus obscure une chose claire. Qu'y a-t-il de plus clair que de connaître ce qu'est l'essence et l'existence ? puisque nous ne pouvons donner aucune définition d'aucune chose que nous n'en expliquions en même temps l'essence.

Comment la distinction entre l'essence et l'existence peut être facilement apprise. — Enfin, en cas que quelque Philosophe doute encore si l'essence se distingue de l'existence dans les choses créées, il n'a pas à se donner beaucoup de mal au sujet des définitions de l'essence et de l'existence pour lever ce doute; qu'il aille simplement chez quelque statuaire ou sculpteur en bois; ils lui montreront comment ils conçoivent selon un certain ordre une statue n'existant pas encore et ensuite la lui présenteront existante.

CHAPITRE III

De ce qui est Nécessaire, Impossible, Possible et Contingent.

Ce qu'il faut entendre ici par affections. — Après cette explication de la Nature de l'être, en tant qu'il est un être, nous passons à celle de quelques affections de l'être; où il est à noter que nous entendons ici par affections ce que Descartes a ailleurs désigné par attributs (dans la partie I des *Principes*, article 52). Car l'Être, en tant qu'il est un être, ne nous affecte pas par lui-même, comme substance; il faut donc l'expliquer par quelque attribut sans qu'il s'en distingue autrement que par une distinction de Raison. Je ne peux donc assez m'étonner de l'excessive subtilité d'esprit de ceux qui ont cherché, non sans grand dommage pour la vérité, un intermédiaire entre l'Être et le Néant. Mais je ne m'arrêterai pas à réfuter leur erreur, puisque eux-mêmes, quand ils essaient de donner des définitions de telles affections, se volatilisent entièrement dans leur propre vaine subtilité.

Définition des affections. — Nous poursuivrons donc notre affaire en disant que *les affections de l'Être* sont *certains attributs sous lesquels nous connaissons l'essence ou l'existence de chaque être, de laquelle cependant il ne se distingue que par une distinction de Raison.* De ces affections j'essaierai d'expliquer ici quelques-unes (car je n'assume pas la tâche de traiter de toutes) et de les distinguer des dénominations qui ne sont des affections d'aucun être. Et d'abord je parlerai de ce qui est *nécessaire* et *impossible.*

De combien de façons une chose est dite nécessaire et impossible. — Une chose est dite nécessaire et impossible de deux façons : ou bien à l'égard de son essence, ou bien à l'égard de sa cause. A l'égard de l'essence nous savons que Dieu existe nécessairement; car son essence ne peut être conçue sans l'existence; mais la chimère à cause de la contradiction contenue dans son essence ne peut pas exister. A l'égard de la cause, les choses, par exemple les choses matérielles, sont dites impossibles ou nécessaires : car, si nous avons égard seulement à leur essence, nous pouvons la concevoir clairement et distinctement sans l'existence; pour cette raison elles ne peuvent jamais exister par la force et la nécessité de leur essence, mais seulement par la force de leur cause, à savoir Dieu, le créateur de toutes choses. Si donc il est dans le décret divin qu'une chose existe, elle existera nécessairement; si cela n'est pas, il sera impossible qu'elle existe. Car il est de soi évident qu'il est impossible qu'une chose existe si elle n'a de cause ni interne ni externe d'existence. Or dans cette seconde hypothèse on considère une chose telle que, ni par la force de son essence, qui est ce que j'entends par cause interne, ni par la force du décret divin, cause externe et unique de toutes choses, elle ne puisse exister; d'où il suit qu'il est impossible que des choses comme celles que nous avons supposées ici existent.

Comment la Chimère peut être appelée être verbal. — Il faut noter à ce propos : 1° qu'une chimère, n'étant ni dans l'entendement ni dans l'imagination, peut être appelée proprement par nous un être verbal; car on ne peut l'exprimer autrement que par des mots. Par exemple nous exprimons par le langage un cercle carré, mais nous ne pouvons l'imaginer en aucune façon et encore bien moins le connaître. C'est pourquoi une chimère n'est rien qu'un mot. L'impossibilité donc ne peut être comptée au nombre des affections de l'être, car elle est une simple négation.

Les Choses créées dépendent de Dieu quant à l'essence et quant à l'existence. — 2° Il faut noter encore que non seulement l'existence des choses créées mais encore, ainsi que nous le démontrerons plus tard dans la deuxième partie avec la dernière évidence, leur essence et leur nature dépend du seul décret de Dieu. D'où il suit clairement que les choses créées n'ont d'elles-mêmes aucune nécessité : puisqu'elles n'ont d'elles-mêmes aucune essence et n'existent pas par elles-mêmes.

La nécessité mise dans les choses créées est relative ou à leur essence ou à leur existence, mais en Dieu les deux choses ne se distinguent pas. — 3° Il faut noter enfin que cette sorte de nécessité qui est dans les choses créées par la force de leur cause peut être relative ou à leur essence ou à leur existence; car, dans les choses créées, elles se distinguent l'une de l'autre. L'essence dépend des seules lois éternelles de la Nature, l'existence de la succession et de l'ordre des causes. Mais en Dieu de qui l'essence ne se distingue pas de l'existence, la nécessité de l'essence ne se distingue pas non plus de la nécessité de l'existence; d'où suit que, si nous concevions tout l'ordre de la Nature, nous trouverions que beaucoup de choses, dont nous percevons la nature clairement et distinctement, c'est-à-dire dont l'essence est nécessairement telle ou telle, ne peuvent exister en aucune manière; car il est aussi impossible que de telles choses existent dans la Nature que nous connaissons présentement qu'il est impossible qu'un grand éléphant puisse pénétrer par le trou d'une aiguille; bien que nous percevions clairement l'un et l'autre. Par suite l'existence de ces choses ne serait qu'une Chimère que nous ne pourrions non plus imaginer que percevoir.

La possibilité et la contingence ne sont pas des affections dcs choses. — Il a paru convenable d'ajouter à ces observations sur la nécessité et l'impossibilité quelques mots sur la *possibilité* et la *contingence;* car l'une et l'autre ont été tenues par quelques-uns pour des affections des choses, alors qu'elles ne sont rien cependant que les défauts de notre entendement. Je le montrerai clairement après avoir expliqué ce qu'il faut entendre par ces deux termes.

Ce qu'est le possible et ce qu'est le contingent. — On dit qu'*une chose est possible quand nous en connaissons la cause efficiente mais que nous ignorons si cette cause est déterminée.* D'où suit que nous pouvons la considérer elle-même comme possible, mais non comme nécessaire ni comme impossible. Si, d'autre part, *nous avons égard à l'essence d'une chose simplement mais non à sa cause*, nous la dirons *contingente;* c'est-à-dire, nous la considérerons, pour ainsi parler, comme intermédiaire entre Dieu et une Chimère; parce qu'en effet nous ne trouvons en elle, l'envisageant du côté de l'essence, aucune nécessité d'exister, comme dans l'essence divine, et aucune contradiction ou impossibilité, comme dans une Chimère.

Que si l'on veut appeler *contingent* ce que j'appelle *possible*, et au contraire *possible* ce que j'appelle *contingent*, je n'y contredirai pas n'ayant pas coutume de disputer sur les mots. Il suffira qu'on nous accorde que ces deux choses ne sont que des défauts de notre perception et non quoi que ce soit de réel.

La possibilité et la contingence ne sont rien que des défauts de notre entendement. — S'il plaisait à quelqu'un de le nier, il ne serait pas difficile de lui démontrer son erreur. S'il considère la Nature, en effet, et comme elle dépend de Dieu, il ne trouvera dans les choses rien de contingent, c'est-à-dire qui, envisagé du côté de l'être réel, puisse exister ou ne pas exister, ou, pour parler selon l'usage ordinaire, soit *contingent réellement;* cela se voit facilement par ce que nous avons enseigné dans l'Axiome 10, partie I : la même force est requise pour créer une chose que la conserver. Par suite, nulle chose créée ne fait quoi que ce soit par sa propre force, de même que nulle chose créée n'a commencé d'exister par sa propre force, d'où il suit que rien n'arrive sinon par la force de la cause qui crée toutes choses, c'est-à-dire de Dieu qui par son concours prolonge à chaque instant l'existence de toutes choses. Rien n'arrivant que par la seule puissance divine il est facile de voir que tout ce qui arrive arrive par la force du décret de Dieu et de sa volonté †.

Or comme en Dieu il n'y a ni inconstance ni changement (*par la Proposition* 18 *et le Corollaire de la Proposition* 20, *partie I*), il a dû décréter de toute éternité qu'il produirait les choses qu'il produit actuellement; et, comme rien n'est plus nécessaire que l'existence de ce que Dieu a décrété qui existerait, il s'ensuit que la nécessité d'exister est de toute éternité dans les choses créées. Et nous ne pouvons pas dire que ces choses sont contingentes parce que Dieu aurait pu décréter autre chose; car, n'y ayant dans l'éternité ni *quand*, ni *avant*, ni *après*, ni aucune affection temporelle, on ne peut dire que Dieu existât avant ces décrets de façon à pouvoir décréter autre chose.

La conciliation de la liberté de notre arbitre avec la prédestination de Dieu dépasse la compréhension de l'homme. — Pour ce qui touche la liberté de la volonté humaine que nous avons dit être libre (*Scolie de la Proposition* 15, *partie I*), elle se conserve aussi par le concours de Dieu, et aucun homme ne veut ou ne fait quoi que ce soit sinon ce que Dieu a décrété de toute éternité qu'il voudrait et ferait. Comment cela est possible tout en maintenant la liberté humaine, cela passe notre compréhension; et il ne faut pas rejeter ce que nous percevons clairement à cause de ce que nous ignorons; nous connaissons en effet clairement, si nous sommes attentifs à notre nature, que nous sommes libres dans nos actions et que nous

†. En marge dans la traduction hollandaise : *Pour bien saisir cette démonstration il faut prendre garde à ce qui est exposé dans la dernière partie de cet Appendice sur la Volonté de Dieu, à savoir que la volonté de Dieu, ou son décret immuable, nous est connue seulement quand nous concevons quelque chose clairement et distinctement; attendu que l'essence de la chose considérée en elle-même n'est rien d'autre que le décret de Dieu ou sa volonté déterminée. Mais nous disons aussi que la nécessité d'exister réellement ne se distingue pas de la nécessité de l'essence (chapitre IX, partie II) ; c'est-à-dire quand nous disons que Dieu a décrété que le triangle doit être, nous ne voulons pas dire autre chose sinon que Dieu a établi l'ordre de la Nature et des causes de telle sorte qu'à tel instant le triangle doive être nécessairement; et par suite, si nous connaissions l'ordre des causes tel qu'il a été établi par Dieu, nous trouverions que le triangle doit exister réellement à tel instant avec la même nécessité que nous trouvons maintenant, quand nous avons égard à sa nature, que ses trois angles doivent être égaux à deux droits.* Entendez par là, ajoute l'éditeur moderne, que l'essence et l'existence des choses découlent avec la même entière nécessité de la puissance divine.

délibérons sur beaucoup pour cette seule raison que nous le voulons, si nous sommes attentifs aussi à la nature de Dieu nous percevons clairement et distinctement, comme nous venons de le montrer, que tout dépend de lui et que rien n'existe sinon ce dont l'existence a été décrétée de toute éternité par Dieu. Comment maintenant l'existence de la volonté humaine est créée par Dieu à chaque instant de telle sorte qu'elle demeure libre, nous l'ignorons; il y a en effet beaucoup de choses qui passent notre compréhension et que nous savons cependant qui sont faites par Dieu, comme par exemple cette division réelle de la matière en particules indéfinies en nombre démontrée par nous avec assez d'évidence (*dans la Proposition* 11, *partie II*), bien que nous ignorions comment cette division a lieu. On notera que nous supposons connu ici que ces deux notions de *possible* et de *contingent* signifient seulement un défaut de notre connaissance au sujet de l'existence d'une chose.

CHAPITRE IV

De la durée et du temps.

De la division faite ci-dessus de l'Être en être dont l'essence enveloppe l'existence et être dont l'essence n'enveloppe qu'une existence possible, provient la distinction entre l'éternité et la durée. Nous parlerons ci-après plus amplement de l'*éternité*.

Ce qu'est l'éternité. — Ici nous dirons seulement qu'elle est *l'attribut sous lequel nous concevons l'existence infinie de Dieu.*

Ce qu'est la durée. — Elle est l'*attribut sous lequel nous concevons l'existence des choses créées en tant qu'elles persévèrent dans leur existence actuelle.* D'où il suit clairement qu'entre la durée et l'existence totale d'une chose quelconque il n'y a qu'une distinction de Raison. Autant l'on retranche à la durée d'une chose, autant on retranche nécessairement à son existence.

Pour déterminer la durée maintenant nous la comparons à la durée des choses qui ont un mouvement invariable et déterminé et cette comparaison s'appelle le temps.

Ce qu'est le temps. — Ainsi le temps n'est pas une affection des choses, mais seulement un simple mode de penser, ou, comme nous l'avons dit déjà, un être de Raison; c'est un mode de penser servant à l'explication de la durée. On doit noter ici, ce qui servira plus tard quand nous parlerons de l'éternité, que la durée est conçue comme plus grande et plus petite, comme composée de parties, et enfin qu'elle est un attribut de l'existence, mais non de l'essence.

CHAPITRE V

De l'Opposition, de l'Ordre, etc.

De ce que nous comparons les choses entre elles il naît certaines notions qui cependant ne sont rien, en dehors des choses elles-mêmes, que de simples modes de penser. Cela se voit à ce que, si nous voulons les considérer comme des choses posées hors de la pensée, nous rendons ainsi confus le concept clair que nous avons d'elles d'autre part. Telles sont les notions d'*Opposition*, d'*Ordre*, de *Concordance*, de *Diversité*, de *Sujet*, de *Complément*, et d'autres semblables qui peuvent s'ajouter à celles-là.

Ce que sont l'Opposition, l'Ordre, la Concordance, la Diversité, le Sujet, le Complément, etc. — Ces choses, dis-je, sont assez clairement perçues par nous, aussi longtemps que nous les concevons, non comme quelque chose de distinct des essences des choses opposées, ordonnées, etc., mais seulement comme des modes de penser par lesquels nous retenons ou imaginons plus facilement les choses elles-mêmes. C'est pourquoi je ne juge pas nécessaire d'en parler ici plus amplement et je passe aux termes dits communément *transcendantaux*.

CHAPITRE VI

De l'Un, du Vrai et du Bien.

Ces termes sont tenus par presque tous les métaphysiciens pour les affections les plus générales de l'Être; ils disent en effet que tout Être est Un, Vrai et Bon, quand bien même personne n'y pense. Mais nous allons voir ce qu'il faut entendre par ces termes lorsque nous aurons examiné chacun d'eux séparément.

Ce qu'est l'unité. — Commençons par le premier, à savoir l'*Un*. On dit que ce terme signifie quelque chose de réel hors de l'entendement, mais ce qu'il ajoute à l'être on ne sait l'expliquer, et cela montre assez que l'on confond des Êtres de Raison avec l'Être Réel, par où il arrive qu'on rend confus ce qui est conçu clairement. Pour nous, nous disons que l'Unité ne se distingue en aucune façon de la chose et n'ajoute rien à l'être, mais est seulement un mode de penser par lequel nous séparons une chose des autres qui lui sont semblables ou s'accordent avec elles en quelque manière.

Ce qu'est la pluralité et à quel égard Dieu peut être dit un, et à quel égard unique. — A l'unité l'on oppose la pluralité qui certainement n'ajoute rien aux choses et n'est rien d'autre qu'un mode de penser comme nous le connaissons clairement et distinctement. Je ne vois pas ce qui reste à dire au sujet d'une chose claire; il faut noter seulement que Dieu, en tant que nous le distinguons des autres êtres, peut être dit *un;* mais, en tant que nous trouvons qu'il ne peut pas y avoir plusieurs êtres de sa nature, il est appelé *unique.* Si cependant nous voulions examiner la chose plus attentivement, nous pourrions montrer peut-être que Dieu n'est appelé qu'improprement un et unique; mais la chose n'a pas tant d'importance, elle n'a même aucune importance, pour ceux qui sont occupés des choses et non des mots. Laissant cela nous passons donc au second point et dirons tout de même ce qu'est le faux.

Ce qu'est le Vrai, ce qu'est le Faux tant pour le Vulgaire que pour les Philosophes. — Pour nous faire une idée juste de ces deux choses, le *Vrai* et le *Faux*, nous commencerons par la signification des mots, par où apparaîtra que ce ne sont que des dénominations extrinsèques des choses et qu'on ne peut les leur attribuer qu'en vue d'un effet oratoire. Mais, comme le vulgaire a d'abord trouvé les mots, qui sont ensuite employés par les Philosophes, il appartient à celui qui cherche la signification première d'un mot de se demander ce qu'il a d'abord signifié pour le vulgaire; surtout en l'absence d'autres causes qui pourraient être tirées de la nature du langage pour faire cette recherche. La première signification donc de *Vrai* et de *Faux* semble avoir tiré son origine des récits; et l'on a dit vrai un récit quand le fait raconté était réellement arrivé; faux, quand le fait raconté n'était arrivé nulle part. Plus tard les Philosophes ont employé le mot pour désigner l'accord ou le non-accord d'une idée avec son objet; ainsi, l'on appelle Idée Vraie celle qui montre une chose comme elle est en elle-même; Fausse celle qui montre une chose autrement qu'elle n'est en réalité. Les idées ne sont pas autre chose en effet que des récits ou des histoires de la nature dans l'esprit. Et de là on en est venu à désigner de même par métaphore des choses inertes; ainsi quand nous disons de l'or vrai ou de l'or faux, comme si l'or qui nous est présenté racontait quelque chose sur lui-même, ce qui est ou n'est pas en lui.

Le Vrai n'est pas un terme transcendantal. — Ceux-là se sont donc trompés entièrement qui ont jugé le *Vrai* un terme transcendantal ou une affection de l'Être. Car il ne peut s'appliquer aux choses elles-mêmes qu'improprement ou, si l'on préfère, en vue de l'effet oratoire.

Comment diffèrent la vérité et l'idée vraie. — Si l'on demande maintenant ce qu'est la vérité en dehors de l'idée vraie, que l'on demande ce qu'est la blancheur en dehors du corps blanc; car la relation est la même entre ces choses.

Nous avons traité déjà de la cause du Vrai et de la cause du Faux; il ne reste donc aucune observation à faire, et il n'aurait même pas valu la peine de dire ce que nous avons dit, si des écrivains ne s'étaient embarrassés dans de semblables futilités au point qu'ils n'aient plus pu s'en dépêtrer, cherchant maintes fois des nœuds dans une canne de jonc.

Quelles sont les Propriétés de la Vérité? La Certitude n'est pas dans les choses. — Les Propriétés de la Vérité ou de l'idée vraie sont :

1° Qu'elle est claire et distincte.

2° Qu'elle lève tout doute, ou, d'un mot, qu'elle est certaine. Ceux qui cherchent la certitude dans les choses elles-mêmes se trompent de la même manière que lorsqu'ils y cherchent la vérité; et, quand nous disons qu'*une chose est incertaine*, nous prenons, à la façon des orateurs, l'objet pour l'idée, de même que quand nous parlons d'une *chose douteuse*, à moins que peut-être nous n'entendions par incertitude la contingence, ou la chose qui fait naître en nous l'incertitude ou le doute. Et il n'y a pas de raison de s'attarder davantage à tout cela; nous passerons donc au troisième terme et nous expliquerons en même temps ce qu'il faut entendre par son contraire.

Bon et mauvais ne se disent que dans un sens relatif. — Une chose considérée isolément n'est dite ni *bonne* ni *mauvaise*, mais seulement dans sa relation à une autre, à qui elle est utile ou nuisible pour l'acquisition de ce qu'elle aime. Et ainsi chaque chose peut être dite bonne et mauvaise à divers égards et dans le même temps. Ainsi le conseil d'Achitophel à Absalon est appelé bon dans les Saintes Écritures; il était cependant très mauvais relativement à David dont il préparait la perte. Bien d'autres choses sont dites bonnes qui ne sont pas bonnes pour tous; ainsi le salut est bon pour les hommes, mais il n'est ni bon ni mauvais pour les animaux et les plantes avec qui il n'a aucune relation. Dieu à la vérité est dit souverainement bon parce qu'il est utile à tous; il conserve en effet par son concours l'être de chacun, qui est pour chacun la chose la plus aimée. De chose mauvaise absolument il ne peut y en avoir aucune, ainsi qu'il est évident de soi.

Pourquoi quelques-uns ont admis un bien Métaphysique. — Ceux qui sont à la recherche d'un bien Métaphysique en dehors de toute relation peinent par l'effet d'un faux préjugé; c'est-à-dire qu'ils confondent une distinction de Raison avec une distinction Réelle ou Modale. Car ils distinguent entre une chose elle-même et la tendance qui est en elle à conserver son être, quoiqu'ils ignorent ce qu'ils entendent par tendance. Entre une chose, en effet, et la tendance qu'elle a à se conserver, bien qu'il y ait une distinction de Raison ou plutôt une distinction verbale, ce qui surtout a causé l'erreur, il n'y a aucune distinction réelle.

Comment se distinguent les choses et la tendance en vertu de laquelle elles tendent à persévérer dans leur état. — Pour le faire clairement entendre nous mettrons ici sous les yeux l'exemple de quelque chose très simple. Le mouvement a la force de persévérer dans son état; or cette force n'est pas autre chose que le mouvement lui-même, c'est-à-dire que telle est la nature du mouvement.

Si je dis en effet : voici un corps A dans lequel il n'y a pas autre chose qu'une certaine quantité de mouvement, il suit de là clairement qu'aussi longtemps que j'aurai en vue ce corps A, je dois dire qu'il se meut. Si je disais, en effet, que ce corps a perdu de lui-même sa force de se mouvoir, je lui attribuerais nécessairement quelque chose en plus de ce que j'ai admis dans mon hypothèse, et par là il perdrait sa nature. Que si toutefois ce raisonnement paraît un peu obscur, accordons, je le veux, que la tendance à se conserver est quelque chose en plus des lois mêmes et de la nature du mouvement; puis donc qu'on suppose que cette tendance est un bien métaphysique, il faudra nécessairement que cette tendance ait elle-même une tendance à persévérer dans son être et cette dernière une autre et ainsi à l'infini, ce qui est la plus grande absurdité qu'à ma connaissance on puisse imaginer. Quant à la raison pour laquelle quelques-uns distinguent de la chose elle-même la tendance qui est en elle, c'est qu'ils trouvent en eux-mêmes le désir de se conserver et en imaginent un pareil en chaque chose.

Si Dieu peut être appelé bon avant la création des choses. — On demande cependant si Dieu avant qu'il eût créé les choses pouvait être appelé bon. Il semble suivre de notre définition que cet attribut n'était pas en Dieu puisqu'une chose considérée en elle-même ne peut être ni bonne ni mauvaise. Or cela paraîtra absurde à beaucoup; mais pour quelle raison, je ne sais; car nous affirmons de Dieu beaucoup d'attributs de cette sorte, qui, avant la création des choses, ne lui convenaient pas si ce n'est en puissance; ainsi, quand on le nomme créateur, juge, miséricordieux, etc. De semblables arguments ne doivent donc pas nous arrêter.

Comment Parfait se dit en un sens relatif et en un sens absolu. — En outre, de même que bon et mauvais, *perfection* aussi ne se dit qu'en un sens relatif, sauf quand nous prenons la perfection pour l'essence même de la chose et dans ce sens, comme nous l'avons dit, Dieu a une perfection infinie, c'est-à-dire une essence infinie ou un être infini.

Je n'ai pas l'intention d'en dire plus long, car j'estime assez connu le reste de ce qui appartient à la partie générale de la Métaphysique; il ne vaut donc pas la peine d'en parler plus outre.

PARTIE II

DE L'APPENDICE

CONTENANT

LES « PENSÉES MÉTAPHYSIQUES »

DANS LAQUELLE SONT BRIÈVEMENT EXPLIQUÉES LES PRINCIPALES QUESTIONS QUI SE RENCONTRENT COMMUNÉMENT DANS LA PARTIE SPÉCIALE DE LA MÉTAPHYSIQUE AU SUJET DE DIEU ET DE SES ATTRIBUTS, ET DE L'AME HUMAINE (†).

†. La traduction hollandaise contient en plus cette indication : *Dans cette partie l'existence de Dieu est expliquée tout autrement que les hommes ne l'entendent communément, car ils confondent l'existence de Dieu avec la leur propre, d'où il résulte qu'ils s'imaginent que Dieu est quelque chose comme un homme, et ne prennent pas garde à l'idée vraie de Dieu qui est en eux, ou ignorent complètement qu'ils la possèdent ; et de là suit encore qu'ils ne peuvent démontrer l'existence de Dieu ni* a priori, *c'est-à-dire par la vraie définition de son essence, ni* a posteriori, *c'est-à-dire en tant qu'ils en ont l'idée ; et qu'ils ne peuvent pas non plus concevoir cette existence. Nous nous efforcerons donc dans cette partie de faire voir aussi clairement qu'il se pourra que l'existence de Dieu est entièrement différente de celle des choses créées.*

CHAPITRE I

De l'Éternité de Dieu

Division des substances. — Nous avons déjà montré qu'il n'existe rien dans la Nature des choses en dehors des substances et de leurs modes; on ne doit donc pas s'attendre ici que nous disions rien des formes substantielles et des accidents réels; car toutes ces choses, comme d'autres de même farine, sont complètement ineptes. Nous avons ensuite divisé les substances en deux genres suprêmes, savoir l'Étendue et la Pensée, et la Pensée en pensée créée, c'est-à-dire l'âme humaine, et incréée, c'est-à-dire Dieu. Nous avons d'ailleurs suffisamment démontré plus haut l'existence de Dieu tant *a posteriori*, c'est-à-dire par l'idée que nous avons de lui, qu'*a priori*, c'est-à-dire par son essence prise comme cause de son existence. Mais, ayant traité de quelques-uns de ses attributs plus brièvement que ne le réclame l'importance du sujet, nous avons décidé de les reprendre ici, de les expliquer avec plus de développement et de résoudre certaines difficultés.

Aucune durée n'appartient à Dieu. — L'attribut principal qu'il faut considérer avant tous les autres est l'*Éternité* de Dieu par où nous expliquons sa durée; ou plutôt, pour n'attribuer à Dieu aucune durée, nous disons qu'il est éternel. Car, ainsi que nous l'avons noté dans la première partie, la durée est une affection de l'existence, non de l'essence. Ainsi nous ne pouvons attribuer aucune durée à Dieu, son existence étant de son essence. Attribuer à Dieu la durée, c'est distinguer en effet son existence de son essence. Il y en a cependant qui demandent si Dieu n'a pas une existence plus longue maintenant que lorsqu'il a créé Adam et, cela leur paraissant assez clair, ils estiment ne devoir en aucune façon retirer à Dieu la Durée. Mais ils font une pétition de principe; car ils supposent que l'essence de Dieu est distincte de son existence. Ils demandent, en effet, si Dieu qui a existé jusqu'à la création d'Adam n'a pas ajouté à son existence un nouvel espace de temps depuis Adam jusqu'à nous; ils attribuent ainsi à Dieu une durée plus longue pour chaque jour écoulé, et supposent qu'il est continûment comme créé par lui-même. S'ils ne distinguaient pas l'existence de Dieu de son essence, ils ne lui attribueraient en aucune façon la durée, attendu que la durée ne peut du tout appartenir aux essences des choses. Personne ne dira jamais que l'essence du cercle ou du triangle, en tant qu'elle est une vérité éternelle, a duré un temps plus long maintenant qu'au temps d'Adam. De plus, comme la durée est dite plus grande et plus petite, c'est-à-dire qu'elle est conçue comme composée de parties, il s'ensuit clairement qu'aucune durée ne peut être attribuée à Dieu; car, puisque son Être est éternel, c'est-à-dire qu'il ne peut y avoir en lui ni avant ni après, nous ne pouvons lui attribuer la durée sans détruire le concept vrai que nous avons de Dieu : en lui attribuant la durée, nous diviserions en effet en parties ce qui est infini de sa nature et ne peut être conçu autrement que comme infini.

Raisons pour lesquelles les Auteurs ont attribué à Dieu la durée. — La cause de cette erreur commise par les Auteurs est :

1° Qu'ils ont entrepris d'expliquer l'éternité, sans avoir égard à Dieu, comme si l'éternité pouvait se connaître en dehors de la contemplation de l'essence divine, ou était autre chose que l'essence divine; et cela même provient de ce que nous avons accoutumé, à cause de l'insuffisance du vocabulaire, d'attribuer l'éternité même aux choses dont l'essence est distincte de l'existence (comme lorsque nous disons qu'il n'implique pas contradiction que le monde ait été de toute éternité); et aussi aux essences des choses, alors que nous ne concevons pas les choses comme existantes : car nous appelons alors les essences éternelles.

2° Qu'ils attribuaient la durée aux choses en tant seulement qu'ils les jugeaient soumises à un changement continuel, non comme nous en tant que leur essence est distincte de leur existence.

3° Qu'ils ont distingué l'essence de Dieu, comme celle des choses créées, de son existence.

Ces erreurs, dis-je, ont été l'occasion d'erreurs nouvelles.

La première fut cause qu'ils ne connurent pas ce qu'était l'éternité mais la considérèrent comme un certain aspect de la durée. La seconde, qu'ils ne purent facilement trouver la différence entre la durée des choses et l'éternité de Dieu.

La dernière enfin que, la durée étant seulement une affection de l'existence, comme ils distinguaient l'existence de Dieu de son essence, ils durent, ainsi que nous l'avons dit, lui attribuer la durée.

Ce qu'est l'Éternité. — Mais, pour mieux faire entendre ce qu'est l'*Éternité* et comment on ne peut la concevoir sans l'essence divine, il faut considérer ce que nous avons déjà dit, à savoir que les choses créées, c'est-à-dire toutes choses sauf Dieu, existent toujours par la seule force ou essence de Dieu, non point par une force propre; d'où suit que, non l'existence présente des choses est cause de leur existence future, mais seulement l'immutabilité de Dieu et pour cette raison il nous faut dire : Dès l'instant que Dieu a créé une chose il la conservera par la suite, autrement dit continuera cette action par où il la crée. D'où nous concluons :

1° Qu'une chose créée peut être dite jouir de l'existence parce qu'en effet l'existence n'est pas de son essence; mais Dieu ne peut être dit jouir de l'existence, car l'existence de Dieu est Dieu lui-même; de même aussi que son essence; d'où suit que les choses créées jouissent de la durée, mais que Dieu n'en jouit en aucune façon.

2° Que toutes les choses créées, tandis qu'elles jouissent de la durée et de l'existence présente, ne possèdent en aucune façon la future, puisqu'elle doit leur être continûment accordée; mais de leur essence on ne peut rien dire de semblable. Quant à Dieu son existence étant son essence nous ne pouvons lui attribuer l'existence future; car cette existence qu'il aurait dans l'avenir lui appartient en acte dès à présent; ou, pour parler plus proprement, une existence infinie en acte appartient à Dieu de la même façon qu'un entendement infini lui appartient en acte. Cette existence infinie je l'appelle *Éternité*, et il ne faut l'attribuer qu'à Dieu, mais non à aucune chose créée, alors même que sa durée serait illimitée dans les deux sens.

Voilà pour ce qui est de l'éternité; je ne dis rien de la nécessité de Dieu, parce que cela n'est pas nécessaire, puisque nous avons démontré son existence par son essence. Passons donc à l'unité.

CHAPITRE II

De l'Unité de Dieu.

Nous avons souvent vu avec étonnement de quels arguments futiles les auteurs se servent pour établir l'Unité de Dieu; arguments comme ceux-ci : *Si un seul Dieu a pu créer le monde, les autres seraient inutiles; si toutes choses concourent à une même fin, elles ont été produites par un seul constructeur* et autres semblables tirés de relations ou de dénominations extrinsèques. Négligeant donc tout cela nous proposerons ici notre démonstration le plus clairement et brièvement que nous pourrons, et cela de la façon suivante.

Dieu est unique. — Parmi les attributs de Dieu nous avons rangé la suprême connaissance et nous avons ajouté qu'il a toute sa perfection de lui-même et non d'un autre. Si l'on dit maintenant qu'il y a plusieurs Dieux ou plusieurs êtres souverainement parfaits, tous devront être par nécessité suprêmement connaissants : pour cela il ne suffit pas que chacun se connaisse seulement lui-même; car chacun devant tout connaître, il faut qu'il se connaisse lui-même et connaisse les autres, d'où suivrait qu'une perfection de chacun, à savoir l'entendement, serait en partie de lui, en partie d'un autre. Il ne s'en pourra trouver dès lors aucun qui soit un être souverainement parfait; c'est-à-dire, comme nous venons de l'observer, un être tenant de lui-même non d'un autre toute sa perfection; et cependant nous avons démontré déjà que Dieu est un être parfait au suprême degré et qu'il existe. Nous pouvons donc conclure qu'il est l'Unique Dieu existant; car, si plusieurs existaient, il s'ensuivrait qu'un être parfait au suprême degré a une imperfection, ce qui est absurde. Voilà pour l'Unité de Dieu.

CHAPITRE III

De l'Immensité de Dieu.

Comment Dieu peut être dit infini, comment immense. — Nous avons exposé que nul être ne peut être conçu comme fini et imparfait, c'est-à-dire comme participant du Néant, si nous ne considérons d'abord l'être parfait et infini, c'est-à-dire Dieu; c'est pourquoi Dieu seul doit être dit absolument infini, savoir en tant que nous trouvons qu'il se compose en réalité d'une perfection infinie. Mais il peut être dit aussi immense ou interminable en tant que nous avons égard à ce qu'il n'existe aucun être par qui la perfection de Dieu puisse être terminée.

D'où suit que l'*Infinité* de Dieu, en dépit du vocable, est ce qu'il y a de plus positif; car nous disons qu'il est infini en tant que nous avons égard à sa souveraine perfection. Mais l'*Immensité* n'est attribuée à Dieu qu'en un sens relatif, car elle n'appartient pas à Dieu en tant qu'on le considère absolument comme un être parfait au suprême degré mais en tant qu'on le considère comme première cause; et quand bien même cette cause première ne serait pas parfaite au suprême degré mais seulement la plus parfaite au regard des êtres secondaires, elle n'en serait pas moins immense. Car il ne pourrait y avoir et par conséquent l'on ne pourrait concevoir aucun être plus parfait que lui par qui il pût être limité ou mesuré (*voir sur ce point le développement relatif à l'Axiome* 9, *partie I*).

Ce qui est entendu communément par l'Immensité de Dieu. — Les auteurs cependant maintes fois, quand ils traitent de l'*Immensité* de Dieu, semblent attribuer à Dieu une quantité. Car ils veulent conclure de cet attribut que Dieu doit être nécessairement partout présent; comme s'ils voulaient dire que, si Dieu n'était pas dans un certain lieu, sa quantité serait limitée. Et cela apparaît encore mieux par un autre argument qu'ils allèguent pour montrer que Dieu est infini ou immense (car ils confondent ces deux attributs) et aussi qu'il est partout. Si Dieu, disent-ils, est acte pur, comme il l'est réellement, il est nécessaire qu'il soit aussi partout et infini; car s'il n'était point partout, ou bien il ne pourrait pas être partout où il voudrait être, ou bien (qu'on prenne garde à ceci) il devrait nécessairement se mouvoir; par où se voit clairement qu'ils attribuent l'*Immensité* à Dieu en tant qu'ils le considèrent comme une quantité; car ils tirent ces arguments des propriétés de l'étendue pour affirmer l'*Immensité* de Dieu, absurdité que rien ne peut dépasser.

Il est prouvé que Dieu est partout. — Si l'on demande maintenant comment nous prouverons que Dieu est partout, je réponds que cela a été assez et plus que suffisamment démontré quand nous avons montré que rien ne peut exister même un instant, dont l'existence ne soit pas créée par Dieu à chaque instant.

L'omniprésence de Dieu ne peut être expliquée. — Pour que maintenant l'ubiquité de Dieu ou sa présence dans chaque chose pût être dûment entendue (†), il faudrait pouvoir pénétrer dans la nature intime de la volonté divine, celle par où il a créé les choses et procrée continûment leur existence; et comme cela dépasse la compréhension humaine, il est impossible d'expliquer comment Dieu est partout.

Quelques-uns tiennent pour triple mais à tort l'Immensité de Dieu. — Quelques-uns admettent que l'*Immensité* de Dieu est triple, à savoir l'immensité de l'essence, celle de la puissance et enfin de la présence; mais ceux-là disent des niaiseries, car ils ont l'air de distinguer entre l'essence de Dieu et sa puissance.

La puissance de Dieu ne se distingue pas de son essence. — D'autres le disent plus ouvertement, prétendant que Dieu est partout par sa puissance mais non par son essence; comme si vraiment la puissance de Dieu se distinguait de tous ses attributs, ou de son essence infinie, alors qu'elle ne peut être autre chose.

†. La traduction hollandaise donne ici en marge cette indication : *Il faut observer ici que le Vulgaire, quand il dit que Dieu est partout, fait de lui comme un spectateur au théâtre; par où se voit clairement ce que nous disons à la fin de cette partie, à savoir que les hommes confondent entièrement la nature divine avec l'humaine.*

Si en effet elle était autre chose, ou bien elle serait une créature, ou bien quelque accident de l'essence divine, sans lequel cette essence pourrait être conçue; et l'un et l'autre sont absurdes. Car, si elle était une créature, elle aurait besoin de la puissance de Dieu pour se conserver et ainsi il y aurait progrès à l'infini. Si elle était quelque chose d'accidentel, Dieu ne serait pas un être parfaitement simple, contrairement à ce que nous avons démontré plus haut.

L'omniprésence de Dieu ne se distingue pas non plus de son essence. — Enfin par *Immensité* de la présence on semble vouloir dire aussi quelque chose d'autre que l'essence de Dieu, par laquelle ont été créées et sont continûment conservées les choses. Ce qui est certes une grande absurdité dans laquelle on est tombé, parce qu'on a confondu l'entendement de Dieu avec l'humain, et qu'on a comparé souvent sa puissance à celle des rois.

CHAPITRE IV

De l'Immutabilité de Dieu.

Ce qu'est le changement et ce qu'est la transformation. — Par *changement* nous entendons en cet endroit toute variation pouvant se produire dans un sujet quelconque, l'essence même du sujet gardant son intégrité; bien qu'on prenne communément aussi le mot dans un sens plus large pour signifier la corruption des choses, non une corruption absolue mais une corruption qui enveloppe en même temps une génération subséquente; comme quand nous disons que la tourbe est changée en cendre, que les hommes sont changés en bêtes. Mais les philosophes usent pour cette désignation d'un autre mot encore, à savoir *transformation*. Pour nous ici, nous parlons seulement de ce changement dans lequel il n'y a aucune transformation du sujet, comme quand nous disons : Pierre a changé de couleur, de mœurs, etc.

Aucune transformation n'a lieu en Dieu. — Il faut voir maintenant si de tels changements ont lieu en Dieu; car il est inutile de rien dire de la *transformation*, puisque nous avons prouvé que Dieu existe nécessairement, c'est-à-dire que Dieu ne peut pas cesser d'être ou se transformer en un autre Dieu; car alors et il cesserait d'être et il y aurait plusieurs Dieux et nous avons montré que ce sont là deux absurdités.

Quelles sont les causes du changement. — Pour faire entendre plus distinctement ce qui reste à dire ici, il est à considérer que tout *changement* provient ou de causes externes, avec ou sans la volonté du sujet, ou d'une cause interne, et par le choix du même sujet. Par exemple, noircir, être malade, croître et autres choses semblables proviennent dans l'homme de causes externes; contre la volonté du sujet ou au contraire selon son désir; mais vouloir se promener, se montrer en colère, etc., proviennent de causes internes.

Dieu n'est pas changé par un autre être. — Les premiers changements, qui dépendent de causes externes, n'ont point de place en Dieu, car il est seul cause de toutes choses et n'est patient vis-à-vis de personne. En outre aucune chose créée n'a en elle-même aucune force d'exister et par suite encore moins a-t-elle la force d'exercer une action en dehors d'elle-même ou sur sa propre cause. Et si l'on trouve souvent dans l'Écriture Sainte que Dieu a eu de la colère ou de la tristesse à cause des péchés des hommes et autres choses semblables, c'est qu'on a pris l'effet pour la cause; comme quand nous disons que le soleil est plus fort et plus haut en été qu'en hiver, bien qu'il n'ait pas changé de place ni acquis de nouvelles forces. Et, que cela est même souvent enseigné par l'Écriture Sainte, on peut le voir dans Isaïe; il dit en effet (chapitre 59 vers. 2), adressant au peuple des reproches : *Vos iniquités ont fait séparation de vous et votre Dieu.*

Dieu n'est pas changé non plus par lui-même. — Continuons donc et demandons-nous s'il peut y avoir en Dieu un changement venant de Dieu. Or nous n'accordons pas que cela puisse être et même nous le nions absolument; car tout changement qui dépend de la volonté du sujet se fait afin de rendre son état meilleur, ce qui ne peut avoir lieu dans l'Être souverainement parfait. De plus un changement de cette sorte ne se fait que pour éviter quelque dommage ou en vue d'acquérir quelque bien qui manque; or l'un et l'autre ne peuvent avoir lieu en Dieu. D'où nous concluons que Dieu est un être immuable (†).

On notera que j'ai omis ici à dessein les divisions ordinaires du changement, bien que nous les ayons aussi embrassées en quelque manière; il n'était pas nécessaire de montrer pour chacune d'elles à part qu'elle ne se trouve pas en Dieu, puisque nous avons démontré dans la Proposition 16, partie I, que Dieu est incorporel et que ces divisions ordinaires comprennent les changements de la matière seulement.

CHAPITRE V

De la Simplicité de Dieu.

Il y a trois sortes de distinctions entre les choses : la Réelle, la Modale, la distinction de Raison. — Passons à la simplicité de Dieu. Pour bien entendre cet attribut, il faut se rappeler ce que Descartes a indiqué dans les *Principes de Philosophie* (*Partie I*, articles 48 et 49); à savoir qu'il n'y a rien dans la nature des choses en dehors des substances et de leurs modes d'où est déduite cette triple distinction (articles 60, 61 et 62), savoir la Réelle, la Modale et la distinction de Raison. On dit qu'il y a distinction Réelle entre deux substances, qu'elles soient d'attribut différent ou qu'elles aient même attribut, comme

†. En marge dans la traduction hollandaise : *On observera que cela se voit beaucoup plus clairement si l'on a égard à la nature de Dieu et à son décret. Et en effet, comme on le montrera par la suite, la volonté de Dieu par laquelle il a créé les choses ne diffère pas de son Entendement par lequel il les connaît. Et c'est tout un de dire que Dieu connaît que les trois angles d'un triangle égalent deux droits ou de dire que Dieu a voulu ou décrété que les trois angles d'un triangle fussent égaux à deux droits; par suite il doit nous être aussi impossible de concevoir que Dieu puisse changer ses décrets que de penser que les trois angles d'un triangle n'égalent pas deux droits. En outre cela, à savoir qu'il ne peut y avoir de changement en Dieu, peut encore être démontré d'autres manières; pour ne pas allonger toutefois, nous nous en tiendrons là.*

par exemple la pensée et l'étendue ou les parties de la matière. Et cette distinction se reconnaît à ce que chacune d'elles peut être conçue et par conséquent exister sans le secours de l'autre. Pour la distinction Modale Descartes montre qu'elle est double : d'une part, celle qui existe entre un mode d'une substance et la substance elle-même; d'autre part, celle qui existe entre deux modes d'une seule et même substance. Et nous reconnaissons cette dernière à ce que, pouvant être conçus sans le secours l'un de l'autre, les deux modes ne peuvent être conçus sans le secours de la substance dont ils sont des modes. Quant à la première sorte de distinction modale on la reconnaît à ce que, la substance pouvant être conçue sans son mode, le mode ne peut l'être sans la substance. Une distinction de Raison enfin existe entre une substance et son attribut comme quand la durée est distinguée de l'étendue. Et cette distinction se connaît à ce que telle substance ne peut être conçue sans tel attribut.

D'où provient toute combinaison et combien il y a de sortes de combinaison. — De ces trois sortes de distinction provient toute combinaison. La première combinaison est celle de deux ou plusieurs substances de même attribut, comme toute combinaison réunissant deux ou plusieurs corps, ou d'attribut différent, comme l'homme. La deuxième combinaison se forme par l'union de divers modes. La troisième enfin ne se forme pas, mais est seulement conçue par la Raison comme se formant pour faire mieux entendre une chose. Les choses qui ne sont point composées de l'une des deux premières façons doivent être dites simples.

Dieu est un être parfaitement simple. — Il faut donc montrer que Dieu n'est pas quelque chose de composé; d'où nous pourrons facilement conclure qu'il est un être parfaitement simple; et cela sera facile à faire. Comme il est clair de soi en effet que les parties composantes sont antérieures au moins par nature à la chose composée, les substances par l'assemblage et l'union desquelles Dieu est composé seront par nature antérieures à Dieu lui-même et chacune pourra être conçue en elle-même, sans être attribuée à Dieu. Ensuite, comme ces substances doivent se distinguer réellement les unes des autres, chacune d'elles devra nécessairement aussi pouvoir exister par elle-même et sans le secours des autres; et ainsi, comme nous venons de le dire, il pourrait y avoir autant de Dieux qu'il y a de substances desquelles on suppose Dieu composé. Car chacune, pouvant exister par elle-même, devra exister d'elle-même et, par suite, aura aussi la force de se donner toutes les perfections que nous avons montré qui sont en Dieu, etc.; comme nous l'avons déjà expliqué amplement dans la Proposition 7, partie I, où nous avons démontré l'existence de Dieu. Comme il ne se peut rien dire de plus absurde, nous concluons que Dieu n'est pas composé d'un assemblage et d'une union de substances. Qu'il n'y ait pas en Dieu de combinaison de divers modes, cela s'impose par cela seul qu'il n'y a pas en Dieu de modes : car les modes naissent d'une altération de la substance (voir *Principes*, partie I, Art. 56). Enfin, si l'on veut forger une autre combinaison formée de l'essence des choses et de leur existence, nous n'y contredisons nullement. Mais que l'on se rappelle que, nous l'avons suffisamment démontré, ces deux choses ne se distinguent pas en Dieu.

Les attributs de Dieu n'ont entre eux qu'une distinction de Raison. — Et de là nous pouvons conclure que toutes les distinctions que nous faisons entre les attributs de Dieu ne sont que de Raison et qu'ils ne se distinguent pas réellement entre eux. Entendez des distinctions de Raison comme celles que j'ai citées un peu plus haut et qui se reconnaissent à ce que telle substance ne peut être sans tel attribut. D'où nous concluons que Dieu est un être parfaitement simple. Nous n'avons cure d'ailleurs du fatras des distinctions des Péripatéticiens; passons donc à la vie de Dieu.

CHAPITRE VI

De la vie de Dieu.

Ce que les philosophes entendent communément par vie. — Pour bien faire connaître cet attribut de Dieu, à savoir la vie, il est nécessaire que nous expliquions d'une manière générale ce qui est désigné en chaque chose par la vie. Et en premier lieu nous examinerons l'opinion des Péripatéticiens. Des philosophes entendent par vie *la persistance de l'âme nutritive avec la chaleur* (voir Aristote, *Traité de la respiration*, livre I, chap. VIII). Et, comme ils ont forgé trois âmes, savoir la végétative, la sensitive et la pensante, qu'ils attribuent seulement aux plantes, aux animaux et aux hommes, il s'ensuit, comme eux-mêmes l'avouent, que les autres êtres sont privés de vie. Et cependant ils n'osaient pas dire que les esprits et Dieu étaient sans vie. Ils craignaient peut-être de tomber dans ce qui est le contraire de la vie et que, si les esprits et Dieu étaient sans vie, ils ne fussent morts. C'est pourquoi Aristote dans la *Métaphysique* (livre XI, chapitre VII) donne encore une autre définition de la vie, particulière aux esprits, savoir : la *vie est l'acte de l'entendement;* et en ce sens il attribue la vie à Dieu qui perçoit par l'entendement et est acte pur. Nous ne nous fatiguerons guère à réfuter ces opinions; car, pour ce qui concerne les trois âmes attribuées aux plantes, aux animaux et aux hommes, nous avons assez démontré qu'elles ne sont que des fictions, puisque nous avons fait voir qu'il n'y a rien dans la matière sinon des assemblages et des opérations mécaniques. Quant à la vie de Dieu, j'ignore pourquoi elle est dans Aristote plutôt l'acte de l'entendement que l'acte de la volonté ou d'autres semblables. N'attendant toutefois aucune réponse je passe à l'explication que j'ai promise, savoir : ce qu'est la vie.

A quelles choses la vie peut être attribuée. — Bien que ce mot soit souvent pris par métaphore pour signifier les mœurs d'un homme, nous nous contenterons d'expliquer brièvement ce qu'il désigne philosophiquement. Il faut noter seulement que, si la vie doit être attribuée aussi aux choses corporelles, rien ne sera sans vie; si elle l'est seulement aux êtres où une âme est unie au corps, elle devra être attribuée seulement aux hommes et peut-être aux animaux, mais non aux esprits ni à Dieu. Comme cependant le mot vie s'étend communément davantage, il n'est pas douteux qu'il ne faille attribuer la vie même aux choses corporelles non unies à des esprits et à des esprits séparés du corps.

Ce qu'est la vie et ce qu'elle est en Dieu. — Nous entendons donc par *vie la force par laquelle les choses persévèrent dans leur être;* et, comme cette force est distincte des choses elles-mêmes nous disons proprement que les choses elles-mêmes ont de la vie. Mais la force par laquelle Dieu persévère dans son être n'est autre chose que son essence; ceux-là parlent donc très bien qui disent que Dieu est la vie. Il ne manque pas de théologiens qui comprennent que c'est pour cette raison (que Dieu est la vie, et ne se distingue pas de la vie) que les Juifs quand ils juraient disaient : *Par Dieu vivant* et non : *par la vie de Dieu*, comme Joseph jurant par la vie de Pharaon disait : *par la vie de Pharaon*.

CHAPITRE VII

De l'entendement de Dieu.

Dieu est omniscient. — Au nombre des attributs de Dieu nous avons rangé précédemment l'*Omniscience* qu'il est assez certain qui appartient à Dieu; puisque la science contient en elle une perfection et que Dieu, c'est-à-dire l'être souverainement parfait, ne doit être privé d'aucune perfection; donc la science doit être attribuée à Dieu au suprême degré, telle qu'elle ne présuppose ou n'implique aucune ignorance ou privation de science; car autrement il y aurait une imperfection dans cet attribut, c'est-à-dire en Dieu. D'où vient que Dieu n'a jamais eu l'entendement en puissance ni n'a conclu quelque chose par raisonnement.

Ce ne sont pas des choses extérieures à Dieu qui sont l'objet de la science de Dieu. — Il suit encore de la perfection de Dieu que ses idées ne sont pas déterminées, comme les nôtres, par des objets placés hors de lui. Mais au contraire les choses créées par Dieu, hors de Dieu, sont déterminées par l'entendement de Dieu [1], car autrement les objets auraient par eux-mêmes leur nature et leur essence et seraient antérieurs, au moins par nature,

1. Il suit de là clairement que l'entendement de Dieu, par quoi il connaît les choses créées, et sa volonté et sa puissance, par quoi il les a déterminées, sont une seule et même chose.

à l'entendement divin; ce qui est absurde. Et quelques-uns, n'y ayant pas assez pris garde, sont tombés dans d'énormes erreurs. Ils ont admis en effet qu'il existait en dehors de Dieu une matière, à lui co-éternelle, existant par elle-même et que, suivant les uns, Dieu disposerait seulement dans un certain ordre, tandis que, selon d'autres, il lui imposerait en outre certaines formes. D'autres encore ont admis qu'il y avait des choses qui, de leur nature, étaient nécessaires ou impossibles ou contingentes, et par suite que Dieu lui-même connaît ces choses comme contingentes et ignore entièrement si elles sont ou ne sont pas. D'autres enfin ont dit que Dieu connaît les choses contingentes par les circonstances, peut-être parce qu'il a une longue expérience. Je pourrais encore citer d'autres erreurs de même sorte si je ne le jugeais superflu, attendu que la fausseté de ces opinions se connaît d'elle-même par ce qui a été dit précédemment.

L'objet de la science de Dieu est Dieu lui-même. — Revenons donc à notre propos, à savoir qu'il n'y a hors de Dieu aucun objet de sa science, mais qu'il est lui-même l'objet de sa science et même qu'il est sa science. Pour ceux qui pensent que le monde est l'objet de la science de Dieu, ils sont beaucoup moins raisonnables que ceux qui veulent qu'un édifice construit par quelque architecte distingué soit tenu pour un objet de sa science. Car l'architecte est obligé de chercher hors de lui-même une matière convenable; mais Dieu n'a cherché aucune matière hors de lui : quant à leur essence et quant à leur existence les choses ont été fabriquées par un entendement identique à sa volonté.

Comment Dieu connaît les péchés et les êtres de Raison, etc. — On demande maintenant si Dieu connaît les maux ou les péchés, les êtres de Raison et autres choses semblables. Nous répondons que Dieu doit nécessairement connaître les choses dont il est cause; attendu surtout qu'elles ne peuvent exister même un instant sinon à l'aide du concours divin. Puis donc que les maux et les péchés ne sont rien dans les choses, mais sont seulement dans l'esprit humain comparant les choses entre elles, il s'ensuit que Dieu ne les connaît pas en dehors de l'esprit humain. Nous avons dit que les êtres de Raison sont des modes de penser, et c'est dans leur relation avec l'esprit qu'ils doivent être connus de Dieu, c'est-à-dire en tant que nous percevons qu'il conserve, procrée, continûment l'esprit humain tel qu'il est constitué; non certes que Dieu ait en lui de tels modes de penser pour retenir plus facilement ce qu'il connaît. Si seulement l'on prend garde comme il faut à ce peu que nous avons dit, il ne se pourra proposer aucune question au sujet de l'entendement de Dieu qui ne se puisse résoudre avec la plus grande facilité.

Comment Dieu connaît les choses singulières et comment les générales. — Il ne faut pas cependant passer sous silence l'erreur de quelques-uns qui admettent que Dieu ne connaît rien en dehors des choses éternelles telles que les anges et les cieux qu'ils se représentent comme n'étant ni engendrés ni corruptibles; et de ce monde, rien en dehors des espèces, en tant également qu'elles ne sont ni engendrées ni corruptibles. Ceux qui ont cette opinion semblent vraiment vouloir mettre comme de l'application à errer et à imaginer les choses les plus absurdes. Quoi de plus absurde en effet que d'enlever à Dieu la connaissance des choses singulières qui sans le concours de Dieu ne peuvent exister même un instant. Et tandis qu'ils décident que Dieu ignore des choses réellement existantes, ils lui attribuent dans leur imagination la connaissance des choses générales qui ne sont pas et n'ont aucune essence en dehors des singulières. Nous, au contraire, attribuons à Dieu la connaissance des choses singulières et lui dénions celles des choses universelles, sauf en tant qu'il connaît les esprits des hommes.

Il y a en Dieu une seule et simple idée. — Enfin, avant de terminer ce chapitre, il paraît devoir être satisfait à la question consistant à demander s'il y a en Dieu plusieurs idées ou seulement une, et une parfaitement simple. A quoi je réponds que l'idée de Dieu, en raison de laquelle il est appelé omniscient, est unique et parfaitement simple.

Car en réalité Dieu n'est appelé omniscient pour aucune raison sinon qu'il a l'idée de lui-même; laquelle idée ou connaissance a toujours existé en même temps que Dieu, car en dehors de son essence rien n'existe et cette idée aussi n'a pu exister autrement.

Ce qu'est la science de Dieu à l'égard des choses créées. — La connaissance ayant trait aux choses créées qui est en Dieu ne peut cependant pas être ainsi proprement rapportée à la science de Dieu; car, si Dieu l'avait voulu les choses créées auraient eu une autre essence, ce qui n'a pas lieu dans la connaissance que Dieu a de lui-même. On demandera cependant si cette connaissance, qu'elle soit proprement ou improprement ainsi désignée, est multiple ou unique. Mais, répondrons-nous, cette question ne diffère en rien de celle de savoir s'il y a en Dieu plusieurs décrets ou volitions ou un seul; et si l'ubiquité de Dieu, c'est-à-dire le concours, par lequel il conserve les choses singulières, est partout le même; toutes choses desquelles nous avons dit que nous ne pouvions avoir aucune connaissance distincte. Mais nous savons néanmoins comme une chose très évidente que, comme il arrive pour le concours de Dieu qui, s'il est rapporté à l'omnipotence de Dieu, doit être unique, bien qu'il se manifeste sous divers modes dans les effets, de même aussi les volitions et les décrets de Dieu (c'est ainsi qu'il convient d'appeler sa connaissance ayant trait aux choses créées) considérés en Dieu ne sont pas plusieurs, bien que s'exprimant sous divers modes par, ou mieux, dans les choses créées. Enfin si nous avons égard à l'analogie de la Nature entière nous pouvons la considérer comme un seul Être et par conséquent une aussi devra être l'idée ou un le décret de Dieu.

CHAPITRE VIII

De la Volonté de Dieu.

Nous ne savons pas comment se distinguent l'essence de Dieu et l'entendement par quoi il se connaît, et la volonté, par quoi il s'aime. — La *Volonté* de Dieu par quoi il se veut aimer lui-même suit nécessairement de son entendement infini, par quoi il se connaît. Mais comment ces trois choses, l'essence, l'entendement, par quoi il se connaît, la volonté, par quoi il se veut aimer lui-même, se distinguent entre elles, c'est ce que nous mettons au nombre des connaissances qui nous manquent. Nous n'ignorons pas le mot (celui de *personnalité*) qu'emploient à l'occasion les philosophes, pour expliquer la chose; mais si nous connaissons le mot nous en ignorons la signification et nous n'en pouvons former aucun concept clair et distinct; bien que nous puissions croire avec constance que dans cette vision bienheureuse de lui-même promise aux fidèles, Dieu le révélera aux siens.

La Volonté et la Puissance de Dieu, quant à leur action extérieure, ne se distinguent pas de son entendement. — La Volonté et la Puissance, quant à leur action extérieure, ne se distinguent pas de l'entendement de Dieu, comme il est assez certain par ce qui précède; car nous avons montré que Dieu a décrété non seulement que les choses devaient être mais aussi qu'elles devaient être de telle nature, c'est-à-dire que leur essence et leur existence ont dû dépendre de la volonté et de la puissance de Dieu; par où nous percevons clairement et distinctement que l'entendement de Dieu, sa puissance et sa volonté, par quoi il a créé, a connu et conserve ou aime les choses, ne se distinguent en aucune façon l'un de l'autre, sinon relativement à notre pensée.

On dit improprement que Dieu a certaines choses en haine, aime certaines choses. — Quand nous disons que Dieu a certaines choses en haine, aime certaines choses, cela est dit dans le même sens où il y a dans l'Écriture que la terre vomira les hommes et autres choses de ce genre. Que d'ailleurs Dieu n'ait de colère contre personne, et n'aime aucune chose de la façon que se persuade le vulgaire, cela ressort assez de l'Écriture; Isaïe le dit en effet et plus clairement l'Apôtre dans l'Épître aux Romains (chap. IX) : *Avant qu'ils* (les enfants d'Isaac) *fussent nés et qu'ils eussent fait ni bien ni mal, afin que le dessein arrêté selon l'élection de Dieu demeurât, non point par les œuvres, mais par celui qui appelle, il lui fut dit que le plus grand serait asservi au moindre*, etc., et un peu plus loin : *Il a donc compassion de celui qu'il veut et il endurcit celui qu'il veut. Or tu me diras : Pourquoi se plaint-il encore? Car qui est celui qui peut résister à sa volonté? Mais en vérité, ô homme, qui es-tu, toi qui contestes contre Dieu? La chose formée dira-t-elle à celui qui l'a formée : Pourquoi m'as-tu ainsi faite? Le potier n'a-t-il pas la puissance de faire d'une même masse de terre un vaisseau à honneur et un autre à déshonneur ?* etc.

Pourquoi Dieu avertit les hommes; pourquoi il ne les sauve pas sans avertissement et pourquoi les impies sont punis. — Si l'on demande maintenant pourquoi Dieu avertit les hommes ? il sera facile de répondre que Dieu a ainsi décrété de toute éternité d'avertir les hommes à tel moment afin que soient convertis ceux qu'il a voulu qui soient sauvés. Si l'on demande encore : Dieu ne pouvait-il pas les sauver sans avertissement ? Nous répondons : Il l'aurait pu. Pourquoi donc ne les sauve-t-il pas ? insistera-t-on peut-être alors. A cela je répondrai quand on m'aura dit pourquoi Dieu n'a pas rendu la mer Rouge franchissable sans un fort vent d'est et pourquoi il n'accomplit pas chaque mouvement pris à part sans les autres, et une infinité d'autres choses semblables que Dieu produit par le moyen de causes. On demandera de nouveau : Pourquoi donc les impies sont-ils punis ? car ils agissent par leur nature et selon le décret divin. Je réponds que c'est aussi par décret divin qu'ils sont punis et si ceux-là seuls que nous imaginons pécher en vertu de leur propre liberté doivent être punis, pourquoi les hommes s'efforcent-ils d'exterminer les serpents venimeux ? car ils pèchent en vertu de leur nature propre et ne peuvent faire autrement.

L'Écriture n'enseigne rien qui répugne à la Lumière Naturelle. — Enfin s'il se rencontre d'autres choses dans l'Écriture Sainte qui font pénétrer le doute en nous, ce n'est pas ici le lieu de les expliquer; car nous cherchons ici celles seulement que nous pouvons atteindre de la façon la plus certaine par la Raison naturelle, et il nous suffit de les déterminer avec évidence pour savoir que l'Écriture Sainte doit enseigner les mêmes; car la vérité ne contredit pas à la vérité, et l'Écriture ne peut enseigner des niaiseries comme celle qu'on imagine communément. Car si nous trouvions en elle quelque chose qui fût contraire à la Lumière Naturelle nous pourrions la réfuter avec la même liberté que l'Alcoran et le Talmud. Mais loin de nous la pensée qu'il se puisse trouver dans les Livres Saints quelque chose qui répugne à la Lumière de la Nature.

CHAPITRE IX

De la puissance de Dieu.

Comment il faut entendre l'Omnipotence de Dieu. — Il a été suffisamment démontré déjà que Dieu est omnipotent. Nous nous efforcerons seulement ici d'expliquer comment cet attribut doit être entendu; car beaucoup en parlent sans assez de piété et d'une façon qui n'est pas conforme à la vérité. Ils disent en effet que certaines choses sont possibles de leur nature et non par le décret de Dieu; que certaines sont impossibles; certaines, enfin, nécessaires et que l'omnipotence de Dieu n'a trait qu'aux possibles. Pour nous qui avons démontré déjà que toutes choses dépendent absolument du décret de Dieu nous disons que Dieu est omnipotent; mais, quand nous avons aperçu qu'il a décrété certaines choses par la seule liberté de sa volonté, et en second lieu qu'il est immuable, nous disons alors que rien ne peut agir contrairement à ses décrets et que cela est impossible par cela seul que cela répugne à la perfection de Dieu.

Toutes choses sont nécessaires en vertu du décret de Dieu; et non quelques-unes en soi, quelques-unes en vertu des décrets. — Quelqu'un objectera peut-être que nous trouvons certaines choses nécessaires, seulement quand nous avons égard au décret de Dieu, d'autres sans que nous y ayons égard. Soit cet exemple : que Josias brûlât les ossements des idolâtres sur l'autel de Jéroboam; si nous avons égard seulement à la volonté de Josias, nous jugerons la chose comme étant possible, nous ne dirons pas du tout qu'elle doive être nécessairement; si ce n'est parce que le Prophète l'avait prédite selon le décret de Dieu. Mais que les trois angles d'un triangle doivent être égaux à deux droits, la chose même l'indique. Ceux qui tiennent pareil langage forgent assurément par ignorance des distinctions dans les choses. Car si les hommes connaissaient clairement tout l'ordre de la Nature, ils trouveraient toutes choses aussi nécessaires que toutes celles dont il est traité dans la Mathématique; mais, cela étant au-dessus de la connaissance humaine, certaines choses donc sont jugées par nous possibles, et non nécessaires. Par suite ou bien il faut dire que Dieu ne peut rien parce que toutes choses sont réellement nécessaires; ou bien Dieu peut tout et la nécessité que nous trouvons dans les choses provient du seul décret de Dieu.

Que si Dieu avait fait autrement la Nature des choses il aurait dû aussi nous donner un autre entendement. — Si l'on demande maintenant : Eh quoi! si Dieu avait décrété autrement et s'il avait fait que les choses qui sont vraies actuellement fussent fausses, ne les reconnaîtrions-nous pas cependant pour très vraies ? Assurément, si Dieu nous avait laissé la nature qu'il nous a donnée; mais si, comme il l'a fait, il avait voulu nous donner une nature telle que nous pussions connaître la nature des choses et leurs lois telles qu'elles sont établies par Dieu, cela eût été aussi en son pouvoir; et même, si nous avons égard à sa véracité, il aurait dû le faire. Cela est encore évident par ce que nous avons dit plus haut, à savoir que toute la Nature naturée n'est qu'un seul être; d'où suit que l'homme est une partie de la Nature qui doit être cohérente avec le reste; et donc il suivrait déjà de la simplicité du décret de Dieu que si Dieu avait créé les choses d'autre façon, il aurait constitué notre nature de telle sorte que nous connussions les choses selon qu'elles ont été créées par Dieu. C'est pourquoi, bien que nous désirions garder la distinction relative à la puissance de Dieu communément enseignée par les philosophes, nous sommes cependant obligés de l'expliquer autrement.

De combien de sortes est la Puissance de Dieu. — Nous divisons donc la *puissance* de Dieu en *ordonnée* et *absolue*. Nous disons que la *puissance* de Dieu est *absolue* quand nous considérons son omnipotence sans avoir égard à ses décrets; *ordonnée* quand nous avons égard à ses décrets.

Il existe, en outre, une puissance *ordinaire* et une *extraordinaire* de Dieu. *Ordinaire* est celle par où il conserve le monde dans un ordre déterminé; *extraordinaire*, celle dont il use, quand il fait quelque chose en dehors de l'ordre de la Nature, comme par exemple tous les miracles, tels que la parole donnée à l'ânesse, l'apparition des anges et autres semblables. Bien qu'on puisse à très bon droit douter de cette dernière, car le miracle paraîtrait plus grand si Dieu gouvernait le monde suivant un seul et même ordre déterminé et immuable, que s'il abrogeait, à cause de la déraison des hommes, les lois qu'il a lui-même établies dans la Nature excellemment et par sa seule liberté (ce qui ne peut être nié par personne sinon par un être totalement aveuglé). Mais nous laissons aux Théologiens le soin d'en décider.

Nous omettons enfin les autres questions qu'on a coutume de poser à ce sujet de la puissance de Dieu, à savoir : *si la puissance de Dieu s'étend au passé, s'il peut faire les choses meilleures qu'il ne les fait; s'il peut faire beaucoup plus de choses qu'il n'en a fait.* On y répondra très facilement en effet à l'aide de ce qui précède.

CHAPITRE X

De la Création.

Nous avons établi précédemment déjà que Dieu était créateur de toutes choses; nous nous efforcerons d'expliquer ici ce qu'il faut entendre par création; ensuite nous éclaircirons selon nos forces les choses communément affirmées au sujet de la création. Commençons par le premier point.

Ce qu'est la création. — Nous disons donc que la *création est une opération à laquelle ne concourent d'autres causes que l'efficiente*, c'est-à-dire *qu'une chose créée est une chose qui pour exister ne suppose avant elle rien que Dieu.*

De la définition vulgaire de la création. — Il faut noter ici : 1° que nous laissons de côté les mots *du néant* communément employés par les philosophes, comme si le néant était une matière de laquelle les choses fussent tirées. Si, d'ailleurs, ils s'expriment ainsi, c'est parce qu'ayant coutume, quand il s'agit de la génération des choses, de supposer avant elles quelque chose *de* quoi elles sont faites, ils n'ont pu dans la création laisser de côté ce petit mot *de*. Le même accident leur est arrivé au sujet de la matière; voyant en effet que tous les corps sont dans un lieu et entourés d'autres corps, ils se sont demandé où était contenue la totalité de la matière et ont répondu : dans quelque espace imaginaire. Il n'est donc pas douteux que, loin de considérer ce *néant* comme la négation de toute réalité, ils ne se le soient forgé ou imaginé comme quelque chose de réel.

Explication de la définition adoptée. — 2° Que je dis : nulles causes en dehors de la cause efficiente ne concourent à la création. Je pouvais dire que la création *nie* ou *exclut* toutes causes sauf l'efficiente. J'ai mieux aimé dire : nulles causes ne *concourent* afin de n'avoir pas à répondre à ceux qui demandent si Dieu ne s'est proposé dans la création aucune fin, en vue de laquelle il ait créé les choses. De plus, pour mieux expliquer la chose, j'ai ajouté une deuxième définition, savoir : qu'une chose créée ne suppose rien avant elle sauf Dieu; car si Dieu, en effet, s'est proposé quelque fin, cette fin n'est certainement pas extérieure à Dieu; car il n'existe rien hors de Dieu par quoi il soit poussé à agir.

Les accidents et les modes ne sont pas créés. — 3° De cette définition il découle assez qu'il n'y a point de création des accidents et des modes; car ils supposent outre Dieu une substance créée.

Il n'a point existé de temps ou de durée avant la création. — 4° Enfin, avant la création nous ne pouvons imaginer aucun temps et aucune durée, mais le temps et la durée ont commencé avec les choses. Car le temps est la mesure de la durée ou plutôt il n'est rien qu'un mode de penser. Il ne présuppose donc pas seulement une chose créée quelconque, mais avant tout les hommes pensants. Quant à la durée, elle cesse où les choses créées cessent d'être et commence où les choses créées commencent d'être; je dis *les choses créées*, car nulle durée n'appartient à Dieu mais seulement l'éternité, nous l'avons montré plus haut avec une suffisante évidence. La durée suppose donc avant elle ou au moins implique les choses créées. Pour ceux qui imaginent la durée et le temps avant les choses créées, ils sont victimes du même préjugé que ceux qui forgent un espace par-delà la matière, comme il est assez évident de soi. Voilà pour la définition de la création.

L'opération de créer et celle de conserver sont une même opération de Dieu. — Il n'est pas nécessaire ici de répéter encore une fois ce que nous avons démontré Axiome 10, partie I; savoir, que tout autant il est requis de forces pour créer une chose, tout autant il en est requis pour la conserver, c'est-à-dire que l'opération de créer le monde et celle de le conserver sont la même opération de Dieu.

Après ces observations, passons maintenant à ce que nous avons promis en second lieu. Il nous faut donc chercher :

1° Ce qui est créé et ce qui est incréé;
2° Si ce qui est créé a pu être créé de toute éternité.

Quelles choses sont créées. — A la première question nous répondons brièvement : est créée toute chose dont l'essence est conçue clairement sans aucune existence bien qu'elle se conçoive par elle-même; comme par exemple la matière, dont nous avons un concept clair et distinct, quand nous la concevons sous l'attribut de l'étendue et que nous concevons avec une clarté et une distinction égales qu'elle existe ou n'existe pas.

Comment la pensée de Dieu diffère de la nôtre. — Quelqu'un nous dira peut-être que nous percevons la pensée * clairement et distinctement sans l'existence et que nous l'attribuons cependant à Dieu. A quoi nous répondons que nous n'attribuons pas à Dieu une pensée telle qu'est la nôtre, c'est-à-dire pouvant être affectée par des objets et déterminée par la Nature des choses; mais une pensée qui est acte pur et par suite enveloppe l'existence comme nous l'avons assez longuement démontré plus haut. Car nous avons montré que l'entendement de Dieu et sa volonté ne se distinguent pas de sa puissance et de son essence, laquelle enveloppe l'existence.

Il n'existe hors de Dieu rien qui soit co-éternel à Dieu. — Puis donc que tout ce dont l'essence n'enveloppe pas l'existence doit nécessairement pour exister être créé par Dieu et, comme nous l'avons maintes fois exposé, être continûment conservé par son créateur même, nous

* Je substitue à *cognitionem* donné par van Vloten et Land *cogitationem* qui paraît mieux convenir pour le sens.

ne nous arrêterons pas à réfuter l'opinion de ceux qui ont admis un monde, ou un chaos, ou une matière sans forme aucune, co-éternels à Dieu et ainsi indépendants. Je passerai donc à l'examen de la deuxième question. Ce qui est créé a-t-il pu l'être de toute éternité ?

Ce que signifient ici ces mots : de toute éternité. — Pour la bien entendre il faut prendre garde à cette manière de dire *de toute éternité*, car nous voulons signifier par là tout autre chose que ce que nous avons expliqué auparavant quand nous avons parlé de l'éternité de Dieu. Nous n'entendons rien ici que la durée, sans commencement de la durée, ou une durée telle qu'encore bien que nous la voudrions multiplier par beaucoup d'années ou de myriades d'années et ce produit à son tour par d'autres myriades, nous ne pourrions jamais l'exprimer par aucun nombre, si grand qu'il fût.

Où il est prouvé qu'une chose n'a pas pu être créée de toute éternité. — Or, il se démontre assez clairement qu'une telle durée ne peut exister. Car si le monde rétrogradait depuis l'instant présent, jamais il ne pourrait durer la durée infinie qu'on lui assigne; donc ce monde n'aurait pu non plus parvenir depuis ce commencement jusqu'à l'instant présent. Peut-être dira-t-on : rien n'est impossible à Dieu; car il est tout-puissant, et il pourra faire ainsi une durée telle qu'il n'en puisse exister de plus grande. Nous répondons : Dieu, parce qu'il est tout-puissant, ne créera jamais de durée qu'il n'en puisse créer une plus grande. Car telle est la nature de la durée qu'on puisse toujours concevoir une durée plus grande ou plus petite qu'une durée donnée, comme il arrive pour le nombre. On insistera peut-être : Dieu a existé de toute éternité et a ainsi duré jusqu'au moment présent et il y a ainsi une durée telle qu'il ne s'en puisse concevoir de plus grande. Mais de la sorte on attribue à Dieu une durée composée de parties, erreur suffisamment réfutée par nous, quand nous avons démontré que, non la durée, mais l'éternité appartient à Dieu. Et plût à Dieu que les hommes l'eussent considéré attentivement, car ils auraient pu se dépêtrer de beaucoup d'arguments et d'absurdités et, pour leur plus grande délectation, ils fussent demeurés dans la contemplation bienheureuse de cet être.

Passons cependant à la discussion des arguments qui sont apportés par quelques-uns, savoir par ceux qui s'efforcent de montrer la possibilité d'une telle durée déjà écoulée.

De ce que Dieu est éternel, il ne suit pas que ses effets puissent être de toute éternité. — 1° Ils disent en premier lieu : *une chose produite peut exister en même temps que sa cause; donc, puisque Dieu a été de toute éternité, ses effets ont pu être produits de toute éternité.* Et ils confirment cela en outre *par l'exemple du fils de Dieu qui a été produit de toute éternité par le père.* Mais on peut voir clairement par ce qui précède qu'ils confondent l'éternité avec la durée, et qu'ils attribuent seulement à Dieu la durée, de toute éternité; ce qui se voit encore par l'exemple qu'ils allèguent. Car cette même éternité qu'ils attribuent au fils de Dieu, ils admettent qu'elle puisse appartenir aux créatures. De plus ils imaginent le temps et la durée avant la création du monde et veulent qu'il existe une durée indépendante des choses créées comme d'autres une éternité hors de Dieu, et il est constant maintenant que l'une et l'autre opinions sont les plus éloignées qu'il se puisse de la vraie. Nous répondons donc qu'il est très faux que Dieu puisse communiquer son éternité aux créatures; et que le fils de Dieu n'est pas une créature mais est, comme le père, éternel. Quand donc nous disons que le père a engendré le fils de toute éternité, nous voulons dire seulement qu'il a toujours communiqué au fils son éternité.

Si Dieu agissait par nécessité, il n'aurait pas une vertu infinie. — 2° Leur second argument est *que Dieu, quand il agit librement, n'a pas une puissance moindre que quand il agit par nécessité. Or si Dieu agissait par nécessité, comme il a une vertu infinie, il aurait dû créer le monde de toute éternité.* Mais il est très facile d'y répondre, si l'on en considère le fondement. Ces bonnes gens supposent en effet qu'ils peuvent avoir plusieurs idées différentes d'un être d'une vertu infinie, car ils peuvent concevoir Dieu comme ayant une vertu infinie et quand il agit par nécessité de nature, et quand il agit librement. Mais nous nions que Dieu eût une vertu infinie s'il agissait par nécessité de nature; et il nous est permis de le nier; bien plus cela doit nous être nécessairement accordé par eux après que nous avons démontré qu'un être souverainement parfait agit librement et qu'on n'en peut concevoir qu'un seul. Que s'ils objectent qu'on peut supposer cependant, bien que cela soit impossible, qu'un Dieu agissant par nécessité ait une vertu infinie, nous répondrons qu'il n'est pas plus permis de supposer cela qu'un cercle carré, à l'effet de conclure que toutes les lignes menées du centre à la circonférence ne sont pas égales. Et, pour ne pas répéter des choses dites depuis longtemps, cela est assez certain par ce qui précède. Car nous venons de démontrer qu'il n'y a aucune durée dont on ne puisse concevoir le double, ou telle qu'on n'en puisse concevoir de plus grande et de plus petite; et par suite une durée plus grande ou plus petite qu'une durée donnée peut toujours être créée par Dieu qui agit librement d'une vertu infinie. Mais si Dieu agissait par une nécessité de nature, cela ne suivrait en aucune façon; seule en effet la durée qui résulterait de sa nature pourrait être produite et non une infinité d'autres plus grandes que celle qui serait donnée. Nous argumentons donc ainsi brièvement : Si Dieu créait la durée la plus grande, de façon que lui-même n'en pût créer une plus grande, il diminuerait nécessairement sa puissance. Or cette conséquence est fausse car sa puissance ne diffère pas de son essence. Donc, etc. En outre, si Dieu agissait par nécessité de nature, il devrait créer une durée telle que lui-même n'en pût créer de plus grande; mais un Dieu créant une telle durée n'a pas une vertu infinie; car nous pouvons toujours concevoir une durée plus grande qu'une durée donnée. Donc si Dieu agissait par nécessité de nature il n'aurait pas une vertu infinie.

D'où nous tirons le concept d'une durée plus grande que n'est celle de ce monde. — Un doute pourrait venir à quelqu'un à cause que, le monde étant créé depuis cinq mille ans et quelque chose en sus, si le calcul des chronologistes est exact, nous pouvons cependant concevoir une durée plus grande, alors que nous avons affirmé que la durée ne se peut entendre sans les choses créées. Il lui est facile de s'en délivrer s'il considère que la durée nous est connue non de la seule contemplation des choses créées, mais aussi de la contemplation de la puissance infinie de créer qui est en Dieu. Car les créatures ne peuvent être conçues comme existant ou durant par elles-mêmes, mais seulement par la puissance infinie de Dieu, de laquelle seule elles tirent toute leur durée. Voir *Proposition* 12, *partie I* et son corollaire.

Enfin, pour ne pas perdre de temps ici à répondre à de futiles arguments, il suffit de prendre garde d'une part à la distinction établie entre l'éternité et la durée et d'autre part à ce que la durée sans les choses créées et l'Éternité sans Dieu ne sont intelligibles en aucune façon; cela étant clairement vu, on pourra très facilement répondre à toute argumentation. Il n'est donc pas nécessaire de nous attarder ici davantage.

CHAPITRE XI

Du concours de Dieu.

Il reste peu de chose ou même il ne reste rien à dire au sujet de cet attribut après que nous avons montré que Dieu, à chaque instant, crée continûment une chose, pour ainsi dire, à nouveau; d'où nous avons déduit que les choses n'ont jamais d'elles-mêmes aucune puissance pour produire quoi que ce soit ni pour se déterminer à aucune action; et cela n'a pas seulement lieu dans les choses extérieures à l'homme mais dans la volonté humaine elle-même. Nous avons ensuite répondu aussi à certains arguments concernant ce point, et, bien que beaucoup d'autres soient allégués d'ordinaire, comme cela regarde surtout la Théologie, je n'ai pas l'intention d'y insister.

Comme il y a toutefois beaucoup d'hommes qui admettent le concours de Dieu et le prennent dans un sens tout autre que celui que nous avons indiqué, il convient d'observer ici, pour découvrir plus aisément leur erreur, ce que nous avons démontré antérieurement : à savoir que le temps présent n'a aucune connexion avec le futur *(voir Axiome* 10, *partie I)* et que cela est clairement et distinctement perçu par nous. Et si l'on prend sérieusement garde à cela, il se pourra répondre sans aucune difficulté à toute argumentation adverse pouvant être tirée de la Philosophie.

En quoi consiste l'action conservatrice de Dieu dans les choses qui doivent être déterminées à agir. — Pour ne pas avoir cependant touché ce point en vain nous répondrons, en passant, à cette question : *Si quelque chose s'ajoute à l'action conservatrice de Dieu* *quand il détermine une chose à agir ?* En parlant du mouvement d'ailleurs nous y avons déjà en quelque mesure répondu. Nous disions en effet que Dieu conserve la même quantité de mouvement dans la Nature. Si donc nous avons égard à toute la Nature matérielle, il n'est rien ajouté de nouveau à l'action qui la conserve; mais si nous avons égard aux choses particulières, il se peut dire en quelque manière que quelque chose de nouveau s'y ajoute. On ne voit pas si cela a lieu aussi dans les choses spirituelles; car il ne semble pas qu'il y ait entre elles la même dépendance mutuelle. Enfin, comme les parties de la durée n'ont entre elles aucune connexion, nous pouvons dire que Dieu ne conserve pas tant les choses que, plus exactement, il ne les procrée à chaque instant; si donc un homme a actuellement une liberté déterminée à faire quelque action, on devra dire que Dieu l'a ainsi créé à ce moment même. Et à cela ne s'oppose pas que la volonté humaine soit souvent déterminée par des choses extérieures à elle, et que toutes les choses qui sont dans la Nature soient mutuellement déterminées les unes par les autres à quelque action; car ces choses aussi sont ainsi déterminées par Dieu. Nulle chose ne peut déterminer une volonté et inversement nulle volonté ne peut se déterminer sinon par la seule puissance de Dieu. Comment cependant cela se concilie avec la liberté humaine ou comment Dieu peut faire cela tout en maintenant la liberté humaine, nous avouons l'ignorer ; nous avons souvent déjà parlé de cela.

La division vulgaire des attributs de Dieu est plutôt nominale que réelle. — Voilà ce que j'avais décidé de dire au sujet des attributs de Dieu, parmi lesquels je n'ai, jusqu'ici, établi aucune division. Pour celle qui se trouve maintes fois dans les Auteurs, je parle de ceux qui divisent les attributs de Dieu en incommunicables et communicables, pour dire la vérité, elle me semble plus nominale que réelle. Car la science de Dieu ne concorde pas plus avec la science humaine que le Chien, signe céleste, avec le chien qui est un animal aboyant, et peut-être lui ressemble-t-elle encore moins.

Division propre à l'Auteur. — Quant à nous, voici notre division. Il y a des attributs de Dieu qui expliquent son essence active; il y en a d'autres qui n'exposent rien de son action mais bien son mode d'existence. De ce dernier genre sont l'unité, l'éternité, la nécessité, etc. Du premier la connaissance, la volonté, la vie, l'omnipotence, etc. Cette division est suffisamment claire et nette et embrasse tous les attributs de Dieu.

CHAPITRE XII

De l'âme humaine.

Il nous faut passer maintenant à la substance créée que nous avons divisée en substance étendue et substance pensante. Par substance étendue nous entendions la matière ou la substance corporelle. Par substance pensante, seulement les âmes humaines.

Les Anges ne sont pas du domaine de la Métaphysique mais de celui de la Théologie. — Quoique les Anges soient aussi créés, n'étant point connus par la Lumière Naturelle, ils ne regardent pas la Métaphysique. Leur essence et leur existence ne sont connues que par Révélation et n'appartiennent donc qu'à la seule Théologie; et la connaissance de cette dernière, étant tout autre que la connaissance naturelle et en différant totalement, ne doit nullement lui être mêlée. Que personne n'attende donc que nous disions ici quoi que ce soit des anges.

L'âme humaine ne vient point d'un intermédiaire mais est créée par Dieu, nous ne savons à quel instant. — Revenons donc aux âmes humaines desquelles nous avons maintenant peu de chose à dire; nous devons avertir seulement que nous n'avons rien dit du temps de la création de l'âme humaine, parce qu'on ne peut établir en quel temps Dieu la crée, puisqu'elle peut exister sans le corps. Ce qui est certain c'est qu'elle ne provient pas d'un intermédiaire, car cela a lieu seulement dans les choses qui sont engendrées, tels les modes d'une substance; tandis que la substance même ne peut être engendrée mais seulement créée par le seul Être Omnipotent, comme nous l'avons démontré précédemment.

En quel sens l'âme humaine est mortelle. — Pour ajouter quelque chose sur son immortalité, il est assez certain que nous ne pouvons dire d'aucune chose créée qu'il répugne à sa nature qu'elle soit détruite par la puissance de Dieu. Qui a, en effet, le pouvoir de créer une chose a aussi celui de la détruire. Il faut ajouter, ce que nous avons suffisamment démontré, qu'aucune chose créée ne peut exister de sa nature, même un seul instant, mais est continûment produite par Dieu.

En quel sens elle est immortelle. — Bien qu'il en soit ainsi, nous voyons cependant clairement et distinctement que nous n'avons aucune idée par laquelle nous concevions la destruction d'une substance comme nous avons les idées de la corruption et de la génération des modes. Nous concevons clairement en effet, sitôt que nous considérons l'édifice du corps humain, qu'un tel édifice puisse être détruit; mais nous ne concevons pas de même, quand nous considérons la substance corporelle, qu'elle puisse être anéantie. Enfin, un philosophe ne cherche pas ce que la souveraine puissance de Dieu peut faire; il juge de la Nature des choses par les lois que Dieu a établies en elles; il juge donc que cela est fixe et constant, dont la fixité et la constance se concluent de ces lois; sans nier que Dieu puisse changer ces lois et tout le reste. Pour cette raison, quand nous parlons de l'âme, nous ne cherchons pas ce que Dieu peut faire, mais seulement ce qui suit des lois de la Nature.

Démonstration de l'immortalité de l'âme. — Puis donc qu'il suit de ces lois qu'une substance ne peut être détruite ni par elle-même ni par aucune autre substance créée, ainsi que nous l'avons, si je ne m'abuse, abondamment démontré précédemment, nous devons d'après les lois de la Nature tenir l'âme pour immortelle. Et, si nous voulons pénétrer plus avant dans ce sujet, nous pourrons démontrer avec la plus grande évidence qu'elle est immortelle. Comme nous venons de le voir en effet, l'immortalité de l'âme suit clairement les lois de la Nature. Or les lois de la Nature sont des décrets de Dieu révélés par la Lumière Naturelle, comme il est très évidemment certain par ce qui a été dit antérieurement. De plus nous avons démontré déjà que les décrets de Dieu sont immuables. De tout cela nous concluons clairement que Dieu a fait connaître aux hommes sa volonté immuable concernant la durée des âmes, non seulement par révélation, mais aussi par la Lumière Naturelle.

Dieu n'agit pas contre la Nature mais au-dessus d'elle; en quoi cette action consiste selon l'Auteur. — Nous ne sommes point arrêtés par cette objection possible que Dieu peut à un moment quelconque détruire ces lois naturelles pour produire des miracles; car la plupart des théologiens les plus sages accordent que Dieu ne fait rien contre la Nature, mais agit au-dessus d'elle, c'est-à-dire, comme je l'explique, que Dieu a pour agir beaucoup de lois qu'il n'a pas communiquées à l'entendement humain et qui, si elles lui avaient été communiquées, paraîtraient aussi naturelles que les autres.

Il est parfaitement clair par là que les âmes sont immortelles et je ne vois pas ce qui me reste à dire de l'âme humaine en général en cet endroit. Et il ne resterait rien à dire non plus spécialement de ses fonctions si les raisonnements, par lesquels certains auteurs semblent prendre à tâche de ne pas voir et de ne pas sentir ce qu'ils voient et sentent, ne me sollicitaient à une réponse.

Pourquoi quelques-uns pensent que la volonté n'est pas libre. — Quelques-uns croient pouvoir montrer que la volonté n'est pas libre, mais toujours déterminée par une autre chose. Et ils pensent cela parce qu'ils entendent par volonté quelque chose de distinct de l'âme, quelque chose qu'ils considèrent comme une substance dont la nature consiste en cela seul qu'elle est indifférente. Pour nous, afin d'écarter toute confusion, nous expliquerons d'abord la chose, après quoi nous découvrirons très facilement l'erreur de leurs raisonnements.

Ce qu'est la volonté. — Nous avons dit que l'âme humaine était une chose pensante, d'où suit que, par sa seule nature et considérée en elle-même, elle peut faire quelque action, à savoir penser, c'est-à-dire affirmer et nier. Mais ces pensées, ou bien sont déterminées par des choses placées hors de l'âme humaine, ou bien le sont par l'âme elle-même; puisqu'elle est elle-même une substance de l'essence pensante de laquelle beaucoup d'actes de pensée peuvent et doivent suivre. Ce sont ces actes de pensée qui n'ont aucune autre cause que l'âme humaine que nous appelons des *volitions*. Pour l'âme humaine, en tant qu'elle est conçue comme cause suffisant à produire de tels actes, elle s'appelle *volonté*.

Qu'il existe une volonté. — Que d'ailleurs l'âme a une telle puissance, bien que n'étant déterminée par aucunes choses extérieures, cela se peut très commodément expliquer par l'exemple de l'âne de Buridan. Si en effet l'on suppose un homme au lieu d'un âne dans cette position d'équilibre, cet homme devra être tenu non pour une chose pensante, mais pour l'âne le plus stupide, s'il périt de faim et de soif. Cela suit clairement aussi de ce que nous avons voulu, comme nous l'avons dit antérieurement, douter de toutes choses et non seulement juger douteuses les choses qui peuvent être révoquées en doute mais les rejeter comme fausses. (Voir Descartes, *Principes*, partie I, article 39.)

Que cette volonté est libre. — Il faut noter en outre que, même quand l'âme est déterminée à affirmer ou nier quelque chose par les choses extérieures, elle n'est pas déterminée de telle sorte qu'elle soit contrainte par ces choses extérieures, mais demeure toujours libre. Car aucune chose n'a le pouvoir de détruire l'essence de l'âme; donc, ce qu'elle affirme ou nie, elle l'affirme et le nie toujours librement, comme il est assez expliqué dans la quatrième Méditation. Par suite, si l'on demande pourquoi l'âme veut ceci ou cela, ou ne veut pas ceci ou cela, nous répondrons : parce que l'âme est une chose pensante, c'est-à-dire une chose qui a de sa nature le pouvoir de vouloir et de ne pas vouloir, d'affirmer et de nier; car c'est en cela que consiste une chose pensante.

Qu'il ne faut pas confondre la volonté avec l'appétit. — Après cette explication voyons les arguments des adversaires :

1° Le premier argument est le suivant : *Si la volonté peut vouloir quelque chose contre le dernier arrêt de l'entendement, si elle peut appéter quelque chose de contraire au bien prescrit par le dernier arrêt de l'entendement, elle pourra appéter le mal en raison du mal. Or, cette conséquence est absurde; donc aussi le principe.* On voit clairement par cet argument qu'ils ne connaissent pas ce qu'est la volonté; car ils la confondent avec l'appétit existant dans l'âme après qu'elle a affirmé ou nié quelque chose; et ils ont appris cela de leur Maître qui a défini la volonté *un appétit en raison du bien*. Mais nous disons que la volonté consiste à *affirmer que telle chose est bonne et à le nier*, comme nous l'avons abondamment expliqué auparavant, en traitant de la cause de l'erreur, que nous avons démontré qui provient de ce que la volonté se montre plus ample que l'entendement. Par contre, si l'âme n'avait pas affirmé, parce qu'elle est libre, que telle chose est bonne, il n'y aurait pas d'appétit. Nous répondons donc à l'argument en accordant que l'âme ne peut rien vouloir contre le dernier arrêt de l'entendement, c'est-à-dire ne peut vouloir en tant qu'elle est supposée ne pas vouloir ; comme elle l'est ici, puisqu'on dit qu'elle a jugé une chose mauvaise, c'est-à-dire n'a pas voulu quelque chose. Nous nions, toutefois, qu'elle n'ait absolument pas pu vouloir ce qui est mauvais, c'est-à-dire le juger bon : car cela serait contre l'expérience même. Car nous jugeons bonnes beaucoup de choses qui sont mauvaises et au contraire mauvaises beaucoup qui sont bonnes.

Que la volonté n'est rien que l'âme elle-même. — 2° Le second argument (ou si l'on préfère le premier, attendu que jusqu'ici il n'y en a aucun) est le suivant : *Si la volonté n'est pas déterminée à vouloir par le dernier jugement de l'entendement pratique, elle se déterminera elle-même. Mais la volonté ne se détermine pas, parce qu'elle est de sa nature indéterminée.* Et ils continuent à argumenter ainsi : *Si la volonté est d'elle-même et de sa nature indifférente au vouloir et au non-vouloir, elle ne peut pas se déterminer d'elle-même à vouloir; car ce qui détermine doit être aussi déterminé qu'est indéterminé ce qu'il faut déterminer. Or la volonté considérée comme se déterminant elle-même est aussi indéterminée que lorsqu'on la considère comme devant être déterminée, car nos adversaires ne supposent rien dans la volonté déterminante qui ne soit aussi dans la volonté à déterminer ou ayant subi la détermination; et il est impossible d'y rien supposer. Donc la volonté ne peut pas être déterminée par elle-même à vouloir. Si elle n'est pas déterminée d'elle-même, elle l'est donc d'ailleurs.*

Telles sont les propres paroles de Heereboord, professeur à Leyde *, par où il montre assez qu'il entend par volonté non l'âme elle-même, mais quelque chose d'autre, hors de l'âme ou, en elle, quelque chose de tel qu'une

* Voir ses *Exercices de Philosophie* (*Meletemata Philosophica*, 2e édition, Leyde, 1659).

table rase privée de toute pensée et capable de recevoir n'importe quel dessin; ou, encore mieux, que la volonté est pour lui comme un poids en équilibre qui est poussé par un autre poids quelconque dans un sens ou dans l'autre, suivant que ce poids ajouté est déterminé lui-même, ou enfin comme quelque chose que ni lui-même ni aucun mortel ne peut saisir par aucune pensée.

Nous avons dit tout à l'heure, nous avons même clairement montré, que la volonté n'est rien que l'âme elle-même, appelée par nous chose pensante, c'est-à-dire affirmante et niante, d'où ressort clairement, ayant égard à la seule nature de l'âme, qu'elle a un égal pouvoir d'affirmer et de nier, car c'est cela même qui est penser. Si donc de ce que l'âme pense, nous concluons qu'elle a le pouvoir d'affirmer et de nier, quel besoin de chercher des causes adventices pour produire ce qui suit de sa seule nature ? Mais, dira-t-on, l'âme même n'est pas plus déterminée à affirmer qu'à nier et donc, conclura-t-on, nous devons nécessairement chercher une cause qui la détermine. Mais je réponds par cette argumentation : si l'âme, par elle-même et de sa nature, était seulement déterminée à affirmer (encore que cela soit impossible à concevoir aussi longtemps que nous pensons l'âme comme une chose pensante), alors par sa seule nature elle pourrait seulement affirmer, mais non jamais nier, quand bien même on y adjoindrait des causes en nombre quelconque. Si, par contre, elle n'est déterminée ni à affirmer ni à nier, elle ne pourra faire ni l'un ni l'autre. Si enfin elle a le pouvoir de faire les deux, et nous venons de montrer qu'elle l'a, elle pourra, par sa seule nature et sans l'aide d'aucune cause, faire l'un et l'autre; et cela sera clair et certain pour tous ceux qui considèrent la chose pensante comme une chose pensante, c'est-à-dire qui entre l'attribut de la pensée et la chose pensante elle-même n'admettent qu'une distinction de Raison et ne séparent nullement celui-là de celle-ci; comme font nos adversaires qui dépouillent la chose pensante de toute pensée et se la représentent fictivement comme la matière première des Péripatéticiens. Voilà donc comme je réponds à l'argument et, pour commencer, à la majeure : Si par volonté vous entendez une chose dépouillée de toute pensée, nous accordons que la volonté est indéterminée de sa nature. Mais nous nions que la volonté soit quelque chose qui soit dépouillé de toute pensée et nous affirmons au contraire qu'elle est pensée, c'est-à-dire puissance d'affirmer et de nier; par quoi l'on ne peut entendre autre chose que cause suffisante pour l'un comme pour l'autre. Nous nions en outre également que, si la volonté était indéterminée, c'est-à-dire dépouillée de toute pensée, une cause adventice quelconque, autre que Dieu par sa puissance de créer, pourrait la déterminer. Concevoir en effet une chose pensante sans aucune pensée, c'est tout de même que si l'on voulait concevoir une chose étendue sans étendue.

Pourquoi les Philosophes ont confondu l'âme avec les choses corporelles. — Enfin, pour n'avoir pas ici à passer en revue un plus grand nombre d'arguments, j'avertis que nos Adversaires, n'ayant pas connu la volonté, et n'ayant eu de l'âme aucun concept clair et distinct, ont confondu l'âme avec les choses corporelles; ce qui est venu de l'emploi qu'ils ont fait de mots d'ordinaire appliqués aux choses corporelles pour signifier les choses spirituelles qu'ils ne connaissaient pas. Ils avaient accoutumé en effet d'appeler indéterminés, parce qu'ils sont en équilibre, ces corps qui sont poussés dans des directions opposées par des causes extérieures également fortes et exactement contraires. Admettant donc l'indétermination de la volonté ils semblent qu'ils veuillent la concevoir comme un corps placé en équilibre; et, parce que ces corps sollicités par des causes extérieures n'ont rien que ce qu'ils ont reçu d'elles (d'où suit qu'ils doivent toujours être déterminés par une cause extérieure), ils ont cru que la même chose devait arriver dans la volonté. Mais nous avons suffisamment expliqué ce qui en est et nous nous arrêterons ici.

Quant à la substance étendue, nous en avons assez parlé antérieurement et outre ces deux substances nous n'en connaissons aucune autre. Pour ce qui concerne les accidents réels et les autres qualités, ce sont choses suffisamment ruinées, et il est inutile de perdre ici du temps à les réfuter; nous posons donc ici la plume.

quoi l'on ne peut entendre autre chose que cause [illegible] pour l'un comme pour l'autre. Nous avons en outre également [illegible] indéterminée [illegible] dépendre [illegible] qui cette advenir quelconque autre que l'être par sa puissance de [illegible] pourrait la déterminer. [illegible] en effet une chose [illegible] aucune [illegible] de même que si [illegible] un effet [illegible] cause sans [illegible].

Pourquoi les Philosophes [illegible] les choses corporelles [illegible] à [illegible] plus [illegible] nombre [illegible] [illegible] pour [illegible] volonté [illegible] concept clair [illegible] rapport [illegible] choses corporelles [illegible] ils ont fait actions [illegible] choses [illegible] spirituelles qu'ils ne connaissaient pas. Ils [illegible] [illegible] causes [illegible] directions [illegible] [illegible] forces [illegible] indéterminé [illegible] [illegible] concevoir [illegible] [illegible] parce que [illegible] [illegible] déterminé par une cause extérieure [illegible] Mais [illegible] [illegible] ici.

[illegible] nous [illegible] avons [illegible] [illegible] changer [illegible] [illegible] conditions [illegible] [illegible] accidents [illegible] les autres qualités [illegible] [illegible] il est [illegible] de [illegible] à la nature [illegible] donc [illegible].

NOTES

RELATIVES AU « COURT TRAITÉ »

Sommaire. — **1.** Non content de transcrire ce *Sommaire* dans un exemplaire de la *Vie de Spinoza*, par Colerus, Monnikhoff l'a, en outre, presque textuellement reproduit dans la préface jointe par lui à sa copie du *Court Traité* (celle qui constitue le manuscrit B). La comparaison des deux textes montre que Monnikhoff, dans sa préface, a voulu faire quelques corrections dont deux au moins sont justifiées.

2. Page 31. L'auteur du *Sommaire* (Deurhoff?) dit que Spinoza déduit de l'infinité appartenant nécessairement à la substance : 1° qu'il n'existe qu'une substance; 2° qu'une substance ne peut en produire une autre; c'est l'ordre inverse qui est le véritable. Monnikhoff le rétablit dans sa préface.

3. Page 31. L'auteur du *Sommaire*, on l'observera, joint les dialogues au chapitre II. Il n'avait donc pas connaissance d'une distribution des matières autre que celle du manuscrit A.

4. Page 32. Je traduis par *essentiel* (propriétés essentielles) le mot *wezenlijk*. Il faut bien entendu prendre ce mot au sens le plus fort; ce qui appartient *réellement* à la nature de Dieu est vraiment de son *essence*. Dans sa traduction latine du *Sommaire*, W. Meijer rend le même mot *wezenlijk* tantôt par *verus* (comme en ce passage même), tantôt par *proprius* (à la page 33) et enfin (même page) par *essentialis*.

5. Page 32. En qualifiant de *faux* le principe suivant lequel *le tout est nécessaire aussi bien quant à l'essence que quant à l'existence*, l'auteur du *Sommaire* montre qu'il rejette la doctrine de Spinoza. Ainsi qu'on l'a pu voir dans la *Notice relative au Court Traité* (p. 19), c'est une des raisons qui permettent d'attribuer à Deurhoff la rédaction du *Sommaire*.

6. Page 32. Monnikhoff, dans sa préface, supprime les mots *et termine ainsi l'étude des propriétés essentielles de Dieu*, avec raison, dit W. Meijer, car cette étude se poursuit au chapitre VII. Cependant, l'objet du chapitre VII étant d'examiner les erreurs commises par les philosophes au sujet de la nature de Dieu, l'indication de l'auteur du *Sommaire* n'est pas tellement inexacte.

7. Page 33. Le terme de *dénominations* des propriétés essentielles ne paraît pas assez précis, Spinoza distinguant entre les *dénominations intrinsèques* et les *extrinsèques;* il faudrait *dénominations extrinsèques*.

Voir au sujet de ce mot la note explicative se rapportant au chapitre II, paragraphe 29, du *Court Traité*.

8. Page 34. Pour les remarques concernant les noms de quelques-unes des passions étudiées par Spinoza dans les chapitres V à XIV (partie II) le lecteur est prié de se reporter aux notes relatives au *Court Traité*.

9. Page 36. La correction que je signale par une note critique a été, comme je l'indique, faite par Monnikhoff dans la préface du manuscrit B.

Titre, préface, table des chapitres. — 1. Le titre de *Court Traité de Dieu, de l'homme et de la santé de son âme*, est celui que porte l'ouvrage dans le manuscrit A. Dans la transcription de Monnikhoff (manuscrit B), ce titre est remplacé par celui d'*Éthique*. Il n'est pas douteux que le véritable soit le plus ancien; Monnikhoff déclare lui-même que l'appellation d'*Éthique* est de lui. On peut faire observer, à ce sujet, que, si Spinoza l'a adopté pour son ouvrage capital, la grande *Éthique*, c'est probablement par prudence et en conformité avec sa devise bien connue *(caute)*; un livre traitant de l'*Éthique*, chose relativement profane, devait moins attirer l'attention des théologiens que s'il eût affiché la prétention de parler de Dieu.

Au sujet du mot *Court (Korte)* qui figure dans le titre, W. Meijer dit qu'il traduit le latin *contractus*, et non *brevis*, et qu'il a trait moins aux dimensions de l'ouvrage qu'au mode d'exposition adopté.

2. Il est vraisemblable que l'auteur de la courte préface jointe au titre (Jarig Jelles?) a en vue certains adversaires déterminés; d'après W. Meijer, ce pourrait être les disciples de Deurhoff, auteur d'un livre sur les *Principes de la Vérité et de la Vertu*.

3. D'après le récit de Stolle, cité dans la *Notice* relative au *Court Traité* (p. 15), le chapitre sur le diable était le XXIe dans le manuscrit possédé par Rieuwertsz, tandis qu'il est le XXVe dans les deux manuscrits que nous avons et dans le *Sommaire* publié par Bœhmer. Freudenthal pour cette raison conjecture que les derniers chapitres de l'ouvrage ont pu être écrits après coup.

PREMIÈRE PARTIE

Chapitre I. — Ce chapitre, contenant la démonstration de l'existence de Dieu, doit être, bien entendu, rapproché des autres écrits de Spinoza sur la même question, c'est-à-dire de l'*Appendice du Court Traité*, des *Principes de la Philosophie de Descartes*, partie I, propositions 5 à 7 (ce sont les propositions empruntées à Descartes : *Réponses aux deuxièmes objections*, *Raisons*, etc.; mais la démonstration donnée par Spinoza de la troisième est tout autre que dans Descartes), enfin et surtout de l'*Éthique* (tout le commencement de la première partie jusqu'à la Proposition 11). Il est, en outre, indispensable de se reporter aux ouvrages de Descartes à qui Spinoza, dans ce premier chapitre, fait parfois des emprunts presque textuels (ainsi le premier argument *a priori* se trouve à peu près dans les mêmes termes dans les *Réponses aux premières objections*), dont il s'inspire souvent et dont souvent aussi il s'écarte. Les principaux textes de Descartes sont dans la troisième *Méditation* et la cinquième, les *Réponses aux premières objections* et *aux deuxièmes*, les *Principes* enfin (partie I, art. 14 à 21).

Tous les interprètes et commentateurs de Spinoza ont examiné sa démonstration de l'existence de Dieu : l'étude la plus approfondie qui en ait été faite me semble être celle de Lagneau dans ses *Notes sur Spinoza* (*Revue de Métaphysique et de Morale*, 1895).

§ **1.** Le début de chapitre est assez surprenant; comme le dit Freudenthal, on conçoit mal un livre débutant par ces mots : *Touchant le premier point*. Il est donc vraisemblable qu'une phrase au moins s'est perdue.

§ **2.** *a*) Trendelenburg (*Historische Beiträge zur Philosophie*, III, p. 311) oppose la façon dont Spinoza déduit ici l'existence de Dieu du principe de l'éternité des essences à la théorie cartésienne qui fait de Dieu le créateur des essences. Il faut observer cependant, avec Sigwart, que, dans les *Réponses aux premières objections*, Descartes semble lui aussi fonder en partie sa démonstration de l'existence de Dieu sur l'éternité et l'immutabilité des essences (cf. la cinquième *Méditation*). Quant à savoir s'il en a le droit, c'est une question complexe liée à celle du cercle cartésien, et que je me garderai d'aborder ici. Sur la relation de dépendance existant, selon Descartes, entre Dieu et les essences ou vérités éternelles les textes principaux sont dans les *Réponses aux cinquièmes objections* et la lettre 110 (édition Clerselier). M. Boutroux a traité ce point dans sa thèse latine, *De veritatibus aeternis apud Cartesium*.

b) La mineure de l'argument telle que la donne le texte est : l'*existence de Dieu est essence*.

Il est assez naturel de croire que cette tournure inusitée provient d'une faute commise par le traducteur. Si le texte latin était : *existentia Dei est essentia*, on serait en droit de considérer le génitif *Dei* comme se rapportant à *essentia* : l'existence est l'essence de Dieu. Toutefois, il est possible, comme l'ont supposé van Vloten et Sigwart, que l'auteur, pour ramener son raisonnement à la forme classique du syllogisme, ait réellement dit ce que lui fait dire le traducteur. La formule habituelle est : *en Dieu l'essence et l'existence ne font qu'un;* ou encore (*Pensées Métaph.*, II, 1) : *l'existence de Dieu est Dieu lui-même comme aussi son essence*.

c) La note 2, dans l'état où elle nous est parvenue, est incompréhensible. En corrigeant comme je l'ai fait, je crois l'avoir rendue sinon très claire, du moins possible à interpréter.

Spinoza veut prouver que les adversaires de l'argument ontologique suppriment toute possibilité de connaissance. Que disent-ils en effet? Que l'existence est prouvée de l'idée de Dieu, non de Dieu lui-même. Mais l'existence d'une idée est toute différente de celle d'une chose; une idée n'existe pas matériellement. Ce qui peut être affirmé d'elle, en tant qu'on la considère comme existant formellement, ne s'applique ni à la chose ni à l'attribut de la chose. Si donc on se refuse à admettre qu'à toute idée claire et distincte correspond un objet réel, d'aucune chose supposée existante on ne démontrera jamais aucun attribut réel. Il faut choisir entre le dogmatisme (qui est la thèse de Spinoza) et ce qu'on appelle de nos jours l'idéalisme subjectif (à ses yeux le pur scepticisme). Je suis tenté de rapprocher ce passage de ce que dit Spinoza dans le traité de *la Réforme de l'Entendement* (§ 27) sur la nécessité de savoir (de connaître une chose réellement existante), pour savoir que l'on sait (pour affirmer quelque chose de l'idée qu'on a d'une chose). Il n'y a de méthode possible que si nous avons une idée vraie; il n'y a de connaissance possible que si le réel est saisi d'abord.

La fin de la note a pu être ajoutée après coup par un copiste pour remédier à l'obscurité provenant de l'altération du passage.

§ 3 à **§ 9.** *a*) Toute cette partie du chapitre contenant l'exposition de la preuve *a posteriori* est d'une lecture assez difficile, le travail de rédaction n'ayant pas été achevé par l'auteur et les disciples ou les copistes ayant cherché plus ou moins heureusement à le compléter. W. Meijer considère le paragraphe 4 comme reproduisant sous une forme un peu différente le raisonnement du paragraphe 3; il est certain que la conclusion du paragraphe 4 semble devoir être plutôt : *Donc Dieu existe*, que : *Si l'homme a une idée de Dieu, Dieu doit exister formellement*.

b) La note 3 (§ 7) est, dans sa première partie, très visiblement inspirée de Descartes qui distingue, en maint passage, les idées des choses qui ne peuvent pas exister n'ayant pas de véritable essence (les chimères) de « celles qui ne peuvent être estimées un pur néant, quoique peut-être elles n'aient aucune existence hors de ma pensée... » *(Cinquième Méditation)*, parce qu'elles ont une essence nécessaire, celle enfin de Dieu dont l'existence est nécessaire comme l'essence. L'idée d'un amour où le corps n'a point part, donné comme exemple de la deuxième sorte d'idées, se trouve aussi dans Descartes, qui, dans une lettre à Chanut (35), admet l'existence d'un amour purement intellectuel ou raisonnable, « qui se pourrait trouver en notre âme, encore qu'elle n'eût point de corps ». La fin de la note est au contraire purement spinoziste, l'obligation d'affirmer de Dieu une infinité d'attributs, encore que deux seulement nous soient connus, est un des traits les plus caractéristiques de sa doctrine. Voir sur ce point :

Court Traité, I, chap. II, §§ 12 et 17; *Éthique*, I, Prop. 9, *Lettres*, 9 et 56.

Pour le commentaire, entre autres auteurs : Kuno Fischer, *Geschichte der neueren Philosophie;* Delbos, *Le Problème moral dans la philosophie de Spinoza*, pp. 31-39.

c) La note 4 (§ 9) doit être rapprochée des paragraphes 28 et 29 du chapitre II; voir aussi les notes explicatives se rapportant à ces passages.

d) L'idée de l'immutabilité divine liée à celle de l'absence en Dieu de toute passivité a été souvent développée par Spinoza; voir, outre les textes indiqués ci-dessus pour l'ensemble du chapitre, *Pensées Métaphysiques* (II, 4) et *Éthique* (III, prop. 4). Avenarius (*Ueber die beiden ersten Phasen des Spinozistischen Pantheismus*, p. 6) indique ici un rapprochement avec Giordano Bruno (*Op. ital.*, éd. Wagner, I, p. 280).

§ 10. L'importance prépondérante attribuée par Spinoza à la démonstration *a priori* de l'existence de Dieu me semble être un des caractères essentiels de sa doctrine; je ne le retrouve pas dans Descartes en dépit de la place faite à l'argument ontologique; il y a dans les *Méditations* un mouvement dialectique par lequel Descartes est conduit de l'étude de ses idées en général à celle de l'idée de Dieu, et de la présence nécessaire de l'idée de Dieu dans l'esprit de l'homme à l'existence de Dieu. On ne peut dire d'ailleurs que Descartes ait le sentiment de l'infinité de l'être divin comme il en a l'idée; son Dieu n'est pas le Dieu vivant des âmes pieuses, c'est un Dieu sinon absent, du moins éloigné. Spinoza, au contraire, a le sentiment profond et immédiat de l'infinité de Dieu; on a pu dire de lui (Schleiermacher) qu'il était *ivre* de Dieu. Ce mot cependant peut prêter à une méprise. Spinoza est profondément cartésien et rationaliste par son impérieux besoin de clarté. Il perçoit par l'entendement la liaison indissoluble de l'idée d'être infini et de celle d'existence nécessaire; c'est une opération de l'esprit qu'il exécute, une démonstration qu'il donne. Autrement dit, il est parfaitement *raisonnable* en posant comme il fait l'existence de Dieu. Bien que ce Dieu soit infiniment infini, incompréhensible en tant que ses attributs sont inconnaissables sauf deux, cette première et nécessaire démarche n'entraînera donc aucun renoncement, Spinoza ne sera point accablé par l'infinité de Dieu, ne cherchera pas à s'absorber en lui comme un mystique. Au contraire, en posant Dieu, il se délivre lui-même, c'est-à-dire qu'il prend connaissance de sa vraie nature, et rend possible son perfectionnement par la science. Le panthéisme de Spinoza est une doctrine individualiste, parce qu'elle est au plus haut degré une doctrine de l'indépendance et de l'autonomie de la pensée; c'est par où elle se rattache à Descartes et, loin de détourner l'esprit de la science, l'y pousse.

Peut-être Spinoza doit-il aux philosophes et théologiens juifs du Moyen Age tels que Maïmonide, Gersonides, Abraham ibn Esras, Crezkas, le sentiment profond qu'il a de Dieu et de son omniprésence; ce qui me paraît constituer son originalité philosophique, c'est l'alliance de ce sentiment avec le cartésianisme, ou si l'on préfère, avec l'observation constante de la première règle de la méthode. Au sujet des origines juives du spinozisme, voir principalement : Joel, *Zur Genesis der Lehre Spinoza's* (Breslau, 1871), *Don Chasdai Crezkas' religions philosophische Lehren in ihrem geschichtlichen Einflusse dargestellt* (Breslau, 1866).

Chapitre II. — Outre les textes indiqués ci-dessus, on rapprochera ce que dit Spinoza dans ce chapitre de la nature de Dieu de ce qu'il en dit dans ses lettres (voir en particulier : lettres 2, 3, 4, 6, la fin de la lettre 34, 36) et de la définition de la substance donnée par Descartes dans une de ses lettres (I, 119).

§ **1.** Sur la relation existant selon Spinoza entre Dieu, ou la substance, et ses attributs, voir page 396, la fin de la note *b*, relative aux paragraphes 3 à 9 du chapitre précédent.

§ **2.** *a*) Dans l'*Appendice*, Spinoza énonce les mêmes principes dans un ordre différent; le premier principe devient le troisième; le second, le premier; le troisième, le second; seul le quatrième reste à la même place. On peut dire que ce quatrième principe est le nerf de toute la doctrine; le propre d'une substance est d'exister, non pas en puissance ou en autre chose, mais actuellement et en soi; d'où suit, ou suivra plus tard, qu'elle ne peut être limitée, qu'il ne peut y avoir deux substances ayant même attribut (contrairement à ce que soutient Descartes), qu'enfin l'on ne peut concevoir la création d'une substance.

b) La note 2 reproduit sous une forme plus concise les raisonnements par lesquels Spinoza prouve dans les paragraphes 3 à 11 ses quatre principes; cette seconde rédaction est, à certains égards, meilleure que celle du texte et je m'en suis servi pour le corriger.

§ **5.** *a*) L'impossibilité pour une substance d'être limitée est ici présentée comme une conséquence de la grandeur de Dieu et de sa bonté. Spinoza part donc, ou a l'air de partir, d'une croyance religieuse en un Dieu infiniment puissant et parfaitement bon. Plus tard il dira simplement : l'*infini est l'affirmation absolue de l'existence, donc toute substance est infinie* (*Éthique*, I, 7, scol. 1).

b) Rapprocher ce que dit Spinoza de la création dans la note 3 de ce qu'il en dit dans les *Pensées Métaphysiques* (I, 3, II, 10), et l'*Éthique* (I, 25), et des textes de Descartes cités dans la note *a* relative au paragraphe 2 du chapitre 1. Sur la différence entre la création et la génération, voir *Pensées Métaphysiques* (II, 12).

§ **12.** Il peut n'être pas inutile de faire observer que dans la formule *tout est affirmé du tout*, le sujet est *tout ce qui existe substantiellement* (par exemple, l'étendue et la pensée), et que *du tout* signifie *de tout point, intégralement, omnino;* ou comme il est dit dans la note 2 qui résume toute l'argumentation (voir ci-dessus), toute *substance* doit appartenir à Dieu sans limitation. Au paragraphe 17, Spinoza se sert encore du terme de *substance* pour désigner, conformément à l'usage cartésien, ce qui dans sa doctrine est attribut de Dieu : *en aucune substance*, dit-il, *conçue comme existant à part, il n'y a de nécessité d'exister*.

§ **17.** Les mots : *parce que nous pouvons les concevoir clairement et distinctement l'une sans l'autre*, doivent s'interpréter comme il suit : Avec Descartes nous affirmons que l'étendue et la pensée se conçoivent clairement l'une sans l'autre, et par l'essence diffèrent entièrement. Contre Descartes nous soutenons que ce ne sont néanmoins pas des êtres distincts mais des attributs d'un même être. La phrase serait plus claire si à *parce que* j'avais substitué *en dépit de ce que*. Mais je ne pouvais traduire *want* autrement que je ne l'ai fait.

§ **18** à § **25.** De la réfutation contenue dans ces paragraphes on rapprochera particulièrement le scolie de la Proposition 15, partie I de l'*Éthique* et la *lettre* 35 à Huygens.

§ **19.** *a*) L'indivisibilité de l'étendue substantielle affirmée par Spinoza dans ce paragraphe et tout particulièrement dans la note 6 ne peut manquer de rendre très difficile par la suite l'explication scientifique de la pluralité et de la diversité des corps (le passage de l'attribut aux modes). Lasswitz (*Geschichte der Atomistik*, II, p. 138) fait observer que Spinoza se ferme la voie ouverte par Descartes; Descartes, en effet, admet que Dieu a communiqué dans le principe des mouvements divers aux parties de la matière lesquelles se trouvent ainsi *réellement* distinctes. Dans une lettre à Tschirnhaus (*Lettre* 83, la dernière de la collection), Spinoza écrit : « Quant à ce que vous me demandez, à savoir si la diversité des choses peut se déduire *a priori* du seul concept de l'Étendue, je crois avoir déjà assez clairement montré que cela est impossible, et que, pour cette raison, la définition cartésienne de la matière par l'étendue est mauvaise. » Après quoi il renvoie à plus tard la solution du problème. Seule la notion d'*individualité* pouvait, je pense, la lui fournir. L'individualité d'un corps n'implique pas qu'il soit formé de parties de l'étendue *réellement* distinctes des autres.

La théorie suivant laquelle l'eau est formée de particules oblongues et droites, est celle qu'expose Descartes (*Météores*, I, 3).

b) La leçon de A, que j'ai suivie dans le texte : *toutes les parties sont de leur nature finies*, s'accorde avec le scolie de la Proposition 13, partie I de l'*Éthique : par partie d'une substance on ne peut entendre autre chose qu'une substance finie, ce qui implique manifestement contradiction*.

D'autre part, la leçon de B, *puisque toutes les parties devraient être de leur nature infinies*, pourrait s'interpréter comme une réfutation par l'absurde de la thèse suivant laquelle une substance serait divisible; Spinoza emploie ce mode de démonstration dans l'*Éthique* (Prop. 12 et 13, partie I), précisément au sujet de cette question de l'indivisibilité de l'étendue.

§ **19** à § **27.** Sigwart indique ici plusieurs rapprochements avec Giordano Bruno qui oppose, comme le fait Spinoza, la substance une et immuable à la diversité des modes changeants, et montre aussi que, pour concevoir le mouvement, nul moteur extérieur au monde n'est nécessaire.

§ **28.** Des attributs de Dieu *(attributa)*, lesquels sont contenus en lui formellement et ne se distinguent de lui que par une distinction de raison (voir *Principes de la Philosophie de Descartes*, partie I, Proposition 7, scolie; et Descartes, *Principes*, I, 53, 62), Spinoza distingue nettement les propres ou propriétés *(propria, proprietates)* qui découlent de son essence ou de sa définition. Le traducteur hollandais rend *attributum* par *eigenschap;* on trouve cependant aussi *toeigening*, au moins dans le manuscrit B, dans des passages où le mot latin devait être *attributum; proprium* est rendu par *eigen* et aussi par *toeigening* dans le manuscrit B. Spinoza donne d'ailleurs lui-même un exemple au moins de l'emploi du mot *attributum* dans le sens de *propriété (Pensées Métaphysiques*, II, 11).

§ **29.** Le mot de *dénomination extrinsèque* est employé par Spinoza pour désigner des caractères appartenant à une chose par rapport à d'autres choses (voir, en particulier, *Pensées Métaphysiques*, II, 2). Il est donc employé ici improprement, les propriétés de Dieu qui sont énumérées lui appartenant en dehors de toute relation à d'autres objets. On pourrait croire que le texte latin portait *denominationes intrinsecae*, expression que Spinoza emploie précisément avec cette signification dans l'*Éthique* (partie II, Déf. 4). Mais alors les attributs tels que l'étendue et la pensée, étant aussi des dénominations intrinsèques de la substance, ne peuvent leur être opposés. Il se peut que le passage entier soit altéré.

Premier dialogue. — Au sujet du premier dialogue, voir la *Notice* relative au *Court Traité* (p. 25). La comparaison de ce texte avec divers écrits de Giordano Bruno est faite dans le livre de Sigwart : *Spinoza's neuentdeckter Tractat in seiner Bedentung für das Verständniss des Spinozismus* (Gotha, 1866, p. 113 et suiv.), et dans celui d'Avenarius : *Ueber die beiden ersten Phasen des spinozistischen Pantheismus* (p. 11-19). On trouvera dans l'édition du *Court Traité* donnée par Sigwart un certain nombre de passages de Giordano Bruno, empruntés aux *Dialogues* de cet auteur et au *Libro della Causa*. Il faut observer, en passant, que plusieurs chapitres du *Court Traité* lui-même donnent lieu à des rapprochements avec Giordano Bruno, tout autant que les dialogues; il n'y a donc point de raison d'attribuer à ces derniers, avec Avenarius, une situation à part dans l'œuvre de Spinoza. Sur l'influence qu'a pu exercer au XVIIe siècle et particulièrement sur Spinoza, la philosophie de Bruno, voir en particulier les articles de W. Dilthey dans l'*Archiv für Geschichte der Philosophie* (t. VII et suiv.).

Au sujet des noms donnés aux personnages du dialogue I, j'ai déjà eu l'occasion de faire observer que *Begeerlijkheid* devait se rendre par *Concupiscence*. Quant à *Verstand* et à *Reede* on ne peut les rendre que par *Entendement* et *Raison*. Entendement répond au latin *intellectus;* Raison, à *ratio*. L'entendement est seul vraiment connaissant, la connaissance vraie consistant dans la perception claire d'une vérité éternelle, par exemple : l'identité en Dieu de l'essence et de l'existence; l'égalité nécessaire de rayons du cercle. La raison est seulement l'accord et la conformité des idées entre elles; cet accord peut exister même entre des idées qui ne sont point claires et vraies (voir *Traité Théologico-Politique*, chap. II) et, par conséquent, la raison n'enveloppe point par elle-même la certitude.

L'application d'une règle au cas où elle est supposée convenir est une opération rationnelle (discursive); la vérité de la règle est perçue par l'entendement dans chaque cas particulier. Pratiquement, la raison s'efforce d'ordonner notre vie; elle ne saurait y parvenir sans l'entendement qui seul affranchit, parce que seul il peut substituer une détermination tout intérieure qui est une connaissance claire et une joie à une détermination imposée du dehors.

Voir sur la raison et son impuissance pratique le chapitre XXI de la partie II, sur la distinction de la raison et de l'entendement la note relative au chapitre I de la partie II.

§ **9.** Le raisonnement par lequel la Raison prétend établir qu'ayant ramené la diversité des modes de la pensée à l'unité d'une même pensée substantielle, il est nécessaire de ramener de même la pensée substantielle et l'étendue substantielle à l'unité d'une même substance à la fois pensante et étendue ne se trouve, je crois, nulle part ailleurs dans Spinoza et semble d'ailleurs assez difficile à bien entendre; car la relation des modes aux attributs est loin d'être identique ou même semblable à celle des attributs à la substance. Selon Giordano Bruno l'opposition même du corporel et de l'incorporel ne peut se concevoir qu'autant qu'on admet un principe commun d'existence, et il y a une nécessité dialectique nous obligeant à nous élever de degré en degré jusqu'à l'être « possédant tout l'être qui peut être ».

L'analogie de cette doctrine avec celle qu'expose Spinoza ne me paraît pas telle qu'on doive voir dans Bruno la source où Spinoza a puisé.

Second dialogue. — W. Meijer, dans son édition, place le second dialogue à la suite du chapitre III, auquel il lui paraît se rattacher mieux qu'au premier dialogue. Il est certain que, si la notion de *cause immanente* dont il est fait usage dès le début du deuxième dialogue se trouve déjà dans le premier, celle de *cause éloignée* ne peut s'entendre que par opposition à la *cause prochaine*, dont il est question à la fin du chapitre III. En outre, l'examen des manuscrits permet de croire que le chapitre III n'y occupe pas sa véritable place et est resté incomplet. D'autre part, Freudenthal, ainsi qu'on l'a pu voir dans la *Notice* relative au *Court Traité* (p. 27), considère ces deux dialogues comme formant un tout. Quoi qu'il en soit, le second dialogue a pour objet l'éclaircissement de deux questions qui se posent sitôt que l'on conçoit Dieu comme cause immanente de toutes choses et qui sont d'ailleurs étroitement liées l'une à l'autre. Comment l'immutabilité divine se concilie-t-elle avec l'apparition successive dans la durée de choses diverses formant un tout où Dieu lui-même est compris ? Et comment ces choses peuvent-elles commencer et cesser d'être, si elles ont une cause immanente éternelle de sa nature et impérissable ? Spinoza répond pa· une allusion à l'existence des modes éternels infinis, effets immédiats de Dieu, dont il ne sera parlé expressément qu'au chapitre IX, par une explication du sens à donner au mot *tout*, par une distinction enfin qui fait pressentir celle de l'*Éthique* (Scolie de la Proposition 29, partie V; cf. Scolie de la Proposition 45, partie II) entre deux façons de concevoir l'existence : l'une où il est fait abstraction de la durée et de toute circonstance de lieu et de temps, l'autre qui implique des conditions extérieures. Il faut noter enfin que la théorie de l'éternité de l'entendement, et conséquemment de l'âme humaine, en tant qu'elle est connaissance, est exposée au chapitre XXVI de la partie II. Le second dialogue suivant la remarque de Freudenthal ne peut donc guère avoir été écrit qu'après l'achèvement du *Court Traité*.

§ **2.** Rapprocher de ce passage le Scolie de la Proposition 28, partie I de l'*Éthique*.

§ **3** à § **9.** La question posée par Érasme au paragraphe 3 incite le lecteur à se demander quelle est au juste la thèse soutenue par Spinoza dans le *Court Traité* au sujet de l'union de Dieu avec ses effets et en quel sens il est permis de les considérer comme étant des parties d'un tout.

D'une part, en différents passages (*Dialogue*, I, § 12; *Court Traité*, II, chapitre XVII, § 5, et XXVI, § 7, 5°), Spinoza dit que Dieu et ses effets forment un tout; d'autre part, la doctrine du *Court Traité* (d'après le chapitre II de la partie I, § 19, le *Dialogue* I, § 10, et le *Dialogue* II, § 9) semble être que les notions de tout et de partie sont de simples modes de penser, que le tout est un être de raison sans réalité. S'il en est ainsi, il n'y aurait donc pas d'union réelle entre Dieu et les choses qu'il produit; Dieu ne ferait pas qu'un avec la Nature. Dans la première manière de voir, par contre, il semble que l'on rende Dieu dépendant de ces effets et c'est la difficulté signalée par Érasme.

Busse (*Zeitschrift für Philosophie*, Bd. 91, p. 243) admet que le texte du second dialogue a été grandement altéré et cherche à résoudre la difficulté par une distinction entre un tout *organique*, réel, et un tout simplement *apparent*. Les attributs de Dieu avec leurs modes éternels et infinis forment un tout organique; par contre, quand on dit que Dieu et les choses particulières forment un tout, c'est une simple manière de penser; le mot tout ne désigne plus qu'un être de raison.

Freudenthal (*Spinoza Studien* II, dans *Zeitschrift für Philosophie*, Bd. 109) critique cette interprétation : outre qu'elle oblige à un remaniement complet du texte du second dialogue, elle ne lui paraît pas lever la difficulté. D'après lui, il est possible de concilier les deux thèses, contraires en apparence, que soutient Spinoza dans les passages cités ci-dessus. La notion de *tout et partie* est un mode de penser, le tout un être de raison; toutefois ces concepts ne sont pas sans fondement dans la réalité, car les choses finies sont unies à Dieu, puisqu'il est leur cause immanente et c'est ce qu'on veut exprimer en disant qu'elles et lui forment un tout.

§ **10** et § **11.** Dans les *Pensées Métaphysiques* (II, 10), est examinée et résolue négativement la question de savoir s'il peut y avoir des choses créées éternelles.

§ **12.** La phrase commençant par ces mots : « Mais, pour produire en nous une idée de Dieu, » etc., se termine ainsi dans le texte : *maar alleen een zodanig lighaam in de Natuur, welkers denkbeeld noodzakelijk zij, om God onmidelijk te vertoonen;* littéralement : mais seulement un corps tel dans la Nature que l'idée en soit nécessaire pour révéler Dieu immédiatement. Il ne me paraît pas qu'on puisse entendre ce passage autrement que je ne l'ai fait. L'existence du corps est, non la cause déterminante de l'idée de Dieu, mais une condition qui doit se trouver remplie pour que cette idée existant de toute éternité dans l'entendement prenne conscience d'elle-même.

Chapitre III. — Dans ce chapitre, Spinoza reproduit presque sans y rien changer les termes dont use et les distinctions qu'établit Heereboord dans son *Collegium logicum* d'après Burdersdijck. La découverte de la source à laquelle a puisé Spinoza est due à Trendelenburg, dont il faut lire l'intéressante dissertation sur ce point, dans ses *Historische Beiträge zur Philosophie* (III, p. 301 et suiv.); sur les rapports de Spinoza avec les auteurs scolastiques en général, voir l'étude de Freudenthal dans les *Philosophische Aufsätze E. Zeller gewidmet*.

§ **2.** *a*) L'ordre suivi par Spinoza est précisément le même que suit Heereboord dans l'ouvrage cité ci-dessus; dans ses *Meletemata*, il met au 7e rang la distinction qui est ici au 8e entre la cause prochaine *(causa proxima)*, et la cause éloignée *(causa remota)* (il faut évidemment entendre le mot cause *dernière* comme signifiant cause éloignée). En 8e lieu, vient dans les *Meletemata*, la distinction de la cause totale *(causa totalis)* et de la cause partielle *(causa partialis)*.

b) La cause *émanative* ou *présentante* (daarstellende) est celle d'où découlent des effets qui sans être en rien distincts d'elle-même la manifestent extérieurement, tel le feu par rapport à sa propre chaleur; la cause *active* produit des effets qui, au moins en apparence, se distinguent d'elle-même; tel le feu qui échauffe d'autres corps.

c) La cause *libre* dans Heereboord est celle qui agit par dessein *(quae consulto causat)*. Spinoza s'abstient ici de la définir, renvoyant pour ce point à plus tard.

d) L'homme qui creuse la terre est *cause par soi* de la fosse creusée, non du mal qu'il peut se faire en creusant et dont il n'est cause que *par accident*.

e) La cause *principale* produit l'effet par sa propre force, la cause *moins principale* est un instrument qui lui sert à cet effet. C'est dans ce sens du moins que Spinoza prend le mot, comme le montre l'exemple qu'il donne. Outre l'instrument, Heereboord appelle encore cause moins principale la cause *initiale (catarctica)*, par exemple, le salaire qui incite un ouvrier à entreprendre un travail, et la cause *dominante (proegumena)*, c'est-à-dire le motif qui, dans le même exemple, serait l'amour du gain.

f) Les textes de l'*Éthique* à rapprocher du présent chapitre sont, en particulier, les Propositions 16,17,18 et 28 avec leurs corollaires et leurs scolies.

Chapitre IV. — Outre le rapprochement avec l'*Éthique*, partie I, propositions 15, 17 (scolie), 33 (scolie 2), et avec l'*Appendice* du *Court Traité*, on peut encore comparer ce que dit Spinoza dans ce chapitre avec ce qu'il dit dans le *Traité Théologico-Politique* (chap. VI) et dans les *Pensées Métaphysiques* (I, 3; II, 9). Parmi les philosophes antérieurs à Spinoza qui ont déduit de l'immutabilité de Dieu la nécessité pour toutes choses d'être précisément telles qu'elles sont, ceux dont la doctrine a le plus de rapports avec la sienne me semblent être Giordano Bruno (*Opere ital.*, II, 25, 26), et Crezkas (voir, sur cet auteur, l'ouvrage déjà cité de Joel : *Don Chasdai Crezkas' religions philosophische Lehren in ihrem geschichtlichen Einflusse dargestellt*).

§ 8. Le raisonnement par lequel Spinoza déduit l'universelle nécessité de la liberté qui est en Dieu n'est très bien conduit ni dans l'un ni dans l'autre des deux manuscrits, ce qui m'a empêché de faire choix de l'une des deux rédactions et d'écarter l'autre entièrement du texte pour ne la reproduire qu'en note. Spinoza paraît avoir hésité entre les deux argumentations suivantes :

1° Dieu étant cause libre n'est déterminé à agir que par sa seule perfection; toutes choses découlent donc de cette perfection et par suite ne peuvent être autres qu'elles ne sont.

2° Dieu étant cause libre, seule sa perfection peut être cause déterminante; si donc les choses n'étaient point produites par elle, elles seraient sans cause et par conséquent n'existeraient pas.

Le défaut de clarté que cette indécision a pu produire dans la rédaction s'est encore aggravé par l'introduction probable dans le texte du manuscrit d'une note marginale : *Si donc il avait fait les choses auparavant*, etc.

Chapitre V. — Rapprocher de ce chapitre l'*Appendice* (partie II, 6) et le *Traité Théologico-politique* (chap. VI, chap. XVI), où la tendance à persévérer dans l'être est proclamée la loi suprême de la Nature. On observera que dans l'*Éthique* l'appellation de *Providence* ne se retrouve plus et que la tendance à persévérer dans l'être apparaît seulement dans les premiers théorèmes de la troisième partie.

Il est permis d'attribuer une origine stoïcienne au principe ici posé par Spinoza; toutefois, dans la Philosophie du Portique, la tendance à se conserver est, à ce qu'il me semble, distincte de la chose même qui se conserve, considérée dans son état actuel; cette tendance a pour objet une fin, une perfection à atteindre. Spinoza, déjà dans les *Pensées Métaphysiques* (I, 6), déclare qu'il n'y a qu'une distinction de raison entre une chose et la tendance à persévérer dans son être qui est en elle. Sur les rapports existants entre Spinoza et les auteurs stoïciens, voir les études de W. Dilthey dans l'*Archiv für Geschichte der Philosophie* (t. V et VII).

§ 2. La deuxième question posée par Spinoza fait penser au principe énoncé par Descartes dans les *Réponses aux premières objections : certes, la lumière naturelle nous dicte qu'il n'y a aucune chose de laquelle il ne soit loisible de demander pourquoi elle existe*, etc. Principe érigé en axiome dans les *Réponses aux deuxièmes objections, Raisons*, etc. (Cf. Spinoza, *Principes de la Philosophie de Descartes*, partie I, ax. 2 et *Lettre* 34, III.)

§ 2 et **§ 4.** Les textes de l'*Éthique* à rapprocher de ce passage sont particulièrement la Proposition 29, partie I, et le Scolie I de la Proposition 33, même partie, dans lequel Spinoza prouve que les choses appelées contingentes sont celles dont la nécessité ou l'impossibilité ne sont pas connues de nous.

On peut se demander toutefois si le mot *gebeurlijk*, que je traduis par contingent, correspond bien au latin *contingens*. Van Vloten dans sa traduction latine le rend par *possibilis*. Si l'on rapproche les uns des autres les différents passages dans lesquels Spinoza use du terme *contingens* et du terme *possibilis*, en particulier les définitions données dans les *Pensées Métaphysiques* (I, 3) et dans l'*Éthique* (IV, Déf. 3 et 4) et la démonstration de la Proposition 29, partie I, de l'*Éthique*, on voit que *contingens* a deux sens : 1° un sens absolu que lui donnent ceux qui ne comprennent pas que tout ce qui est est nécessaire; en ce sens il n'y a rien pour Spinoza qui soit contingent — ce mot n'a pas d'application dans sa doctrine; c'est ce qu'il veut prouver dans le passage du *Court Traité* auquel se rapporte la présente note; 2° un sens relatif, celui où le prend Spinoza, lorsqu'il dit qu'une chose est *contingente* quand il nous paraît qu'elle peut être sans que nous sachions si elle est vraiment; dans ce dernier sens une chose contingente est aussi une chose possible, mais non dans le premier. Il est visible par là que Spinoza vise ici, pour l'exclure, le contingent au sens absolu.

§ 7. On peut rapprocher de ce passage une phrase des *Pensées Métaphysiques* (II, 7), où Spinoza prend à partie les Philosophes qui attribuent à Dieu la connaissance du genre ou de l'espèce et lui refusent celle de l'individu, ce qui revient à dire que Dieu connaît ce qui n'est pas et ne connaît pas ce qui est.

Cette opinion, qui selon Spinoza est celle des sectateurs d'Aristote en général, a été professée par Averroès, et, d'après Treudelenburg (ouv. cité, p. 395), Spinoza a pu la trouver dans Maïmonide; les auteurs scolastiques ont d'ailleurs souvent agité la question de savoir à quels objets s'étend la connaissance divine, et la solution nominaliste, dont Spinoza montre bien dans ce chapitre même et aussi dans la lettre 19 les conséquences morales et religieuses, a effrayé plus d'un qui s'est trouvé ainsi ramené comme malgré lui au réalisme.

Chapitre VII. — § **3.** Que toute définition dût se donner par le genre et la différence et qu'en conséquence Dieu ne pût pas être défini, c'est ce que soutenaient la plupart des auteurs scolastiques; voir, en particulier, Heereboord : *Disputationes ex philosophia selectae* (Leyde, 1650, vol. I, p. 147).

§ **6.** Pour la distinction des attributs et des propres, voir, page 399, la note relative au chapitre II (§ 28).

§ **8.** Spinoza en toute occasion, et par exemple dans les *Pensées Métaphysiques* (I, 6), combat l'idée d'un souverain bien, d'un bien métaphysique transcendant à l'être; la pensée peut-être la plus fondamentale de toute sa doctrine est que perfection et réalité sont synonymes. Non seulement, comme le dit M. Delbos (*le Problème moral dans la Philosophie de Spinoza*, p. 532), le problème moral se ramène pour lui au problème de l'Être, mais il ne s'en distingue, semble-t-il, à aucun moment dans sa pensée. Voir, à ce sujet, les observations de M. Andler dans un article de la *Revue de métaphysique et de morale* (année 1895). Voir aussi ci-dessous la note relative au chapitre X, paragraphes 2 et 3.

§ **9** et § **10.** Rapprocher de ce qui est dit ici de la définition ce qui en est dit dans le traité de *la Réforme de l'Entendement* (§§ 51 à 55).

§ **10.** Les *attributs qui appartiennent à un être existant par lui-même* ne s'opposent pas directement, semble-t-il, aux *choses qui n'existent pas par elles-mêmes*, et pour cette raison Sigwart se demande si l'on ne devrait pas traduire *les attributs à l'essence desquels, par elle-même, l'existence appartient*, traduction qui pourrait à la rigueur se justifier d'après le texte hollandais, le mot *wezen* servant également à rendre *ens* et *essentia*. Sigwart écarte d'ailleurs cette seconde traduction. A mon sens la question ne se pose même pas, car pour Spinoza l'idée d'attribut de l'être existant par lui-même enveloppe celle de chose existant par elle-même et s'oppose par conséquent à ce qui n'existe point par soi.

Chapitre VIII. — Sur la distinction de la Nature naturante et de la Nature naturée, voir *Éthique* (I, Prop. 29, scolie).

Chapitre IX. — § **1.** Sur les modes éternels et infinis, voir *Éthique* (I, Prop. 28, Scolie; Prop. 31; Prop. 32, Corollaire 2), *Lettres* 63 et 64.

§ **2.** Rapprocher ce que Spinoza dit ici du mouvement de la théorie cartésienne de la conservation de la quantité de mouvement (*Principes* (II, 36). Comparer Spinoza, *Principes de la Philosophie de Descartes* (II, 13), *Pensées Métaphysiques* (II, 11). D'après l'*Éthique* (II, Lemme 7, Scolie), la nature entière est un seul individu dont les parties, c'est-à-dire tous les corps, varient d'une infinité de manières sans aucun changement de l'individu total (cf. les *lettres* 63 et 64 ci-dessus citées).

§ **2** et § **3.** Les propriétés de l'entendement sont étudiées vers la fin du traité de *la Réforme de l'Entendement* (§§ 67 à 70). Cf. ce qu'en dit Spinoza dans la note 1 du chapitre XXII, partie II, et dans l'*Appendice*, partie II. En ce qui concerne la notion de Fils de Dieu, il est intéressant d'observer que, dans les *Pensées métaphysiques* (II, 1), Spinoza combat l'hypothèse d'une *créature* éternelle. Dans la *lettre* 73, défendant contre Oldenburg son *Traité Théologico-Politique*, il explique en quel sens on peut employer l'expression de Fils de Dieu, sans tomber dans la confusion qu'il reproche aux chrétiens d'avoir commise entre Dieu et l'homme, sans croire que Dieu ait jamais pu s'incarner en un homme.

Chapitre X. — **§ 1.** Pour la définition précise de l'*Être de Raison*, voir *Pensées Métaphysiques* (I, 1).

§ 2 et § 3. L'emploi que fait ici Spinoza des mots *bien* et *mal*, ou *bon* et *mauvais*, paraît d'abord très différent du sens qu'il attribue aux mêmes mots dans l'*Éthique* (III, Prop. 9, scolie; et Prop. 39, scolie; ou encore IV, Prop. 8). Là en effet il est dit que, contrairement à l'opinion commune, nous ne désirons pas une chose parce que nous la jugeons bonne, mais au contraire la jugeons bonne parce que nous la désirons, c'est-à-dire sommes poussés vers elle. Chacun juge donc du bien et du mal selon le sentiment qu'il éprouve, ou encore, la connaissance du bien et du mal n'est autre chose que la conscience que nous prenons d'un sentiment de joie ou de tristesse. Il faut observer que Spinoza, dans les passages que nous venons de citer, traite de l'*essence*, toute subjective bien entendu, du bien et du mal, de l'origine de ces notions, non de l'emploi que nous en faisons. Il n'y a pas précisément contradiction entre le texte de l'*Éthique* et celui du *Court Traité*, mais l'analyse est beaucoup plus profonde dans le premier. Dans le *Court Traité*, Spinoza ne remonte pas si haut, sauf peut-être dans le chapitre XVII (§ 4) de la Partie II où il s'approche beaucoup de la manière de voir de l'*Éthique*.

Pour interpréter maintenant, conformément à cette théorie de l'*Éthique*, les passages les plus importants où se trouvent les mots de *bien* et de *mal*, on pourrait procéder comme il suit : est jugé bon *primitivement*, *immédiatement*, ce qui est l'objet de notre désir, quel qu'il soit; est jugé bon médiatement, d'une façon doublement relative en quelque sorte, ce qui nous sert de moyen pour parvenir à la possession de l'objet désiré. C'est le sens donné au mot dans le traité de *la Réforme de l'Entendement* (§ 5), dans l'*Éthique* (I, Appendice; et IV, Préface); en ce sens et suivant la définition de l'*Éthique* (IV, Déf. 1), le *bon* c'est l'*utile* (cf. *Court Traité*, I, chap. VI, § 8).

Est utile, et bon par conséquent, ce qui sert de moyen pour parvenir à une fin; mais une chose peut être plus ou moins utile qu'une autre et, par conséquent, jugée bonne ou mauvaise, par comparaison avec cette autre, comme un homme est jugé grand ou petit par rapport à un autre qui a une taille moindre ou supérieure. C'est ce qu'explique Spinoza dans l'*Éthique* (IV, Prop. 65), et ce qu'il dit dans le paragraphe 2 du présent chapitre.

On peut observer maintenant en ce qui concerne l'objet même du désir que, nous attachant d'abord à l'agréable, nous nous efforçons plus tard de mettre de l'ordre dans nos jugements et dans notre vie même; c'est à ce moment que nous formons des choses des idées générales, de leurs propriétés, telles qu'elles nous sont connues par le ouï-dire ou l'expérience vague, des idées abstraites, que nous jugeons de la bonté des choses par leur accord plus ou moins parfait avec leur genre ou leur espèce et que nous désirons pour nous-mêmes la perfection de la nature humaine telle que nous la concevons. Tel est ce que la philosophie vulgaire nomme le *souverain bien*, et cette conception visée au paragraphe 3 du présent chapitre est très voisine des précédentes, car les choses nous sont utiles précisément quand elles possèdent certaines propriétés communes à toute une classe d'objets, comme le montre le paragraphe 8 du chapitre VI (rapprocher le chapitre IV, §§ 5 et 6 de la partie II).

La poursuite du souverain bien, conçu comme il l'est d'ordinaire, est décevante d'ailleurs, car nulle chose n'a à devenir et ne peut devenir autre qu'elle n'est : il n'y a pas de fin dans la nature et une notion générale n'est qu'une manière de penser sans objet véritable; la vraie sagesse consiste à *être*, c'est-à-dire à se connaître soi-même et à jouir de sa propre réalité ou perfection, ce qui n'est possible que si l'on connaît sa dépendance à l'égard de la nature entière et son union avec elle ou, ce qui revient au même, avec Dieu. Si telle est maintenant la fin à atteindre et le véritable *souverain bien* (*Réforme de l'Entendement*, § 5), on devra dire que cela seul est bon qui conduit à connaître, cela seul mauvais qui empêche de connaître (*Ethique*, IV, prop. 26 et 27).

Que l'on s'élève encore d'un degré, de la connaissance raisonnée du prix de la connaissance à la connaissance elle-même qui est nécessairement intuitive, on ne désire plus rien, il n'y a plus ni bien ni mal, mais jouissance éternelle de soi.

DEUXIÈME PARTIE

Préface. — On rapprochera de cette préface et de la longue note divisée en quinze paragraphes qui y est jointe l'avertissement qui se trouve en tête de la deuxième partie de l'*Éthique*, et tout le commencement de cette même partie, particulièrement les propositions 10, 11, 12, 13 avec les axiomes, les lemmes, les définitions et les postulats qui suivent cette dernière proposition.

Les principes généraux de la physique posés dans les paragraphes 7 à 14 de la note sont ceux qui dans les lemmes de la deuxième partie de l'*Éthique* serviront à expliquer la nature du corps humain; on observera que le terme d'individu qui figure à plusieurs reprises dans l'*Éthique* ne se trouve point dans la note. On ne retrouve pas davantage dans le *Court Traité* la théorie exposée dans les propositions 5, 6 et 7 de l'*Éthique* (partie II), suivant lesquelles les modes se déterminent et s'ordonnent de même dans chacun des attributs de la substance sans qu'il y ait aucune communication de l'un à l'autre, en toute indépendance et en parfait accord.

§ 5. Pour bien entendre ce passage, il suffit d'observer que Spinoza reproche à la règle communément admise : *appartient à la nature d'une chose ce sans quoi cette chose ne peut exister ni être conçue*, d'entraîner cette conséquence que Dieu fait partie de l'essence de toutes choses, attendu qu'elles ne peuvent exister ni être conçues sans lui.

Il faut, pour que la règle soit juste, que ce qui est affirmé de la chose ne puisse sans elle exister ni être conçu (cf. *Éthique*, II, Déf. 2, et scolie du corollaire de la Proposition 10).

Chapitre I. — **§ 1.** Il est certain que la deuxième phrase de ce paragraphe est altérée, mais il est difficile de rétablir le texte primitif. Avec W. Meijer, il semble que l'on doive supprimer d'abord les mots : *Quant au premier point*. Spinoza ne dit pas en effet dans sa phrase *ce que sont les modes* dont l'homme est formé, il annonce qu'il traitera en premier lieu certains d'entre eux. Ceux qu'il considère ainsi avant les autres sont évidemment les modes de la pensée, idées ou connaissances, parmi lesquelles il faut distinguer peut-être la connaissance que nous prenons de nous-mêmes, ou conscience, et la connaissance des choses extérieures. Le texte latin serait donc à peu près : *Incipiamus ab iis qui primi nobis cogniti sunt, scilicet a quibusdam ideis vel a cognitione nostri, sive conscientia, et rerum quae extra nos sunt.*

Voir une autre tentative de restitution dans les *Études sur Spinoza* de Freudenthal (*Zeitschrift für Philosophie*, Bd., 108, 109).

§ **2.** La distinction des différents modes de connaissance telle qu'elle est établie dans ce paragraphe paraît correspondre exactement à celle de l'*Éthique* (II, Prop. 40, Scolie 2); la connaissance du premier genre comprenant le ouï-dire et l'expérience vague (l'ordre dans lequel sont rangées ces deux sources de connaissance est seulement renversé dans l'*Éthique*), la connaissance du deuxième genre correspondant à la croyance droite du *Court Traité* (cette dénomination appliquée à la connaissance par raisonnement ne se trouve nulle part ailleurs), la connaissance du troisième genre enfin étant évidemment la connaissance claire et distincte (intuitive). Toutefois, on observera que dans la suite du chapitre Spinoza paraît distinguer non plus trois mais *quatre* façons de connaître comme dans *la Réforme de l'Entendement* (§ 16 et suiv.); le ouï-dire et l'expérience étant comptés chacun à part de même qu'au chapitre IV (§ 9); pareillement aux chapitres XII (§ 3) et XXVI (§ 2) la connaissance claire est appelée aussi *quatrième* sorte de connaissance. Ce qui est plus grave, dans le chapitre III (§ 4), Spinoza distingue : 1° le ouï-dire; 2° l'opinion (identique à l'expérience); 3° les concepts vrais, c'est-à-dire à la fois la croyance droite et la connaissance claire. Dans d'autres passages encore et notamment aux chapitres VII (§ 1), X (§ 2), XIX (§ 2), Spinoza parle de ceux qui *usent bien de leur entendement* sans distinguer entre la connaissance due au raisonnement et la connaissance immédiate. De certains passages enfin, en particulier des chapitres IV (§ 3), V (§ 7), XVIII en entier, il semble résulter que le raisonnement (la raison) peut conduire à la connaissance de Dieu et à la félicité suprême alors que, selon les chapitres XIV (§ 2), XIX (note 1), XXI en entier, XXIII (§ 1), la raison est impuissante et seule la connaissance immédiate efficace. Freudenthal, dans les *Études* déjà citées, insiste beaucoup sur ce désaccord; peut-être en exagère-t-il un peu la gravité. Sans doute la pensée de Spinoza n'était pas encore parfaitement nette ni sa terminologie bien arrêtée au moment de la rédaction du *Court Traité;* nous savons d'ailleurs que cet ouvrage n'a pas été revu par lui. Le traducteur hollandais en outre, ou quelque copiste, s'étant aperçu de l'incertitude de la doctrine sur un point important, a pu tenter d'y remédier et les additions faites au texte à cet effet (certains mots des chapitres XIV (§ 2) et XXVI (§ 2) sont particulièrement suspects) rendent encore plus apparente la confusion propre à certains passages de la croyance droite (œuvre de la raison) et de la connaissance vraie (fonction de l'entendement). Je ne crois pas cependant qu'il y ait de contradiction proprement dite entre les textes cités ci-dessus. La raison, qui peut bien nous égarer quand elle prend pour matière des idées générales ou de simples opinions (voir *Traité Théologico-Politique*, chap. II; cf. *Réforme de l'Entendement*, p. 187, note 2), est infaillible quand elle s'appuie sur un principe vrai (telle la connaissance du deuxième genre dans l'*Éthique*); toutefois, elle ne connaît pas les choses en elles-mêmes; elle nous apprend seulement ce que les choses *doivent* être (cf. *Court Traité*, II, chap. IV, note 1). Les passages les plus embarrassants se trouvent dans le chapitre XVIII. Parlant en effet de la connaissance rationnelle (de la croyance droite) Spinoza lui attribue, semble-t-il, les effets de la connaissance immédiate : elle nous délivre des passions et nous conduit à l'amour de Dieu. En cet endroit, comme dans quelques autres, je pense qu'il oppose l'homme qui a souci de la vérité à celui qui se complaît dans l'erreur; le premier est au moins sur la voie qui conduit à la liberté. Il connaît sa dépendance, son *esclavage*; c'est la première condition requise pour s'affranchir. Toutefois, la connaissance qu'il a de Dieu par la raison est encore abstraite et extérieure et c'est pourquoi les passions ne sont pas définitivement vaincues. Pour être sauvé, il ne suffit pas de concevoir l'excellence de l'amour de Dieu, il faut le ressentir. Une régénération, une véritable *conversion* est nécessaire (voir les notes relatives aux chapitres XVIII, XIX, XXI, XXII; voir aussi la note relative au premier dialogue).

Chapitre II. — § 3 et **§ 4.** *Les passions contraires à la droite raison* sont les *passions* de l'*Éthique*, lesquelles, suivant la Proposition 3, partie III, ont pour origine les idées inadéquates; au paragraphe 4 ce même mot *lijding*, que je traduis par passion, correspond au latin *affectus*, lequel s'applique à la fois à de véritables passions et à des affections dont la cause est en nous, tels les désirs raisonnables et l'amour de Dieu.

§ 4. Cf. *Éthique*, II, Axiome 3; *Court Traité*, partie II, chapitre XIX; la théorie de Descartes suivant laquelle les passions ont pour cause le mouvement des esprits animaux est écartée par Spinoza.

Chapitre III. — § 2. Dans le *Traité des passions* (II, 53), Descartes explique l'étonnement *(admiration)* d'une manière assez semblable.

« Lorsque la première rencontre de quelque objet nous surprend, et que nous le jugeons être nouveau, ou fort différent de ce que nous *connaissions* auparavant ou bien de ce que nous *supposions qu'il devait être*, cela fait que nous l'admirons », etc. D'après l'article 70 les choses qui provoquent l'admiration sont les choses *rares* qui semblent *extraordinaires*. La théorie de Spinoza se précise dans l'*Éthique* (II, Prop. 52) où est expliqué le rôle de l'association des idées. Selon la définition 4 de l'*Appendice* de cette même partie l'étonnement n'est pas une affection de l'âme.

§ 4. Voir la note relative au chapitre I (§ 2).

§ 6. Cf. le chapitre V et les notes s'y rapportant.

§ 9. Au sujet du désir Spinoza semble ici suivre l'opinion qu'il combat dans l'*Éthique* (III, Prop. 9, scolie) et dire : on désire une chose parce qu'on la croit bonne; on observera qu'il veut surtout montrer quelle relation existe entre l'opinion et le désir. Dans l'*Éthique* il remonte plus haut à l'origine même de l'idée du bien et à celle du désir.

Chapitre IV. — § 4. La croyance droite forme ici le deuxième mode de connaissance comme dans le chapitre II (§ 2); plus bas, dans le paragraphe 9, elle deviendra le troisième (cf. note relative au chapitre I, § 2).

§ 5 et **§ 6.** Voir la note relative au chapitre X (§ 2 et § 3).

§ 7. Spinoza tient, dans les *Pensées Métaphysiques*, la promesse qu'il fait ici de distinguer nettement l'être réel d'avec l'être de raison.

§ 10. On peut rapprocher ce passage de ce que dit Spinoza dans *la Réforme de l'Entendement* (§ 3).

Chapitre V. — Il faut rapprocher ce qui, dans ce chapitre, est dit de l'amour de la définition donnée dans l'*Éthique*, III. *L'amour est une joie qu'accompagne l'idée d'une cause extérieure;* dans l'explication qui suit Spinoza examine la définition suivant laquelle *l'amour est la volonté de s'unir à la chose aimée* et reproche à cette formule, qui est en particulier celle de Descartes (*Traité des Passions*, II, 79), de ne pas faire connaître la véritable essence de l'amour mais seulement sa propriété. Dans le *Court Traité*, l'essence de l'amour n'est pas encore clairement aperçue non plus que celle du bien (voir la note relative au chapitre x, § 21 de la partie I), d'où d'importantes différences, quant à la façon de parvenir à l'amour de Dieu; dans l'*Éthique* l'amour de Dieu naît de la connaissance de soi (voir Prop. 15), il est le véritable amour de soi. C'est évidemment le terme où doit aboutir une philosophie de l'immanence et son expression la plus parfaite. Dans le *Court Traité*, Dieu, s'il n'est pas un objet transcendant, doit cependant être aimé *parce qu'il* est l'être parfait duquel nous tenons ce que nous avons d'être; un certain détachement de soi est nécessaire. Comme je l'ai fait observer dans ma *Notice* (p. 27), le sentiment religieux sous sa forme habituelle (ou tel que le conçoit Descartes, qui compare l'amour de l'homme pour Dieu, appelé dévotion, au dévouement du serviteur à son maître et du sujet au souverain) s'accommode mieux du *Court Traité* que de l'*Éthique*.

En ce qui concerne maintenant le désaccord existant entre Descartes et Spinoza au sujet de l'amour en général, nous avons fait observer (p. 396) dans la note relative aux paragraphes 3 à 9 du chapitre I, partie I, que la notion de l'amour intellectuel se trouve dans Descartes (*Lettres* I, 35). Cet amour naît de la connaissance et n'est pas une passion (rappelons que les passions pour Descartes ont pour cause les mouvements des esprits animaux). On voit donc que pour Spinoza *tout amour* est intellectuel en ce sens, puisqu'il a toujours une idée pour principe. D'autre part, la volonté de s'unir à la chose aimée ne peut évidemment jamais être pour Spinoza, comme elle l'est pour Descartes, un consentement donné par le libre arbitre et, au moins suivant la doctrine de l'*Éthique*, l'amour n'est pas non plus le désir de se joindre à la chose aimée; quand ce désir existe, il est un effet de l'amour mais il n'existe pas toujours.

Chapitre VI. — Les observations qui précèdent concernant l'amour s'appliquent jusqu'à un certain point à la haine. Dans l'*Éthique*, l'analyse est plus profonde; la haine a pour essence *d'être* une tristesse; dans ce présent chapitre, au paragraphe 5, il est dit que de la haine *naît* la tristesse et de l'aversion aussi pour une raison très semblable à celle que donne Descartes (II, 140). Descartes, toutefois, admet qu'une haine peut être juste et raisonnable encore qu'accompagnée de tristesse, et déjà dans le présent chapitre, au paragraphe 6, Spinoza déclare que, si nous usons bien de notre raison, nous ne pouvons avoir de haine, mais il est clair que sa thèse à cet égard est beaucoup plus forte et facile à soutenir dans l'*Éthique*.

Chapitre VII. — Dans l'*Éthique*, la joie et la tristesse sont, comme on le sait, avec le désir, les affections de l'âme auxquelles se ramènent toutes les autres et, nous en avons fait ci-dessus la remarque en parlant de l'amour et de la haine; dans le *Court Traité*, la joie et la tristesse ne sont nullement mises à leur véritable place et l'essence n'en est pas définie. (Cf. ce qu'en dit Descartes, *Traité des Passions*, II, 61, 91, 92.)

Chapitre VIII. — § **2.** Dans l'*Éthique*, l'estime et le mépris *(existimatio, despectus)* enveloppent toujours une erreur d'appréciation causée par l'amour ou la haine.

§ **3.** L'affection de l'âme désignée ici par noblesse *(edelmoedigheid)* occupe vis-à-vis de l'humilité la même situation que dans l'*Éthique* la confiance ou le repos en soi *(acquiescentia in se)*; elle diffère de la générosité de Descartes qui consiste « partie en ce que l'homme connaît qu'il n'y a rien qui véritablement lui appartienne que la libre disposition de ses volontés, partie en ce qu'il sent en soi-même une ferme et constante résolution d'en bien user » (*Traité des Passions*, III, 153).

§ **6.** L'humilité vicieuse *(Strafbare nedrigheid)* semble correspondre à l'abjection de l'*Éthique*.

§ **7.** L'humilité étant une tristesse est naturellement considérée comme une passion contraire à la raison dans l'*Éthique*.

Chapitre IX. — § **5.** L'affection appelée ici fluctuation *(wankelmoedigheid)* est différente de celle qui dans l'*Éthique* (III, 17, Scolie) est nommée *fluctuatio*.

Chapitre X. — § **1.** Le remords *(knaging)*, dont il est ici question, ne doit pas être confondu avec la passion appelée par Spinoza *morsus conscientiae* dans l'*Éthique* (Déf. 17). Par contre, la définition qui en est donnée s'accorde avec celle que donne Descartes du *morsus conscientiae*.

§ **2.** Spinoza combat Descartes qui considère le repentir comme une passion très utile (cf. *Éthique*, IV, Prop. 54, avec sa Scolie).

Chapitre XI. — § **1.** La raillerie est toujours jugée contraire à la raison par Spinoza et il rejette dans tous ses écrits la théorie admise par Descartes (III, 180) suivant laquelle la raillerie, quand on en use avec modération, peut être utile à la correction des mœurs.

Pour la plaisanterie *(jocus)* et la gaieté *(risus)* il en parle favorablement dans l'*Éthique* (IV, Prop. 45, Scolie).

Chapitre XII. — Le mot d'honneur par lequel j'ai rendu le hollandais *eer*, *honor* dans *la Réforme de l'Entendement*, correspond au sentiment appelé gloire dans la traduction française du *Traité des Passions* de Descartes, mais non exactement à ce que Spinoza appelle *gloria* dans l'*Éthique*. La *gloria*, en effet, peut naître en nous de la connaissance de notre perfection et comme telle n'être pas contraire à la raison (*Éthique*, IV, Prop. 58).

Chapitre XIII. — § **1.** La distinction admise par Spinoza entre la faveur et la reconnaissance est la même que Descartes établit plus clairement en ces termes : « Le bien qui a été fait par d'autres est cause que nous avons pour eux de la faveur, encore que ce ne soit point à nous qu'il ait été fait; et si c'est à nous, à la faveur nous joignons de la reconnaissance. » (*Traité des Passions*, II, 64; cf. III, 192, 193.)

§ **2.** On observera que dans l'*Éthique* (IV, Prop. 51 et 71) Spinoza se montre plus favorable aux sentiments qu'il déclare ici ne pouvoir se rencontrer dans un homme parfait.

Chapitre XIV. — § **1.** Le mot hollandais traduit par regret est *beklag;* van Vloten dans sa traduction latine le rend par *commiseratio;* très improprement, car la définition que donne Spinoza de *beklag* correspond presque textuellement à celle que donne Descartes du regret *(desiderium)* (II, 67, et III, 209; cf. *Éthique*, III, Déf. 32).

§ **2.** *a*) Il est manifeste que l'objet des paragraphes 2 à 5 est tout différent de celui du paragraphe 1. W. Meijer, dans son édition, rattache ce premier paragraphe, traitant du regret, au chapitre XIII et intitule le chapitre XIV *Observations générales sur le bien et le mal qui sont dans les passions*.

b) Quelques modifications semblent avoir été apportées ici au texte primitif en vue de faire disparaître le désaccord au moins apparent de Spinoza avec lui-même touchant la croyance droite et la raison et son efficacité pratique (voir, à ce sujet, p. 407, la note relative au chapitre I, § 2).

§ **2.** Rapprocher ce texte du traité de *la Réforme de l'Entendement* (§ 3).

Chapitre XV. — § **1.** Au sujet de la définition du vrai et du faux, voir *Pensées Métaphysiques* (I, 6), *Réforme de l'Entendement* (§ 41), *Éthique* (II, Prop. 17, Scolie; Prop. 732 et sq.). Dans ce passage du *Court Traité*, Spinoza définit la vérité par ce qu'il appellera plus tard une dénomination extrinsèque et exclura formellement de la définition de l'idée vraie. (*Éthique*, II, Déf. 4, avec l'explication) non du tout par son essence. De là la question posée au paragraphe 2.

§ **2** à § **5.** Pour expliquer en quoi l'idée vraie se distingue de l'idée fausse, et quelle supériorité a la première sur la seconde, Spinoza est conduit à ébaucher la théorie de l'idée inadéquate ou, selon l'expression employée plus tard, abstraite et mutilée. Dans le *Court Traité*, l'entendement est considéré comme passif; il forme toutes ses idées à la suite d'actions exercées sur lui par des objets. C'est un des points sur lesquels la pensée de Spinoza me semble s'être le plus modifiée en s'approfondissant. Voir note relative au chapitre XVI (§ 5).

Chapitre XVI — § **2.** *a*) Pour la distinction du désir et de la volonté, voir *Pensées Métaphysiques* (II, 12), *Éthique* (III, Prop. 9, Scolie).

b) La note est sinon obscure, au moins assez mal rédigée; toute pensée selon Spinoza enveloppe l'affirmation d'elle-même et en ce sens peut être considérée comme une volition (cf. *Ethique*, II, Prop. 49, avec son Corollaire et son Scolie); la volonté ne diffère pas de l'entendement. Il semblerait cependant, à s'en tenir au texte de la note, que seuls les jugements relatifs au bien et au mal sont des volitions; c'est, je pense, parce que l'auteur se propose ici non de définir la volonté mais de l'opposer au désir. Pour qu'il y ait désir, il faut qu'il y ait eu volition; c'est la volonté qui affirme qu'une chose est bonne (cf. *Pensées Métaphysiques*, II, 12), mais elle peut se tromper, en quoi elle se distingue de la croyance droite.

§ **3** et § **4.** La théorie exposée tant dans le texte même que dans le commencement de la note 2 est à peu près celle qui se trouve résumée dans la préface, écrite par Louis Meyer, des *Principes de la Philosophie de Descartes*.

§ **5.** On rapprochera ce qui est dit de la passivité de l'entendement des propriétés qui lui sont attribuées dans le traité de *la Réforme de l'Entendement* (§ 53 à § 70). L'entendement n'est plus passif quand il a des idées claires et distinctes, ou encore quand l'idée qu'il forme a en lui sa cause totale. Il suit de là que le passage de l'état d'esclavage à l'état de liberté est conçu autrement et dans un sens plus individualiste qu'il ne pouvait l'être au moment de la composition du *Court Traité*. La vraie liberté dont il est parlé au chapitre XXVI est celle du Dieu impersonnel dont l'existence est posée au début de l'ouvrage. Dans l'*Éthique*, au contraire, il y a de la première partie à la cinquième un progrès remarquable fort bien expliqué par M. Delbos dans son livre déjà cité (*Le Problème moral dans la philosophie de Spinoza*, p. 214, 215).

Chapitre XVII. — **§ 2.** La définition de la volonté attribuée à Aristote est reproduite dans les *Pensées Métaphysiques* (II, 12); voir la note explicative relative à ce passage.

Chapitre XVIII. — Le chapitre XVIII a, quant à son contenu, beaucoup d'analogie avec la fin du Scolie de la proposition 49, partie II, de l'*Éthique* (c'est la conclusion de cette deuxième partie); par sa situation, d'autre part, il correspond à la quatrième partie de l'*Éthique* dans laquelle est exposée la servitude de l'homme. Il est permis de le considérer, ce chapitre XVIII, comme terminant une section de l'ouvrage; l'auteur a montré quels avantages découlent du bon usage de la raison et les heureux effets qu'a la croyance droite tant pour l'individu que pour la société; il reste maintenant à traiter du véritable salut ou des moyens de s'élever à la vie éternelle; ce sera l'objet des derniers chapitres, lesquels correspondent ainsi à la cinquième partie de l'*Ethique*.

Chapitre XIX. — Freudenthal, dans ses *Études sur Spinoza* (*Zeitschrift fur Philosophie*, Bd. 108, 109), assure que les chapitres XIX et XX devraient être placés à la suite du chapitre XV et avant le chapitre XVI. Ses raisons ne me paraissent pas convaincantes. Ainsi qu'on a pu le voir dans la note précédente, les derniers chapitres (à partir du XIXe) me semblent correspondre à la cinquième partie de l'*Éthique;* le titre *de notre Félicité* annonce qu'il va être traité des moyens de faire son salut; la croyance droite ou la raison ne suffit pas pour cela comme le montrera le chapitre XXI. D'autre part, il est indispensable de connaître avant tout le corps et ses rapports avec l'âme : c'est de quoi il va être question dans les chapitres XIX et XX, comme dans la *Préface* et les premières propositions de la cinquième partie de l'*Éthique*. On observera, enfin, que, dans l'hypothèse de Freudenthal, les chapitres XVI et XVII traitant de la volonté et combattant la théorie du libre arbitre ne se trouveraient pas à la suite de celui qui traite du vrai et du faux, ordre qui est à peu près celui dans lequel sont placées les propositions correspondantes de l'*Éthique*, les dernières de la deuxième partie.

§ 2. Ce passage, avec la note 2 qui y est jointe, est un de ceux où, contrairement à la doctrine soutenue ailleurs, la croyance droite semble suffire à nous libérer des passions. Sigwart cherche à lever la difficulté en disant que la croyance droite suffit pour ne pas tomber dans l'erreur (et conséquemment dans les passions) mais non pour nous en libérer quand nous y sommes tombés. Le texte parle pourtant de la *délivrance de nos passions*. Voir la note relative au chapitre I (§ 2) de la deuxième partie.

Les mots *étant supposé qu'elles (les passions) n'ont pas d'autres causes* signifient : étant supposé que, comme je le soutiens et contrairement à ce que disent d'autres auteurs (Descartes), les passions ont pour cause des idées, des modes de penser non des mouvements; si l'origine des passions est dans une connaissance imparfaite, on peut s'en affranchir par une connaissance plus parfaite.

§ **4.** La démonstration de l'existence du monde matériel est dans sa marche toute semblable à celle que dans l'*Éthique* (II, Scolie de la proposition 1) Spinoza donne de l'existence de la pensée. On observera que dans l'*Éthique* l'existence des corps n'est pas expressément démontrée; un corps est *défini* un mode exprimant l'essence de Dieu en tant qu'il est considéré comme chose étendue, et la proposition 2 affirme que Dieu *est* une chose étendue; la démonstration n'est pas développée.

§ **5.** Peut-être Spinoza vise-t-il ici quelque philosophe occasionnaliste.

§ **9.** De ce paragraphe — suspect à la vérité — et d'ailleurs aussi des paragraphes 11 et 12, il ressort que Spinoza accepte la théorie cartésienne, suivant laquelle, sans produire de mouvement, l'âme peut diriger les mouvements des esprits animaux et par suite du corps. Théorie à laquelle il a renoncé complètement dans l'*Éthique* et qu'il réfute dans la préface de la cinquième partie.

§ **14** et § **15.** Il est intéressant de rapprocher de ce passage la *lettre* 35 de Descartes; son penchant pour les explications physiologiques, dans le détail desquelles Spinoza n'entre pas volontiers, s'y fait sentir. Pour ce dernier, il semble avoir oublié la théorie qu'il a précédemment exposée sur le bien et quant au mal, il donne au paragraphe 14 une soi-disant explication des passions excitées — indirectement — dans l'âme par le corps. Comme s'il s'était aperçu de l'insuffisance de cette explication, il cherche à la compléter dans la note 4 de laquelle on peut rapprocher la proposition 39 de la quatrième partie de l'*Éthique*.

Chapitre XX. — § 4. Le paragraphe 4 et surtout la note 3 doivent être rapprochés des théorèmes de la deuxième partie de l'*Éthique* dans lesquels Spinoza expose les rapports de l'âme et du corps. L'alinéa qui porte le numéro 9 dans la note exprime non sans obscurité cette idée que l'âme, ou l'idée du corps, n'étant qu'un fragment, ne peut avoir qu'une connaissance incomplète d'elle-même et du corps. C'est, je pense, des Propositions 19 à 29 de l'*Éthique* (partie II) qu'il faut particulièrement rapprocher cette partie de la note.

L'alinéa suivant qui porte le numéro 10 peut être rapproché du Scolie de la Proposition 13 (partie II) de l'*Ethique*. On observera que Spinoza n'énonce pas encore la formule célèbre : *l'ordre et la connexion des idées sont identiques à l'ordre et à la connexion des choses* (*Éthique*, II, 7), d'où il conclut d'abord la dépendance de l'âme puis la possibilité de son affranchissement (Prop. 1 et suiv. de la cinquième partie). La fin de l'alinéa peut être considérée comme une ébauche de la théorie des idées inadéquates, développée dans la deuxième partie de l'*Éthique* (Prop. 14 à 19 et 25 à 28).

Chapitre XXI. — Le contenu de ce chapitre correspond à peu près à celui du Scolie de la Proposition 17 (partie IV) de l'*Éthique*.

Chapitre XXII. — § 5. Tout le commencement de la cinquième partie de l'*Éthique* a pour objet d'exposer comment par la connaissance de soi-même, par la *science*, on peut s'affranchir des passions et *conséquemment* parvenir à l'amour de Dieu (cf. Prop. 15); rien de bien comparable ne se trouve dans le *Court Traité;* le passage de la connaissance et de l'amour du corps à la connaissance et à l'amour de Dieu ressemble à une conversion au sens religieux du mot.

Chapitre XXIII. — La théorie de l'éternité des âmes bienheureuses est exposée dans l'*Éthique* (voir Prop. 21 à 23, 34, 36, 38, 39); elle se fonde sur l'existence en Dieu d'une idée exprimant l'essence de chaque corps individuel sous l'aspect de l'éternité; on lira avec fruit sur ce point une étude de M. Brochard dans la *Revue de Métaphysique et de morale* (année 1901).

§ 2. Le raisonnement par lequel Spinoza veut prouver que l'âme unie à Dieu ne peut périr est le suivant : de même qu'une chose n'est point par elle-même, elle ne périt pas non plus par elle-même; elle périt quand périt sa cause; donc si cette cause est impérissable, elle ne périt pas.

La rédaction du manuscrit A, bien qu'incomplète, est intelligible. Monnikhoff voulant la corriger l'a rendue très confuse.

Chapitre XXIV. — Les propositions de la cinquième partie de l'*Éthique* à rapprocher de ce chapitre sont particulièrement les Propositions 17 (avec son corollaire), 19, 36 (avec son corollaire et son scolie). Au sujet des lois divines et de leur rapport avec les lois humaines, voir *Traité Théologico-Politique*, chap. IV, VI, XVI et XIX. Sur les signes par lesquels Dieu se serait manifesté selon la tradition biblique, même ouvrage, chapitres I, VI, XIII.

§ 13. Ce principe qu'il est impossible de connaître la cause par l'effet est, on l'observera, un des traits caractéristiques du spinozisme; il se retrouve à la vérité dans d'autres doctrines, dans celle de Bruno en particulier; il est conforme à l'esprit du cartésianisme et de la science moderne qui cherche des lois et non des causes; peu de philosophes cependant l'ont plus exactement observé que Spinoza. Il y a positivement en lui une sorte de répugnance à concevoir ou imaginer des causes en vue d'expliquer des effets connus. Voir, à ce sujet, les notes relatives au dernier paragraphe du traité de *la Réforme de l'Entendement* et à la troisième partie (inachevée) des *Principes de la Philosophie de Descartes*.

Chapitre XXV. — Comparer ce chapitre à ce qui est dit des démons dans le chapitre du *Traité Théologico-Politique*.

§ 3. Toute la durée d'une chose vient de sa perfection, dit Spinoza dans ce passage, et dans la démonstration de la Proposition 30, partie II, de l'*Éthique*, on peut lire : *la durée de notre corps ne dépend pas de son essence*. Il n'y a pas opposition entre les deux passages. Une chose sans essence ne peut exister même un instant, car réalité et perfection, c'est tout un; donc, en ce sens, il sera toujours vrai que la durée d'une chose, qui est la continuation de l'existence, provient de sa perfection; mais l'essence d'une chose qui n'existe point par elle-même et périt par l'action de causes extérieures ne peut évidemment suffire à déterminer la durée de cette chose.

Chapitre XXVI. — **§ 4.** Rapprocher de ce passage la Proposition 41, partie V de l'*Éthique*, avec son Scolie; la comparaison dont use Spinoza dans le *Court Traité*, celle des poissons pour qui nulle vie n'est possible hors de l'eau, fait penser, suivant l'observation de Freudenthal (*Spinoza, sein Leben und seine Lehre*, Bd. I, p. 218) à une parabole biblique; celle du passage correspondant de l'*Éthique*, aussi expressive, a une saveur assez différente.

§ **5.** La première phrase du paragraphe, très conforme assurément à la doctrine exposée par Spinoza dans l'*Éthique*, ne s'accorde pas aussi bien avec celle du *Court Traité;* peut-être a-t-elle été ajoutée après coup. Dans tous les cas elle ne saurait modifier notre appréciation de l'ouvrage et n'infirme pas ce qui a été dit dans quelques-unes des notes précédentes sur le caractère plus *religieux* qu'a dans le *Court Traité* l'amour de Dieu.

§ **7.** La première des cinq propositions énoncées dans ce paragraphe est devenue la Proposition 40 de la cinquième partie de l'*Éthique*.

Pour la deuxième, voir *Éthique* (I, 11, Scolie; et I, 28; puis III, 4).

Pour la troisième, voir *Pensées Métaphysiques* (II, 4) où est distinguée la cause extérieure du changement d'avec la cause intérieure.

Pour la quatrième proposition et la cinquième, se reporter au second dialogue.

§ **8.** Comparant à ce qui est dit dans l'alinéa portant le nº 1, les Propositions 38 et 40 de la cinquième partie de l'*Éthique* on aura, je crois, la confirmation de ce que j'ai dit page 412, dans une note relative au chapitre XVI (§ 5) sur la liberté selon la doctrine du *Court Traité* et la liberté selon l'*Éthique*.

Appendice I. — Au sujet de l'*Appendice*, voir la *Notice* relative au *Court Traité;* rapprocher de la première partie, outre les textes indiqués dans les notes relatives aux chapitres I et II du *Court Traité* (partie I), la *lettre* 2 dans laquelle Spinoza annonce à Oldenburg l'envoi d'une démonstration géométrique de l'existence d'un Dieu souverainement parfait et formé d'une infinité d'attributs. Dans son livre *Spinoza's neuentdeckter Tractat in seiner Bedeutung für das Verständniss des Spinozismus* (Gotha, 1866), Sigwart a tenté de restituer le texte de cette démonstration.

Appendice II. — § **1** et § **2.** A rapprocher de la préface de la partie II et de la note 3 du chapitre XX.

§ **3** et § **4.** *a*) A rapprocher du chapitre IX (§ 3) de la partie I, des chapitres XX (§ 4) et XXII (§ 4) de la partie II. On peut observer encore que la thèse soutenue ici : *une idée de toute chose réellement existante doit exister dans la pensée infinie*, est la contrepartie du principe posé dans le chapitre II de la partie I : *il ne peut y avoir dans l'entendement divin d'idée qui ne corresponde à un être actuellement existant* (cf. *Éthique*, II, prop. 1 à 4).

b) On peut rapprocher le paragraphe 4 de la Proposition 7 (partie II) de l'*Éthique*, dont le scolie contient une allusion à la vérité aperçue par quelques Hébreux « à travers un nuage ».

§ **5.** A rapprocher des chapitres II (§ 5) et XIX (§§ 10 à 18) de la partie II.

§ **6.** Se reporter au chapitre V de la partie I. Voir aussi *Éthique* (III, Prop. 6 et 7 et le scolie de la Proposition 57). Giordano Bruno avait soutenu (*Opere italiane*, I, 239) la doctrine (stoïcienne d'origine) suivant laquelle toutes choses sont animées.

§ 7 et **§ 8.** Comparer la préface de la partie II et les notes 3 et 4 du chapitre xx.

§ 9 à **§ 12.** Outre les textes indiqués dans la note précédente on peut indiquer ici un rapprochement avec les *lettres* 63, 64, 65, 66.

§ 10. Ce passage est d'une lecture assez difficile. En premier lieu, comme je l'ai indiqué d'après Freudenthal dans une note critique, les deux dernières phrases du paragraphe ne paraissent pas être à leur véritable place. Dans l'état présent du texte on ne comprend pas à quoi se rapportent les mots : *cette idée;* Monnikhoff dans sa transcription les remplace par ceux-ci : l'*attribut pensant ou l'entendement dans la chose pensante;* il confond donc l'*attribut* de la pensée avec le *mode* infini que Spinoza en distingue toujours et cette confusion s'explique par le désordre du texte.

En second lieu, les mots : *car ils sont les sujets de leurs essences* sont assez obscurs. S'ils signifient, comme il paraît probable : *les attributs existant par eux-mêmes, l'existence est en chacun d'eux identique à l'essence, autrement dit, ils ne sont point des essences appartenant à un sujet distinct d'eux-mêmes*, peut-être l'embarras de l'expression provient-il de ce que Spinoza n'avait pas encore résolu à son entière satisfaction la question des rapports de la substance avec ses attributs. D'une part il professe déjà le monisme; d'autre part, il semble vouloir conserver le plus qu'il peut de la théorie (cartésienne) suivant laquelle il existe une substance dont toute l'essence consiste en la pensée.

Quant au passage du *Court Traité* auquel Spinoza fait allusion, ce peut être le chapitre VII (§ 10) de la première partie.

§ 11. Le problème envisagé ici (celui des rapports que soutiennent les modes avec l'attribut correspondant et les uns avec les autres) a déjà été traité dans la note de la préface de la deuxième partie (n° 5) et dans la note 3 du chapitre xx (n° 8). Le corollaire de la Proposition 8 (partie II) de l'*Éthique* et le scolie qui suit immédiatement contiennent l'expression définitive de la pensée de Spinoza sur ce point difficile.

§ 14 à **§ 17.** Comparer la note de la préface de la deuxième partie (n° 7 à n° 14) et l'*Éthique* (partie II).

NOTES RELATIVES AU TRAITÉ DE « LA RÉFORME DE L'ENTENDEMENT »

§ 1. Le mot honneur *(honor)* est pris évidemment dans ce paragraphe au sens d'estime d'autrui, comme dans ce vers de Boileau :

N'allons point à l'honneur par de honteuses brigues.

(Cf. *Court Traité*, II, chap. XII, § 1.)

§ 2. La fin du paragraphe rappelle le mot connu d'Aristippe : ἔχω οὐκ ἔχομαι; j'ai Laïs, mais Laïs ne m'a pas.

§ 3. *a)* L'idée que notre félicité dépend de la nature de l'objet que nous aimons a été exprimée dans le *Court Traité* (II, chap. XIV, § 4).

b) Sur l'insuffisance de la connaissance abstraite d'une vérité morale pour réformer la conduite, cf. *Éthique*, III, Prop. 2, Scolie et IV, Prop. 14.

§ 5. *a)* Pour l'intelligence de ce paragraphe, le rapprocher du *Court Traité* (II, chap. IV, § 5 à 8; et I, chap. X). Voir aussi les notes explicatives concernant ces paragraphes, notes dans lesquelles sont indiqués les principaux textes de l'*Éthique* relatifs au bien et au mal.

b) La fin du paragraphe 5 montre clairement en quoi la fin visée par Spinoza diffère de celle des Stoïciens de laquelle on l'a rapprochée (voir en particulier un article de Dilthey dans *Archiv für Geschichte der Philosophie* (t. VII); il compare le début du traité de *la Réforme de l'Entendement* à un passage de Marc Aurèle et fait observer que pour les Stoïciens le souverain bien consistait dans la connaissance de notre union avec la nature entière et dans notre conformité à la loi de l'univers conçu comme un grand Être). Sans vouloir méconnaître la parenté des deux doctrines, il est permis de faire observer que la science, telle que la conçoit Spinoza, n'a rien d'une *contemplation*, elle est moderne, active, cartésienne (baconienne même en ce sens) de tendance; elle transforme les choses, le corps, l'âme en les comprenant, les ajuste « au niveau de la raison »; le sage ne s'absorbe pas dans le grand Tout, mais cherche bien plutôt à se l'assimiler.

§ 10 à **§ 14.** *a)* Voir le *Court Traité* (II, chap. I, et la note explicative s'y rapportant).

b) Stern dans sa traduction allemande fait la correction *propter praeter* dans la note de la page 186, mais il ne la fait qu'une fois; il me paraît logique de la faire deux fois.

Spinoza distingue deux façons de conclure une chose d'une autre chose; premièrement quand de l'effet on prétend remonter à la cause —

dans ce cas on ne sait rien de la cause hormis ce qui est considéré dans l'effet. Exemple : l'union de l'âme et du corps, de laquelle nous ne savons rien quand nous la concluons de la sensation, sinon qu'elle se manifeste par la sensation. En second lieu, quand on fait application à un cas particulier d'une règle générale; en pareil cas, on sait de la cause quelque chose de plus que l'effet lui-même; par exemple, appliquant à un acte particulier de vision (et conséquemment à son objet) ce qui est vrai de la vision en général, on affirme que le soleil, considéré comme cause de la représentation que nous en avons, est plus grand qu'il ne paraît.

Je pense donc que la première partie de la note correspond au premier exemple donné à la page suivante dans le texte — et la note 1 de cette page l'indique d'ailleurs clairement — et que la deuxième partie correspond au dernier exemple. J'ajoute que la note 2 de la page 187 me semble devoir être placée comme je l'indique, cette note étant destinée à montrer que, même dans le cas le plus favorable, le troisième mode de connaissance expose encore à l'erreur et à la confusion.

§ **15.** Au sujet de la place donnée à la note 2 de la page 187, voir la note précédente.

§ **16.** L'exemple de la règle de trois se retrouve dans le *Court Traité* (II, chap. 1) et dans l'*Éthique* (II, Prop. 40, Scolie 2). Dans *la Réforme de l'Entendement*, il est présenté d'une façon plus vivante que dans le *Court Traité*, moins concise que dans l'*Éthique*.

§ **22.** La dernière phrase de ce paragraphe n'est pas très claire, du moins on ne voit pas bien comment elle se rattache à ce qui précède. Il me semble que Spinoza veut dire : non seulement le ouï-dire ne donne pas de certitude légitime, mais la croyance de fait qui se fonde en apparence sur le simple ouï-dire repose toujours en réalité sur une autre croyance ayant pour origine une véritable perception de l'entendement. On ne croit pas une chose uniquement parce qu'on l'a entendu dire; on la croit parce qu'il paraît à quelque degré raisonnable de la croire.

L'impression que peuvent produire sur nos organes les paroles d'autrui, la répétition même, purement machinale, de ces paroles n'engendrent pas de croyance.

§ **23.** *a*) Par les mots *jamais définitive* j'essaie de rendre *sine fine;* l'expérience vague n'est jamais concluante.

b) Nous ne pouvons avoir de connaissance ou d'idée claire des accidents que si les essences nous sont connues au préalable. Cela me paraît dirigé contre Bacon qui voulait suivre la marche inverse; partir de la connaissance des accidents pour parvenir jusqu'aux *formes;* sans que d'ailleurs je prétende assimiler les formes de Bacon aux essences de Spinoza. Il suit de ce passage, on l'observera, que les accidents ne sont pas sans rapport avec les essences; nous aurons besoin plus tard de nous le rappeler pour interpréter correctement une phrase qui se trouve dans le paragraphe 57 (voir la note explicative).

c) La note de la page 189 montre que Spinoza se proposait de faire un examen critique de la méthode et de la philosophie de Bacon (cf. *lettre* 2).

§ **27.** La méthode enseignée par Spinoza est la plus opposée qu'il se puisse à la méthode expérimentale (voir note précédente); dans cette dernière l'esprit forme différentes hypothèses et cherche laquelle s'ajuste le mieux aux faits, laquelle résiste à l'épreuve de l'expérience dite cruciale. L'invention est ainsi tout a fait distincte de la preuve. Pour Spinoza l'invention, quand elle est ce qu'elle doit être, porte avec elle la marque de sa vérité. Il ne s'agit pas de faire des hypothèses, mais de *penser* droitement ou simplement de penser. La vraie méthode consiste à produire des idées vraies par une activité spontanée de l'esprit (cf. § 29). Toutefois, cette génération du vrai par la pensée exige certaines précautions, et c'est pourquoi le mot de *méthode* s'appliquant à ce qui fait l'objet de la suite du traité n'a pas exactement le sens que Spinoza vient de lui donner. Il désigne la connaissance qu'il nous faut prendre de la nature de l'idée vraie, la distinction de l'idée vraie, conçue par l'entendement, d'avec les autres idées à la production desquelles prend part l'imagination, la recherche enfin de certaines règles à observer, d'un ordre à suivre pour épargner à l'esprit toute démarche inutile (cf. § 32). Le passage du premier sens du mot méthode au second est bien marqué dans le paragraphe 27 par ces mots : La méthode, pour y revenir *(Rursus methodus)*. Les paragraphes 29 et 30 expliquent la nécessité de cette recherche préliminaire (méthode au second sens) pour pouvoir suivre plus tard la voie qui conduit à la connaissance (méthode au premier sens), et Spinoza y répond aux objections possibles : il me faut étudier la connaissance en elle-même et traiter d'abord de ce qu'elle doit être, *primo* parce que les hommes pour diverses raisons sont généralement dans l'erreur, c'est-à-dire sont empêchés de penser ou ne pensent pas assez, *secundo* parce que je leur donne ainsi un moyen de s'assurer que ce que je leur dirai plus tard est vrai encore que très différent de ce qu'ils ont accoutumé de croire.

§ 29 et **§ 30.** Voir la note précédente.

§ 34. *a*) La note 1 de la page 196 doit être rapprochée de la note 1 de la page 199. Spinoza y a en vue des hypothèses comme celle qu'il expose lui-même, d'après Descartes, dans la troisième partie (inachevée) des *Principes de la Philosophie de Descartes*, hypothèses devant permettre d'expliquer la formation de l'univers selon les principes de la mécanique. Ces hypothèses ne sont pas des fictions aussi longtemps que nous ne perdons pas de vue leur véritable caractère; c'est un mode de représentation que nous adoptons pour sa simplicité, sa commodité. Spinoza toutefois ne les aime guère (voir la note explicative concernant la troisième partie des *Principes de la Philosophie de Descartes*).

b) Sur l'impossible, le nécessaire et le possible, cf. *Court Traité* (I, chap. 1, note 3, et voir aussi la note explicative relative à ce passage). Pour la définition du possible, voir *Pensées Métaphysiques* (I, 3), et *Éthique* (IV, Déf. 3). Telle qu'elle est formulée ici, cette définition nous surprend d'abord parce que nous avons dans l'esprit l'idée du *réel*, c'est-à-dire d'un objet dont l'existence est donnée expérimentalement; ce prétendu réel n'est-il donc qu'un possible pour Spinoza? Oui, assurément; aussi longtemps que l'existence d'une chose n'est pas scientifiquement expliquée, elle reste problématique : puisqu'elle dépend de conditions extérieures, elle n'est pas telle de sa nature qu'il y ait contradiction à la nier; il n'y aurait contradiction que si, les conditions étant clairement connues, on posait ces conditions sans poser l'existence qu'elles déterminent.

§ 37. A mesure que la connaissance s'étend, le pouvoir de forger diminue; il ne faut pas entendre par là que la pensée cesse d'être productive; tout au contraire; mais les choses qu'elle crée sont des vérités et non des fictions; car, ainsi qu'il est dit au paragraphe 38, la connaissance, non la fiction, fait qu'on ne peut forger qu'en accord avec ce que l'on sait. C'est ainsi qu'un homme qui aurait de l'anatomie une connaissance achevée, s'il inventait un corps d'animal, se conformerait spontanément aux lois de la nature; il construirait non une chimère mais un animal vrai, encore que non observable peut-être (cf. § 41 et voir aussi la fin du Scolie de la Proposition 17, partie II de l'*Éthique*, où Spinoza conçoit la possibilité d'une imagination affranchie dont les produits attesteraient non l'imperfection mais la perfection de l'esprit).

§ 38. Le principe posé à la fin de ce paragraphe sera rappelé au paragraphe 60. Voir la note explicative.

§ 39. Cf. *Pensées Métaphysiques* (I, 1).

§ 41. *a*) Rapprocher de ce passage la définition de l'idée adéquate dans l'*Éthique* (II, Déf. 4). Pour bien entendre le mot concernant *la forme de la pensée vraie qui est contenue dans cette pensée même sans relation à d'autres*, on le rapprochera de la définition donnée précédemment de la connaissance intuitive et de ce qui est dit au paragraphe 29, et dans l'*Éthique* (II, Prop. 43), de l'idée vraie, laquelle fait connaître elle-même sa vérité : *verum index sui*. Une pensée n'est point vraie *parce qu'elle* est en accord avec une autre pensée; du moins ce n'est pas par cet accord que nous en connaissons la vérité quand nous nous élevons au plus haut degré de connaissance, elle est vraie en elle-même et par elle-même, *absolute* (Cf. *Éthique*, II, Prop. 34). Il appartient à la nature d'une pensée d'être vraie; si elle ne l'est point, c'est dans la mesure précise où elle n'est pas une véritable pensée, où elle n'est pas entièrement formée par l'esprit. Il est certain d'ailleurs qu'une pensée vraie a sa place parmi d'autres, car elle n'aurait pu être formée si l'ordre juste *(ordo debitus)* n'avait pas été suivi; et elle soutient des rapports nécessaires avec ces autres pensées de même qu'avec les objets. Une idée vraie s'accorde avec son objet (*Éthique*, I, Axiome 6), *parce qu'*elle est vraie; elle n'est point vraie parce qu'elle s'accorde avec lui. Il est certain aussi qu'une pensée véritable est active, féconde, *automatiquement*, c'est-à-dire spontanément, librement, productrice d'idées vraies (cf. le paragraphe 46 et voir la note explicative).

b) Rapprocher de la théorie, donnée à la fin du paragraphe, de l'idée inadéquate, ce qui en est dit dans le *Court Traité* (II, chap. XV, § 4) et dans l'*Éthique* (II, Prop. 17, scolie et 35, avec le scolie). Rapprocher ce qui est dit de l'idée abstraite et de la confusion qu'elle produit du scolie 1 de la Proposition 40 (partie II) de l'*Éthique*.

§ 43. La correction de la page 199 consistant dans l'addition au texte du mot *Dei* (de Dieu) est justifiée, on l'observera, par ce que dit Spinoza dans son Introduction aux *Principes de la Philosophie de Descartes* (voir p. 244, et voir aussi la *Notice* relative à cet ouvrage, p. 225).

§ 44. *a*) Au sujet de la *mémoire*, voir *Éthique* (II, Prop. 18 avec le scolie).

Dans ce dernier passage, Spinoza sous ce nom de mémoire traite de l'association des idées en tant qu'elle se ramène à une habitude du corps; dans *la Réforme de l'Entendement*, la mémoire n'est pas l'habitude, elle est plutôt ce que nous appelons la reconnaissance du souvenir, plus exactement l'idée que nous avons qu'une certaine sensation a été éprouvée à un instant déterminé, quelle que puisse être la cause du réveil de cette sensation. La mémoire est donc ici une forme de la connaissance, et par cela même n'est point passive mais active; si nous assignons à la sensation une durée ou, en langage plus moderne, à un souvenir une place parmi d'autres, ce n'est point parce qu'il se réveille à la suite de tel autre en vertu d'une habitude du corps, c'est parce que nous apercevons une raison pour le situer comme nous faisons. Le réveil lui-même n'est pas toujours un effet de l'habitude brute, comme le montre ce fait qu'on se souvient plus aisément de choses qui ont entre elles quelque relation intelligible, que de choses qui se sont simplement succédé dans le temps. Ainsi la mémoire, au moins dans ce passage de *la Réforme de l'Entendement*, n'est pas une propriété du corps et ne s'expliquerait point par raisons mécaniques; c'est une propriété d'un esprit joint à un corps, ou plus exactement d'un esprit à la nature duquel il appartient (cf. § 15, vers la fin) d'être joint à un corps. Il est fort regrettable que Spinoza n'ait pas cru devoir développer davantage ses idées sur la mémoire. Il eût été conduit, il me semble, à une théorie des rapports de l'âme et du corps plus *profondément* moniste que celle qu'il expose dans l'*Éthique*, dans laquelle le dualisme subsiste sous une certaine forme (celle du parallélisme); il eût, plus complètement qu'il ne l'a fait, concilié son mécanisme avec la doctrine, qu'il professe, de l'individualité du corps et l'idée de la *vie*, celle aussi du devenir, qui ne sont point absentes de sa philosophie, y seraient plus faciles à saisir. Je vais jusqu'à croire qu'il se fût rapproché du point de vue de M. Bergson dans *Matière et Mémoire*. Mais cette sorte de connaissance qu'est la mémoire est trop dépendante encore, trop peu *spéculative* pour satisfaire Spinoza. Au point de vue encore platonicien où il se place de préférence, il n'y a ni passé ni futur, l'entendement concevant toutes choses sous forme d'essences éternelles. Trop uniquement préoccupé de connaissance intemporelle, il se désintéresse donc de la mémoire et de l'imagination. Ce deviennent pour lui des propriétés du corps seulement; comme telles il est possible de les concevoir clairement, c'est-à-dire mécaniquement et cela suffit pour établir (dans la cinquième partie de l'*Éthique*) la domination de l'entendement sur la nature.

b) Le sens appelé commun, *sensus quem vocant communem*, correspond, autant que j'en puis juger, à ce qu'on désignait naguère par le mot de *sensorium*.

§ **46.** La connaissance par la cause est la véritable science; mais par cause il ne faut entendre ni une essence spécifique, comme fait Aristote, ni un concours de circonstances comme dans la science dite expérimentale. Dans un cas comme dans l'autre, le passage de la cause à l'effet (la déduction de l'effet) ne pourrait se faire par un mouvement spontané de la pensée, car la cause ne contiendrait pas réellement l'effet. La véritable déduction va de l'essence *singulière* aux propriétés et, j'ajoute, à l'existence, en priant le lecteur de vouloir bien lire la note concernant le paragraphe 57; elle est, elle doit devenir, une libre production par l'esprit; car on observera que pour Spinoza l'automatisme dont il parle ici est la liberté même, l'absence de toute détermination imposée du dehors.

§ **46.** Les textes à rapprocher de la fin du paragraphe, où sont indiquées les erreurs qu'engendre la confusion de l'entendement avec l'imagination, sont avant tout la *lettre* 12, dite *lettre sur l'Infini*, en second lieu, les passages où il est traité de l'indivisibilité de la substance étendue : *Court Traité*, I, chapitre II, §§ 18-22; *Éthique*, I, Proposition 13 avec le corollaire, Proposition 15, scolie, *lettre* 35. Voir aussi la note explicative se rapportant au passage visé du *Court Traité*.

§ **49.** Ce passage est un de ceux où la pensée de Spinoza s'exprime le plus heureusement et le plus complètement.

Sa formule lui est évidemment inspirée par la confiance qu'il a dans l'idée claire; l'ordre déductif ou géométrique, auquel il pense, est à ses yeux le seul véritable parce qu'il est le seul intelligible. Observons toutefois que, même si l'on croyait le réel inintelligible en son fond et qu'en conséquence l'on ne considérât point l'ordre déductif comme étant le seul et le plus vrai, la formule de Spinoza ne cesserait pas d'être applicable à la philosophie, pourvu qu'on n'admît pas dans l'esprit d'hétérogénéité radicale. A moins qu'il n'y ait deux façons de penser ou d'être conscient, qui non seulement soient irréductibles l'une à l'autre mais n'aient même pas une origine commune, la philosophie sera toujours une tentative faite par une pensée individuelle pour ranger dans un ordre conforme à elle-même la totalité de ses idées claires ou obscures et en prendre ainsi possession; et toujours, après ce travail fait, le jugeât-elle inachevé et inachevable, elle se considérera comme une expression plus approchée de la réalité totale.

§ **50.** Spinoza considère comme évident (voir plus loin, §§ 53 et 55, IV, et aussi la démonstration de la Proposition 16, partie I, de l'*Éthique*), que de la définition d'une chose quelconque, l'entendement peut déduire plusieurs propriétés appartenant nécessairement à cette chose et d'autant plus qu'il y a plus d'essence ou de perfection dans la chose définie. Ignore-t-il donc que d'une définition donnée on ne peut tirer immédiatement que ce qu'on y a mis par avance et que, pour établir des propositions neuves, il est nécessaire dans les mathématiques de considérer conjointement (cf. § 53) plusieurs définitions. En aucune façon (voir *lettre* 83, la réponse faite à l'objection que lui adresse Tschirnhaus sur ce point); mais il faut distinguer entre les définitions ayant pour objet des êtres de raison comme les figures géométriques et les définitions des choses réelles; la multiplicité des unes comme des autres n'exclut évidemment pas la présence d'éléments communs (qu'il faut se garder de confondre avec des genres : voir *Éthique*, II, Prop. 40); de plus, celle des secondes n'est pas une multiplicité irréductible à l'unité : l'idée adéquate d'une chose quelconque réellement existante enveloppe toutes les autres puisqu'elles sont toutes liées.

Tout le dogmatisme de Spinoza, par où il diffère tant de nous, consiste à croire que le réel peut être défini et l'on observera que ce dogmatisme se mêle d'agnosticisme. Le réel *en soi* ne peut être défini que par sa réalité même, c'est-à-dire son infinité; c'est une définition qui nous fait savoir *qu'il est*, non *ce qu'il est;* une définition dans laquelle l'existence est conçue abstraitement (cf. § 55, III) et qui ne fait pas connaître la nature de la chose définie; aussi n'en peut-on déduire que le principe de l'universelle nécessité, non les choses qui sont nécessaires; le cadre de la science est tracé mais il est vide. Seule la définition du réel par ses attributs (au sens spinoziste) peut fournir un point de départ à une tentative de déduction des choses concrètes; or la définition par les attributs est, comme on sait, très incomplète, puisqu'elle n'en fait connaître que deux (outre qu'elle est possible dans l'*Éthique* seulement après la démonstration des Propositions 1 et 2 de la partie II et repose sur des axiomes indépendants).

§ 51 à **§ 53.** Rapprocher ce qui est dit de la définition dans le *Court Traité* (I, chap. VII).

§ 55. Les mots *eu égard à l'esprit, quoad mentem,* me semblent devoir s'interpréter comme il suit : les deux premières conditions énoncées concernent plutôt la chose définie; la troisième est relative à l'esprit qui définit; il faut, en définissant la chose incréée, prendre garde à ne pas confondre ses propriétés *(propria)* avec ses véritables attributs par lesquels nous la connaissons en elle-même (cf. *Court Traité,* I, chap. I, note 4, et surtout chap. II, §§ 28 et 29).

§ 57. La phrase : *car l'existence de ces choses n'a aucune connexion avec leur essence,* semble donner raison d'abord à Camerer qui, dans son livre *Die Lehre Spinoza's* (Stuttgart, 1877), a soutenu qu'entre la détermination de l'être par les causes extérieures et la détermination par l'essence il y a hétérogénéité radicale; si cependant l'existence n'a point de rapport avec l'essence il est clair que toute tentative pour substituer à une détermination imposée du dehors une détermination intérieure doit échouer. Sans entreprendre ici de traiter à fond ce grave problème, je ferai les deux observations suivantes :

1° L'existence d'une chose, en tant qu'on la considère comme dépendant d'un concours de circonstances n'ayant avec l'essence de ces choses aucun lien intelligible, ne peut nous être connue que par l'expérience; autrement dit elle est conçue seulement comme possible (voir la note relative au paragraphe 34, *b*), n'est ni une vérité ni même une réalité. Pour qu'elle devînt une vérité, il faudrait qu'elle fût expliquée et cette explication elle-même n'est possible qu'en ayant égard à l'*essence* de la chose *supposée* existante; car si cette essence *considérée à part (per se absque aliis)* ne fonde pas à elle seule l'existence (si elle pouvait le faire, chaque individu serait Dieu pleinement et non *Deus quatemus*), encore la fonde-t-elle au moins dans une certaine mesure et, l'on peut ajouter, dans une mesure d'autant plus grande qu'elle est plus parfaite. Je rappelle ici qu'au paragraphe 23 Spinoza nous dit : la connaissance claire des accidents suppose celle des essences et qu'au paragraphe 22 il avait dit : nous ne pouvons connaître l'existence singulière d'une chose que si l'essence nous en est connue;

2° L'essence d'une chose imparfaite enveloppe elle-même sa détermination par des causes extérieures; il est de la nature d'une telle chose de ne pas exister par elle-même et d'être déterminée à être par d'autres choses, d'occuper ainsi une certaine place dans la suite infinie des modes comme son idée occupe une certaine place dans l'entendement divin (cf. *Éthique,* II, Prop. 9); c'est pourquoi dans la mesure où nous parvenons à connaître clairement la nécessité par laquelle nous sommes tels et tels, nous connaissons aussi notre véritable essence et y trouvons le principe de notre existence.

J'ai cité plus haut le livre de Camerer; j'ajouterai que les auteurs français où l'on trouvera le plus de lumière sur ce point capital du spinozisme me semblent être MM. Delbos, *le Problème moral dans la philosophie de Spinoza* (p. 35 et suiv.), et Rivaud, *les Notions d'essence et d'existence dans la philosophie de Spinoza.*

§ 58 et **§ 59.** Au sujet de ces paragraphes voir la *Notice* sur le traité de *la Réforme de l'Entendement* (p. 169); pour ce qui concerne le rôle attribué à l'expérience dans la recherche scientifique voir en particulier *Principes de la Philosophie de Descartes* (partie II, Prop. 6, scolie); opposant sa façon de réfuter les arguments de Zénon d'Elée à celle de Diogène, Spinoza, à la fin du scolie, indique assez nettement en quoi les sens et l'expérience contribuent à l'acquisition de la connaissance.

§ **60.** Ce paragraphe contient un passage qui a été interprété fort diversement; je dois en conséquence mettre le lecteur en mesure de se faire une opinion.

Spinoza commence par rappeler la règle posée à la fin du paragraphe 38; quand une pensée est fausse, la fausseté s'en découvre si l'on en déduit dans l'ordre juste ce qui doit s'en déduire; si elle est vraie, des idées vraies s'en déduiront sans interruption. *Cela*, poursuit-il, *est requis pour notre objet;* puis vient la phrase que j'ai cru devoir corriger en ajoutant au texte une négation : *nequeunt*.

Il ne me paraît guère possible, en effet, de s'en tenir à la leçon de l'édition van Vloten et Land qui est celle des *Opera posthuma* (1677) : Spinoza continuerait ainsi : *par aucun principe en effet nos pensées ne peuvent être délimitées (ou déterminées) ; nam ex nullo fundamento cogitationes nostrae terminari queunt*.

M. Couchoud, à la vérité, dans son livre sur Spinoza, propose (p. 49) une interprétation de ce texte : « Car, un point de départ quelconque une fois posé, dit-il, l'entendement ne peut plus être arrêté ». Je partage assez l'opinion de M. Couchoud touchant le sens du mot *fundamentum* dans ce passage, mais je ne crois pas qu'on puisse traduire *terminari* comme il le fait et je conçois mal qu'après avoir rappelé le principe énoncé au paragraphe 38 Spinoza ait cru devoir ajouter : *cela, dis-je, est requis pour notre objet, car d'aucun point de départ nos pensées ne peuvent être arrêtées*.

Saisset, dans sa traduction, rendait ce passage comme il suit : « Cela, dis-je, est nécessaire à notre sujet, car nos pensées n'ont *hors d'elles-mêmes* aucun fondement sur lequel *elles aient à s'appuyer*. » (Je souligne les mots ajoutés par le traducteur ou traduits avec une liberté que je juge excessive.) L'intention est excellente; il est certain que c'est dans la pensée et non hors d'elle qu'on doit chercher le fondement de la connaissance selon Spinoza, mais est-ce bien ce qu'il a voulu dire *en ce passage?* Oui, en un sens, car ce principe est constamment présent à son esprit; il inspire tout son traité de *la Réforme de l'Entendement* et la règle même qu'il vient de rappeler en est évidemment une application assez immédiate, mais je ne crois pas que Spinoza ait voulu le formuler ici et le texte ne me semble pas justifier la traduction qu'en donne Saisset; outre que le sens de la phrase suivante devient, si on l'accepte, très obscur.

Léopold, dont l'opuscule *Ad Spinozae Opera Posthuma* m'a fourni plusieurs indications précieuses, se fonde sur la traduction hollandaise de Glazemaker (parue peu de temps après les *Opera Posthuma* et faite, semble-t-il, d'après le manuscrit même de Spinoza) pour lire : *nam ex nullo* alio *fundamento cogitationes nostrae terminari queunt;* le texte hollandais est en effet : *want onze denkingen konnen uit geen* andre *grondvest bepaalt worden*. La traduction française serait donc : car par aucun *autre* principe nos pensées ne peuvent être déterminées (ou délimitées). C'est la même interprétation que donne Auerbach dans sa traduction allemande généralement exacte : « denn von keiner (andern) Grundlage können unsere Gedanken bestimmt werden. » Je ne sais, Auerbach ne le disant pas, s'il a eu recours à la traduction hollandaise ou si la seule étude du texte latin lui a fait juger nécessaire l'addition du mot *andern*.

Ni Auerbach ni Léopold ne me paraissent tenir compte autant qu'il l'aurait fallu de ce qui suit, et c'est pourquoi en dépit de l'autorité que je reconnais à la traduction de Glazemaker, je ne crois pas devoir accepter la correction *alio*.

Que signifie en effet cette suite de phrases : cela, dis-je, est requis pour notre objet; car par aucun autre principe nos pensées ne peuvent être délimitées (ou déterminées). Si donc *(igitur)* nous voulons porter notre enquête sur la chose la première de toutes, il est nécessaire qu'il y ait quelque principe *(aliquod fundamentum)* qui dirige nos pensées de ce côté.

Le mot *fundamentum* dans la première phrase ne peut désigner que le principe posé au paragraphe 38, et que Spinoza vient rappeler. Comment peut-il dire aussitôt après : il est nécessaire qu'il y ait *quelque principe* qui dirige nos pensées vers la chose la première de toutes? Il a évidemment en vue dans cette dernière phrase un principe nouveau et tout différent; il l'explique d'ailleurs dans les lignes qui suivent : le *fundamentum* qui doit diriger nos pensées d'un certain côté, c'est la connaissance, déjà acquise, de la forme de la vérité, c'est aussi la connaissance, qu'il se propose d'acquérir de l'entendement, de ses propriétés et de ses forces. Il faudrait donc admettre, ce qui ne me paraît guère possible, que Spinoza a employé à deux lignes de distance le même mot *fundamentum* pour désigner deux choses différentes.

Même si l'on voulait accepter cette hypothèse en alléguant que pareille inadvertance est concevable dans un ouvrage resté inachevé et qu'il y a d'autres passages du traité où l'expression de la pensée n'est pas irréprochable, toute difficulté ne serait pas levée; il resterait à expliquer le mot *igitur*. Est-ce *parce* qu'il n'y a pas d'autre principe déterminant (ou délimitant) nos pensées que celui du paragraphe 38, qu'il est nécessaire d'en avoir un d'autre sorte pour les diriger d'un certain côté? On le croira difficilement; le mot *igitur* se rattacherait donc non à ce qui précède immédiatement, mais à ce qui est dit en premier lieu : Si une pensée est fausse les conséquences qu'on en déduira légitimement en montreront la fausseté; si elle est vraie on en déduira sans interruption des idées vraies; *donc* pour entreprendre une recherche quelconque et, en particulier, pour en instituer une ayant pour objet la chose la première de toutes, une première connaissance *(fundamentum)* est nécessaire, qui dirige nos pensées de ce côté.

J'accepte pour ma part cette interprétation, mais elle me paraît s'accorder mieux avec la correction que je propose (après d'autres) qu'avec celle de Léopold tirée de la traduction hollandaise. Les mots placés avant *donc* seraient comme je les comprends une addition très acceptable : cela (c'est-à-dire le rappel de la règle posée au paragraphe 38) est requis, dis-je, pour notre objet, car (d'après cette règle) nos pensées ne peuvent sans une première connaissance être déterminées. Donc, etc.

Je fais observer que le mot *terminare*, que je traduis ainsi par *déterminer* au sens positif de produire, a bien ce sens dans d'autres passages, par exemple dans les *Cogitata Metaphysica* (II, 7) : *ex perfectione Dei etiam sequitur ejus ideas non terminari, sicuti nostrae, ab objectis extra Deum positis*. Il suit de la perfection de Dieu que ses pensées ne sont pas déterminées comme les nôtres par des objets placés hors de lui. Dans d'autres passages, à la vérité, comme dans le traité de *la Réforme de l'Entendement* (§ 38), *terminare* signifie déterminer au sens négatif de *délimiter* : *Aliquis forte putabit quod fictio fictionem terminat sed non intellectio*. Quelqu'un croira peut-être que c'est la fiction, non la connaissance, qui délimite la fiction.

En ce qui concerne maintenant l'addition au texte d'une négation *nequeunt* pour *queunt*, ce n'est pas une très grande hardiesse; surtout dans les phrases où se trouve déjà un mot négatif comme ici (*ex nullo fundamento*) il y a dans le texte des *Opera Posthuma* plusieurs exemples d'omission d'une négation exigée par le sens. Même dans des phrases ne contenant aucun mot négatif, il arrive qu'une négation, cependant indispensable au sens, fasse défaut : par exemple dans la note 1 de la page 190.

§ **61.** Au sujet de ce paragraphe, voir la *Notice* (pp. 170-171).

§ **64** et § **65.** L'idée de quantité ne se tire point par abstraction et généralisation de la considération de quantités déterminées, mais au contraire, pour concevoir une quantité déterminée, il faut que notre entendement ait le pouvoir de former de lui-même, *absolute*, l'idée de quantité. C'est la thèse que soutient au sujet de l'idée de grandeur M. Couturat, dans son livre sur l'*Infini Mathématique* (p. 369). Il en fait, précisément comme Spinoza, « une notion primitive et irréductible ».

NOTES RELATIVES AUX *PRINCIPES DE LA PHILOSOPHIE* DE DESCARTES

Préface de Louis Meyer

La *lettre* 15 nous renseigne sur la part prise par Spinoza à la composition de cette préface; il l'a lue en manuscrit, revue et corrigée; sur sa demande, le public a été averti que la première partie de l'ouvrage avait été rédigée en quinze jours et que, si certaines démonstrations étaient différentes de celles de Descartes, ce n'était pas qu'on eût voulu corriger cet auteur, mais parce que l'ordre adopté l'exigeait et afin de ne pas grossir le nombre des axiomes; pour les mêmes raisons, il avait fallu suppléer un certain nombre de choses manquant dans Descartes.

C'est aussi à la prière de Spinoza que Louis Meyer a dû supprimer un passage où était visé un adversaire; un personnage d'assez peu de conséquence à en juger par le terme de *homunculus* qui le désigne, mais qui avait sans doute déjà donné quelque marque d'hostilité. Je n'ai trouvé nulle part de renseignements sur cet *homunculus;* Meinsma (ouvrage cité, p. 209) dit que ce pourrait être Casearius, c'est-à-dire celui-là même pour l'instruction duquel Spinoza avait dans le principe composé son ouvrage et aussi ses *Pensées Métaphysiques*. Cette conjecture, à laquelle Meinsma lui-même ne tient guère, me paraît assez peu plausible.

PREMIÈRE PARTIE

Introduction. — *a*) On observera que, pour exposer le *cogito* et montrer qu'il n'est pas un syllogisme, Spinoza s'inspire surtout des *Réponses aux deuxièmes objections*.

b) Au sujet de la solution du problème dit du *cercle cartésien*, voir *Notice* (p. 225).

Définitions. — a) Comme le dit Meyer dans sa préface, Spinoza reproduit ici le texte de Descartes dans les *Réponses aux deuxièmes objections*, *Raisons*, etc.

b) Je traduis *mens* par esprit, d'abord parce que Spinoza l'oppose à *anima*, ensuite parce que l'édition française des *Méditations* donne *esprit* en cet endroit.

c) Je ne reproduis pas le texte des Postulats de Descartes parce qu'il est assez long et que le lecteur se le procurera sans peine.

Axiomes pris de Descartes (p. 251). — L'axiome 4 de Spinoza correspond à l'axiome 6 de Descartes; l'axiome 5 de Spinoza, à l'axiome 7 de Descartes (toutefois le texte de Descartes est différent; il ne dit pas la *chose pensante* mais la *volonté* et commence par poser ce principe : *la volonté se porte volontairement et librement, car cela est de son essence mais néanmoins infailliblement, au bien qui lui est clairement connu*). L'axiome 6 de Spinoza correspond à l'axiome 10 de Descartes; l'axiome 7, à l'axiome 3 de Descartes, et l'axiome 8, à l'axiome 4 de Descartes (toutefois au lieu de *cause première et adéquate*, Descartes avait dit *cause première et totale*). L'axiome 9 de Spinoza correspond à l'axiome 5 de Descartes; l'axiome 10 de Spinoza, à l'axiome 2 de Descartes. (Spinoza toutefois supprime la première partie du texte de Descartes : *le temps présent ne dépend point de celui qui l'a immédiatement précédé*.) L'axiome 11 de Spinoza correspond à l'axiome 1 de Descartes. (Voir au sujet de cet axiome, *Court Traité*, I, chap. II, §§ 2 et 4; voir aussi la note explicative se rapportant à ce passage.)

Les axiomes de Descartes que Spinoza ne reproduit pas sont les axiomes 8 et 9; voir, à ce sujet, le scolie de la Proposition 7.

Proposition 5, scolie. — Le passage de Descartes auquel Spinoza renvoie dans sa note est un de ceux où se montre le mieux la différence qu'il faut faire entre l'idée de Dieu (ou de l'Être) et toutes les autres idées; c'est donc un des principaux textes à opposer aux adversaires de l'argument ontologique.

Proposition 7, scolie. — L'étude de ce scolie est tout particulièrement propre à faire comprendre dans quel esprit Spinoza expose la philosophie de Descartes.

Proposition 9, scolie. — On observera que, dans ce scolie, Spinoza semble vouloir se réserver le droit d'affirmer plus tard que l'étendue, en tant du moins qu'on la conçoit comme indivisible, est un attribut de Dieu.

Proposition 11, démonstration. — Rapprocher la démonstration donnée ici de l'unité de Dieu des *Pensées Métaphysiques* (II, chap. II). L'argument dont se sert Spinoza est scotiste d'origine.

Proposition 12, corollaire 3. — On peut rapprocher ce corollaire de ce qui est dit dans les *Pensées Métaphysiques* (II, 7); on observera qu'en déniant à Dieu la perception proprement dite, Spinoza nous prépare à reconnaître la vérité de la parole célèbre : *l'entendement divin ressemble au nôtre comme le chien, signe céleste, au chien animal aboyant*, laquelle se trouve dans l'*Éthique* (I, Prop. 17, Scolie).

Proposition 13, démonstration. — La phrase la plus caractéristique de cette partie des *Réponses aux deuxièmes objections* à laquelle renvoie Spinoza, me semble être la suivante :

Et ainsi vous voyez qu'après avoir connu que Dieu existe, il est nécessaire de feindre qu'il soit trompeur si nous voulons révoquer en doute les choses que nous concevons clairement et distinctement, et parce que cela ne se peut pas même feindre, il faut nécessairement admettre ces choses comme très vraies et très assurées.

Proposition 15, scolie. — Il faut rapprocher tout ce passage des textes auxquels Spinoza renvoie lui-même : la *Quatrième Méditation*, les *Principes* (I, art. 31 à 38).

Sans que l'on puisse accuser Spinoza d'être un interprète infidèle, par cela seul qu'il condense en formules très arrêtées la doctrine qu'il expose, il prépare les voies à une doctrine différente. Descartes avait dit (*Principes*, I, 31) : *les erreurs ne sont pas des choses qui aient besoin du concours de Dieu pour être produites : au regard de Dieu ce ne sont que des négations.* Spinoza traduit : *l'erreur n'est pas quelque chose de positif.* Formule trop absolue pour qui voudrait s'en tenir au point de vue de Descartes, car si la volonté de l'homme est *quelque chose* qui existe vraiment, l'erreur qui en découle est bien aussi *quelque chose* de réel et l'on peut en dire autant du mal. La pensée de Descartes était restée indécise et comme partagée entre deux tendances (voir sur ce point le livre de M. Brochard, *De l'Erreur*); Spinoza la tire naturellement à lui.

Proposition 17, corollaire. — La proposition était toute cartésienne, on peut même dire commune à toutes les philosophies théistes; le corollaire est, ou deviendra aisément, spinoziste.

Proposition 20. — Descartes dit expressément dans les *Principes* (I, art. 40) : *Dieu a préordonné toutes choses;* mais il le dit pour faire observer que cette préordination, bien que très certaine, doit se concilier, nous ne savons comme, avec notre libre arbitre. Spinoza qui, dans le Scolie de la Proposition 15, s'est contenté pour la démonstration de la liberté d'un renvoi à Descartes (et, il faut le dire, à ses propres *Pensées Métaphysiques*) énonce le principe de l'universelle préordination, sans plus paraître se soucier du libre arbitre.

DEUXIÈME PARTIE

L'exposition de la deuxième partie des *Principes* me paraît exacte et à peu près complète (sauf l'omission signalée par Louis Meyer de quelques propositions touchant les corps fluides).

Pour faciliter au lecteur le rapprochement des deux textes, j'ai établi dans les notes ci-dessous une sorte de table de correspondance. Je fais observer que Descartes lui-même, dans quelques-unes de ses lettres, surtout dans celles qui sont adressées à Henri More, a commenté son ouvrage. Pour se faire une idée et du mérite et des défauts de sa théorie de la matière et du mouvement, consulter, outre les historiens connus de la philosophie moderne et en particulier du cartésianisme, Lasswitz, *Geschichte der Atomistik*, vol. II. Parmi les auteurs de livres sur Spinoza, celui qui examine avec le plus de soin son exposition de la mécanique de Descartes, me paraît être Pollock (*Spinoza his life and philosophy*).

Postulat. — On peut rapprocher le postulat de Spinoza des postulats de Descartes dans les *Raisons qui prouvent*, etc. (*Réponse aux deuxièmes objections*) et surtout des *Principes* (I, 47 et 75).

Définitions. — L'ordre géométrique suivi par Spinoza l'oblige à définir toutes les notions dont Descartes fait usage dans la deuxième partie des *Principes;* quelques-unes toutefois des définitions nécessaires sont données sous forme d'axiomes. Plusieurs sont textuellement dans Descartes, et les autres expriment nettement sa pensée comme il est facile de s'en assurer.

De la définition	1,	rapprocher	*Principes*	*I*, 53, et *II*, 1.
—	2,	—	—	*I*, 51.
—	3,	—	—	*II*, 20.
—	4,	—	—	*I*, 26 et 27.
—	5,	—	—	*II*, 16.
—	6,	—	—	*II*, 10.
—	7,	—	—	*I*, 26, et *II*, 34.
—	8,	—	—	*II*, 25.

Je dois faire observer, au sujet de cette définition, que je n'ai pas conservé l'expression de *mouvement local* employée dans l'édition française des *Principes* et correspondant au latin *motus localis*, parce que l'impropriété m'en a paru choquante.

Les observations que fait Spinoza au sujet de la définition du mouvement sont contenues dans les articles 25 à 31 de la deuxième partie des *Principes;* de la troisième observation toutefois il faut rapprocher aussi, comme Spinoza l'indique lui-même, l'article 13 de la même partie.

De la définition 9 rapprocher *Principes*, II, 33.

Axiomes. — Les axiomes 1 et 2 sont des notions communes, l'axiome 3 peut être rapproché des *Principes* (II, 4 et 54); on observera que Descartes justifie la définition qu'il donne de la nature des corps durs et des liquides en disant : *nous devons en ce qui les concerne recevoir le témoignage de nos sens, puisque ces qualités se rapportent à eux.*

Les axiomes 4 et 5 sont impliqués dans les raisonnements que fait Descartes en divers passages, par exemple dans les *Principes* (II, 45).

Des axiomes 6 et 7, on peut rapprocher ce que dit Descartes dans de très nombreux passages; nous indiquerons seulement les *Principes* (I, 53, 65, 68, 69, 70).

Les axiomes 8 et 13 nous montrent Spinoza cherchant, suivant l'exemple de Descartes, à ramener à une notion géométrique la notion physique d'impénétrabilité; une doctrine qui définit la matière par l'étendue seule, faisant abstraction de la résistance (qualité sensible), est amenée à soutenir l'impénétrabilité de l'étendue; voir sur ce point la première objection faite à Descartes par Henri More (*lettre* 66 de l'édition Clerselier, vol. I), et la réponse de Descartes.

Les axiomes 10 et 11 s'expliquent, le dernier surtout quand on le rapproche de l'article 22 de la deuxième partie des *Principes* et de la Proposition 6 de Spinoza.

L'axiome 12 peut être rapproché des *Principes* (II, 54 et 63).

L'axiome 14, de même que l'axiome 16, seront nécessaires à Spinoza pour établir les propositions 9, 10, 11 correspondant à l'article 34, partie II, des *Principes*.

L'axiome 15 est une généralisation du premier axiome d'Euclide dont on sait le rôle dans le raisonnement mathématique.

L'axiome 17 est souvent donné comme définition de la ligne droite.

Les axiomes 18, 19, 20 sont impliqués dans les raisonnements par lesquels Spinoza établit les règles cartésiennes du choc :

Lemme	1,	voir *Principes*		*II*, 1.
—	3,	—	—	*II*, 5 et 6.
Proposition	1,	—	—	*II*, 4.
—	2,	—	—	*II*, 4 et 9.
Corollaire		voir *Principes*		*II*, 11.
Proposition	3,	—	—	*II*, 16, 17, 18.
—	4, et corol.	—	—	*II*, 19.
—	5,	—	—	*II*, 20.
—	6,	—	—	*II*, 22; 23.

Dans le scolie de cette proposition, Spinoza entreprend de réfuter le raisonnement par lequel Zénon d'Élée prouvait l'impossibilité du mouvement. Le second argument visé est la *flèche qui vole;* Spinoza résout la difficulté en rationaliste et en infinitiste conséquent; les sens nous montrent un corps qui se meut occupant des positions différentes à des instants différents, mais ne nous expliquent point le passage de l'une à l'autre; l'entendement seul conçoit le mouvement (comme un devenir) et cela permet de dire, l'espace et le temps étant des continus, qu'il n'est pas d'intervalle de temps, si petit qu'on le suppose, pendant lequel un mobile n'occupe autant de positions différentes qu'on voudra en distinguer. Quant au premier argument, je suis embarrassé pour dire quel il est au juste; le temps y est supposé comme dans le précédent formé d'instants indivisibles, et la vitesse de la roue doit être telle que chacun de ses points se trouve occuper deux fois la même position pendant la durée d'un seul instant. Peut-être y a-t-il là quelque analogie avec le *stade*.

Dans la lettre de Descartes à laquelle Spinoza renvoie (*lettre* 118 de l'édition Clerselier, vol. I) l'argument considéré est l'*Achille*.

Propositions 7, 8 et corollaire. — Voir *Principes*, II, 33. — Pour le scolie de la proposition 8, Spinoza renvoie lui-même aux *Principes* (I, 61). On observera qu'il n'admet pas quant à lui que les parties de l'espace soient *réellement* distinctes les unes des autres (voir *Réforme de l'Entendement*, § 46, et la note explicative où sont indiqués quelques textes à rapprocher de ce passage).

Propositions 9, 10, 11. Voir *Principes*, II, 34 et cf. *Lettres à Henry More*.

Propositions 12 et 13. Voir *Principes*, II, 86.

Proposition 14 et corollaire. Voir *Principes*, II, 37.

Au sujet de l'énoncé cartésien du principe de l'inertie, outre les auteurs déjà cités, on lira avec fruit le passage concernant Descartes dans l'étude de Wohlwill : *Die Entdeckung des Beharrungsgesetzes* (*Zeitschrift für Völkerpsychologie und Sprachwissenschaft*, Bd. 14, 15.)

Propositions 15, 16, 17. Voir *Principes*, II, 39. — Le deuxième grand principe de la mécanique cartésienne est étroitement apparenté au premier (le principe de l'inertie) : le mouvement rectiligne est pour un corps en mouvement comme un symbole de l'inertie de la matière; l'un et l'autre principe découlent de la théorie de l'indépendance des moments du temps et de la création continuée.

Propositions 18 à 23. Voir *Principes*, II, 40 à 45. — Le troisième principe de Descartes, dont la fausseté a été souvent signalée, a, on l'observera, la même origine que les deux précédents. La matière étant créée par Dieu et ayant besoin de son concours pour continuer d'exister, ne peut être qu'inerte; si à la matière s'ajoute cette autre créature de Dieu, le mouvement, l'inertie de la matière aura pour conséquence que tout mouvement sera de sa nature rectiligne; si enfin deux corps venant à se rencontrer, il est nécessaire d'attribuer à l'un et à l'autre une certaine force, cette force devra être conçue comme la plus indifférente qu'il se puisse à la direction suivie, et l'état de choses nouveau qui se produira sera le plus qu'il se pourra la continuation de l'état antérieur (cf. Prop. 23). Spinoza, pour qui la matière n'est pas créée, n'avait pas de raison d'ordre métaphysique de s'en tenir en ce qui concerne le mouvement et ses lois à la doctrine de Descartes, et s'il a commencé par l'admettre, nous savons par ses lettres qu'il l'a rejetée plus tard. En 1665, il tenait encore pour vraies les règles du choc à l'exception de la sixième (*lettre* 32); mais un peu avant sa mort il écrivait à Tschirnhaus (*lettre* 81) : « Démontrer l'existence des corps en partant de l'étendue telle que Descartes la conçoit, c'est-à-dire comme une masse au repos (inerte), ce n'est pas seulement difficile comme vous le dites, mais complètement impossible. La matière en effet, se trouvant au repos, persévérera dans ce repos autant qu'il est en elle, et ne pourra être excitée au mouvement que par une cause extérieure plus puissante ; et pour cette raison je n'ai pas hésité jadis à affirmer que les principes de la physique de Descartes étaient inutiles, pour ne pas dire absurdes. »

Dans une autre lettre au même correspondant, écrite quelque temps avant, Spinoza parle d'une théorie du mouvement dont l'élaboration est commencée mais non encore achevée (*lettre* 60). Il nous est impossible de savoir qu'elle eût été cette théorie et ce qu'auraient pu être la mécanique et la physique de Spinoza s'il avait eu le temps de les constituer, mais nous pouvons affirmer qu'il se fût fort éloigné de Descartes, sans renoncer cependant au mécanisme (cf. *Court Traité*, I, chap. II, § 19, et la *note explicative* correspondante).

Proposition 24. Voir *Principes*, II, 46.

Proposition 25. Voir *Principes*, II, 47.

Proposition 26. — Règle ajoutée par Spinoza aux règles de Descartes, conforme d'ailleurs aux principes cartésiens.

Proposition 27. Voir *Principes*, II, 48. — Le scolie qui suit cette proposition est assez intéressant comme tentative pour rendre un peu plus claire la distinction à faire entre la direction du mouvement et sa force (ou quantité). La rédaction, bien qu'elle ait été particulièrement revue par Spinoza (comme nous l'apprend le post-scriptum de la *lettre* 15), est assez embarrassée ; toutefois il est bien visible que Spinoza sent l'insuffisance de la théorie cartésienne et l'idée qu'il a de projeter sur deux axes perpendiculaires la vitesse du corps C mérite l'attention de l'historien de la mécanique.

Proposition 28. Voir *Principes*, II, 49.

Proposition 29. Voir *Principes*, II, 56.

Proposition 30. Voir *Principes*, II, 52.

Propositions 32 et 33. Voir *Principes*, 56, 57, 59.

Propositions 34 et 35. Voir *Principes*, II, 59, 60.

Proposition 36. Voir *Principes*, II, 66.

Proposition 37. — Cette dernière proposition est la réciproque de la proposition 33 ; elle ne se trouve pas dans Descartes.

TROISIÈME PARTIE

On peut se demander pourquoi Spinoza s'est arrêté presque au début de son exposition de la troisième partie des *Principes*. Cela tient peut-être à ce que son élève Casearius l'a quitté alors qu'il venait de commencer. Si cependant ce travail avait eu pour lui un réel intérêt, le départ de cet élève ne l'eût pas empêché de l'achever, il aurait pu aussi, semble-t-il, le reprendre et le mener à bien, après la publication des deux premières parties, comme Louis Meyer dans sa préface disait qu'il ferait un jour. D'autres occupations plus pressantes l'en ont empêché, et en outre, je crois que le développement d'une hypothèse cosmologique devait avoir pour lui fort peu d'attraits. D'une manière générale il avait l'esprit très peu enclin aux hypothèses et le procédé qui consiste à inventer des causes pour expliquer des effets donnés lui inspirait une sorte d'aversion (cf. *Réforme de l'Entendement* § 13 et § 15; *Court Traité*, partie II, chapitre XXIV, § 13).

L'observation de Spinoza sur le sens étendu qu'il donne au mot de Phénomènes s'explique, je pense, par l'usage où étaient les Grecs de l'employer dans un sens beaucoup plus restreint; ce qui constitue le *phénomène* dans la philosophie ancienne, c'est l'apparition d'un astre au-dessus de l'horizon ou sa disparition (voir Tannery, *Recherches sur l'histoire de l'Astronomie ancienne*).

NOTES RELATIVES AUX *PENSÉES MÉTAPHYSIQUES*

PREMIÈRE PARTIE

En divisant comme il le fait la Métaphysique en deux parties, l'une générale traitant de l'être sans spécification et de ses affections, l'autre spéciale traitant d'êtres déterminés, Spinoza se conforme à l'usage des auteurs scolastiques; la métaphysique est essentiellement une ontologie (doctrine péripatéticienne), et il convient d'étudier en premier lieu les affections universelles de l'être (cf., en particulier, Martini, *Exercitationes Metaphysicae*, édit. de 1615, pp. 44 et 49).

Je fais observer une fois pour toutes que les rapprochements indiqués dans ces notes entre le texte de Spinoza et les auteurs scolastiques ou néo-scolastiques sont tirés de Freudenthal, *Spinoza und die Scholastik* dans *Philosophische Aufsätze Eduard Zeller gewidmet*.

Chapitre I. — *a*) Rapprocher ce qui est dit de l'*Être forgé* du traité de *la Réforme de l'Entendement* (§ 39).

b) On peut rapprocher ce que dit ici Spinoza des idées générales de l'*Éthique* (II, Prop. 40, scolie; cf. Descartes, *Principes*, I, art. 57, 58, 59).

c) Les modes de penser servant à l'*explication* d'une chose conçue par l'entendement (intuitif) sont ceux par lesquels nous nous *représentons* cette chose une et infinie sous forme de multiplicité distincte et établissons entre ces représentations des rapports définis pouvant s'exprimer par des signes; tel est le rôle du *temps* à l'égard de la *durée*, celui du *nombre* et de la *mesure* à l'égard de la *grandeur* (voir plus loin chapitre IV et cf. *Réforme de l'Entendement*, § 85 et § 67).

d) Les scolastiques divisaient l'être en être réel et être de raison (voir, en particulier, Heereboord, *Meletemata*, p. 222 et 225) : l'être de raison n'est pas un être réel, n'est pas un pur néant mais quelque chose d'intermédiaire). Spinoza cherche à montrer le ridicule de cette théorie; il y revient au commencement du chapitre II.

Chapitre II. — *a*) On remarquera qu'après avoir dit dans le premier paragraphe : *nous n'avons pu attribuer à Dieu l'étendue*, Spinoza fait une réserve du même genre que dans le scolie de la Proposition 9, partie I, des *Principes de la Philosophie de Descartes*, à laquelle d'ailleurs il renvoie.

b) Les distinctions établies dans le deuxième paragraphe par Spinoza, et dont on reconnaît d'abord la provenance péripatéticienne et thomiste, s'éclaircissent, dit Freudenthal, par des rapprochements avec les auteurs scolastiques tels que Suarez, Scheibler, Heereboord en particulier, qui dans ses *Meletemata* (p. 343) enseigne que les essences des choses ont existé de toute éternité sous forme d'idées dans l'entendement divin; que les choses sont dites exister dans leurs causes en tant qu'elles sont contenues dans la puissance active de ces dernières : comme la rose est dans la puissance active du soleil, les essences des choses ont existé de toute éternité dans la puissance active de Dieu; les essences des choses sont dites exister en elles-mêmes en dehors de leurs causes quand elles ont été produites; enfin, quand l'être de l'essence qui auparavant existait en puissance vient à exister en acte, on a l'être de l'existence.

c) Le quatrième paragraphe d'après lequel *Dieu n'a pu exister en puissance, et son existence et son entendement ne se distinguent pas de son essence,* est un de ceux où l'auteur dépasse le cartésianisme, et se rapproche du spinozisme (voir la *Notice*, pp. 225-226).

Chapitre III. — Au troisième paragraphe, Spinoza expose que les choses sont dites nécessaires ou bien eu égard à leur propre essence, ou bien eu égard à une cause (cf. § 6 du même chapitre). Les scolastiques faisaient des distinctions analogues; Heereboord (*Meletemata*, p. 99), résume ainsi la théorie classique : la nécessité est ou *interne*, comme lorsqu'une chose est nécessairement par sa propre nature ou en vertu d'un principe intrinsèque, ou *externe* quand elle est nécessaire en vertu d'une hypothèse ou d'une condition.

b) Sur la possibilité et la contingence, voir *Court Traité* (I, chap. VI, §§ 3 et 4). On observera qu'au troisième paragraphe, Spinoza montre qu'en vertu de ce principe (cartésien) *qu'il n'est pas besoin d'une moindre cause pour conserver une chose que pour la produire une première fois*, il ne peut y avoir de contingence véritable dans la nature : le décret de Dieu est éternel et immuable, etc. Cette doctrine (spinoziste) peut être rapprochée de celle qui est exposée dans le *Court Traité* (I, chap. IV, V et VI) (voir la note explicative correspondante où sont indiqués d'autres textes).

c) Cf. le dixième paragraphe, où Spinoza dit que nous ne pouvons comprendre comment le libre arbitre se concilie avec la préordination, aux paroles de Descartes (*Principes* I, art. 40).

Chapitre IV. — On observera que le temps sert à *expliquer* la durée, non du tout l'éternité; le temps n'est pas pour Spinoza, comme il l'est pour Platon, une « image mobile de l'éternité ». La durée n'est pas l'immobilité, elle est l'existence des choses qui ne sont pas par elles-mêmes, c'est-à-dire *deviennent*. Elle est à l'éternité ce que la nature naturée est à la naturante (cf. partie II, I et 10).

Chapitre V. — L'auteur scolastique visé par Spinoza, dans ce chapitre, est Burgersdijck (*Institutiones logicae*, chap. XIX-XXII, et *Institutiones metaphysicae*, chap. XV à XIX).

Chapitre VI. — *a*) Les notions qu'examine ici Spinoza font partie de celles que les auteurs scolastiques nommaient transcendantales (cf. *Éthique*, II, Prop. 40, scolie). Saint Thomas en distingue six : *être, chose, un, quelque chose, vrai, bien;* plus tard, on s'est généralement borné à l'*un*, au *vrai*, et au *bien*. La thèse soutenue par Spinoza qui en fait des êtres de raison, de simples manières de penser, est déjà celle de plusieurs auteurs scolastiques, entre autres Suarez (*Disputationes*, I et VII) auquel Freudenthal pense que l'exemple de l'or (à la fin du troisième paragraphe) est emprunté.

b) Sur la notion du *bien métaphysique* ou du *bien absolu* et les raisons qu'avait Spinoza de l'écarter, voir *Court Traité* (I, chap. VII, § 8, et la note explicative correspondante); sur l'idée du bien en général, même ouvrage (I, chap. X et la note qui s'y rapporte).

DEUXIÈME PARTIE

L'ordre suivi par les auteurs scolastiques n'est pas toujours le même, mais le contenu de ce qu'ils nommaient la partie spéciale de la Métaphysique est constant : il y est traité de Dieu, des anges, de l'âme humaine, généralement enfin des accidents. Spinoza écarte les anges (chap. XII) comme appartenant à la théologie révélée et non à la philosophie qui fait usage seulement de la lumière naturelle.

L'ordre suivi par Spinoza dans l'étude des attributs de Dieu (on observera que le mot n'est pas pris ici dans le sens spinoziste) est à peu près conforme à celui qu'avait adopté Suarez (*Disputationes*, XXX), et il y a d'ailleurs une assez grande ressemblance à cet égard entre les auteurs néo-scolastiques. On en pourra juger par le tableau suivant que j'emprunte à Freudenthal.

	SPINOZA	SUAREZ *Disput. XXX*	MARTINI *Metaph., l. II*	BURGERSDIJCK *Inst. Metaph. II*	HEEREBOORD *Pneumat. II*
1	Éternité.		Infinité.	Nécessité.	Unité.
2	Unité.	Simplicité.	Immensité.	Unité.	Simplicité.
3	Immensité.	Immensité.	Éternité.	Éternité.	Immutabilité
4	Immutabilité	Immutabilité et éternité.	Immutabilité	Immensité.	Immensité.
5	Simplicité.	Unité.	Simplicité.	Simplicité.	Éternité.
6	Vie.	Vie.	Vie .	Immutabilité	Béatitude.
7	Entendement.	Science	Suffisance.	Vie et entendement.	Vie.
8	Volonté.	Volonté.	Entendement.	Volonté et puissance.	Science.
9	Puissance.	Omnipotence	Volonté.	Création.	Volonté.
10	Création.	Création.	Omnipotence	Concours.	Puissance.
11	Concours.		Création.		Décret.
					Création.
					Providence.
					Conservation
					Concours.

Chapitre I. — Nous avons enseigné précédemment, dit Spinoza, *que rien n'existe dans la Nature en dehors des substances et des modes* (cf. *Éthique*, I, Prop. 4, démonstration). Dans l'*Appendice* du *Court Traité*, on trouve, comme je l'ai fait observer en note, *toevallen* et *toevalligh* (accident, accidentellement), au lieu de *wijzen* et *wijzelijk* (mode, modalement), mais c'est vraisemblablement par la faute du traducteur hollandais.

Chapitre II. — *a*) Les deux arguments jugés sans valeur par Spinoza se trouvent dans Burgersdijck, *Institutiones metaphysicae* (liv. I). Quelques-uns des philosophes juifs, que nous savons que Spinoza avait lus, ont fait également usage du premier, en particulier Maïmonide (*Moreh Nebuchim*, I, chap. LXXV).

Le second, dans lequel on peut voir une forme de la preuve de l'existence de Dieu dite par les causes finales, est déjà en quelque manière dans Aristote (*Métaphysique*, livre XI, chap. X), et depuis a été constamment reproduit.

b) L'argument donné par Spinoza est de provenance scotiste, dit Freudenthal (cf. Duns Scot, *Distinctiones in quatuor libros sententiarum*, I, dist. 2, quæstio 3).

Chapitre III. — *a*) La façon d'entendre l'immensité et l'ubiquité de Dieu qui est combattue au deuxième paragraphe est en particulier celle de Burgersdijck (*Institutiones Metaphysicae*, p. 207), où se trouve à peu près textuellement l'argument reproduit par Spinoza.

b) Dans le troisième paragraphe, où Spinoza s'appuie sur le principe cher à Descartes, de la création continuée ou de la nécessité du concours divin, il parle à peu près le même langage que saint Thomas (*Summa theologiae*, I, quæstio 8, art. 1). Même argumentation dans Suarez (*Disput*. XXX).

c) Au cinquième paragraphe, Spinoza combat la division en trois de l'immensité de Dieu. Cette division se trouve déjà dans Pierre Lombard (*Sententiarum*, liber I, dist. 37), et a été développée par saint Thomas d'Aquin (*Summa theol*., I, quæst. 8, art. 3. Cf. Heereboord, *Meletemata*, p. 138).

Chapitre IV. — *a*) Le changement, dit Spinoza au troisième paragraphe, procède nécessairement de causes extérieures ou bien d'une cause intérieure. C'est un principe dont il fait usage en plusieurs endroits et, par exemple, dans le *Court Traité* (I, chap. II). On observera que Platon le formule déjà dans *la République* (II, 320 *D*).

b) Quelles sont ces *divisions communes* des changements que Spinoza déclare à la fin du chapitre qu'il omet à dessein? Freudenthal cite Heereboord (*Meletemata*, p. 972) qui distingue le changement relatif à la substance, à l'essence, aux attributs et aux accidents et fait observer que Spinoza ne peut avoir en vue ces distinctions, puisque la division qu'il écarte se rapporte, dit-il, au seul changement de la matière. Suarez, d'autre part, exclut de Dieu le changement sous trois formes : *perfectif*, *corruptif*, *diminutif*. Peut-être Spinoza se réfère-t-il à cette distinction de Suarez. J'inclinerais cependant à croire qu'il s'agit du changement quantitatif, du changement qualitatif et du changement spatial, selon la doctrine d'Aristote.

Chapitre V. — *a*) Spinoza renvoie lui-même à Descartes qui, dans les *Principes* (I, art. 60 et suiv.), traite de la *distinction réelle*, de la *modale* et de la distinction *de raison*. Cette théorie est d'ailleurs beaucoup plus ancienne comme on peut le voir dans Heereboord (*Meletemata* (p. 320).

b) Sur la simplicité de Dieu et la conséquence qui s'en déduit selon Spinoza, voir *Principes de la Philosophie de Descartes* (I, Prop. 17 avec corollaire) et la note explicative. Du raisonnement même qui sert à prouver la simplicité de Dieu il suit, on l'observera, que l'idée de substance a, dans l'esprit de Spinoza, une existence indépendante de celle de l'idée de Dieu et qu'elle est *logiquement* antérieure à cette dernière idée. La remarque a son prix pour l'étude des premières propositions de l'*Éthique*.

c) Ce *fatras de distinctions* faites par les péripatéticiens, et dont Spinoza parle avec mépris, se trouve, on l'observera, dans tous les auteurs scolastiques, aussi bien dans les anciens (saint Thomas) ou dans les Juifs (Maïmonide) que dans les néo-scolastiques (cf., en particulier, Heereboord, *Meletemata*, p. 964).

d) On peut rapprocher ce que dit ici Spinoza de la vie de Dieu du *Court Traité*, I, chap. V. En tant qu'il est vie universelle (et individuelle) Dieu *dure* et en quelque manière *devient* (cf. la note relative au chapitre IV de la première partie). On observera que c'est ici, et non dans le chapitre XI, que Spinoza semble interpréter la théorie de la création continuée dans un sens panthéiste.

Chapitre VI. — *a*) Il me paraît assez vraisemblable que Spinoza n'avait pas lu lui-même le chapitre de la *Métaphysique* d'Aristote auquel il renvoie et dans lequel se trouve la formule citée : ἡ γὰρ νοῦ ἐνέργεια ζωή, du moins, son interprétation manque-t-elle non seulement de largeur mais d'exactitude, car Aristote en cet endroit ne veut pas définir la vie.

Chapitre VII. — *a*) Tous les auteurs scolastiques anciens et récents, depuis Pierre Lombard et saint Thomas jusqu'à Burgersdijck et Heereboord, ont traité les questions qu'examine ici Spinoza. Pour ce qui concerne la connaissance des choses singulières, cf. *Court Traité* (chap. VI, § 7).

b) Pour la question posée au dernier paragraphe, à savoir si l'idée du monde est une en Dieu, elle est posée et résolue dans le sens de l'unité par un très grand nombre d'auteurs, alexandrins, scolastiques anciens et récents, arabes, juifs, etc. Quant à l'unité de la Nature affirmée par Spinoza dans ce passage (cf. ch. IX), c'est, depuis les Eléates, la vérité philosophique la plus répandue qui soit, bien que tous ne l'aient pas comprise de même. On aurait donc tort de vouloir retrouver dans cette fin du chapitre VII l'influence de Giordano Bruno et de la croire dirigée contre Descartes.

Chapitre VIII. — Le premier paragraphe de ce chapitre, plus que le dernier du précédent, nous semble avoir quelque chose de proprement spinoziste ou de non cartésien; de même le paragraphe dans lequel Spinoza se prononce nettement pour la prédestination.

Chapitre IX. — *a*) Au sujet de l'impiété reprochée dans le premier paragraphe à ceux qui discutent sur ce que Dieu peut et ce qu'il ne peut faire, cf. Heereboord (*Meletemata*, p. 31).

b) Les divisions de la puissance divine indiquées aux paragraphes 4, 5, 6, se retrouvent dans plusieurs auteurs scolastiques, saint Thomas (*Summa theol.*, I, quæstio 25, art. 5), Duns Scot (*Ad Lomb. Sent.*, I, p. 44), Suarez (*Disputatio* XXX) etc. Elles ne sont pas dans Burgersdijck, dit Freudenthal, et Heereboord ne les maintient pas.

c) Les questions que Spinoza dit être *communément* posées au sujet de la puissance divine sont empruntées à Heereboord (*Meletemata*, p. 354). Elles remontent d'ailleurs pour la plupart à Pierre Lombard.

Chapitre X. — *a*) Les mots *ex nihilo* que Spinoza supprime de la définition de la création ont été souvent pris en effet en un sens positif, comme si, par un ressouvenir de certaines doctrines de l'antiquité, on devait voir dans le non-être une sorte d'être, de matière première d'où Dieu tirerait toutes choses. Ainsi encore dans Heereboord (*Meletemata*, p. 149), *on ajoute ex nihilo, ce qu'il faut entendre d'abord négativement, en second lieu positivement... le néant ou le non-être a précédé l'être réel*. Au sujet de l'idée du néant et de son rôle dans la philosophie ancienne et la moderne, voir la profonde étude de M. Bergson dans la *Revue Philosophique* (année 1906).

b) Au sujet du principe suivant lequel l'acte créateur est en même temps conservateur de la chose créée, Spinoza renvoie à son axiome 10 de la partie I des *Principes de la Philosophie de Descartes* (axiome 2 de Descartes, dans les *Raisons qui prouvent*, etc.). J'ai eu l'occasion de faire observer déjà (chap. III, *b*) que la doctrine de la création continuée est scolastique avant d'être cartésienne.

Saint Thomas dit (*Summa theol.*, I, qu. 104, art. 1) : Dieu est conservateur des choses par la même action qu'il est créateur. Même langage ou à peu près, dans beaucoup d'autres auteurs scolastiques.

c) Dans le paragraphe 9, Spinoza réprouve la thèse suivant laquelle il y aurait en dehors de Dieu quelque chose de coéternel à Dieu. Dans les paragraphes 12 et 13, il combat les arguments donnés par certains auteurs à l'appui de cette doctrine. C'est par Heereboord (*Meletemata*, p. 105 et 107) qu'il a connaissance de ces arguments dont l'inventeur selon Freudenthal est Pereira.

Chapitre XI. — *a*) Voir ci-dessus, chap. X, note *b*.

On remarquera que l'*Éthique* (I, Prop. 17, Scolie) reproduit la parole concernant la science de Dieu qui ressemble à la science humaine comme le chien signe céleste ressemble au chien aboyant et peut-être moins encore (cf. *Principes de la Philosophie de Descartes*, I, Prop. 12, corol. 3).

b) Bien que Spinoza dans le dernier paragraphe donne comme sienne la division qu'il propose des attributs de Dieu, elle n'est nullement spinoziste (quand il exposera sa propre doctrine comme dans le *Court Traité* il distinguera les véritables *attributs* qui ont une existence substantielle comme la pensée et l'étendue des *propres*); la division qui se trouve indiquée ici est empruntée à Martini (*Metaphys.*, p. 809); le mot essence agissante *(actuosa essentia)* correspond aux attributs appelés ἐνεργητικά par cet auteur. Ceux qui exposent une manière d'être propre à Dieu sont nommés συστατικά par Martini. Cf. Heereboord, *Meletemata* (p. 964) : attributa *operativa :* puissance, volonté, création, etc. ; et *non operativa :* éternité, unité, etc. Ces derniers appartiennent à Dieu sans avoir égard aux choses qu'il produit; ce sont donc des dénominations intrinsèques suivant la terminologie de Spinoza (voir *Éthique*, II, Déf. 4 et la note explicative relative au *Court Traité*, I, chap. II, § 29); les autres attributs sont des dénominations extrinsèques.

Chapitre XII. — *a*) La doctrine suivant laquelle l'âme humaine est *créée* par Dieu, non *engendrée* comme le corps, est dans saint Thomas (*Contra gentiles*, II, c. 84, 85 ; *Summa theol.*, I, quæstio 118, art. 2), dans Heereboord (*Meletemata*, p. 63) et dans beaucoup d'autres. Sur la différence entre la création et la génération, cf. *Court Traité* (I, chap. II, note 3).

b). Comme l'indique Spinoza au paragraphe 5, plusieurs théologiens et philosophes du Moyen Age, entre autres saint Thomas (*Summa theol.*, III, quæstio 4, art. 2) et Albert le Grand (*Summa theologiae*, liv. I, t. 19, qu. 78, art. 2) avaient distingué entre le surnaturel et le contre-nature, et considéré le miracle comme conforme et non contraire à des lois d'ordre supérieur.

c) On observera que la définition donnée de la volonté au paragraphe 8 se ramène à celle que dans l'*Éthique* Spinoza donnera de l'*action* (partie III, Déf. 2) et, quand nous agissons, c'est-à-dire quand notre âme est cause adéquate des pensées qu'elle forme, nous sommes libres au sens spinoziste du mot. Spinoza, tout en ayant l'air de suivre Descartes et en le citant aux paragraphes suivants, ne dit rien, en somme, dans tout ce passage qui soit contre sa propre pensée. Il ne dit pas que le pouvoir d'affirmer (volonté) soit distinct du pouvoir de former des idées (entendement), et, s'il affirme que l'âme est libre, c'est en tant qu'elle est chose pensante (active), ce qui peut s'entendre dans un sens très spinoziste.

d) On peut rapprocher ce que dit ici Spinoza de l'appétit et de la volonté, de ce qu'il dit du désir et de la volonté dans le *Court Traité* (II, chap. XVII). La formule latine *voluntas appetitus sub ratione boni* n'est pas, à proprement parler, traduite d'Aristote. D'après Trendelenburg (*Historische Beiträge zur Philosophie*, III, p. 346), le passage d'Aristote qui s'en rapproche le plus serait le suivant : ἔστι δὲ ἡ μὲν βούλησις μετὰ λόγου ὄρεξις ἀγαθοῦ· οὐδεὶς γὰρ βούλεται ἀλλ' ἢ ὅτι ἂν οἰηθῇ εἶναι ἀγαθόν· ἄλογοι δ' ὀρέξεις ὀργὴ καὶ ἐπιθυμία. (*Rhétorique*, I, 10, 1369, *a*, 2.) La volonté est un désir rationnel du bien, car personne ne veut autre chose que ce qu'il croit être bon; quant aux désirs irrationnels ce sont la colère et l'appétit (cf. *Traité de l'âme*, III, 10).

e) La remarque finale sur les accidents réels ne paraît guère se rattacher à ce qui précède. Freudenthal fait observer à ce sujet que, suivant le schème des *Catégories* d'Aristote, les auteurs scolastiques faisaient d'ordinaire suivre l'étude des substances de celle des accidents; pour Spinoza il n'y a pas, il l'a dit au commencement de la deuxième partie, d'accidents réels; il n'admet d'autres choses réelles que les substances et les modes (cf. *Éthique*, I, Prop. 4); il n'a pas non plus à s'inquiéter du dogme chrétien de la transsubstantiation qu'il rejette absolument, de même que celui de l'incarnation.

TABLE DES MATIÈRES

COURT TRAITÉ DE DIEU, DE L'HOMME ET DE LA SANTÉ DE SON AME

PREMIÈRE PARTIE : **De Dieu**

DEUXIÈME PARTIE : **De l'homme et de ce qui lui appartient**

TRAITÉ DE LA « RÉFORME DE L'ENTENDEMENT »

et de la meilleure voie à suivre pour parvenir à la connaissance vraie des choses

LES PRINCIPES DE LA PHILOSOPHIE DE DESCARTES

démontrés selon la méthode géométrique

APPENDICE CONTENANT LES « PENSÉES MÉTAPHYSIQUES »

Première Partie : de l'*Appendice* contenant les *Pensées Métaphysiques*, dans laquelle sont expliquées brièvement les principales questions qui se rencontrent communément dans la partie générale de la métaphysique au sujet de l'être et de ses affections.

Deuxième Partie : de l'*Appendice* contenant les *Pensées Métaphysiques*, dans laquelle sont brièvement expliquées les principales questions qui se rencontrent communément dans la partie spéciale de la Métaphysique au sujet de Dieu et de ses attributs, et de l'âme humaine.

L'Entendement. Traité de la nature humaine, livre I (701)
Essais esthétiques (1096)
Les Passions. Traité de la nature humaine, livre II (557)
La Morale. Traité de la nature humaine, livre III (702)

KANT
Anthropologie (665)
Critique de la faculté de juger (1088)
Critique de la raison pratique (1090)
Critique de la raison pure (1142)
Essai sur les maladies de la tête.
Observations sur le sentiment du Beau et du Sublime (571)
Métaphysique des mœurs (2 vol., 715 et 716)
Opuscules sur l'histoire (522)
Théorie et Pratique (689)
Vers la paix perpétuelle. Qu'est-ce que les lumières ? Que signifie s'orienter dans la pensée ? (573)

KIERKEGAARD
La Reprise (512)

LA BOÉTIE
Discours de la servitude volontaire (394)

LAMARCK
Philosophie zoologique (707)

LA ROCHEFOUCAULD
Maximes et réflexions diverses (288)

LEIBNIZ
Discours de métaphysique (1028)
Essais de Théodicée (209)
Nouveaux essais sur l'entendement humain (582)
Principes de la nature et de la grâce. Monadologie et autres textes (863)
Système nouveau de la nature et de la communication des substances (774)

LOCKE
Lettre sur la tolérance et autres textes (686)
Traité du gouvernement civil (408)

LONG & SEDLEY
Les Philosophes hellénistiques (641-643, 3 vol. sous coffret 1147)

LUCRÈCE
De la nature (30)
De la nature (bilingue) (993)

MACHIAVEL
L'Art de la guerre (615)
Le Prince (317)

MALEBRANCHE
Traité de morale (837)

MALTHUS
Essai sur le principe de population (2 vol., 708 et 722)

MARC AURÈLE
Pensées pour moi-même suivies du Manuel d'Épictète (16)

MARX
Manuscrits de 1844 (789)

MARX & ENGELS
Manifeste du parti communiste (1002)

MONTAIGNE
Apologie de Raymond Sebond (1054)
Essais (3 vol., 210, 211 et 212)

MONTESQUIEU
Considérations sur les causes de la grandeur des Romains et de leur décadence (186)
De l'esprit des lois (2 vol., 325 et 326)
Lettres persanes (19)

MORE
L'Utopie (460)

NIETZSCHE
Ainsi parlait Zarathoustra (881)
L'Antéchrist (753)
Le Crépuscule des idoles. Le Cas Wagner (421)
Ecce Homo. Nietzsche contre Wagner (572)
Le Gai Savoir (718)
Généalogie de la morale (754)
Le Livre du philosophe (660)
Par-delà bien et mal (1057)
Seconde considération intempestive (483)

PASCAL
Pensées (266)
De l'esprit géométrique. Écrits sur la grâce et autres textes (436)

PASTEUR
Écrits scientifiques et médicaux (825)

PENSEURS GRECS AVANT SOCRATE (31)

PLATON
Alcibiade (988)
Apologie de Socrate. Criton (848)
Le Banquet. (987)
Charmide. Lysis. (1006)
Cratyle (954)
Euthydème (492)
Gorgias (465)
Ion (529)
Lachès. Euthyphron (652)
Lettres (466)
Ménon (491)
Parménide (688)0
Phédon (489)
Phèdre (488)
Philèbe (705)
Platon par lui-même (785)
Le Politique (1156)
Premiers dialogues : Second Alcibiade. Hippias mineur. Euthyphron. Lachès. Charmide. Lysis. Hippias majeur. Ion (129)
Protagoras (761)
Protagoras. Euthydème. Gorgias.

Ménexène. Ménon. Cratyle (146)
La République (653)
Sophiste (687)
Sophiste. Politique. Philèbe. Timée. Critias (203)
Théétète (493)
Théétète. Parménide (163)
Timée. Critias (618)

LES MYTHES DE PLATON (1185)

PLOTIN
Traités (1155)
Traités 7-21 (1164)
Traités 22-26 (1198)

QUESNAY
Physiocratie (655)

RAZI
La Médecine spirituelle (1136)

RICARDO
Principes de l'économie politique et de l'impôt (663)

ROUSSEAU
Considérations sur le gouvernement de Pologne. L'Économie politique. Projet de constitution pour la Corse (574)
Du contrat social (1058)
Dialogues. Le Lévite d'Éphraïm (1021)
Discours sur l'origine et les fondements de l'inégalité parmi les hommes. Discours sur les sciences et les arts (243)
Émile ou de l'éducation (117)
Essai sur l'origine des langues et autres textes sur la musique (682)
Lettre à M. d'Alembert sur son article Genève (160)
Lettre à D'Alembert (1165)
Profession de foi du vicaire savoyard (883)

SAY
Cours d'économie politique (879)

SCHOPENHAUER
Sur la religion (794)

SÉNÈQUE
De la providence De la constance du sage. De la tranquilité de l'âme. Du loisir (1089)
Lettres à Lucilius (1-29) (599)

SMITH
La Richesse des nations (2 vol., 598 et 626)

SPINOZA
Œuvres : I - Court traité. Traité de la réforme de l'entendement. Principes de la philosophie de Descartes. Pensées métaphysiques (34)
II - Traité théologico-politique (50)
III - Éthique (57)
IV - Traité politique. Lettres (108)
Traité de la réforme de l'entendement (bilingue) (1171)

THOMAS D'AQUIN
Contre Averroès (bilingue) (713)
Somme contre les Gentils (1045-1048, 4 vol. sous coffret1049)

THOMAS D'AQUIN ET LA CONTROVERSE SUR *L'ÉTERNITÉ DU MONDE* (1199)

TOCQUEVILLE
De la démocratie en Amérique (2 vol., 353 et 354)
L'Ancien Régime et la Révolution (500)
Sur l'Algérie (1175)

TURGOT
Formation et distribution des richesses (983)

VICO
De l'antique sagesse de l'Italie (742)

VOLTAIRE
Dictionnaire philosophique (28)
Lettres philosophiques (15)
Traité sur la tolérance (552)

WITTGENSTEIN
Remarques mêlées (815)

GF-CORPUS

L'Âme (3001)
L'Amitié (3054)
L'Amour (3010)
Autrui (3051)
Le Citoyen (3044)
Le Corps (3055)
La Démocratie (3007)
Le Désir (3015)
Dieu (3008)
Le Droit (3046)
L'État (3003)
L'Expérience (3049)
L'Histoire (3021)
L'Identité (3030)
L'Illusion (3035)
L'Image (3036)
La Justice (3050)
Le Langage (3027)
Le Libéralisme (3016)
La Liberté (3023)
La Loi (3056)
Le Mal (3057)
Les Mathématiques (3019)
La Matière (3020)
La Métaphysique (3037)
La Morale (3018)
La Mort (3072)
La Nature (3009)
Le Nihilisme (3011)
L'Œuvre d'art (3024)
La Paix (3026)
Les Passions (3053)
Le Pouvoir (3002)
La Religion (3040)
Le Scepticisme (3014)
La Sensation (3005)
La Société (3041)
Le Temps (3006)
La Tolérance (3004)
Le Travail (3025)
L'Utopie (3029)
La Vie (3045)
La Violence (3042)
La Volonté (3012)